अनुभूत आयुर्वेद चिकित्सा

लेखक गण

डॉ॰ रमेश कुमार भूत्या
डॉ॰ अशोक कुमार सक्सेना
डॉ॰ राधेश्याम गर्ग
डॉ॰ पत्ता सिंह सोलंकी

SCIENTIFIC PUBLISHERS

प्रकाशक

साइन्टिफिक पब्लिशर्स (इंडिया)

जोधपुर

5–ए, न्यू पाली रोड
पोस्ट बॉक्स नं. 91
जोधपुर – 342 001 भारत

दिल्ली

4806/24, अंसारी रोड़
दरियागंज,
नई दिल्ली – 110 002 भारत

Print 2025

प्रत्याख्यान – Limits of Liability and Disclaimer of Warranty

लेखक गण ने इस पुस्तक की शुद्धता के बारे में पूरा प्रयत्न एवं पूरी सावधानी रखी है, फिर भी लेखकगण इस पुस्तक के किसी तथ्य, भाग, विषय या अन्य कथ्य की प्रमाणिकता के बारे में कोई दावा नहीं करते हैं। लेखक गण इस पुस्तक के आधार पर की गई चिकित्सा के परिणाम का उत्तरदायी नहीं होगें । इस पुस्तक के आधार पर चिकित्सा करने से पूर्व आयुर्वेद के योग्य व अनुभवी विशेषज्ञ चिकित्सक का परामर्श अवश्य लेवें।

ISBN: 978-93-86347-05-3

Visit the Scientific Publishers (India) website at
http://www.scientificpubonline.com

Printed in India

समर्पण

प्रेरणास्पद पथ प्रदर्शक

एवं

उत्साही वैज्ञानिक

डॉ॰ श्रीकृष्ण खाण्डल

पूर्व विभागाध्यक्ष,

विकृति विज्ञान विभाग,

राष्ट्रीय आयुर्वेद संस्थान, जयपुर (राजस्थान)

प्रसिद्ध आयुर्वेदिक चिकित्सक

प्राक्कथन

आयुर्वेद आयु का विज्ञान है। इसमें दोष, दूष्य, प्रकृति इत्यादि को समझ कर चिकित्सा की जाती है। हम सब जानते हैं कि आयुर्वेद चिकित्सा करना आसान कार्य नहीं है। विशेषतः नवागन्तुक चिकित्सकों को आरम्भ में कुछ कठिनाई आती है। पुराने चिकित्सकों को भी चिकित्सा के विकल्प खोजने में कठिनाई आती है। हमसें कई बार विभिन्न स्थानों पर व्याख्यान देते समय यह अपेक्षा की गई है कि विस्तृत वर्णन के स्थान पर रोगों के सफल नुस्खे बतावें ताकि वे व्यवहारिक जीवन में काम आ सकें। चिकित्सा कार्य आरंभ करने वाले नव चिकित्सकों की तरफ से यह अपेक्षा प्रायः की जाती रही है। उन्हीं की सहायतार्थ इस पुस्तक का निर्माण किया गया है। पाठक बस अपना पसन्दीदा नुस्खा चुने व काम में लें।

यह मान कर कि पाठक चिकित्सकों को रोगों के लक्षण, चिन्ह, निदान एवं सापेक्ष निदान का पूरी तरह ज्ञान है और वे रोग का सही निदान कर चुके हें, यही मान कर यहाँ सीधे नुस्खे दिये गये हैं। लक्षण, निदान आदि के बारे में वर्णन करना इस पुस्तक का विषय नहीं है। यदि इनका वर्णन यहाँ किया जायेगा तो पुस्तक का आकार बहुत बड़ा होगा।

हमने अपने 30 वर्ष के चिकित्सा काल में सभी रोगों की यथासंभव सफल चिकित्सा की है, जिसके अनुभवों को हमनें यथासंभव यहाँ दर्शाने का प्रयास किया है। यदि हमारे इस प्रयास सें हमारे चिकित्सक बन्धुओं को अल्प चिकित्सा सौकर्य भी होता है तो हम इस प्रयास को सफल समझेगें।

पुस्तक के अन्त में दी गई अनुक्रमणिका में रोगों के हिन्दी नामों के साथ–साथ अंग्रेजी नाम एवं पृष्ठ नम्बर भी दिये गये हैं ताकि पाठकों को रोगों की चिकित्सा खोजने में कोई कठिनाई ना हो तथा पुस्तक पाठकों के लिये सहज हो सके।

इस पुस्तक के लेखन में जिन आदरणीय महानुभावों के अनुभव की सहायता ली गई है, हम उन सबके हृदय से आभारी हैं। डॉ. श्रीकृष्ण खाण्डल, जयपुर, पूर्व विभागाध्यक्ष, विकृति विज्ञान विभाग, राष्ट्रीय आयुर्वेद

संस्थान, जयपुर के बहुत आभारी हैं जिनकी निरन्तर प्रेरणा हमें मिलती रही है। उत्साहवर्धन के लिये डॉ. जगदीश शर्मा, प्रसिद्ध अर्शरोग विशेषज्ञ, बून्दी, श्रीराम शर्मा, प्राध्यापक, म.मो. मा. आयुर्वेद महाविद्यालय, उदयपुर, डॉ. सतीश कुमार शर्मा, सहायक वन संरक्षक, उदयपुर एवं डॉ. दीप नारायण पाण्डेय, सदस्य सचिव, प्रदूषण नियन्त्रण बोर्ड, जयपुर के भी बहुत आभारी है।

साईन्टिफिक पब्लिशर्स (इंडिया) के भाई सा. श्री पवनजी, श्री तनयजी, श्री राजेशजी ओझा को उनके सहयोग के लिये कृतज्ञता व्यक्त करते हैं जिसके कारण ही इस पुस्तक का साकार होना संभव हो पाया।

कोई पुस्तक कभी सम्पूर्ण नहीं होती, गलतियाँ होना स्वाभाविक है, अतः सभी विद्वानों से गलतियों के लिये क्षमा चाहते हुए, विद्वान पाठकों के अमूल्य उपयोगी सुझाव, मार्गदर्शन व समालोचना सादर आमंत्रित हैं। हम उनके बहुत आभारी होगे।

अन्त में तुलसीदासजी के निम्न दोहे से अपनी बात समाप्त करना चाहेगें—

जेहि पर कृपा करहिं जनजानी, कवि उर अजिर नचावहिं बानी।
मोही सुधारहि सोहि सब भाँति, जासू कृपा नही कृपा अघाति।

विनयावनत

डॉ॰ रमेश कुमार भूत्या
डॉ॰ अशोक कुमार सक्सेना
डॉ॰. राधेश्याम गर्ग
डॉ॰ पत्ता सिंह सोलंकी

अनुक्रमणिका

अध्याय 1

रक्तवह संस्थान के रोग (Hematology)

उच्च रक्तदाब (Hypertension)

1. समीरपन्नग रस या रसमाणिक्य रस 65 मि.ग्राम, शतावरी चूर्ण 1.5 ग्राम, सप्तामृत लौह 500 मि.ग्राम, महायोगराज गु. 500 मि.ग्राम, अमृता सत्व 500 मि.ग्राम, स्वर्णमाक्षिक भस्म 125 मि.ग्राम, सितोपलादि चूर्ण 2 ग्राम, प्रवाल पिष्टी 125 मि.ग्राम, दिन में 2 बार, द्राक्षा की चटनी से दे। भोजन के बाद आरोग्यवर्धनी 2 गो., 2 बार। दिन में 2 बार शंखपुष्पी कल्क 10 ग्राम, कालीमीर्च 3 नग, मिश्री 5 ग्राम दे। रात को टे. बेन्टो 2 व अबाना 2, 21 मुनक्का दूध में उबाल कर दे।
2. सप्तामृत लौह 500 मि.ग्रा., स्वर्णमाक्षिक भस्म 250 मि.ग्रा., प्रवाल पिष्टी 250 मि.ग्रा., शतावरी चूर्ण 2 ग्राम, कामदुधा रस (मुक्तायुक्त) 250 मि.ग्रा., सर्पगन्धा चूर्ण 125 मि.ग्रा., 2 बार, दूध की लस्सी से।
3. सारस्वत चूर्ण 2.5 ग्राम, स्मृतिसागर रस 250 मि.ग्रा., घृत मधु से, जटामांसी 15 ग्राम, फाण्ट से। 7 दिन में परिणाम मिलेगें। 1 माह में रोग निर्मूल होगा।
4. भृंगराज का ताजा स्वरस 25 मि.ली., प्रातः 1 बार दे। 15 दिन दे।
5. जामुन की छाल, अर्जुन की छाल, असगन्ध, समान मात्रा में, 6 ग्राम, गर्मी में शीत जल से, 3 बार। सर्दी में इनका 15 ग्राम का क्वाथ बना कर लें।
6. योगेन्द्र रस 125 मि.ग्रा., खमीरा गाजवाँ अम्बरी से लें। प्रातः 1 बार।
7. तृणपंचमूल क्वाथ 20 ग्राम का मधु से प्रयोग करें। दिन में 2 बार।
8. जटामांसी 10 ग्राम का फाण्ट या घनसत्व 500 मि.ग्रा., दे। दिन में 2 बार।
9. मंजिष्ठा 2 ग्राम का, 2 बार, जल से प्रयोग करें।

10. आमलकी, अर्जुन, गोखरु, गिलोय, मजीठ, जटामांसी, अनन्तमूल, चीनी का चूर्ण, 1–1 चम्मच, 2 बार, जल से।

11. त्रिफला, मुलेठी, 3 ग्राम घृत, मधु से, सवेरे खाली पेट दे।

12. धुली हुई भांग, शंखपुष्पी, मुलेठी, जटामांसी, शतावरी, ब्राह्मी, मण्डूकपर्णी, धान्यक, सुगन्धबाला, सौंफ, सोंठ, नागरमोथा, बिल्व, 1–1 भाग, बूरा 5 भाग, 1–1 चम्मच जल से या मधु से या कूष्माण्डावलेह 20 ग्राम, से 2 बार,। मधुमेह होने पर बूरा न डाल कर जल से दे। रक्तदाब 160 से उपर हो तो 1 भाग सर्पगन्धा चूर्ण भी मिलावें। किन्तु रक्तदाब का स्तर देखते रहें। 150 से नीचे आने पर इसे बन्द करें। आमतौर पर बिना सर्पगन्धा के भी अच्छा लाभ होता है। काष्ठोषधियों का ताजा व साफ होना आवश्यक है। संभव हो तो स्वयं एकत्र करें।

13. हरितकी चूर्ण 2.5 ग्राम, मिश्री 10 ग्राम, 2 बार जल से दे।

14. 1. सोंठ, धनिया, गिलोय की चाय दे। 2. धनिया, सौंफ, मिश्री यवकुट, चूसने को दे। 3. नियमित अनार खावें।

15. अविपत्तिकर चूर्ण 5 ग्राम, सोडा बाईकार्ब 500 मि.ग्रा., जल से दे। तुरन्त कम होगा।

16. वृक्क के कारण हो तो पंचतृणमूल क्वाथ 20 ग्राम, मधु से प्रयोग करें।

17. 1. शंखपुष्पी 10 ग्राम, बादाम 5 नग, बडे दाख 10 नग, कालीमिर्च 3नग को रात को भिगों कर प्रातः ठण्डाई की तरह दूध जल में बाँट कर पीवें। 2. गिलोय, इलायची से सिद्ध चाय पीवें।

18. रससिंदूर, जहरमोहरा खताई पिष्टी, 5–5 ग्राम, वंशलोचन, विजया चूर्ण, सर्पगन्धा, ज्योतिष्मति बीज, वचा, जटामांसी, अश्वगन्धा, पीपलामूल, छोटी एला के बीज 10–10 ग्राम मिलाकर, 250 मि.ग्रा. के केप्सूल, 2–2 दिन मे 2 बार।

19. पेशावरी पिस्ता 2 नग, चिरोंजी 7 नग, चबा कर खावें। 10 मिनट में सामान्य होगा।

20. मंजीठ, अनन्तमूल, आँवला, मुस्तक, गोखरु, गिलोय, जटामांसी, अर्जुन, मधुयष्टी समभाग 10 ग्राम को रात में भिगोवे प्रातः उबालकर पिलावें।

21. षडंगपानीय या धान्यपंचक 15 ग्राम के क्वाथ का प्रयोग करें।

22. सर्पगंधा 500 ग्राम, छोटी इलायची के दाने 1 ग्राम, वंशलोचन 1 ग्राम, गुलाब जल से 2 बार दे।
23. रुद्राक्ष का चन्दन के तेल में सिद्धकर 1 बूंद दूध से दे। इससे रक्तदाब 15 मिनट में 20 अंक उतर जाता है।
24. रसराज रस 125 मि.ग्राम व मुक्तापिष्टी 250 मि.ग्राम दौरा शान्त करने के लिए दे।
25. स्मृति सागर 250 मि.ग्राम, सारस्वत चूर्ण 2.5 ग्राम, घृत मधु से दे व जटामांसी फाण्ट 10 ग्राम, से दे। 7 दिन में परिणाम मिलेगा। 1माह में रोग निवृत्ति होगी।
26. जहरमोहरा खताई पिष्टी 250 मि.ग्राम, सोडा बाईकार्ब 500 मि.ग्राम, गुलकंद 10 ग्राम से। दिन में 4 बार दे।

घनास्रता, अन्तःशल्यता (Ambolism)

1. कपोत विष्ठा 500 मि.ग्रा., वचा 500 मि.ग्रा., जटामांसी 3 ग्राम, रस माणिक्य 100 मि.ग्रा., का 2 बार, मधु से प्रयोग करें।

थेलीसीमिया (Thalasemia)

1. प्रातः सायं– स्वर्णमाक्षिक भस्म 250 मि.ग्रा., पु॰प॰ विषमज्वरान्तक लौह 100 मि.ग्राम, अमृता सत्व 500 मि.ग्रा., अभ्रक भस्म 100 मि.ग्रा., सर्वज्वरहर रस या जयमंगल या कुमार कल्याण रस 100 मि.ग्रा. गन्धक रसायन 250 मि.ग्रा., मधु, आर्द्रक रस, तुलसी पत्र रस से।
2. पंचतिक्तघृत 10 ग्राम व एक चुटकी नमक की बस्ती दे।

निम्न रक्तदाब (Hypotension)

1. पिप्पली चूर्ण 500 मि.ग्रा. का 2 बार, द्राक्षावलेह 10 ग्राम से प्रयोग करें।
2. वृ॰ वातचिन्तामणि रस 100 मि.ग्रा., क्रव्याद रस 250 मि.ग्रा., मुक्ताशुक्ति पिष्टी 500 मि.ग्रा. द्राक्षावलेह 10 ग्राम से प्रयोग करें। दिन में 2 बार।
3. दालचीनी 1 ग्राम, मण्डूकपर्णी 2 ग्राम, चीनी 5 ग्राम, मधु से दे। दिन में 2 बार।

4. अश्वगंधा 2 ग्राम, पिप्पलामूल 500 ग्राम, गुड़ 10 ग्राम, कोष्ण जल से दे।
5. मांसक्षय की चिकित्सा करें ।

रागी कोशिका बहुलता (Eosinophilia)

1. काकड़ासिंगी, सोमलता, हरिद्रा, पुष्करमूल, वासा, 3 ग्राम, 3 बार।

रक्तवसा अधिकता या कोलेस्टोल बढने पर (Chlesteremia)

1. गाय की तक्र का हिंग 125 मिग्रा व जीरक 3 ग्राम से, घूपित कर प्रयोग कराएँ।

रक्त में सीरम क्रिटिनन बढ़ने पर (Increased Serum cretinin)

1. पीपल के पत्र 5 नग, का क्वाथ दे। दिन में 2 बार।

रक्ताल्पता (Anaemia)

1. 1. प्रातः सायं–कासीस भस्म 125 मि.ग्राम., स्वर्णमाक्षिक भस्म 125 मि.ग्रा., यव या शरपुंखा या वासाक्षार 250 मि.ग्रा, आमलकी चूर्ण 1ग्रा., हिंग्वष्टक चूर्ण 2.5 ग्राम, घृत 2 चम्मच, से 2 बार। 2. भोजन के बाद– आरोग्यवर्धिनी वटी 500 मि.ग्रा., जल से 3. प्रातः–अंजीर 2 नग, मुनक्का 25 नग, छोटी पीपल 2 नग, जामुन के सिरके में भिगो कर, प्रातः खावें व पानी पी जाएँ। 4. अनार का प्रचुर प्रयोग।
2. 1. प्रातः सायं–कासीस भस्म 125 मि.ग्राम., स्वर्णमाक्षिक भस्म 125 मि.ग्रा., आमलकी रसायन 500 मि.ग्रा, प्रवाल पिष्टी 250 मि.ग्रा., मधुयष्ठी चूर्ण 1 ग्रा., सितोपलादि चूर्ण 3 ग्राम, दाड़िमावलेह 20 ग्राम, से 2 बार। 2. भोजन के बाद – आरोग्यवर्धिनी वटी 500 मि.ग्रा., द्राक्षासव 25 मि.ली., जल से 3. प्रातः–अंजीर 2 नग, मुनक्का 25 नग, जामुन के सिरके 2 चम्मच जल 4 चम्मच में भिगो कर, प्रातः खावें व जल भी पी जाएँ।
3. 1. हिंग्वष्टक चूर्ण 2.5 ग्राम, आमलकी चूर्ण 1 ग्राम, कारीस भस्म 125 मि.ग्राम, स्वर्णमाक्षिक भस्म 125 मि.ग्राम, यव या शरपुखा या वासाक्षार 125 मि.ग्राम, घृत से उपर उष्णोदक पान। 2. पीपल 1 नग, अंजीर 2 नग, मुनक्का 20 नग, जामुन सिरका 2 चम्मच में

भिगोकर, प्रातः खावें एवं जल पी जाएँ। 3. दाडिम का नियमित प्रयोग करें।

4. स्रोतोसंगहर चूर्ण 1.5 ग्राम, आमलकी चूर्ण 2 ग्राम, लवणभास्कर चूर्ण 2.5 ग्राम, सितोपलादि चूर्ण 3 ग्राम, 10 ग्राम घृत सें, प्रातः सायं दे।
5. आमलकी, शतावरी, अश्वगन्धा चूर्ण, प्रवाल पंचामृत 5 ग्राम, 2 बार मधु से दे।

रक्तचक्रिका कम होना (Decreased count of blood platelets)

1. 1. प्रातः रात्रि को – क्षीरपाक–दूध 250 ग्राम, अर्जुन छाल 10 ग्राम, वासा 10 ग्राम, अश्वत्थ छाल 15 ग्राम। 2. प्रातः सायं – रसमाणिक्य 50 मि.ग्रा., शुभ्रा भस्म 125 मि.ग्रा., सितोपलादि चूर्ण 2.5 ग्राम, पंचतिक्तघृत गु॰ 1 ग्राम, चन्दनादि लौह 500 मि.ग्रा., शंख भस्म 250 मि.ग्रा., मुक्ताशुक्ति भस्म 250 मि.ग्रा., मधुरक क्षार 500 मि.ग्रा., आमलकी रसायन 1 ग्रा., 2 मात्रा, फिवरोनिल सारप 15 मि.ली., इस औषध से 24 घन्टे में प्रभाव होने लगेगा।
2. पपीता के पत्ते का रस 1 कप, गिलोय रस 25 मि.ली., 2 बार दे।
3. मुलेठी 1 ग्राम, वासा 1 ग्राम, पीपलछाल 10 ग्राम, अर्जुनछाल 10 ग्राम, मुनक्का 50 ग्राम, का क्षीरपाक एवं पपीते के पत्ते का रस, दिन भर।
4. उदुम्बरावलेह 20 ग्राम या उदुम्बर चूर्ण 5 ग्राम, 2 बार, दूध से दे।

सिरा घनास्रता (Vein thrombosis)

1. शिलाजीत 1 ग्राम का मधु से, 2 बार प्रयोग करें।

अध्याय 2

पाचन संस्थान के रोग (Diseases of Digestive system)

अन्त्रपुच्छ प्रदाह, उपान्त्रशोथ (Appedicitis)

1. नवीन रोग में अग्नितुण्डी वटी 2 गोली, 3 बार, जल से एवं जीर्ण रोग में आरोग्यवर्धिनी वटी 2 गोली, 3 बार, जल से दे।
2. पलाश पुष्प 10 ग्राम का शीतकषाय दें।
3. वनतुलसी के बीजों 5 ग्राम की खीर दे।

अम्लपित्त

1. 1. शतपत्र्यादि चूर्ण 3 ग्राम, भृंगराज चूर्ण 2 ग्राम, अडूसा 1 ग्राम, वासाक्षार 500 मिग्रा, आमलकी 3 ग्राम, वृ॰ नारिकेल खण्ड 10 ग्राम, वासा पुष्प गुलकन्द 10 ग्राम, 2 बार प्रयोग करें।
2. मुलेठी, वासा, अमृता, पित्तपापडा, भृंगराज, भूम्यामलकी, निम्ब, पलाशपुष्प, उदुम्बर पत्र, पटोल, शतावरी का क्वाथ 20 ग्राम, पंचतिक्त घृत या महातिक्त घृत 10 ग्राम सें।
3. प्रवाल पिष्टी 250 मि.ग्रा., अमृता सत्व 500 मि.ग्रा., गुलकन्द 5 ग्राम, सौंफ 2 ग्राम, चबा कर खावें। दिन में 3 बार।
4. अरणीमूल की मसी 1.5 ग्राम, जल से 2 बार प्रयोग करें। श्रेष्ठ औषध है।

अतिसार

1. प्रातः सायं – कामदुधा रस 100 मि.ग्रा., संजीवनी 100 मि.ग्रा., बालसुधा 100 मि.ग्रा., बालचार्तुभद्र चूर्ण 250 मि.ग्रा., कर्पूर रस 1 गो. मधु से 3 बार।

2. शंखोदर वटी या शंख भस्म 50 ग्राम, बालसुधा, जायफल 12.5 – 12.5 ग्राम, की 1–1 ग्राम की गोली बनाएँ। शीतल जल से 2 गोली 3 बार।
3. बबूल के पत्र का रस 10 मि.ली या चूर्ण 3 ग्राम, 3 बार दे।
4. श्वेत पर्पटी 500 मि.ग्रा. या अन्य मूत्रल औषध दे।
5. षडंगपानीय 10 ग्राम का कषाय, गिलोय रस 10 ग्राम, मधु 10 ग्राम, बार–बार दे।

अतिसार तर्षा का

1. हरितकी चूर्ण 1 ग्राम, मधुरक क्षार 500 मि.ग्रा., हिंग्वष्टक चूर्ण 1 ग्राम, बालचातुर्भद्र 1 ग्राम, 3 बार, कर्पूरधारा 2 बूँद, ग्लूकोज 2 चम्मच, जल 1 कप से।

अग्निमांद्य, अरोचक

1. इमली का पानक– इमली पकी हुई 15 ग्राम, रात को भिगो कर पानक बनाएँ। काली मिर्च, हिंग, जीरा, काला नमक, गुड डाल कर, भोजन से पूर्व सूप की तरह या प्रातःकाल देवें। 3 दिन लगातार, फिर एक दिन छोड़ कर, फिर सप्ताह में 2 बार, फिर सप्ताह में 1 बार। अरोचक, आमवात, वात कफज रोग, फ्लोरोसिस में भी दे सकते हैं।
2. पिप्पली कल्प– पिप्पली को रात को मिट्टी के पात्र में भिगो दे। प्रातः उन्हें नमक में डाल कर तवे पर सेक लें। इन्हें खाकर ऊपर से गोदुग्ध पी लें। प्यास लगने पर भी दूध ही पीवें। दिन में भी यथासंभव गोदुग्ध का अधिक उपयोग करें। कोष्ण जल भी पिया जा सकता है। खाने में यथासंभव घृत की अधिकता वाला भोजन करें। बाटी को फोड़ कर घृत में डूबो कर रखें व उसका उपयोग करें। पिप्पली एक से आरंभ करें। पिप्पली की संख्या प्रतिदिन इस तरह बढावें। पहले दिन 1, दूसरे दिन 1, तीसरे दिन 2, चौथे दिन 2, पांचवे दिन 3, छठे दिन 3, सातवें दिन 4, आठवें दिन 4, नवे दिन 5, दसवें दिन 5, ग्यारहवें दिन 6, बारहवें दिन 6, तेरहवें दिन 7, चोहदवें दिन 7, पन्द्रहवें दिन 8, सोलहवें दिन 8, सत्रहवें दिन 8, अठारवें दिन 8, उन्नीसवें दिन 7, बीसवें दिन 7, इक्कीसवें दिन 6, बाइसवें दिन 6, तेइसवें दिन 5, चोइसवें दिन 5, पच्चीसवें दिन 4,

छब्बीसवें दिन 4, सत्ताइसवें दिन 3, अट्ठाइसवे दिन 3, उन्तीसवे दिन 3, तीसवें दिन 2, इकत्तीसवें दिन 1 व बत्तीसवें दिन 1 पिप्पली लें।

अर्श

1. प्रातः सायं–अर्शकुठार 250 मि.ग्रा., संगजराहत 500 मि.ग्रा., शुभ्रा भस्म 125 मि.ग्रा., पुनर्नवा मण्डूर 1 ग्रा., तालीसादि चूर्ण 2.5 ग्रा., 2 बार, वासावलेह 20 ग्राम, घृत 1 चम्मच से, कोष्ण जल से दिन में 2 बार–पाइलेक्स 2 गो. व लिव 52, 2 गो.।
2. इन्द्रायण की मूल घिस कर लगाएँ।
3. दशांग लेप या कण्टकारी के बीज की धूणी दे।
4. 1. मरवे के पत्र की लुगदी अर्श पर बाँधें। 8–10 दिन तक। व्रण हो तो जात्यादि तेल से व्रणोपचार करें। 2. मूली का रस 50 मि.ली. नमक मिला कर पीवें तो अर्श तकलीफ नहीं देगा। 3. वर्ती– संखीया, नमक, चूना, हरताल, सिंगरफ की वर्ती बना कर, घीस कर अर्श पर लेप करें। बाकी स्थान पर घृत का लेप कर दें।
5. काले बिच्छू को सरसों के तेल में लाल शीशी में डाल कर 1 माह रखें। इससें रोगी का नाभी पूरण करें। इससें अर्श झड़ जाएगें।
6. सफेद संखिया 10 ग्राम लेकर, 200 ग्राम ग्वारपाठे के गूदे में हल्की आँच पर जला लें। जलने पर संखीया निकाल लें। इसमें 50 ग्राम कत्था मिला कर चूर्ण करें। 125 मि.ग्रा. दवा को काटन पर लगा कर मस्से पर टोपी लगा कर पेड बाँध दे। पानी निकलेगा। शौच के बाद पुनः लगाावें। 7 दिन में मस्से साफ होंगे।
7. भांग को धोकर घी में भून लें। बूरा मिला कर 500 मि.ग्रा. की गोली बना लें। 2 बार, जल से दे। शूल में भांग की टिकीया बाँधें।
8. गोरखगांजे का धूमपान करें।
9. निम्ब तेल 5 बूँद पतासे में। दिन में 2 बार।
10. काकजंघा को लुगदी बना कर बाँधें। मिश्री के साथ पिलावें।
11. कपित्थ के पत्ते 10 ग्राम, 3 बार दे । 11 बजे 6 बजे 11 बजे पानी से दें। अतिसार होगा व अर्श निकल जावेगा। दूसरे दिन भी यही 3 मात्रा देनी है।

रक्तार्श

1. प्रातः सायं – अर्शकुठार 250 मि.ग्रा., चन्द्रकला रस 250 मि.ग्रा., नागकेसर चूर्ण 1 ग्राम, वासा चूर्ण 2 ग्राम, संगजराहत भस्म 500 मि. ग्रा., शुभ्रा भस्म 125 मि.ग्रा., पुनर्नवा मण्डूर 1 ग्रा., घृताष्म पिष्टी 1 ग्राम, 2 बार, वासावलेह 20 ग्राम, घृत 1 चम्मच से, गरम जल से। दिन में 2 बार – पाइलेक्स 2 गो. व लिव 52, 2 गो., 2 बार जल से।
2. कोन्ट्रानिल केप्सुल 500 मिग्रा, दिन में 3 बार जल से दे। (काला सुरमा 1 भाग, हल्दी 4 भाग, धृताष्म पिष्टी 4 भाग)
3. खून खराबा, तालमखाना व मिश्री, 3 ग्राम, 3 बार जल से।
4. मांसरोहिणी 5 ग्राम व मरिच 1 ग्राम की ठण्डाई पीवें।
5. सोनागेरु में नकछिंकनी के रस की 21 भावना दे। 250 मि.ग्राम की मात्रा में, दिन में 3 बार दे।
6. 50 ग्राम वनतुलसी के बीज (नगद बावची) को बारीक पीसकर 10 खुराक करें। 10 दिन तक दही व मिश्री से दे। 6 माह तक गुड़ उडद की दाल बन्द रखें। 10 दिन तक खटाई न दे।
7. तृणकान्तमणि पिष्टी (कहरवा) 500 मि.ग्राम व बोल पर्पटी 500 मि. ग्राम, द्राक्षावलेह 10 ग्राम से दे। यदि निर्बलता हो, कब्ज न हो तो साथ में अभ्रक भस्म 125 मि.ग्रा., अमृता सत्व 500 मि.ग्राम व नागकेसर 1 ग्राम, द्राक्षावलेह 10 ग्राम से दे।
8. केशराज चूर्ण 3 ग्राम का 3 दिन तक प्रयोग करें। 3 दिन तक परहेज करें।
9. एक समय हरी पत्ती की सब्जी जैसे पालक, मैथी, बथुआ का सेवन करें।
10. प्रातः स्नान के बाद नाक में 4–4 बूंद सरसों का तेल डाल कर साँस खींचे।
11. आलू, अरबी, बेंगन, भिण्डी का सेवन न करें।
12. एक टब में गरम जल में थोड़ा नमक डाल कर उसमें बैठ कर सिकाई करें।
13. भांग को धोकर घी में भून लें। मस्सों पर भांग की टिकीया गुदा पर बाँधें।

14. रात्रि को निम्ब तेल 5 बूँद पतासे में लेवें।
15. अरिष्टक फल त्वक् भस्म, पपडिया कत्था, समान भाग का 2 ग्रा. का केप्सूल तेज रक्तस्राव को रोकता है। इसे घृत या मक्खन से दे।
16. 1. शोणितार्गल रस 250 मि.ग्रा., नागकेसर चूर्ण 3 ग्राम, शुभ्रा भस्म 125 मि.ग्रा., घृताष्म पिष्टी 1 ग्राम, संगजराहत भस्म 250 मि.ग्रा., त्रिवंग भस्म 125 मि.ग्रा., लाजवन्ती के बीज 1 ग्राम, दिन मे 2 बार, अर्जुन 10 ग्राम, मुलेठी 1 ग्राम के क्षीरपाक से 2. गुदा पर बाँधने के लिए– लाजवन्ती के बीज, लोध्र, बबूल के पत्र, नागकेसर, दूध, घृत को भर्जित कर बाँधे।
17. वनतुलसी या तुख्म रेहां या तुख्मर्या के बीज 1 ग्राम, दही से।
18. कुकरोंधा के रस 1 किलो में 6 ग्राम कालीमिर्च डाल कर, घनसत्व बना कर, 500 मि.ग्राम की गोली, 2 बार।
19. 1. प्रातः 8 बजे– तुख्मरेहां (छोटी बावची) 10 ग्राम व शुभ्रा भस्म 1 ग्राम, की 10 पुडी बनाएँ। एक पुडी दही या छाछ से इसके एक घन्टे तक कुछ न दे। 10 दिन तक दे। 2. सायं–नोपत्ती या बीली (*Crenulata hortensis* or *Limonia crenulata*) के पत्र का चूर्ण 500 मि.ग्रा., शक्कर 1 ग्राम, को जल से 5 दिन तक। 3. मलहर–तिल्ली का तैल, मोम, कपूर, रसकपूर, नीलाथोथा, मेनसिल, हरताल, साजी, टंकण, राल व शुभ्रा का लेप।
20. 1. प्रातः सायं–चन्द्रकला रस 250 मि.ग्रा., बोलबद्ध रस 250 मि.ग्रा., बोलपर्पटी 500 मि.ग्रा., अमृता सत्व 500 मि.ग्रा., तृणकान्तमणि पिष्टी 250 मि.ग्रा., नागकेसर चूर्ण 1 ग्रा., वासा चूर्ण 1 ग्राम, कूष्माण्डावलेह 20 ग्राम, से 2 बार।
21. 1. प्रातः सायं–अर्शकुठार रस 250 मि.ग्रा., शुभ्रा भस्म 125 मि.ग्रा., संगजराहत भस्म 500 मि.ग्रा., पुनर्नवा मण्डूर 500 मि.ग्रा., तालीसादि चूर्ण 2 ग्राम, 2 बार, वासावलेह 10 ग्राम, घृत 10 ग्राम, कोष्ण जल। 2. पाईलेक्स 2 गो., लिव 52 2 गो., 2 बार, जल सें। 3. निम्ब तेल 10 बूँद, दूध से 4. कासीसादि व निम्ब तेल 10 मि.ली. की बस्ती।
22. अपामार्ग मूल चूर्ण 1.5 ग्राम, को चावल के मांड से, 2 बार, 3 दिन दे।

आध्मान

1. हरितकी घृत 10 ग्राम का प्रयोग करें। (अ.हृ.चि. 15–28 से 30)
2. 1. अनुलोमन–एरण्ड तैल, मधु, गोमूत्र की बस्ती दे। 2. प्रातः स्नेहन–हिंग्वष्टक चूर्ण 2 ग्राम, तालीसादि चूर्ण 3 ग्राम, स्रोतोसंगहर चूर्ण 1.5 ग्राम, घृत 20 ग्राम, द्राक्षासव 30 मि.ली., उष्णोदक पान। 3. दिन में 3 बार–हिंग्वष्टक चूर्ण 2 ग्राम, मधुरक क्षार 500 मि.ग्रा., सितोपलादि चूर्ण 3 ग्राम, कामदुधा रस 250 मि.ग्रा., मधु से 4. भोजन के बाद–आरोग्यवर्धिनी वटी 2 गो. व पुनर्नवारिष्ट 20 मि.ली., समान जल से, 2 बार। उदावर्त में भी दे सकते हैं।
3. रसोन 5 ग्राम का घी में प्रयोग करें।
4. व्याघ्रनखी (जाल) का पत्र, अजवायन, नमक, 2:2:1 की मात्रा में मिला कर 1–1 चम्मच, 2 बार, भोजन के बाद जल सें।
5. शांतीवर्धक चूर्ण 1.5 ग्राम, श्वेतपर्पटी 500 मि.ग्रा., तरुणीकुसुमाकर चूर्ण 2 ग्राम, मधुरक क्षार 500 मि.ग्रा., तालीसादि चूर्ण 2 ग्राम, लवण भास्कर या उदरामृत चूर्ण 1.5 ग्राम, व सबके बराबर शक्कर, इनका 1–1 चम्मच कोष्ण जल से दे।

आम प्रवाहिका

1. 1. आधा भुना जीरा, आधी भुनी सौंफ, ईसबगोल, हरड़, सोंठ, का चूर्ण दे। 2. गोदुग्ध 250 मि.ली. में 2 चम्मच तिल्ली के तेल का पान कराएँ। 10दिन तक। (सुश्रुत) 3. भोजन के बाद–कर्पूर धारा 2बूँद दे। 4. बाथली की सब्जी दे।
2. हरितकी चूर्ण 2 ग्राम, हिंग्वष्टक चूर्ण 2 ग्राम, मधुरक क्षार 500 मि. ग्रा., पिप्पली चूर्ण 500 मि.ग्रा, अथवा शिवाक्षार पाचन चूर्ण 5 ग्राम, जल से।
3. लाजवन्ती की मूल, बोर जडी की छाल, बिल्व पत्र, मुनक्का, समभाग लेकर, कूट कर, चूर्ण, 6 ग्राम, 3 बार, शीत जल से
4. 1. सौंफ, सोंठ, ईसबगोल, नागरमोथा, बिल्वगिरी, धनिया, मेथीदाना, सबका चूर्ण, 1–1 चम्मच, सुबह शाम। या 2. हिंग्वष्टक चूर्ण 2.5 ग्राम, मधुरक क्षार 500 मि.ग्रा., ईसबगोल 2 ग्राम, पीयूषवल्ली रस 250 मि.ग्रा., लोकनाथ रस 250 मि.ग्रा., कुटजारिष्ट 20 मि.ली.। 2 बार। 3. अलसी का तेल 2 चम्मच, दूध से

5. 1. एरण्ड स्नेह से शोधन कराएँ। 2. भोजन के बाद–चित्रकादि वटी 4 गोली, घृत से, 2 बार। 3. विडंग चूर्ण 2 ग्राम, गन्धक रसायन 500 मि.ग्रा., अर्शकुठार 250 मि.ग्रा., 2 बार, घृत से, उष्णोदक दे।

आमपाचक

1. 1. संजीवनी 250 ग्राम, कांकायन वटी 250 ग्राम, गन्धक वटी 500 ग्राम, हिंग्वष्टक चूर्ण 1 ग्राम, लवणभास्कर चूर्ण 500 मि.ग्रा., शुण्ठी चूर्ण 500 मि.ग्रा., प्रातः के भोजन के पूर्व, 50 मि.ली. गर्म जल से 2. मधुकादि चूर्ण 2.5 ग्राम, विड़ंगारिष्ट 25 मि.ली., व जल से।

आमाशयव्रण

1. गन्ना चूसें।
2. मधुयष्टी या शतावरी घृत 10 ग्राम दूध से दे।
3. धनिया, सौंफ, मिश्री चूसने को दे। दिन में 1–1 चम्मच 6 बार।

शूल (आमज)

1. शान्तिवर्धक चूर्ण 1 ग्राम, तरुणिकुसुमाकर चूर्ण 1 ग्राम, तालीसादि चूर्ण 1 ग्राम, मधुरक क्षार 500 मि.ग्रा., उष्णोदक से, 1–1 घण्टे से।

आन्त्रवृद्धि

1. स्रोतोसंगहर चूर्ण 1.5 ग्राम, वृद्धिवाधिका वटी 500 मि.ग्रा., ताप्यादि लौह 250 मि.ग्रा., आंत्रवृद्धिहर गुग्गुलु 500 मि.ग्रा., चन्द्रप्रभा वटी 500 मि.ग्रा., पुनर्नवा मण्डूर 500 मि.ग्रा., 2 बार, कूष्माण्डावलेह 10 ग्राम व 2 चम्मच घृत से, गर्म जल दे। औषध देने के 2 घण्टे तक कुछ न दे।
2. आनाह न होने दे।
3. क्षुधा का ध्यान रखें।
4. भोजन के बाद–आरोग्यवर्धिनी वटी 2 गो. व सारिवाद्यासव 20 मि.ली. व देवदार्वाद्यरिष्ट 20 मि.ली., समान जल से टेब. सुप्राडिन 1, 2 बार, 7 दिन, फिर 1 रोज 15 दिन तक।

आनाह जीर्ण

1. जीर्ण आनाह – प्रातः त्रिफला 5 ग्राम, अजवायन 1 ग्राम, गुड़ 10 ग्राम, जल से।
2. गन्धक का प्रयोग अन्य औषध के साथ करें।
3. गंगेरन 3 ग्राम, व शक्कर 5 ग्राम, 2 बार, जल से।
4. गंधक, आमलकी चूर्ण व शक्कर 5 ग्राम, 2 बार, जल से।
5. 1. प्रातः स्नेहन कराएँ। फिर शतावरेक्स 20 ग्राम, दूध से
6. प्याज का रस एक कप व एरण्ड तेल 10 ग्राम को कोष्ण दें।

उदरशूल

1. 1. शान्तिवर्धक चूर्ण 1 ग्राम, सिंहनाद गु॰ 1 ग्राम, मधुरक क्षार 500 मि.ग्रा., सितोपलादि चूर्ण 2 ग्राम, मधुरक क्षार 500 मि.ग्रा., दाडिमावलेह 20 ग्राम, या जल में लिवोहर्ब मिला कर, 1–1 घण्टे से भोजन के बाद – आरोग्यवर्धिनी वटी 2 गो, 2 बार।
2. त्रिकटु चूर्ण 750 मि.ग्रा., त्रिफला चूर्ण 1.5 ग्राम, मधुरक क्षार 500 मि. ग्रा., प्रवाल पंचामृत रस सादा 250 मि.ग्रा., तालीसादि चूर्ण 2 ग्राम, 3 बार जल से।
3. पंचसकार चूर्ण 1.5 ग्राम, श्वेतपर्पटी 500 मि.ग्रा., शान्तीवर्धक चूर्ण 1 ग्राम, मधुरक क्षार 500 मि.ग्रा., हिंग्वष्टक चूर्ण 1 ग्राम, या लवणभास्कर चूर्ण 1 ग्राम, 3 बार, शक्कर के जल से।
4. लवणभास्कर चूर्ण 3 ग्राम, मधुरक क्षार 500 मि.ग्रा., शक्कर 5 ग्राम, गर्म जल से।
5. एरण्ड बीज 5 ग्राम, मैथी 5 ग्राम, गुड 5 ग्राम का क्वाथ, गरम गरम दें।
6. शान्तीवर्धक चूर्ण, श्वेतपर्पटी, तरुणीकुसुमाकर चूर्ण, मधुरक क्षार, तालीसादि चूर्ण, लवणभास्कर चूर्ण, उदरामृत चूर्ण, सब समान एवं सबके बराबर शक्कर, 1–1 चम्मच, गर्म जल से, 2 या 3 बार।

कृमिज उदरशूल

1. पलाश बीज, अजवायन, हिंगु, गुड 10 ग्राम का प्रयोग करें।

उदावर्त

1. 1. सर्वप्रथम मलशोधक बस्ती दे। 2. दिन में 2 बार–कामदुधा रस 250 मि.ग्रा, पंचसकार चूर्ण 1.5 ग्राम, सितोपलादि चूर्ण 2 ग्राम, मधुरकक्षार 500 मि.ग्रा., उदरामृत चूर्ण 1 ग्राम, 3 बार, जल से भोजन के बाद–आरोग्यवर्धिनी 2 गोली, चित्तचंदिरासव 20 मि.ली., समान जल से।
2. 1. प्रातः–पुनर्नवाष्टक या दशमूल क्वाथ 15 ग्राम व एरण्ड तैल 10 मि.ली. व फलघृत 10 मि.ली.व कोई आसव अरिष्ट 40 मि.ली. व चित्रकादि वटी 4 गोली दे। 2. सायं 4बजे–ईसबगोल या त्रिवृत या अविपत्तिकर चूर्ण व मुलेठी दे। 3. भोजन पूर्व–हिंग्वष्टक चूर्ण 3 ग्राम। 4. उदर पर पंचगुण तेल की मालिश।
3. त्रिवृत्त, मधुयष्टी, ईसबगोल, 5 ग्राम सायं खाने से पूर्व दे।
4. सुपारी की चटनी 5 ग्राम को तक्र या कांजी से प्रयोग।
5. श्रीखण्ड व सौंफ का बार बार सेवन।
6. मुलेठी 1 ग्राम, पीपल 2 नग सिद्ध दुग्ध।
7. खाने के बाद 1 कप गर्म दूध दे।

औष्ठ शुष्कता

1. नाभी में घृत लगाावें या पूरण करें।

गुदभ्रंश

1. ताजा लिसोडा की चटनी बना कर, घी, हल्दी डाल कर कोष्ण बाँधें।
2. शरपुंखा मूल लगाएँ। दाह हो तो घृत लगाएँ।
3. कमल के पत्र की लुगदी, दाडिम त्वक्, बबूल पत्र गुदा पर बाँधें। खाने में कमल पत्र का चूर्ण 3 ग्राम, 2 बार दे।

गुदशूल

1. अर्शकुठार रस 250 मि.ग्रा., पुनर्नवा मण्डूर 500 मि.ग्रा., उदरामृत चूर्ण 2 ग्राम, अपामार्ग क्षार 250 मि.ग्रा., घृत से, उष्णोदक पिलावें।

2. यवक्षार 500 मि.ग्रा., घृत से चाटें। गर्म जल पिलावें।
3. उदरामृत चूर्ण 3 ग्राम व अपामार्ग क्षार 500 मि.ग्रा. घृत 10 ग्राम से, कोष्ण जल पान।

ग्रहणी

1. धान्यक 250 ग्राम को घी 250 ग्राम में सेंकें। पोस्तदाना 150 ग्राम को 100 ग्राम घी में सेकें। सोंठ 20 ग्राम, कालीमिर्च 10 ग्राम, पीपल 5 ग्राम, बादाम 100 ग्राम व 250 ग्राम बूरा मिलावें। फिर 10–10 ग्राग 2 बार जल से दे।
2. लाजवन्ती की मूल 2 ग्राम का 2 बार जल से प्रयोग करें।

छर्दि

1. 1. अर्क विसूचिकान्तक 20 मि.ली., वोमीटेब सीरप 10 मि.ली., कर्पूर धारा 1 बूँद, आधा कप जल, 1 चम्मच चीनी, 3 बार। 2. खमीरा आबरेशम 1/2 चम्मच दिन में 3 बार। 3. 2 लवंग का जल व पीपल की छाल की मसी का जल दे। 4. क्विनीन के प्रभाव से हो तो स्वर्णमाक्षिक भस्म 250 मि.ग्राम, अमृता सत्व 500 मि.ग्राम, प्रवाल पिष्टी 250 मि.ग्राम, जहरमोहरा पिष्टी 250 मि.ग्राम, सितोपलादि चूर्ण 3 ग्राम, कूष्माण्डावलेह 20 ग्राम, से 3 बार।
2. इमली वृक्ष की छाल का क्षार का जल दे।
3. कण्टकारी मूल रस 5 मि.ली को मद्य 10 मि.ली मिला कर दे।
4. बडी एला की मसी 1 ग्राम मधु से दे।
5. जामुन पत्र का रस 5 मि.ली., मधु से दे ।
6. कपूरकाचरी 500 मि.ग्राम, मधु से।
7. कहरवा पिष्टी 500 मि.ग्राम, एला, मिश्री के द्रव से दे।
8. मयूरपंख को जलाकर, मक्खी की विष्टा के साथ 1 चुटकी शीतोदक से दे।
9. कीटाणु जनित तीव्र, दुर्गन्धयुक्त छर्दि में – मयूरपिच्छ भस्म 250 मि. ग्राम, जहरमोहरापिष्ठी 250 मि.ग्राम, पोदीने के अर्क से 1/2 – 1/2 घन्टे पर दे।

यात्रा की छर्दि

1. गिलास में 1 बूँद पेट्रोल डाल कर, पिलावें या सुंघावें।
2. पैर के तलुए के नीचे अर्क पत्र रख कर जूता पहने।

छर्दि अपचन की

1. इन्द्रायण के फल में लवंग गाड़ कर सुखा लें। एक लवंग नमक के साथ दे।
2. अर्क का पीला पत्र का रस निकाल कर सैन्धव व कालीमिर्च से दे।

छर्दि व अतिसार

1. धान्यपंचक क्वाथ, गिलोय, कुटज के जल को मधु मिला कर दिनभर पिलावें।
2. षड़ंगपानीय, गिलोय, मधु, बार बार दे।

नाभिस्रंस

1. बहेडे 10 ग्राम का क्वाथ मधु मिला कर दे।
2. 1. सीधे लेट कर एक पैर को अंगूठे को घुटनों की तरफ बलपूर्वक मोडते हुए, साँस भरते हुए, पैरों को दो फीट उठावें। जब तक संभव हो स्थिर रखें, फिर साँस छोडते हुए, धीरे धीरे नीचे लाएँ। ऐसा ही दूसरे पैर से करें। ऐसा 5–5 बार करें। 2. रोगी को सीधा लिटा कर, दूसरा व्यक्ति हाथ के मुक्के से, पादतल के बीच में प्रहार करे। दोनों पादतल में 5–5 बार करें। 3. शिघ्रता से 10–10 बार उठक बैठक लगाएँ।
3. 1. लेप–दशांग लेप, सहींजना छाल, एरण्ड तेल से 2. रामबाण रस 250 मि.ग्रा., शंख भस्म 250 मि.ग्रा., शुभ्रा 125 मि.ग्रा., शतपत्र्यादि चूर्ण 3 ग्राम, 2 बार, जल से 3. भोजन के बाद–एसीडोनिल पावडर, दूधी, नकछिंकनी व गुड़ की बेर के बराबर गोली दे।
4. 1. पंचामृत पर्पटी 10 ग्राम को खूब घुटाई करके, अजवायन, सोंठ, नकछिंकनी का 25–25 ग्राम चूर्ण डाल कर नकछिंकनी के रस से 7 दिन घुटाई करें। गुड़ 85 ग्राम डाल कर 85 गोली बनाएँ। 1–1 गोली दिन में 3 बार गर्म जल से दे।। अव्यर्थ योग है। 2. प्रातः

सायं – कामदुधा रस 250 मि.ग्राम., सूतशेखर रस 250 मि.ग्रा., सज्जीक्षार 500 मि.ग्रा, उदरामृत चूर्ण 2 ग्रा., सितोपलादि चूर्ण 3 ग्राम, जल या दाडिमावलेह 20 ग्राम, से 2 बार।

परिकर्तिका

1. नस्य–प्रातः स्नान के बाद एवं सायं 4–4 बूँद सरसों का तेल नाक में डालें व साँस खीचें।
2. भोजन में एक समय हरी पत्तीदार सब्जी का प्रयोग करें। आलू, अरबी, भिण्डी, बेंगन का प्रयोग न करें।
3. सायं 5 बजे–स्वादिष्ट विरेचन चूर्ण 6 ग्राम, गर्म जल से लें।
4. 2 बार सुखोष्ण गर्म जल में नमक या बोरिक एसिड डाल कर टब में बैठ कर सिकाई करें।
5. रात्रि को सोते समय 10 मि.ली. जात्यादि तेल गुदा में 2 इन्च अन्दर डालें। इसके लिए लाल रबड़ केथेटर को आगे से 6 इन्च काट कर 10 मि.ली. की प्लास्टिक सिरिंज से गुदा के अन्दर डालें। फिर कॉटन लगा कर पट्टी लगा लें।
6. प्रातः 8 बजे व सायं 4 बजे–अर्शकुठार रस 250 मि.ग्रा., पुनर्नवा मण्डूर 500 मि.ग्रा., उदरामृत चूर्ण 2 ग्राम, अपामार्ग क्षार 250 मि.ग्रा., गोघृत से, गर्म जल घूंट–घूंट पिलावें।
7. दिन में 2 बार–लिव 52 2 गो. व टेब. निरोसिल 1 गो., जल से।
8. भोजन के बाद दोनों समय–सारस्वतारिष्ट 6 चम्मच को बराबर जल में मिला कर लें।

प्रवाहिका

1. दूध में तिल तेल 2 चम्मच डाल कर दे। 2. पुनरावर्तक – एरण्ड तेल का सोंठ के क्वाथ से बार बार प्रयोग।

भगन्दर (Fistula)

1. सप्तविंशति गुग्गुलु 1–1 ग्राम, दिन में 3 बार, मधु या जल से दे।
2. भृगंराज को पीस कर पुल्टिस बाँधे।
3. अतिबला के पत्रों को गुड़ मिला कर पुल्टिस बाँधे।

4. छोटी हरड़ 16 भाग, नीलाथोथा का फूला 1 भाग को नीबू के रस में मर्दन कर 125 मि.ग्रा. की गोली बना कर, 1–1 गोली जल से, 2 बार 21 दिन तक ले।

मुखपाक

1. कामदुधा रस 250 मि.ग्रा., सप्तामृत लौह 500 मि.ग्रा., अमृता सत्व 500 मि.ग्रा., सितोपलादि चूर्ण 3 ग्राम, 4 बार, कूष्माण्डावलेह 20 ग्राम, से।
2. 1. प्रातः सायं–शतावरी चूर्ण 1 ग्राम, मुलेठी चूर्ण 1 ग्राम, वीर्यशोधक वटी 250 मि.ग्रा., वीर्यशोंधक चूर्ण 1 ग्राम, आमलकी चूर्ण 1 ग्राम, कूष्माण्डावलेह 20 ग्राम, से 2 बार। 2. भोजन के बाद–सारिवाद्यासव 20 मि.ली., समान जल से।
3. केथ के गूदे या पत्ती को चबावें।
4. दूध की लस्सी बना कर, खूब फेंट कर, पी जाएँ।
5. चमेली या गुन्जा (चिरमी) के पत्तों को चबाकर मुँह में घुमाएँ।
6. शीतल मिर्च, श्वेत कत्था, इलायची दाना, ग्लीसरीन से लेप।
7. 30 मि.ग्रा. तुत्थ भस्म को पान में 3 दिन तक दे।
8. सफेद छाले–कंसूभी के बीज का मुख में लेप।
9. चिरकालीन छाले – हरड़, बहेड़ा, आँवला, मुलेठी, गुलाब के फूल, छोटी एला के दाने, पपड़ीया कत्था 10–10 ग्राम, मिश्री 100 ग्राम को पीस लें व चुटकी भर मुँह में रखे।
10. पुनरावर्तक मुखपाक – कुटकी 3 ग्राम, पानी से 10 दिन तक दे। अमृता व मुलेठी का प्रयोग करें।
11. पीपल की अर्न्तछाल, वंशलोचन को मधु से लगाएँ।

वातिक ग्रहणी, अल्सरेटिव कोलायटिस (इरिटेबल बाउल सिंड्रोम)

1. कच्चे बिल्व का भोजन से पूर्व प्रयोग। दिन मे 2 बार–शतावरी 500 मि.ग्रा., मुलेठी 500 मि.ग्रा., तालीसादि चूर्ण 2 ग्राम, आमलकी रसायन 500 मि.ग्रा., प्रवालपंचामृत 250 मि.ग्रा., महावातविध्वंसन रस 250 मि.ग्रा., का बिल्वावलेह (साण्डू) का प्रयोग।
2. मसूर की दाल खिलावें। बादाम 5, कालीमिर्च 5 नग, मधु से दे।

3. 1. पेट पर पंचगुण तेल की मालिश करके सेकें। 2. धनिये की पंजीरी शतावरी घृत में बनाएँ, पोस्ता, सोंठ, कालीमिर्च, पीपल, 100:25:1:1:1 में बनाकर खिलावें। 3. ईसबगोल 5 ग्राम, भोजन से पूर्व। 4. षडंगपानीय 100 ग्राम, कुटज 20 ग्राम, गिलोय 50 ग्राम, का मिलित क्वाथ 20 ग्राम, मधु मिला कर। 5. मुस्तकारिष्ट 20 मि.ली., 2 बार, समान जल से।
4. चित्रकादि घृत 10 ग्राम, प्रातः चटाएँ।
5. हिंग्वष्टक चूर्ण 1 ग्राम, सितोपलादि चूर्ण 1 ग्राम, शतावरी घृत या त्रिफलादि घृत से।
6. शीशम के पत्र 5 ग्राम व मिश्री 10 ग्राम का सेवन, 2 बार जल से दे।
7. क्षीरबस्ति बूँद–बूँद विधि से दे। 11 दिन में लाभ।

विदग्धाजीर्ण

1. लघु सूतशेखर रस 1 ग्राम, 2 बार दे।

अध्याय 3

नाड़ी संस्थान के रोग
(Diseases of Nervous system)

1. अनिद्रा

1. तिन्दुक वटी 125 मि.ग्रा., अमरसुन्दरी वटी 1 ग्राम, 3 बार, जल से दे।
2. अश्वगन्धा 3 ग्राम, मिश्री 10 ग्राम, दूध से, 2 बार दे।
3. प्रातः नागरमोथा 10 ग्राम का शीत कषाय, मधु मिलाकर दे।
4. शंखपुष्पी 15 ग्राम, बादाम 5, कालीमिर्च 5, मुनक्का 21, धनिया 5 ग्राम, पोस्तदाना 10 ग्राम, की ठण्डाई बनाकर मिश्री डाल कर दे। 3 दिन मे अवश्य लाभ होगा। उच्च रक्तदाब में भी दे सकते हैं।

अवबाहुक

1. 1. एरण्ड स्नेह से विरेचन कराएँ। 2. प्रातः 8 बजे व सायं 4 बजे – मृत्युंजय रस 250 मि.ग्रा., रसमाणिक्य 125 मि.ग्रा., शिवागुटिका 250 मि.ग्रा., गोक्षुरादि गु॰ 500 मि.ग्रा., बालसुधा 150 मि.ग्रा., तालीसादि चूर्ण 2.5 ग्रा., मधु से 3. हारसिंगार व निर्गुण्डी 20 ग्राम का क्वाथ व एरण्ड तेल 10 ग्राम 4. कर्णपूरण – दशमूलाद्य तेल से 5. नस्य–प्रातः 6 बजे–कट्फल नस्य, 2 घण्टे बाद–दशमूलाद्य तेल से सायं–घृत से 6. लेप–दशांग लेप 16 भाग, राई 1 भाग, अजवायन 1 भाग, अलसी 4 भाग, हल्दी 2 भाग, एरण्ड तेल 2 भाग, मधु 4 भाग, ईसबगोल 4 भाग, गोमूत्र में लेप बनाकर लगाएँ।

कटिशूल

1. आमाहल्दी, शक्कर, चूने का पेस्ट बना कर, कपडे पर लगा कर चिपका दे।

2. चक्रमर्द के बीज 1.5 ग्राम, चतुर्बीज चूर्ण 3 ग्राम, स्रोतोसंगहर चूर्ण 2 ग्राम, हिंग्वष्टक चूर्ण 2 ग्राम, 2 बार गर्म जल से।

कम्पवात

1. 1. सर्वप्रथम मलशोधक बस्ती दे। 2. सुवर्णभूपति रस 100 मि.ग्रा., स्मृतिसागर रस 250 मि.ग्रा., सिद्ध दरदामृत रस 125 मि.ग्रा., तालीसादि चूर्ण 2 ग्राम, अमृता सत्व 500 मि.ग्रा., स्रोतोसंगहर चूर्ण 1 ग्राम, बालसुधा 125 मि.ग्रा., गोक्षुरादि गु॰ 500 मि.ग्रा., 2 बार, ब्राह्मी घृत 15 ग्राम, शतावरी घृत 10 ग्राम, ज्योतिष्मति तेल 10 बूंद। 3. नस्य–ज्योतिष्मति तेल 1 भाग व घृत 4 भाग का। 4. कर्णपूरण–रुद्राणु तैल। 5. क्षीरपाक–मुलेठी, पीपल 5 नग 6. अभ्यंग–घृत व तिल तेल का। सेरेब्रल न्यूरोपेथी में भी यह प्रयोग किया जा सकता है।

गृध्रसी

1. 1. प्रातः 1 बार–वातान्तक लिक्विड 25 मि.ली., मधु 15 ग्राम, एरण्ड स्नेह 10 ग्राम, उपर से उष्णोदक दे। अथवा निर्गुण्डी पत्र 10 ग्राम, हारसिंगार पत्र 10 ग्राम, मन्दाग्नि पर क्वाथ कर, मधु मिला कर दे। 2. प्रातः सायं–रसमाणिक्य रस 50 मि.ग्रा., गोक्षुरादि गु॰ 1 ग्राम, बालसुधा 250 मि.ग्रा., तालीसादि चूर्ण 2.5 ग्राम, मृत्युजंय रस 250 मि.ग्रा., 2 बार, एक बार कूष्माण्डावलेह 15 ग्राम, दूसरी बार अश्वगन्धावलेह 15 ग्राम से दे।
2. 1. शुण्ठी 2 ग्राम, गिलोय 10 ग्राम का क्वाथ एरण्ड स्नेह 10 ग्राम डाल कर। 2. अश्वगन्धा 3 ग्राम, मिश्री घी से 3. बाम व तेल की मालिश, नमक, सज्जीक्षार का स्वेदन करें।
3. हरितकी, विभितक, एलवा, सुरंजान, सोंठ, असगन्ध, समान लेकर गोमूत्र व ग्वारपाठा के रस में मर्दन करके 1 ग्राम की 2–2 गोली कोष्ण जल सें। खटाई न दे।
4. आंबाहल्दी 6 ग्राम, मेदालकडी 6 ग्राम. दूध 250 मि.ली. को क्षीरपाक कर, गोघृत 12 ग्राम मिलाकर 3दिन तक दे। भूख लगने पर ही भोजन करें।
5. भैंस का मूत्र 25 मि.ली., को 7 बार छान कर, एरण्ड तेल 10 मि.ली. व सोंठ 1 ग्राम को कोष्ण पीवें।

6. हुलहुल पत्र की चटनी बाँट कर छोटे मिट्टी के दीपक में रख कर नाडी के मार्ग में 3 स्थानों पर बाँध कर दग्ध करें। छाला होने पर घृत लगाएँ।
7. हिंगोट्या की गिरी आधा चम्मच, प्रातः 1 बार, 3 दिन तक। 6दिन बाद दोहराएँ।
8. एकांगवीर रस 125 मि.ग्रा., महायोगराज गु॰ 1 ग्राम, शु. कुचला 100 मि.ग्रा., दालचीनी 250 मि.ग्रा., निर्गुण्डीघन 500 मि.ग्रा.,रसोन गिरी 1 ग्राम,, एरण्डबीज गिरी5 ग्राम, को महा रास्नादि क्वाथ 15 ग्राम से दे।
9. 50 मि.ली. गोमूत्र को 7 बार छान कर 5 मि.ली. एरण्ड तेल डाल कर 3भाग करके प्रातः सायं पिलावें। 3 दिन में ही लाभ होगा।
10. सुबह – निर्गुण्डी पत्र 3 ग्राम, हारसिंगार के पत्र 3 ग्राम व सोंठ 1 ग्राम को 100 मि.ली. जल में उबाल कर, गुड़ 20 ग्राम, आधा आधा चम्मच गाय का घी व तिल्ली का तेल मिला कर पिलाएँ।
11. प्रथम पैर पर एरण्ड तेल की मालिश करें। फिर निर्गुण्डी पत्र 100 ग्राम, हारसिंगार पत्र 100 ग्राम व सोंठ 1 ग्राम को 500 मि.ली. जल में उबाल कर, इससें सेक करें या इसमें गर्म तोलिया भिगो कर, पैर पर लपेट दे। ठन्डी हवा न लगने दे।
12. दशमूल क्वाथ 20 ग्राम, भुनी हिंगु 125 मि.ग्राम व पुष्करमूल 2 ग्राम के प्रक्षेप से दे।
13. दशमूल, अमृता, एरण्ड मूल, द्राक्षा, सोंठ, देवदारु 20 ग्राम का क्वाथ कर एरण्ड तेल 2 चम्मच मिलाकर देवें।
14. निद्रोदय या महावातराज रस या समीरगज केसरी 125 मि.ग्रा. व महावातविध्वनसन रस 250 मि.ग्रा. व महारास्नादि क्वाथ 15 ग्राम व एरण्ड तेल 1 चम्मच से दे।
15. शोभान्जन, दशांग लेप, व एरण्ड तेल का लेप करें।
16. दशमूल, पंचकोल, अश्वगंधा, शतावरी 10 ग्राम का सिद्ध दूध दे। आटा, हल्दी, यवक्षार, सरसों के तेल में उत्कारिका या रोटी बनाकर लगाएँ।
17. आटा, हल्दी, यवक्षार, सरसों के तेल में रोटी बनाकर कूल्हे पर दर्द के स्थान पर लगाएँ।

नाडी संस्थान को उत्तेजक द्रव्य

1. बच, जटामांसी, तगर, खुरासानी अजवायन, मांस्यादि क्वाथ, अश्वगन्धा, ब्राह्मी, पिप्पली।

पक्षाघात

1. तीव्र रोग में –समीरपन्नग रस 125 मि.ग्रा., वृ० वात चिन्तामणि रस 100 मि.ग्रा., तिन्दुक वटी 125 मि.ग्रा., महावातविध्वंसन रस 250 मि. ग्रा. एकांगवीर रस 100 मि.ग्रा., मधु से 6–6 घन्टे से जीर्ण रोग में ताप्यादि लौह 250 मि.ग्रा, व महा योगराज गुग्गुलु 500 मि.ग्रा. सम्मिलित करें व 2 बार मधु से दे।
2. 1. मर्दनार्थ–महा विषगर्भ तैल–काले साँप की ठोडी 1 नग, श्वेत गुंजा, वत्सनाभ, धतूरा रस, अर्क दुग्ध, कुचला, भल्लातक, 4–4 भाग, अफीम 1 भाग, सरसों का तेल 20 भाग, पाक करें।
3. पुराना – ज्योतिष्मति या रसोन या भल्लातक का कल्प कराएँ।
4. अरणी के पत्र का रस का कल्प कालीमिर्च के साथ करें। 5–10–15–20–15–10–5 नग का।

पादकण्टक (एडी के नीचे का शूल)

1. शुष्क स्वेदन करें। मैथीदाना का चूर्ण 5 ग्राम, 3 बार, उष्णोदक से।
2. 4 चम्मच मधु को जल में मिला कर ले।
3. कृष्ण मलहर का लेप करें।

पादतल दाह

1. निर्गुण्डी, नागकेसर, पित्तपापडा़ 5 ग्राम को जल से दे।
2. बैंगन के रस का लेप करें या बेंगन काट कर रगडें।
3. बिल्व फल की कच्ची गिरी को तेल में 7 दिन पड़ा रहने दे। इस तेल का मर्दन करें।
4. गोघृत का रात्रि को मर्दन करें।

भ्रम

1. 1. प्रातः सायं—स्मृतिसागर रस 125 मि.ग्रा., प्रवालपिष्टी 250 मि.ग्रा., महा योगराज गु॰ 500 मि.ग्रा., सप्तामृत लौह 500 मि.ग्रा., सितोपलादि चूर्ण 3 ग्राम, 2 बार, द्राक्षावलेह या ए.जी.फोर्ट 20 ग्राम से 2. भोजन के बाद —सारस्वतारिष्ट 20 मि.ली., अश्वगन्धारिष्ट 20 मि.ली., समान जल से।
2. 1. प्रातः सायं—स्मृतिसागर रस 125 मि.ग्रा., प्रवालपिष्टी 250 मि.ग्रा., सप्तामृत लौह 500 मि.ग्रा., ब्राह्मी वटी (स्वर्णयुक्त) 250 मि.ग्रा., को कूष्माण्डावलेह 20 ग्राम से दे। 2. अमरसुन्दरी वटी 2 गो., 2 बार, चूसने के लिए। 3. सीरप शंखपुष्पी 20 मि.ली., 2 बार।

मांस क्षय

1. वमन, विरेचन, बस्ति, हिंगुसोवर्चलादि घृत, सहचरादि क्वाथ व सहचरादि तेल का प्रयोग करें। गिलोय स्वरस का प्रयोग करें। धान्याम्ल का परिषेक करें। पुटपक्व विषमज्वरान्तक लौह का प्रयोग अन्य औषधों के साथ करें।

वातकण्टक (एडी के पीछे का शूल)

1. गोक्षुरादि गु॰ या महायोगराज गु॰ 1 ग्राम, 2 बार, स्नेहन व स्वेदन तप्त ईंट पर छाछ से करें।
2. 1. अमरसुन्दरी वटी 1 ग्राम, पुनर्नवा गु॰ 1 ग्राम, तिन्दुक वटी 125 मि.ग्रा., सितोपलादि चूर्ण 3 ग्राम, 2 बार, मधु से 2. रेत की पोटली से सेक। 3. चतुर्बीज चूर्ण 1 ग्राम, गर्म जल से 4. गर्म जल व नमक से सेक।
3. अलसी की खीर या सुआ की खीर या एरण्ड बीज की खीर, पलाश पत्र या एरण्ड पत्र में, एक दिन छोड़कर बांधे।

वेदनाशामक द्रव्य

1. अजवायन, पीपलामूल, बच, सहीजना, वत्सनाभ, धतूरा, तिन्दुक, खुरासानी अजवायन, अजमोद, शूलघ्न गण, शीतप्रशमन गण।

शिरःशूल

1. प्रातः सायं—स्मृतिसागर रस 250 मि.ग्रा., कासीस भस्म 125 मि.ग्रा., स्वर्णमाक्षिक भस्म 125 मि.ग्रा., आमलकी रसायन 500 मि.ग्रा., महायोगराज गु॰ 500 मि.ग्रा., सितोपलादि चूर्ण 2 ग्राम, कूष्माण्डावलेह 20 ग्राम, से 2 बार,।
2. प्रातः सायं—स्मृतिसागर रस 250 मि.ग्रा., संजीवनी वटी 250 मि.ग्रा., कासीस भस्म 125 मि.ग्रा., स्वर्णमाक्षिक भस्म 125 मि.ग्रा., आमलकी रसायन 500 मि.ग्रा., केशोर गु॰ 500 मि.ग्रा., तालीसादि चूर्ण 2 ग्राम, मेनाल माल्ट 20 ग्राम, से 2 बार। कैप॰ स्ट्रेसफॉम 1, 2 बार।
3. कलमीशोरा व घृत का नस्य दे।
4. करीर की कोंपल, व बादाम गिरी गोघृत में पका कर नस्य दे।
5. 1. स्मृतिसागर रस 250 मि.ग्रा., महायोगराज गु॰ 500 मि.ग्रा., स्वर्णमाक्षिक भस्म 250 मि.ग्रा., सप्तामृत लौह 500 मि.ग्रा., अमृता सत्व 500 मि.ग्रा., नागार्जुनाभ्र रस 250 मि.ग्रा., सितोपलादि चूर्ण 3 ग्राम, 2 बार, मधु से 2. नस्य— घृत 4 बूंद। 3. रात्रि को— ब्राह्मरसायन 25 ग्राम, कोष्ण जल से
6. प्रातः 8बजे व सायं 4 बजे—स्मृतिसागर रस 250 मि.ग्रा., महा योगराज गु॰ 500 मि.ग्रा., प्रवालपिष्टी 250 मि.ग्रा., सप्तामृत लौह 1 ग्रा., शिरःशूलादिवज्र रस 250 मि.ग्रा., 2 बार, द्राक्षावलेह 20 ग्राम, रात्रि को—केप॰ एलर्ट एक, सीरप शंखपुष्पी 25 मि.ली. से
7. उस्तखद्दूस 10 ग्राम, धनिया 10 ग्राम, कालीमिर्च 8 नग, को प्रातः सूर्योदय से पूर्व एवं रात्रि को सोते समय क्वाथ बना कर दे। 15 दिन बाद प्रातः अतरीफल कश्नीजी 15 मि.ली. व अतरीफल उस्तखद्दूस 15 मि.ली. दें।
8. 1. प्रातःसायं—समीरपन्नग रस 125 मि.ग्रा., महा योगराज गु॰ 1 ग्राम, प्रवाल भस्म 250 मि.ग्रा., सितोपलादि चूर्ण 3 ग्राम, सूतशेखर रस 250 मि.ग्रा., शंख भस्म 250 मि.ग्रा., गोदन्ती भस्म 500 मि.ग्रा., मेनाल माल्ट 20 ग्राम से 2. प्रातः रात्रि को—आनन्दभैरव रस 400 मि.ग्रा., गुड़ 10 ग्राम, घृत 10 ग्राम, खोपरा 20 ग्राम, दूध से 3. नस्य—प्रातः 6 व 8 बजे—सर्षप तेल से 4 बूंद, 11 बजे प्रातः व रात्रि 9 बजे घृत का, सायं 5 बजे एरण्ड तेल का।

9. प्रथम 2दिन तक कोष्ठशुद्धि कराएँ। फिर नीम का गोंद घी में सेक कर 5 ग्राम, दूध में डाल कर पिलावें।

10. 1. प्रातः सायं–हरताल गोदन्ती (कालेडा) 250 मि.ग्रा., शुभ्रा भस्म 125 मि.ग्रा., शंख भस्म 125 मि.ग्रा., कपर्द भस्म 100 मि.ग्रा., सितोपलादि चूर्ण 2 ग्राम, कूष्माण्डावलेह 20 ग्राम, व इतरीफल कश्नीजी से 2 बार,। 2. नेत्रशूलान्तक मोदक 1–1, दूध सें।

11. 1. सूतशेखर रस 125 मि.ग्रा., शूलवज्रिणी 250 मि.ग्रा., सप्तामृत लौह 500 मि.ग्रा., सितोपलादि चूर्ण 3 ग्राम, एला चूर्ण 500 मि.ग्रा., शिरः शूलादिवज्र रस 250 मि.ग्रा., द्राक्षावलेह 20 ग्रा. से, 2 बार। 2. नेत्रशूलान्तक मोदक। 3. नस्य–सरसों का तैल। 4. लवण पोटली से सेक। 5. भोजन के बाद–आरोग्यवर्धिनी 2 गो, जल से, सारस्वतारिष्ट 20 मि.ली., व अश्वगन्धारिष्ट 20 मि.ली., समान जल से रसोनादि वटी 2 गो., चूसने के लिए। 6. 2 बार–चन्द्रप्रभा वटी 2 गो. व अमरसुन्दरी वटी 2 गो., जल से

12. 1. नस्य–षडबिन्दू तेल 4 बूँद, सूर्योदय से पूर्व। 2. प्रातः सायं–सप्तामृत लौह 500 मि.ग्रा., तृणकान्तमणि पिष्टी 250 मि.ग्रा., रौप्य भस्म 125 मि.ग्रा., प्रवाल भस्म 250 मि.ग्रा., अमृता सत्व 500 मि.ग्रा., मक्खन, मिश्री या बादाम के हलवे से 3. भोजन के बाद–सारस्वतारिष्ट 20 मि.ली., व अश्वगन्धारिष्ट 20 मि.ली., समान जल से 4. रात्रि को–आरोग्यवर्धिनी 2 गो, जल से

13. गोरखमुन्डी, कालीमिर्च 2 ग्राम को घृत 10 ग्राम से।

14. भांग व मुस्तक का लेप।

15. गुलाब जल में कपूर घोल कर नस्य।

16. सूर्यावर्त –1. तक्रधारा का प्रयोग। 2. सूर्योदय से पूर्व पथ्यादि क्वाथ 15 ग्राम, 2 चम्मच घृत व गुड से दे। 3. प्रातः रात्रि – कूष्माण्डावलेह 10 ग्राम व इतरीफल कश्नीजी 1 चम्मच दे। 4. नस्य–प्रातः सरसों का तैल, सायं गोघृत। 5. आनन्द भैरव रस 5 ग्राम, घी, गुड, खोपरा 150–150 ग्राम के 15 भाग करके खावें व गर्म जल पीवें। 6. प्रातः सायं–प्रवाल पिष्टी 250 मि.ग्रा., महायोगराज गु॰ 500 मि.ग्रा, सितोपलादि चूर्ण 3 ग्रा., स्मृतिसागर रस 25 मि.ग्रा., सप्तामृत लौह 1 ग्राम, कूष्माण्डावलेह 20 ग्राम, से 2 बार।

17. अर्धावभेदक – प्रवालपिष्टी 250 मि.ग्रा., अमृतासत्व 500 मि.ग्रा., अभ्रक भस्म शतपुटी 125 मि.ग्रा., दिन में 3 बार, उस्तखद्दूस 6 ग्राम, धान्यक 3 ग्राम, कालीमिर्च 3 नग के जल से।

18. अर्धावभेदक – 1. प्रातः सायं– स्मृतिसागर रस 125 मि.ग्रा., महा योगराज गु॰ 500 मि.ग्रा, प्रवालपिष्टी 250 मि.ग्रा., सप्तामृत लौह 1 ग्राम, कामदुधा रस 250 मि.ग्रा., सितोपलादि चूर्ण 2 ग्राम, अतरीफल कश्नीजी 1 चम्मच व कूष्माण्डावलेह 2 चम्मच से उपर से गरम जल। 2. नस्य सर्षप तैल। 3. टेब. सिफाग्रेन 2 गोली, 2 बार।

19. अर्धावभेदक – आक की कोंपल की लोंग, गुड़ में गोली बना कर दे।

20. पोस्तदाना 50 ग्राम को रात्रि को भिगो कर, प्रातः पीस कर, दूध, घृत से हलवा बनाएँ। बादाम, चिरोंजी, किसमिश डालें। प्रातः दे। भूख लगने पर ही आहार दे। साथ में–कालीमिर्च 3 नग, शक्कर 2 ग्राम, विषाण 1 ग्राम, प्रवाल पिष्टी 250 मि.ग्रा., घृत 10 ग्राम, सूर्योदय से पूर्व। रात्रि को–आनन्द भैरव रस 375 मि.ग्रा., घृत 10 ग्राम, खोपरा 10 ग्राम, कालीमिर्च 3 नग। महा योगराज गु॰ 2 गो., 3 बार।

शूल

1. पंचगुण तेल लगा कर, पलाश पत्र को जल में भिगो कर, गर्म कर बांधे।
2. दशांग लेप 100 ग्राम, धत्तूर बीज 20 ग्राम की पुल्टिस बांधे।
3. गुड व शुण्ठी या गुड व गूगल या गुड या महायोगराज गु॰ का प्रयोग करें। 5 : 1 का, 5 ग्राम की मात्रा में, जल से।
4. चक्रमर्द के पत्र का शाक 25 ग्राम या चूर्ण 5 ग्राम, 2 बार खिलावें।
5. पिप्पलामूल, मुस्तक में दशमूल क्वाथ की भावना देकर केप्सूल भर लें। 1–1, दिन में 2 बार दे।
6. 1. पंचकोल 4 ग्राम के क्वाथ में अजवायन व हिंगु का प्रक्षेप डाल कर दे। 2. हिंग्वष्टक चूर्ण 3 ग्राम, किसी आसव से दे।
7. मुस्तक या त्रिमद (मुस्तक, विड़ंग, चित्रक) 3 ग्राम दे।
8. पिप्पली मूल व दूध 2. दशमूल, पंचकोल सिद्ध दूध 3. पिप्पली मूल में दशमूल क्वाथ की भावना देकर केपसूल भर लें व दे।

9. सालममिश्री का प्रयोग करें। 3 ग्राम की मात्रा में।
10. त्रिकास्थि शूल –1. उड़द के आटे की रोटी, हल्दी में तिल्ली का तेल डाल कर स्थानिक सेक। या दूध गरम जल की कटिबस्ती। 2. हाथ फैला कर ओंकार प्राणायाम। 3. प्रातः खाने से पूर्व–दूध, सोंठ, एरण्ड तैल। 4. सायं भोजन से पूर्व–द्राक्षोविन 30 मि.ली.। बाद में एक दिन छोड़कर। 5. प्रातः 6 बजे –एरण्ड पाक 10 ग्राम व अजवायन 1 ग्राम दे।

हकलाना

1. कालीमिर्च, दूधिया बच, मिश्री सब बराबर को मुख में डालें।

हस्त पादतल अतिस्वेद

1. अपामार्ग पंचांग की मसी का मर्दन करें।

अध्याय 4

मूत्रवह संस्थान के रोग (Urology)

अश्मरी

1. ताम्र भस्म या त्रिविक्रम रस 250 ग्राम, को ऊँटकटेला की मूल की छाल 15 ग्राम, के क्वाथ से दे। मूली व गुड खिलावें।
2. वृहत् वरुणादि क्वाथ–वरुण की छाल, सोंठ, गोखरु, मूसली, कुलथी, पंचतृणमूल का 20 ग्राम का क्वाथ, यवक्षार 500 मि.ग्रा.।
3. अश्मरीहर कषाय–पाषाणभेद, सागवान के फल, पपीता की मूल, शतावरी, गोखरु, वरुण, कुश, कास, चावलमूल, पुनर्नवा, गिलोय, ककडी के बीज, जटामांसी, खुरासानी अजवायन, को 15 ग्राम को 500 मि.ग्रा. शिलाजीत व 500 मि.ग्रा. यवक्षार से दे।
4. प्रातः–चन्द्रप्रभा वटी 2 गोली, व यवक्षार 500 मि.ग्रा.,मधु से, भोजन के बाद–चन्दनासव 20 मि.ली. व नारिकेल लवण 500 मि.ग्रा., जल से दे। 15 दिन में अश्मरी निकल जाती है।

पौरुषग्रन्थि वृद्धि

1. 1. सायं 5 बजे –स्वादिष्ट विरेचन चूर्ण 5 ग्रा. 2. प्रातः सायं–रसमाणिक्य 50 मि.ग्राम., श्वेत पर्पटी 500 मि.ग्रा., बालसुधा 250 मि.ग्रा., कांचनार गु० 500 मि.ग्रा., वृद्धिवाधिका वटी 500 मि.ग्रा., गोक्षुरादि गु० 1 ग्रा, स्रोतोसंगहर चूर्ण 1 ग्रा., कूष्माण्डावलेह 20 ग्राम, व 1 च. घी से 2 बार। 3. टेब. बंगशील 2 गो., फोर्टेज 1 गो., 2 बार, जल से 4. एक पैर उठा कर मूत्रत्याग करें।
2. अपामार्ग क्षार 500 मि.ग्रा., लवणभास्कर चूर्ण 2.5 ग्राम, भोजन से पूर्व चाटें।

3. मूलबन्ध लगाकर ओंकार प्राणायाम करें। पंचतृणमूल क्वाथ 15 ग्राम का क्षीरपाक का प्रयोग करें।

पूयमेह

1. दारुहरिद्रा व कुटज का प्रयोग करें 6 ग्राम का जल से। मूत्र में पस सेल्स आने पर, दुर्गन्धित योनिस्राव, रक्तप्रदर व पायरिया में भी दे।
2. आमलकी 3 ग्राम व हरिद्रा 1 ग्राम जल से दे।

प्रमेह

1. ईक्ष्वाकु तेल 1 से 3 मि.ली. तक दूध से दे।

बहुमूत्रता

1. वृ॰ वंगेश्वर रस 100 मि.ग्रा., शिवागुटिका 500 मि.ग्रा., सप्तविंशति गु॰ 1 ग्राम, 2 बार, तिल सिद्ध दुग्ध से।
2. केशोर गु॰ 1 ग्राम व चन्द्रप्रभा वटी 500 मि.ग्रा., 3 बार जल से दे।
3. 1. प्रातः सायं–शीतलचीनी चूर्ण 1.5 ग्राम, त्रिवंग भस्म 125 मि.ग्रा., शुभ्राभस्म 250 मि.ग्रा., स्वर्णमाक्षिक भस्म 250 मि.ग्रा., पंचतिक्त घृत गु॰ 1 ग्राम, चन्द्रप्रभा वटी 1 ग्राम, पुराने मधु से 2. कुटज चूर्ण 3 ग्राम, 2 बार, जल से 3. भोजन के बाद–देवदार्वाद्यरिष्ट 20 मि.ली., समान जल से दे।
4. तिल व गुड़ का सेवन, मैथी का सेवन, बला मूल सिद्ध दूध से।

मूत्र में यूरिक एसीड बढ़ना

1. पीपल के पत्र 3नग व छाल 10 ग्राम के कषाय में मधु डाल कर दे।

मूत्रकच्छ

1. 1. प्रातः सायं– संगेयहूद भस्म 250 मि.ग्रा., कामदुधा रस 250 मि.ग्रा, गोक्षुरादि गु॰ 500 मि.ग्रा., चन्दनादि लौह 250 मि.ग्रा., श्वेत पर्पटी 250 मि.ग्रा., शर्बत रुह अफजा 20 मि.ली. से आमलकी मुरब्बा 1 रोज।

मूत्राशय शोथ, मूत्रदाह

1. सुगन्धबाला 10 ग्राम या षडंगपानीय 10 ग्राम के शीत कषाय का प्रयोग। पलाशपुष्प 10 ग्राम का जल दे।
2. अमृता, मोगरे की जड़, तृणपंचमूल, दूध या जल में क्वाथ पीवें। 1मात्रा में लाभ होता हैं।

मूत्राशयगत वात

1. त्रिफला 5 ग्राम को घृत से प्रयोग करें या क्वाथ दे।

मूत्रअसंयती

1. शिलाजत्वादि लौह 500 मि.ग्राम. का मधु से सेवन कराएँ।

वृक्कीय रोगसमूह

1. ताम्र भस्म 100 मि.ग्रा. उष्ट्री दुग्ध से 2 बार प्रयोग करें।
2. प्रातः सायं–संशमनी वटी 500 मि.ग्रा., शीतलचीनी चूर्ण 500 मि.ग्रा., शु॰ शिलाजतु 500 मि.ग्रा., करंजादि वटी 500 मि.ग्रा., सप्तविंशति गु॰ 1 ग्राम, तृणपंचमूल क्वाथ 15 ग्राम या देवदार्वाद्यरिष्ट 15 मि.ली. से प्रातः 1 बार–वीर्यशोधक चूर्ण 2 ग्राम, जल से।
3. 1. मुस्तक चूर्ण 1 ग्राम, 2 बार, मधु से 2. उशीर 10 ग्राम का फाण्ट, चन्दनासव मिला कर, 1–1 चम्मच, 4 बार पिलावें। 3. च्यवनप्राश 10 ग्राम, 2 बार खिलावें।

वृक्काघात

1. करंज की गिरी 2 ग्राम का, गोखरु या दशमूल 10 ग्राम के कषाय से प्रयोग करें।
2. 1. मूली की सब्जी को यमक में छोंक कर दे। 2. ककडी का मगज खाने को दे। 3. गन्ना चूसें। 4. तृणपंचमूल क्वाथ 15 ग्राम, पुनर्नवा मूल 5 ग्राम, ताजी अमृता 15 ग्राम का क्वाथ दे। 5. चने की सब्जी, कुल्फे की सब्जी दे। 6. तालीसादि चूर्ण 3 ग्राम, मधु 1 चम्मच, त्रिवृत्तादि यमक 2 चम्मच से 7. अर्क मकोय 10 मि.ली. व द्राक्षोविन 20 मि.ली., 3 बार, जल से 8. सब्जी में चित्रकादि घृत 10 ग्राम।

3. 1. रात्रि में—क्वाथ 15 ग्राम, मुलेठी, गोखरु, वरुण, शोभान्जन, गिलोय, मधु डाल कर। 2. प्रातः वासा त्वक् व पत्र का चूर्ण दूध से 3. दिन में 3 बार—मुलेठी 2 ग्राम, बालसुधा 50 मि.ग्रा., मधु से।

अध्याय 5

स्त्री रोग (Gynecology)

अण्डाशय की पुटी

1. कांचनार गु॰ 1 ग्राम., वृद्धिवाधिका वटी 250 मि.ग्रा., स्रोतोसंगहर चूर्ण 2 ग्राम, बालसुधा 250 मि.ग्रा., तालीसादि चूर्ण 3 ग्राम,2 बार, कूष्माण्डावलेह 20 ग्राम से
2. भोजन के बाद–कुमार्यासव 20 मि.ली., समान जल से
3. प्रातः 1 बार–वरुणादि क्वाथ 20 ग्राम, मधु मिला कर।

असृग्दर या रक्तप्रदर

1. प्रातः 8 बजे व सायं 4 बजे–तालमखाना 2.5 ग्राम, शक्कर 10 ग्राम, को दूध की लस्सी से 1 माह तक दे। दूसरे माह में 5 दिन स्राव के पूर्व व स्राव के समय भी दे। तीसरे माह में भी दूसरे की तरह दे। बाद में मासिक समय पर होगा।
2. प्रातः 8 बजे– तुख्मरेहां 10 ग्राम व शुभ्रा भस्म 1 ग्राम, की 10 पुडी बनाएँ। एक पुडी दही या छाछ सें। इसके एक घन्टे तक कुछ न दे। 10 दिन तक दे। सायं– नोपत्ती या बीली के पत्र का चूर्ण 500 मि.ग्रा., शक्कर 1 ग्राम, को जल से 5 दिन तक।
3. शोणितार्गल रस 250 मि.ग्रा., बबूल की कच्ची फली या वीर्यशोधक चूर्ण 2 ग्राम, मिश्री 5 ग्राम, लोध्रासव 30 मि.ली. से, 3 बार।
4. कालादाना, तालमखाना, ईसबगोल का 6 ग्राम चूर्ण जल से दे।
5. 5 नग मुनक्का खिला कर, मोचरस (सेमल गोंद) 2 ग्राम, का क्षीरपाक दे।
6. महागन्धक रस या सर्वांगसुन्दर रस 250 मि.ग्राम के साथ मौलश्री क्वाथ 15 ग्राम से दे।

7. नारियल जटा की मसी 10 ग्राम, 3 बार, जल से।
8. दूधी का कल्क दूध से 7 दिन देवें। नमक बन्द करें।

अत्यार्तव

1. 1 मूंग की काली भस्म 250 ग्राम, मिश्री 100 ग्राम, छोटी एला दाने 50 ग्राम, वंशलोचन 50 ग्राम, 1 चम्मच, 2 बार, घृत डाल कर, मिश्री मिले दूध से दे।
2. लज्जालु पंचांग 2 ग्राम, घृताष्म पिष्टी 1 ग्राम, आमलकी रसायन 500 मि.ग्रा., गोदन्ती 500 मि.ग्रा., 3 बार, वासावलेह 20 ग्राम से 2. बावलीघास घनसत्व 500 मि.ग्रा. दे।
3. पीपल के पत्र 5 नग, का क्षीरपाक करके आधा चम्मच मोचरस व 5 ग्राम तालमखाना डालकर दे।
4. मासिक के 7 दिन पूर्व से एवं मासिक के 3 दिन बाद से, 3 माह तक दे। बोलबद्धरस 250 ग्राम, सूतशेखर रस (रौप्य) 250 मि.ग्राम, अमरसुन्दरी 500 मि.ग्राम, सितोपलादि 3 ग्राम, कहरवापिष्ठी 125 मि. ग्राम, गौक्षुरादि गुग्गुल 500 मि.ग्राम, आमलकी रसायन 500 मि.ग्राम, कूष्माण्डावलेह 20 ग्राम, दिन में 2 बार दे।
5. जहरमोहरा पिष्टी 250 मि.ग्रा., प्रवाल पिष्टी 250 मि.ग्रा., अभ्रक भस्म 125 मि.ग्रा., अमृता सत्व 500 मि.ग्रा., कासीस गोदन्ती भस्म 125 मि. ग्रा., मधु से, 3 बार दे।
6. प्रवालपिष्टी 250 मि.ग्रा., स्वर्णमाक्षिक भस्म 250 मि.ग्रा., वंगभस्म 125 मि.ग्रा., दाडीमावलेह 20 ग्राम, से दे। भोजन के बाद उशीरासव 25 मि.ली. भी दे।
7. महागधक 250 मि.ग्रा., या सर्वांगसुन्दर रस 250 मि.ग्रा., मौलश्री 10 ग्राम के क्वाथ से देने से अत्यार्तव का महाप्रवाह भी बन्द हो जाता है।
8. 5 मुनक्का खिलाकर, 2 ग्राम मोचरस (सेमल गोंद) का क्षीरपाक दे।

अनार्तव

1. ज्योतिष्मति तेल 10 बूँद का केप.। ज्योतिष्मति पत्रों की सब्जी। बालसुधा 250 मि.ग्रा. मधु से

2. सीसम छाल, कण्टकारी बीज व ज्योतिष्मति तेल का प्रयोग करें। आटे में एरण्ड तेल का प्रयोग करें।

अल्पार्तव

1. कोषातकी या शतावरी तेल का पिचु धारण। 2. ओमकार प्राणायाम, मूलबन्ध लगााकर। 3. 7 दिन पूर्व–पेडू पर हिंग्वष्टक चूर्ण व दशमूलारिष्ट का लेप। 4. प्रतिमाह 7 दिन – (क) प्रातः दशमूल क्वाथ में शतावरी, इन्द्रयव, सोंठ, कुटकी, गिलोय डाल कर, मधु से (ख) प्रातः भोजन के साथ हिंग्वष्टक चूर्ण 2 ग्राम, घी के साथ। (ग) सायं भोजन के पूर्व लौहासव 20 मि.ली., समान जल से (घ) मासिक से 7 दिन पूर्व– रजःप्रवर्तिनी वटी 2 गो. व बालसुधा 500 मि.ग्रा., मधु से (च) मैथीदाने की सब्जी दे।
2. भारंगी, गुड़, कालीमिर्च, समान मात्रा में, 10 ग्राम की मात्रा में, प्रातः 1 बार।

उदावर्ता योनि

हिंग्वष्टक चूर्ण 1.5 ग्राम, स्रोतोसंगहर चूर्ण 1.5 ग्राम, यवक्षार 500 मि.ग्रा., गोक्षुरादि गु॰ 1 ग्राम, तालिसादि चूर्ण 2 ग्राम, पुष्पधन्वा रस 250 मि.ग्रा., 5ग्रा. सरसों का तेल, 20 ग्राम कूष्माण्डावलेह से भोजन के बाद–कुमार्यासव 20 मि. ली., समान जल से लूनारेक्स 2 गो., 2 बार।

कच्छार्तव

1. प्रातः सायं– चन्द्रकला रस 250 मि.ग्रा., पुष्पधन्वारस 250 मि.ग्रा., कामदुधा रस 250 मि.ग्रा., हिंग्वष्टक चूर्ण 2 ग्राम, गोक्षुरादि गु॰ 1 ग्राम, कूष्माण्डावलेह 20 ग्राम व घृत 1 चम्मच से 2. सारिवाद्यासव 20 मि.ली., 2 बार, भोजन के बाद, समान जल से
2. रजः प्रवर्तक क्वाथ – चौलाईमूल 6 ग्राम व गुलाब के पत्ते 6 ग्राम, तैलीया गेरु 6 ग्राम, व कपास की जड़ 15 ग्राम व 3 वर्ष पुराना गुड़ 25 ग्राम, 750 ली. पानी में क्वाथ कर चौथाई रहने पर छानकर 3 रोज तक प्रातः दे। रजोदोषहर वटी भी दे।

किक्कीस

1. वरुण के पत्र का लेप करें।

गर्भाशय का फायब्रोइड

1. पुनर्नवारिष्ट व लोध्रासव व देवदार्वाद्यरिष्ट 20–20 मि.ली., समान जल से दे।

गर्भाशयभ्रंस व गुदभ्रंस

1. सेमलपुष्प चूर्ण 10 ग्राम की पोटली रखें या जाईलोकेन आईन्टमेन्ट में मिला कर लगाएँ या जात्यादि तेल में लगावें। 7 दिन में परिणाम मिलेंगे। 2. त्रिफला 60 ग्राम, कांचनार त्वक् 50 ग्राम, कमलगट्टा चूर्ण 40 ग्राम, माजूफल 30 ग्राम, संगजराहत 20 ग्राम, मोचरस 10 ग्राम, का 2 ग्राम चूर्ण, जल से 3. लगाने को–लिसोडा घृत में जला कर वर्ती लिप्त करके रखें।

गर्भावस्था की छर्दि

1. श्रीखण्ड दे।
2. सौंफ, धान्यक, मिश्री का 10 ग्राम का कषाय दे।
3. प्रातः व रात्रि को ग्लूकोज 25 ग्राम, व नमक की शिकंजी दे।
4. अश्वत्थ वृक्षत्वक् मसी का जल दे।

गर्भावस्था में रक्ताल्पता

1. प्रातः खाली पेट एक सेब खावें। 2. रोज गुड का दलिया या गुड की डली 10 ग्राम दे। 3. सप्तामृत लौह 1 ग्राम, पुनर्नवा मण्डूर 500 मि.ग्रा., मक्खन, मिश्री से दे। 4. रात्रि को – शतावरेक्स या शतावरी कल्प 20 ग्राम, दूध से 5. दिन में 2 बार–संशमनी वटी 500 मि.ग्रा.।

गर्भनिरोधक

1. वायविडंग, बायफूमा, सुहागा की खील, कोंच की मूल की छाल, समान लेकर, 2 ग्राम, 2 बार, शीत जल से, मासिक बन्द होने पर, 5 दिन दे।
2. कुलीन्जन 3 ग्राम, गाय के दही से मासिक के बाद 3 दिन तक।
3. एक मीठा नीम का बीज रोज खावें। मासिक के बाद 3 दिन।
4. छोटी पीपल, कच्चा सुहागा, आँवलासार गन्धक, वत्सनाभ, धतूरे के बीज, सब 12–12 ग्राम, नागरबेल पत्र स्वरस में 3 दिन खरल करें।

चने के बराबर की गोली, मासिक के चौथे दिन से प्रातः सायं 10दिन तक, शीत जल से दे।

5. कोन्ट्रानिल केप्सूल (शुद्ध काला सुरमा 1 भाग, हल्दी 4 भाग, घृताष्म पिष्टी 4 भाग) 500 मिग्रा, दिन में 3 बार जल से दे। मासिक बन्द होने के बाद से, 3 दिन तक, 3 माह तक।

गर्भपात कराने के लिए

1. ज्योतिष्मति तेल 15 बूंद व सीसम की छाल का क्वाथ प्रयोग।

गर्भस्राव

1. चीनीया गोंद (लाल गोंद, ढाक का गोंद) 20 ग्राम, गोघृत 20 ग्राम, को गर्म कर, शक्कर के शर्बत से दे।

गर्भस्राव पुनःपुनः होना

1. गम्भारी, कुटज छाल से सिद्ध घृत का प्रयोग (च.चि. 30.100)
2. 1. आमलकी चूर्ण, शतावरी, मुलेठी, पुष्यानुग चूर्ण, 1–1 ग्राम, 4 बार,जल से 2. नागकेसर 3 ग्राम, लाक्षादि चूर्ण 3 ग्रा., मिश्री 5 ग्राम, दूर्वा स्वरस 20 मि.ली. से 3. 9 माह तक दें–आमलकी रसायन 1 ग्राम, फल घृत 10 ग्राम से अथवा आमलकी रस 10 मि.ली. व पुष्यानुग चूर्ण 2 ग्राम व मिश्री।

निर्बलता प्रदरजन्य

1. प्रातः जपापुष्प, दुग्धिका, विदारीकन्द 10 ग्राम को दूध के साथ दे। रात्रि को शतावरी घृत 10 ग्राम दूध सें।

पी.सी.ओ.डी.

1. हरिद्रा को चूने में भिगो कर प्रयोग। प्रातः स्नेहन करें।

पुंसवन

1. पलाश के पत्र 2 नग का क्षीर पाक दे।

प्रजनन संस्थान संक्रमण

1. रसमाणिक्य रस 100 मि.ग्रा., संगजराहत भस्म 250 मि.ग्रा., शु॰ गन्धक 500 मि.ग्रा., सप्तविंशति गु॰ 1 ग्राम, शुभ्रा भस्म 250 मि.ग्रा. 150 मि.ग्रा., प्रवाल या गोदन्ती भस्म 250 मि.ग्रा., सितोपलादि चूर्ण 2 ग्राम, 2 बार, मधु से 2. कुटज क्वाथ भावित कुटज चूर्ण 3 ग्राम, प्रदरान्तक चूर्ण 3 ग्राम, 2 बार, जल से 3. स्थानिक प्रयोग– वेजाइनल टेब, रुक्षता हो तो नारियल या जात्यादि तेल लगाएँ। अथवा कुटज चूर्ण व सुपारी पाक 10 ग्राम, अशोकारिष्ट 25 मि.ली. से दे।

बहुलार्तव

1. प्रातः 1 बार– हिंग्वष्टक चूर्ण 3 ग्राम, त्रिफला घृत 15 ग्राम से 2. दिन में 2 बार–सितोपलादि चूर्ण 2 ग्राम, नागार्जुनाभ्र रस 250 मि.ग्रा, प्रवाल पिष्टी 250 मि.ग्रा., सप्तामृत लौह 500 मि.ग्रा., शतावरी चूर्ण 2 ग्राम, सहपान–द्राक्षावलेह 20 ग्राम, अनुपान–मुलेठी 2 ग्राम, अर्जुन पत्र 5 नग, शीशम के पत्र 5नग, शहतूत के पत्र 5 नग, दूध 250 मि.ली., जल 200 मि.ली., क्षीरपाक 2 बार दे। 3. भोजन के बाद– अश्वगन्धारिष्ट 25 मि.ली., अशोकारिष्ट 25 मि.ली., समान जल से।
2. 1. प्रातः सायं–चन्द्रकला रस 250 मि.ग्रा., शोणितार्गल रस 250 मि. ग्रा., बोलबद्ध रस 500 मि.ग्रा., शुभ्रा भस्म 125 मि.ग्रा., घृताष्म पिष्टी 1 ग्राम, चन्दनादि लौह 500 मि.ग्रा., नागकेसर चूर्ण 2 ग्राम, वासा चूर्ण 2 ग्राम, अमृतासत्व 500 मि.ग्रा., कूष्माण्डावलेह 20 ग्राम, से 2 बार,। 2. भोजन के बाद– लोध्रासव 20 मि.ली., समान जल से।

मिट्टी खाना

1. अर्जुन, मुलेठी व गिलोय का 10 ग्राम क्षीरपाक दे।

योनिकण्डू

1. बडी कटेरी, हल्दी, दारुहल्दी का धूम।

योनिभ्रंस

1. शरपुंखा मूल लगाएँ। दाह हो तो घृत लगाएँ।

वंध्यत्व

1. शंखपुष्पी 2.5 ग्राम व मिश्री 10 ग्राम, कच्चे दूध की लस्सी से।
2. गोरखमुण्डी का रस 15 मि.ली. व कालीमिर्च 3 नग गर्म कर पिलावें। 2 बार।
3. वृहती के फल 2 ग्राम का दूध से प्रयोग करें।

वातज व पित्तज प्रदर

1. खिरणी व कपित्थ के पत्र 10 10 ग्राम को घृत में भून कर सेवन करें। (च.चि.30.97)

श्वेतप्रदर

व्यवस्थापत्र

1. 1. प्रातः सायं यथाशक्ति 2–3 कि.मी. का भ्रमण करें। 2. अधिक चाय, मिर्च मसाले, कचौरी समोसे, दही, खट्टे पदार्थों का प्रयोग न करें। 3. घी मे तला हुआ मखाना, मुनक्का, छुहारा, पिण्डखजूर, सिंघाडे का प्रयोग अधिक करें। 4. प्रातः स्नान के बाद 4–4 बूंद सरसों का तेल नाक में डालें। सायं देशी घी डालें। 5. सार्वजनिक मूत्रालय का प्रयोग न करें। यथासंभव स्वयं के मूत्रालय व शौचालय का प्रयोग करें। 6. स्थानिक स्वच्छता का ध्यान रखें। प्रतिदिन फिटकरी के जल से 1:50 से योनि प्रक्षालन करें। 7. कुटज चूर्ण 2 चम्मच को ढीली मलमल की पोटली में बांध कर रात को सोते समय योनि में रखें। पोटली का बांधने का धागा लम्बा रखें ताकि उसें सुविधापूर्वक प्रातः खींच कर निकाला जा सके। 8. दोनों समय भोजन के बाद–सुपारीपाक 10 ग्राम, अशोकारिष्ट 25 मि.ली. को समान जल से दे। 9. प्रातः 7 बजे 1 बार– फल घृत 1 चम्मच, गुनगुने दूध से दे। 10. प्रातः सायं 8 बजे 5 बजे –चन्द्रकला रस 250 मि.ग्रा., शुभ्रा भस्म 125 मि.ग्रा., घृताष्म पिष्टी 1 ग्राम, चन्दनादि लौह 500 मि.ग्रा., नागकेसर चूर्ण 2 ग्राम, वासा चूर्ण 2 ग्राम, अमृतासत्व 500 मि.ग्रा., सितोपलादि चूर्ण 2 ग्राम, कूष्माण्डावलेह 20 ग्राम, से 2 बार,। 11. दिन में 2 बार– सप्तविंशति गु॰ 1 ग्राम, चन्द्रप्रभा वटी 2 गोली, जल सें। 12. दोनों समय, भोजन के पहले – अग्निसंदीपन चूर्ण 1.5 चम्मच, सूखा खावें।

2. शुभ्रा भस्म 1.5 ग्राम, मक्खन के साथ, 3 दिन तक।
3. उँटकटेले की मूल 10 ग्राम दूध से, 2 बार।
4. सीसम के पत्र 5 नग, जल से, 2 बार।
5. नागकेशर चूर्ण 2 ग्राम, दूर्वा स्वरस 10 मि.ली., 2 बार।
6. नारियल के गोले में सूराख कर माजूफल भर दे। चारों ओर आटा लगा कर सेक लें। ठण्डा करके कूट लें। 3 बार, 5 ग्राम, जल से।
7. दूर्वा स्वरस 4 चम्मच का मिश्री से प्रयोग। 3दिन मे लाभ।
8. खोपरा 2 भाग, माजूफल 1 भाग, मिश्री 2 भाग, घृत 2 भाग, 1–1 चम्मच दूध सें।
9. सुपारी पाक 10 ग्राम, अशोकारिष्ट 25 मि.ली.व समान जल से।
10. मेंहदी के बीज, सीसम के पत्र, मिश्री, समान, की 6 ग्राम की मात्रा, गाय के दही से दे। 2 बार।
11. चिंचा खण्ड, 15 ग्राम, दिन में 2 बार, दूध से दे। चिंचा खण्ड – इमली के 1किलो बीजों को भाड़ में फुडवा कर, किसी थेले में डाल कर कूटें। छिलका अलग होने पर मिक्सी में चूर्ण करें। 250 ग्राम गोघृत में थोड़ा सेक कर, 2किलो शक्कर का बूरा मिलावें। फिर निम्न प्रक्षेप मिलाकर मिक्स कर लें। अनार का छिलका, शुभ्रा भस्म, सीसम के पत्र, नागकेशर चूर्ण, माजूफल, चौलसुपारी, मेंहदी के बीज, सीसम के पत्र, कुटज चूर्ण, आमलकी चूर्ण, आमलकी बीज चूर्ण 50–50 ग्राम, नाग भस्म, बंग भस्म, यशद भस्म 20–20 ग्राम, लौह भस्म 50 ग्राम।

स्त्री निर्बलता

1. कमलगट्टा, सिंघाडा, खेर का गोंद, बबूल का गोंद, कमरकस, सोंठ, विदारीकन्द, शतावरी व आटे के लड्डू घी, बूरा में बना कर दे। मखाने सेक कर दे। आटे में शतावरी घृत 15 ग्राम का मूण दे।

स्त्रियों में गुच्छे में बाल टूटना

1. वाटिका तेल में एवियोन केप व प्लेसेन्ट्रेक्स सूचिवेध डाल कर लगाएँ।

स्तन केसर

1. त्रिफला, मधुयष्ठी, गूडूची, सिद्ध तेल दे। 2 ग्राम दूध के साथ। प्रातः खाने से पूर्व, सायं खाने से पूर्व दे। सायं भोजन से पूर्व आसव, अरिष्ट दे। लेपार्थ–तुत्थ का प्रयोग करें।

आमवात प्रसवोत्तर

1. 1. प्रातः सायं–प्रतापलंकेश्वर रस 250 मि.ग्रा., हरमल चूर्ण 1 ग्रा., गर्म जल से, 2 बार। 2. भोजन के बाद– दशमूलारिष्ट 25 मि.ली., जल से 3. रात्रि में–सोभाग्यशुण्ठी पाक 10 ग्राम, दूध से।

अध्याय 6

बाल रोग (Pediatrics)

अहिपूतना गुदा का पाक होना

1. कासीसादि लेप – कासीस, गौरोचन (अमाव में गन्धक), नीलाथोथा का फूल, वर्की हरताल, 1–1 भाग, रसोत 2 भाग, निम्बूरस में वर्ती बनाकर, पानी में लेप करें। लगाने से पूर्व कण्डूस्थान को फिटकरी या नौसादर के जल से धो लें। इससे कण्डू, योनिकण्डू, अण्डकोष कण्डू, बच्चों की गुदा पकना, अर्श की मस्से की सूजन दूर होती है।
2. राल का मलहम – तिल तैल 16 ग्राम, राल 4 ग्राम, नीलाथोथा 1/4 ग्राम, कडाही में गर्मकर मिलावे। जल से धोवें व पानी में रखें।

कूकर कास काली खाँसी

1. बालघोरकासघ्न चूर्ण व बालसुधा का 1 ग्राम प्रयोग, 3 बार, मधु से करें।
2. विभीतक त्वक् 1 ग्राम को अजामूत्र में 4 बार दे।
3. हल्दी भूनकर 2 ग्राम को गुड़ 4 बार दे।
4. वासाक्षार 500 मि.ग्रा. मधु से 4 बार दे।
5. लहसुन को भूनकर चटनी बनाकर 5 ग्राम, मधु 10 ग्राम, व नारियल तेल 10 ग्राम से 4 बार दे।
6. अनार फल में अजवायन व लवंग, सैंधव रख कर, भस्म बनाकर, 500 मि.ग्राम 4 बार, मधु से दे।
7. गुल बनफसा, हंसराज, मुलेठी, अलसी, उन्नाव 5 ग्राम को मधु मिश्री से दे।

8. भारंगी, दाक्षा, कपूर, कांकड़ासींगी, छोटी पीपल, सोंठ, इनका चूर्ण 2–4 ग्राम, पुराने गुड़ 6 ग्राम व सरसों के तेल से दिन में 2 बार लें।
9. अमलतास की कच्ची फली का गूदा, केले के फूल का संपुट देकर काली राख बनाएँ, अष्टमांश काला नमक मिलाकर, 2ग्रा. मधु से दे।
10. कासमर्द के बीजो को मिट्टी के तवे पर घृत से भूनकर, पीसकर, 250 से 500 मि.ग्राम, 4 बार दे।
11. कासहासकर क्वाथ – लिसोडा सूखा, खत्मी के बीज मिलाकर चीनी मिलाकर शर्बत बनाकर देवें।
12. हंसराज क्वाथ 1/2 कप दूध में व अड़ूसा 1 ग्राम व मुलेठी 500 मि.ग्रा. डाल कर 4 बार दे।
13. मकरध्वज 25 मि.ग्राम, आपामार्ग क्षार 65 मि.ग्राम, वासाक्षार 65 मि. ग्राम, चन्द्रामृत रस 125 मि.ग्राम, तालीसादि 500 मि.ग्राम, वासा सीरप से 2 बार दे।
14. मक्का के भुट्टे की राख 1 ग्राम, मधु रो 4 बार, चटाएँ।
15. प्रवाल पिष्टी 250 मि.ग्रा., श्रृंगभस्म 250 मि.ग्रा., वंशलोचन 500 मि. ग्रा., इलायची के दाने 250 मि.ग्रा. व अमृतासत्व 500 मि.ग्रा., मधु से 3 बार दे।

बच्चों में दुर्बलता

1. अलसी को सेक कर गिरी निकाल कर 2 से 5 ग्राम, दूध से दे।

बालातिसार

1. प्रातः सायं–महाज्वरांकुश रस 100 मि.ग्रा., कामदुधा रस 150 मि.ग्रा., संजीवनी 100 मि.ग्रा., मुक्ताशुक्ति भस्म 75 मि.ग्रा., पीयूषवल्ली रस 100 मि.ग्रा., कर्पूर रस 50 मि.ग्रा., रसपर्पटी 50 मि.ग्रा., 3 बार, दाड़िमावलेह 10 मि.ली. से, व सीरप डायरिल 5 मि.ली.।
2. बालसुधा 50 मि.ग्रा., शुभ्रा भस्म 50 मि.ग्रा., त्रिभुवनकीर्ति रस 50 मि. ग्रा., बालचातुर्भद्र 1 ग्राम, मधु से।
3. बालसुधा 50 मि.ग्रा., कर्पूर रस आधी गोली, हिंग्वष्टक चूर्ण 500 मि. ग्रा., बालचातुर्भद्र 1 ग्राम, हरतिकी चूर्ण 500 मि.ग्रा., मातृदुग्ध से।

मानसिक अविकास

1. बच चूर्ण 250 मि.ग्राम, दूध से, 2 बार।
2. पंचगव्य घृत 5 ग्राम व मालकांगनी तेल 10 बूँद, दिन में 2 बार दूध से।
3. ज्योतिष्मति तेल का अवस्थानुसार प्रयोग करें। परांडी पर घृत का दीपक, प्रातः।
4. दशांग धूप का धूपन।
5. नारायण तेल की मालिश।

शय्यामूत्रता

1. रोगी आयु 12 वर्ष – 1. वृ॰ वंगेश्वर रस 1 गो. व टेब. नियो 2 गो., 2 बार जल से 2. चिरोंजी 100 ग्राम, तिल्ली 250 ग्राम, गोखरु 50 ग्राम, दालचीनी 50 ग्राम, गुड़ 250 ग्राम, कूट कर 25 ग्राम का वटक 2 बार, दूध से 3. प्रातः 1 बार–रात्रि को उड़द भिगो कर प्रातः भर्जित कर, नमक, काली मिर्च डाल कर लें। 4. रात्रि को मूत्रत्याग कर सुलावें, शाम का भोजन 7 बजे करा दे। शयन से 2 घन्टे पूर्व से जल न दे। मध्य रात्रि को जगा कर मूत्रत्याग कराएँ। 5. आनाह हो तो उसकी चिकित्सा करें। 6. उदरकृमी होने पर – क्रिमीमुद्गर रस 1 गो, 3 बार व भोजन के बाद विड़गारिष्ट 10 मिली, समान जल से दे।
2. 1. दिन में 3 बार–वृ॰ वंगेश्वर रस 125 मि.ग्रा., शु॰ शिलाजीत चूरा 1.5 ग्राम, मधु से 2. प्रातः की मात्रा के साथ–सिके काले तिल व गुड के लड्डू 25 ग्राम, 1 घन्टे बाद–मूंग का मोगर 50 ग्राम, रात्रि को भिगो कर, घी, शक्कर का हलवा बना कर। 3. पेशाब करने के समय से आधा घन्टा पूर्व उठा कर मू.त्याग कराएँ। सोने के 1 घन्टा पूर्व से जल न दे। हाथ पैर धुला कर बिना पोछे सुला दे।
3. काली मिट्टी को उसी बच्चे के मूत्र की 7 भावना दे। सुखा कर तवे पर सेक लें। 250से 375 मि.ग्रा, मधु, घृत से दे।
4. तिल्ली 250 ग्राम, दालचीनी 50 ग्राम, गोखरु 50 ग्राम, गुड़ 250 ग्राम, के 25 ग्राम के वटक, प्रातः व रात्रि को, 10दिन तक दे।
5. कूट शाल्मली का गोंद 3 ग्राम, 2 बार।

6. प्रातः सायं–वृ॰ वंगेश्वर रस 1 गो., 2 बार।
7. चिरोंजी, तिल्ली खिलावें।
8. भर्जित उडद, 1–1 चम्मच, 2 बार, गर्म दूध से 3. टेब. नियो 2 गो, 2 बार।
9. संजीवनी का अरणीमूल क्वाथ से प्रयोग करें। शर्नैमेह की चिकित्सा करें।
10. काले तिल, अजवायन व गुड़, 2:1:3 में लेकर, 1–1 चम्मच पानी से दें।
11. कालाजीरा, आँवला, 1 चम्मच की मात्रा में, मधु से प्रातः सांय दे।
12. रात्रि को चाय काफी न दे।
13. रात्रि को पानी कम दे। रात्रि को नींद से उठा कर मूत्रत्याग कराएँ।
14. उदरकृमि होने पर उसकी चिकित्सा करें।
15. अखरोट गिरी 1 नग, किशमिस 7 नग, रात को सोने से पूर्व खिला दे। 10 दिन में शय्या मूत्रता बन्द होगी।
16. कुपीलु के योगों यथा तिन्दूक वटी 125 मि.ग्रा. या अग्नितुण्डी वटी 250 मि.ग्रा. का प्रयोग करें।
17. कूटशाल्मली का गोंद 3 ग्राम को जल से दे।
18. मूंग की दाल, गुड़, घृत का हलवा दे।
19. सन के बीज का चूर्ण 2 ग्राम, 2 बार, जल से दे।

पुनरावर्तक श्वसनक ज्वर

1. 1. प्रातः सायं–रसमाणिक्य 25 मि.ग्रा., बालसुधा 50 मि.ग्रा., शुभ्रा 50 मि.ग्रा., रससिन्दूर 50 मि.ग्रा., बालजीवन वटी 25 मि.ग्रा., तालीसादि चूर्ण 1 ग्राम, मधु से।
2. 1. बच, जायफल, कण्टकारी मूल, दूध में घिस कर दे। 2. हिंग्वादि घृत 3. बालसाथी दे।
3. 1. प्रातः सायं–रसमाणिक्य 25 मि.ग्रा., रससिंन्दूर 25 मि.ग्रा., बालसुधा 50 मि.ग्रा., बालचातुर्भद्र चूर्ण 1 ग्राम, 50 मि.ग्रा., शुभ्रा 50 मि.ग्रा, सप्तविंशति गु॰ 250 मि.ग्रा, तालीसादि चूर्ण 1 ग्रा., बालजीवन वटी 25 मि.ग्रा., मधु व च्यवनप्राशावलेह या द्राक्षावलेह 10 ग्राम, से 3

बार, 20 दिन बाद कुमार कल्याण रस 25 ग्राम, सितोपलादि चूर्ण 1 ग्राम, 20 दिन दे। 3. लगाने के लिए—बाम व सरसों का तैल। 4. बालसाथी। 5. भोजन के बाद—अश्वगन्धारिष्ट 10 मि.ली., समान जल से।

अध्याय 7

श्वसन संस्थान के रोग (Diseases of Respiretory System)

कण्ठशालूक (Adenoids)

1. वृद्धिवाधिका वटी 500 ग्राम, शीतल चीनी चूर्ण 2.5 ग्राम, लोकनाथ रस 250 मि.ग्रा., ताप्यादि लौह 500 मि.ग्रा. पंचतिक्तघृत गुग्गुलु 1 ग्राम, चन्द्रप्रभा वटी 1 ग्राम, दिन में 3 बार, हरिद्रार्द्रकावलेह 15 ग्राम सें। प्रातः 8 बजे दिन में 2 बजे रात्रि में 9 बजे।
2. टेब सेप्टीलीन 2 गोली, 2 बार, भोजन के बाद (यह औषध जीर्ण अवस्था मे लगभग 2 से 3 माह तक प्रयोग करवानी चाहिए।
3. आचूषणार्थ – लवंगादि वटी या खदिरादि वटी 1–1 गोली, 4 बार।
4. नस्य –सर्षप तेल अथवा अणु तेल सें।

कास

1. कफ सीरप–कचूर, पुष्करमूल, भूम्यामलकी, काकडासिंगी, दशमूल, नागरमोथा, एला, 100–100 ग्राम, वासा, कंटकारी, अर्कमूल, सोंठ, 1–1 कि.ग्रा. तुलसी 100 ग्राम, मिश्री 4 कि.ग्रा., पीपरमेन्ट 3 ग्राम, का सीरप बनाएँ।
2. बालघोरकासघ्न चूर्ण व बालसुधा का 1 ग्राम प्रयोग, 3 बार, मधु से करें।
3. अपामार्ग के बीजों को अर्क दुग्ध की भावना देकर तवे पर जला लें। 250 मि.ग्रा. को पान में डाल कर लें।
4. वासा, द्राक्षा, मुलेठी, गिलोय 10 ग्राम के क्वाथ में हिंगु का प्रक्षेप देकर प्रयोग करें।

5. तालीसादि चूर्ण 100 ग्राम, हरिद्रा 20 ग्राम, मुलेठी 30 ग्राम, बालसुधा 10 ग्राम, चित्रकादि वटी 10 ग्राम, गुड़ 50 ग्राम, मुनक्का 50 ग्राम, शहद 20 ग्राम, गोली बना कर चूसे।

कफोत्क्लेश के लिए

1. कण्टकारी पंचांग 4 भाग, सैन्धव 2 भाग, हरिद्रा टुकडे 2 भाग, अजवायन 1 भाग, की काली मसी, 375 मि.ग्रा., 1 चम्मच मधु सें।
2. गुले गाजवाँ, गाजवाँ, तुख्म खतमी, तुख्म खुब्बाजी, मुलेठी, सौंफ, हंसराज, जुफा खुश्क, उन्नाब, कोया आबरेशम, अंजीर, मुनक्का, इनका क्वाथ करके, आधा शर्बत सदर मिला कर पिलावें।

कासशुष्क

1. अमलतास गूदा व काला नमक 2 ग्राम, चूसने को दे।
2. पिप्पली चूर्ण 500 मि.ग्रा. मधु से 3 बार दे।
3. गाय का दही ताजा 250 ग्राम, कालीमिर्च 11 नग, गुड़ 40 ग्राम, घी 2 चम्मच, प्रातः 1 बार, 5 दिन तक। बाद में तिल्ली के तेल व घृत, गुड का हलवा दे। पुष्करमूल 1 ग्राम भी मिलावें।
4. शिरीष घनसत्व, वासा, हरिद्रा 2 ग्राम, 3 बार दे।

तीव्र कास (Acute bronchitis)

1. गुड 10 ग्राम, काली मिर्च 5 नग, तुलसी पत्र 15 नग, मुलहठी ढाई ग्राम, मुनक्का 11 नग को दरदरा कर डेढ कप पानी में फाण्ट बना कर दिन में 2 से 3 बार दें।
2. कास वेग तीव्र हो मधुयष्ठी डेढ ग्राम, तालीसादि चूर्ण ढाई ग्राम, कपूर 250 से 500 मि.ग्रा. मिलाकर चूसने को दें। ऐसें 2 से 4 मात्रायें दी जा सकती है।
3. घी, गुड, आटे सें बने हलवे में पुष्करमूल व पंचकोल चूर्ण मिलाकर दिया जा सकता है।
4. दिन में 2 से 4 बार सर्षप तेल से प्रतिमर्श नस्य दे।
5. वक्ष एवं पृष्ठ पर सर्षप तेल में बाम या कपूर धारा मिलाकर हल्की–हल्की मालिश करें।

6. दही 250 ग्राम, गुड 30–40 ग्राम, काली मिर्च 15 नग का चूर्ण मिलाकर प्रातः 1 बार, 3 से 5 दिन तक दे सकते हैं। जब कास आर्द्र हो जाये। उसके बाद निम्न चिकित्सा दे सकते हैं।
7. पंचतिक्तघृत गु॰ 1 ग्राम, कामदुधा रस 250 मि.ग्रा., विभितक चूर्ण 1 ग्राम, अविपत्तिकर चूर्ण 2.5 ग्राम मधुरक क्षार 500 मि.ग्रा., रस माणिक्य 50 मि.ग्रा., दिन में 3 बार, हरिद्रार्द्रकावलेह या कूष्माडावलेह 15 ग्राम से।
8. लक्ष्मीविलास रस 2 गोली, 2 बार, पान में (मसाले युक्त) में रख कर चूसें।
9. नस्य, वक्ष पृष्ठ पर अभ्यंग यथावत रखें।
10. रात्रि को 250 मि.ली. को घृत 15 ग्राम व हल्दी 3 ग्राम को फेंट कर सोते समय लें।

उपर्युक्त चिकित्सा 7 से 14 दिन देने के बाद रात्रि में पीनसोक्त अश्वंगधादि क्षीरपाक कम से कम 1 माह तक देने से रोग प्रतिरोधक क्षमता में वद्धि होती है।

गलतुण्डिका शोथ (Tonsillitis)

1. कपर्दिका, बालसुधा, हरिद्रा चूसें।
2. वृद्धिवाधिका वटी 500 ग्राम, शीतल चीनी चूण 2.5 ग्राम, लोकनाथ रस 250 मि.ग्रा., ताप्यादि लौह 500 मि.ग्रा., पंचतिक्तघृत गुग्गुलु 1 ग्राम, चन्द्रप्रभा वटी 1 ग्राम, दिन में 3 बार, हरिद्रार्द्रकावलेह 15 ग्राम सें। प्रातः 8 बजे दिन में 2 बजे रात्रि में 9 बजे।
3. टेब सेप्टीलीन 2 गोली, 2 बार, भोजन के बाद यह औषध जीर्ण अवस्था मे लगभग 2 से 3 माह तक प्रयोग करवानी चाहिए।
4. आचूषणार्थ – लवंगादि वटी या खदिरादि वटी 1–1 गोली, 4 बार।
5. नस्य – सर्षप तेल अथवा अणु तेल से।
6. नमक व शुभ्रा से कोष्ण जल से गरारे।
7. अरिष्टक फल रसक्रिया को शहद में मिलाकर दिन में 3–4 बार टॉन्सिल पर लगाएँ अथवा टंकण, शुभ्रा, मधु मिलाकर लगायें।
8. एक तप्त दीपक में अजवायन डालकर जब उसमें से धुंआ उठने लगे तब तत्काल दूध में डाल दे इस दूध को धीरे धीरे सिप करें।

9. हरिद्रा के टूकडे करके चूसने के लिए दिये जा सकते हैं।
10. प्रतिश्यायोक्त दूध, घी, हल्दी का रात्रि प्रयोग करें।
11. रोगी के रोग प्रतिरोधक क्षमता को बढाने हेतु निरन्तर प्रयास करना चाहिए। इससे पुनराक्रमण सें बचाव होता है।
12. देवदार्व्याद्यरिष्ट अथवा बबूलाद्यरिष्ट 25 मि.ली., 2 बार, भोजनोत्तर दे।

तमक श्वास

1. कच्ची हल्दी 3 ग्राम व गेहूँ के आटे की बाटी पकावें। प्रातः सायं 3 दिन तक देवें।
2. आमी हल्दी या कच्ची हल्दी को खोपराकसी में कस कर या 10–10 ग्राम के टुकड़े बाटी में रख कर, सेक, जला कर हल्दी को निकाल लें। खरल में पीस कर 125 मि.ग्रा., मधु से दे।। 14 दिन से अधिक न दे। ठण्डा जल न दे।
3. करीर की मूल की छाल 250 ग्राम, को 4 किलो दूध में औटा कर, दही जमाएँ। घृत निकाल कर, 2 बूँद, प्रातः सायं नागरबेल के पान में खिलावें। 3 या 7 या 15 दिन खिलावें।
4. 1. बादाम 100 ग्राम, पोस्ता 100 ग्राम, कालीमिर्च 15 ग्राम, हल्दी 40 ग्राम, अश्वगन्धा 50 ग्राम, शतावरी 50 ग्राम, मुलेठी 30 ग्राम, का मिलित चूर्ण 6 ग्राम, जल या दूध से 2. प्रातः सायं–अग्निसंदीपन चूर्ण 2 ग्राम., तालीसादि चूर्ण 2 ग्रा., मधुयष्ठी चूर्ण 1 ग्रा, बालसुधा 125 मि.ग्रा., च्यवनप्राशावलेह 20 ग्राम, से 2 बार। 3. अंगुली रगड़ कर नाक पर स्वेदन। 4. ताली बजाना।
5. दीवाणी तप्त करके अजवायन डाल कर निर्धूम हाने पर दूध डाल कर पिलावें। 21 दिन तक।
6. मुलेठी 1 ग्राम, श्वासकुठार रस 250 मि.ग्रा., मधुरक क्षार 500 मि.ग्रा., चीनी 1 चम्मच, 3 बार।
7. संखिया 1 ग्राम, वंशलोचन 12.5 ग्राम, शक्कर 12.5 ग्राम, सब मिला कर, 125 से 250 मि.ग्रा., गुड के हलवे से।
8. तक्र से बनी कढ़ी में घृत का छोंक लगा कर खिलावें।
9. कण्टकारी, आँवला 2–2 भाग, हिंग 1 भाग, का 5 ग्राम चूर्ण, मधु से 3 दिन दे।

10. करीर मूल त्वक् 250 ग्राम, गाय या बकरी का दूध 4 किलो, औटा कर दही जमा दे। घी बना लें। नागरबेल के पान में 1 बूँद खिला दे। 7 या 15 दिन तक दे। पथ्य में दूध चावल दे।

11. श्वासकासचिन्तामणि रस 125 मि.ग्रा., प्रवाल भस्म 250 मि.ग्रा., तालीसादि चूर्ण 2 ग्राम, 3 बार, वासा सीरप 10 मि.ली. से। क्वाथ– वासा, रेसा खत्मी, बहेडा छाल, गावजवां, गुल बनफ्सा, लिसोडा, मुनक्का, अमलतास गूदा, मुलेठी, छोटी कटेली, का 15 ग्राम का क्वाथ, मिश्री डाल कर।

12. अदरक को पीस कर घी में जला तल लें। फिर शक्कर मिला कर, प्रातः निराहार व रात्री को दे।

13. हरिद्रार्द्रक अवलेह–हरिद्रा में अदरक के स्वरस की भावना देकर घृत में भूने। गुड की चासनी बना कर, सितोपलादि चूर्ण, कालीमिर्च व दालचीनी डालें।

14. 1 हिंग्वष्टक चूर्ण 1.5 ग्राम, स्रोतोसंगहर चूर्ण 1.5 ग्राम, सर्षप तेल 15 मिली, गोघृत 15 मिली, गुड 10 ग्राम सारिवाद्यासव या देवदाव्याद्यरिष्ट 40 मिली + गर्म पानी एक कप, यह औषध प्रातः 6 सें 7 बजे के मध्य दें। चाय के बाद में आधे घन्टे बाद दें। 7 दिन प्रयोग करवाने के बाद फिर 20 दिन तक एक दिन छोडकर एक दिन दें। इसके बाद सप्ताह में केवल 2 बार दें।

15. हरतालगोदन्ती भस्म 125 मि.ग्रा., कामदुधा रस 500 मि.ग्रा., मधुरक क्षार 500 मि.ग्रा., पंचतिक्तघृत गुग्गुलु 1 ग्रा., तालीसादि चूर्ण 2.5 ग्राम, विभीतक चूर्ण 1 ग्राम, बालघोरकासघ्न चूर्ण 500 मि.ग्रा., सप्तामृत या चन्दनादि लौह 500 मि.ग्रा., दिन में 3 बार, हरिद्रार्द्रकावलेह या कूष्माण्डावलेह 20 ग्राम से।

16. यदि एलर्जिक अस्थमा हो तो आचूषणार्थ एलादि वटी है। यदि कफाधिक हो तो मरिच्यादि वटी तथा वाताधिक हो तो अमर सुन्दरी की एक एक गोली दिन में 4 से 6 बार तक आचूषणार्थ दें।

17. बलगम में संक्रमण होने पर देवदार्व्याद्यरिष्ट एवं बब्बूलाद्यरिष्ट 25–25 एमएल भोजनोतर दे।

18. श्वास नलिकाओं में संकोच होने पर कनकासव 25 से 30 एमएल दे। कनकासव धत्तूर का योग है। जिसमे बेलाडोना होता है जो कि एड्रीनर्जिक होता है।

19. रात्रि में भोजनोत्तर दूध, घी, हल्दी का प्रयोग करवाएँ अथवा दशमूल व अर्जुन सिद्ध दुग्ध का प्रयोग रात्रि में करवा सकते हैं।
20. सरसों का तैल, बाम, सैन्धव मिलाकर वक्ष पृष्ठ पर अभ्यंग करवाकर स्थानिक मृदु स्वेदन दिन में 2 बार करे।
21. 50 ग्राम मुनक्का में कालीमिर्च एवं काले नमक को बुरक कर एक एक करके खाने को दे।
22. इसके अतिरिक्त मल्ल के अन्य योग जैसे समीरपन्नग रस, रसमाणिक्य रस, मल्ल सिन्दूर, श्वासकुठार रस भी प्रयोग में लिए जा सकते हैं। मल्ल के योग एड्रीनर्जिक होने से श्वसनिका विस्फारक (Broncho relexent) होते हैं। इसके अतिरिक्त त्रिभुवन कीर्ति रस, अगस्त्य हरीतकी, वासावलेह, चित्रक हरीतकी, सितोपलादि चूर्ण, नागार्जुनाभ्र रस, श्वासकास चिन्तामणी रस, महालक्ष्मीविलास रस, लक्ष्मीविलास नारदीय श्वास रोग में लाभकर होने से रोग व रोगी की अवस्थानुसार इनका प्रयोग भी करवाया जा सकता है।
23. नस्य – सर्षप तेल का नस्य 12 बजे के पूर्व, 2–3 बार एवं एरण्ड तेल का नस्य 12 बजे बाद 2–3 बार दे।
24. यह उपर्युक्त चिकित्सा 4 से 6 सप्ताह तक दी जा सकती है। जब शुष्क ध्वनियां (Ronchi) बन्द हो जाय, श्वास के वेग तथा संक्रमण समाप्त हो जाय तब निम्न औषध का प्रयोग 6 से 3 सप्ताह तक करवाना चाहिए। ये औषधियां प्राणवह स्रोतस के लिए बल्य एवं रोग प्रतिरोधक क्षमता वर्धक है। पूर्व की सभी औषधियां बन्द करके फिर इन्हें आरम्भ करें।
25. पुष्करमूल चूर्ण 1.5 ग्राम, पंचकोल चूर्ण 1.5 ग्राम, यह औषध प्रातःकाल स्नानोत्तर गुड, घी व आटे के हलवे से दे। यह औषध 10 दिन तक प्रतिदिन, फिर 20 दिन तक एक दिन छोड कर, तत्पश्चात सप्ताह में 2 बार दे।
26. महायोगराज गुग्गुलु 500 मि.ग्रा., क्रव्याद रस 250 मि.ग्रा., पुष्पधन्वा रस 250 मि.ग्रा., प्रवालपंचामृत रस 250 मि.ग्रा., नागार्जुनाभ्र रस 250 मि.ग्रा., बालधोरकासघ्न चूर्ण 500 मि.ग्रा., सितोपलादि चूर्ण 2.5 ग्रा., दिन में 2 बार, कूष्माण्डावलेह 20 ग्राम सें।
27. भोजन के बाद – सारस्वातारिष्ट 25 मि.ली., 2 बार, बराबर पानी मिला कर।

28. नस्य – प्रातः सर्षप तेल 4–4 बूंद एवं सायं घृत 4–4 बूंद से दे।
29. रात्रि में सोते समय – पीनसोक्त अश्वगन्धादि क्षीरपाक का प्रयोग।
30. द्राक्षा योग पूर्वोक्त दिया जा सकता है।
31. गाजर का रस या गाजर की सब्जी श्वास रोगियों के लिए अत्यन्त लाभकारी है।

6 से 8 सप्ताह तक यह योग प्रारंभ करवाने के पश्चात लगभग 3 माह तक ब्राह्म रसायन 20–20 ग्राम, 2 बार, गर्म जल से प्रयोग करवायें। प्रायः देखा गया है कि इस प्रकार के चिकित्सा क्रम से अधिकांश रोगी श्वास रोग व जीर्ण कास से मुक्त हो जाते हैं।

श्वास अनूर्जताजन्य

1. घृत हरिद्रा योग–हल्दी 100 ग्राम को 50 ग्राम घृत में सेक कर, कालीमिर्च 5 ग्राम व बूरा 100 ग्राम मिला कर दे। इस श्वास में तिक्तरस युक्त औषध दे। मधुयष्ठी, वासा, भृंगराज, बालसुधा, अविपत्तिकर चूर्ण, सूतशेखर रस दे। लंघन के बाद च्यवनप्राश दे। इस रोग में पित्त का अम्ल गुण, कफ का क्लेद गुण नष्ट करें। बलवर्धन करें। नस्य, कर्ण पूरण भी दे।
2. कंटकरंज के पत्र 5 ग्राम, 2 बार का प्रयोग करें।

श्वास का वेग रोकना

1. करीर की मूल को टुकडे करके अधःपातन विधि से रस निकाल कर 1 चम्मच शक्कर मिला कर दे।
2. खुरासानी अजवायन अन्य औषधियों के साथ दे।
3. वासा पुष्पसहित, हरिद्रा, मुलेठी, बालसुधा, समान मात्रा में गुनगुने जल से।
4. मयूरपिच्छ भस्म, बहेडा, सोंठ, कण्टकारी फल, 2 बार।
5. कनकासव या सुरा 100 मि.ली., मधु 100 ग्राम, में 1 नग जायफल डाल कर रखें। 1से 2 चम्मच, आवश्यकतानुसार पिलावें। ठण्डा जल न दे।
6. कूठ का प्रयोग करें।

10 दिन के श्वास रोग चिकित्सा शिविर में आदर्श चिकित्सा क्रम – प्रथम दिन–

1. सायं भोजन के बाद, केवल एक दिन–ज्वरमुरारी वटी 4 गोली, दूध से
2. मुनक्का 21 नग खावें।
3. भोजन के बाद–रसोनादि वटी 3 गोली या चित्रकादि वटी 3गोली। 4. नस्य–प्रातः स्नान के बाद एवं सायं भोजन के बाद–सर्षप तेल 4–4 बूँद।
5. वक्ष पृष्ठ पर मर्दन– सर्षप तैल, नमक व कर्पूरधारा या सर्षप तेल व तारपीन तेल का।
6. सूर्य नमस्कार व प्राणायाम।
7. पाद स्वेदन–रात्रि को सोते समय–उष्णोदक व नमक।
8. पान व अन्य कामों में सदैव उष्णोदक प्रयोग।
9. दिन में 3 बार–समीरपन्नग रस 125 मि.ग्रा., बालघोरकासघ्न चूर्ण 375 मि.ग्रा., तालीसादि चूर्ण 3 ग्राम, पुनर्नवादि गु॰ 1 ग्राम, मुक्ताशुक्ति भस्म 250 मि.ग्रा., रजनी चूर्ण 1 ग्राम, सहपान–वासावलेह 10 ग्राम या मेवाड वसाका 10 ग्राम, अनुपान–गुडादि क्वाथ –गुड़ 15 ग्राम, मरिच 5 नग, तुलसीपत्र 11 नग। 100 मि.ली. जल में क्वाथ करके 50 मि.ली रहने पर छान कर पिलावें।
10. आचूषणार्थ–गुडादि वटी 50 ग्राम (गुड़ व कालीमिर्च 10:1 में) या विभितक, कचूर, कूठ, काकड़ासींगी, दालचीनी, कालीमिर्च, 5–5 ग्राम, बच व यवक्षार या वासाक्षार 1 ग्राम, तालीससोमादि चूर्ण 25 ग्राम, गुड़ 250 ग्राम का मोदक 50 ग्राम, बार बार चूसने को दे।
11. प्रातः 9 बजे या सायं 5 बजे–आस्थापन बस्ती या मलशोधक बस्ती–यह बस्ती बुभुक्षित को अथवा भोजन जीर्ण होने पर देनी है। केवल एक बार देनी है। क्वाथ द्रव्य–कुटज चूर्ण 3 ग्राम, दशमूल 40 ग्राम, मदनफल 10 ग्राम, कुटकी 3 ग्राम, अमलतास 15 ग्राम, निशोथ 3 ग्राम, 800 मि.ली. जल में क्वाथ करके 400 मि.ली. रखें। इसमें निम्न प्रक्षेप द्रव्य अत्यन्त सूक्ष्म करके डालें। बच, सौंफ, सोंठ, पिप्पली, कूठ 1–1 ग्राम, मधु 25 ग्राम, नमक4 ग्राम, कचूर 2 ग्राम, गोमूत्रक्षार चूर्ण 10 ग्राम, या पलाश क्षार 3 ग्राम या वासा क्षार 1.5 ग्राम या यवक्षार 500 मि.ग्राम, एरण्ड तेल 50 ग्राम। यह बस्ती

20–25 मिनट में बाहर आ जाना चाहिए। बाहर आने की अधिकतम अवधि 45 मिनट है। इस अवधि में बस्ती बाहर न आने पर निम्न क्षार बस्ती दे। ग्लीसरीन 25 मि.ली., सुखोष्ण जल 100 मि.ली., नमक 10 ग्राम, क्षार 3 ग्राम। इसको गुदा में 4 अंगुल गहरा लगाावें। अथवा यह पिप्पल्यादि वर्ती लगाएँ। पिप्पली, लवण, गृहधूम, अपामार्ग, सरसों, बैंगन के बीज, निगुण्डी, अमलतास, मदनफल, सहचर, इनको गोमूत्र व अम्ल द्रव्यों के साथ पीस कर, गुड़ के साथ अंगुष्ठमूल के समान वर्ती बनाएँ। इसे गुदा में 10से 20 मिनट रखें।

12. पथ्य–प्रातः कुछ नहीं। सायं–पर्याप्त यमकयुक्त दालयूष, पर्याप्त हिंग, जीरा, अजवायन, लहसुन का छोंक देकर।

द्वितीय व तृतीय दिन–

औषध क्रम 1, 11 व 12 बन्द करें। क्रम 9 में हल्दी चूर्ण बन्द करें। क्रम 2 से 10 तक पूर्ववत्।

13. क्षीरपाक–प्रातः 7 बजे व रात्रि 10 बजे–दूध 250 मि.ली., जल 125 मि.ली., मुलेठी 5 ग्राम, अर्जुन छाल चूर्ण 10 ग्राम, दशमूल 10 ग्राम, प्रक्षेप–हल्दी 1.5 ग्राम, घृत 10 ग्राम।
14. पथ्य–आधा पेट खाना। दोनों समय रोटी 2 नग, दाल पर्याप्त नमकयुक्त, पर्याप्त हिंग, जीरा, अजवायन, लहसुन का छोंक देकर।

चतुर्थ दिन– औषध तृतीय दिन की तरह।

15. पथ्य– दोनो समय पर्याप्त रोटी, दाल व दलिया। दाल का छोंक पूर्ववत्।
16. स्वेदन–केवल एक दिन, प्रातः 7 व सायं 5 बजे–यूकिलिप्टस के पत्र, अजवायन, एरण्ड पत्र। स्वेदन सार्वदेहिक, बलानुसार, 5 से 10 मिनट दे। स्वेदन के बाद ठण्डी हवा न लगने दे। इसके बाद कोई पोषक पेय दे। यथा मुनक्का व क्षीरपाक दे। इससे पूर्व प्रचुर तेल से पर्याप्त अभ्यगं कराएँ। हल्का स्वेदन आवश्यकतानुसार सातवें दिन भी कराया जा सकता है।

पंचम दिन व छठे दिन –

औषध चतुर्थ दिन की तरह। स्वेदन केवल प्रातः ही दे।

सप्तम दिन से दशम दिन तक— औषध परिवर्तन—

17. नस्य—प्रातः स्नान के बाद सर्षप तेल 4—4 बूँद एवं सायं भोजन के बाद—घृत 4—4 बूँद।
18. दिन में 3 बार—समीरपन्नग रस 125 मि.ग्रा., या श्वास कुठार 250 मि.ग्रा., अभ्रक भस्म या नागार्जुनाभ्र रस 125 मि.ग्रा., सितोपलादि चूर्ण 3 ग्राम, कासीस भस्म 100 मि.ग्रा., सप्तामृत लौह 1 ग्राम, सहपान—च्यवनप्राश या ब्राह्म रसायन 20 ग्राम, अनुपान— क्षीरपाक।
19. स्नेहिक धूमपान—जौ का आटा, जटामांसी, कण्टकारी, वासा, गुग्गुलु, घृत या तैल। प्रातः 8 बजे एवं सायं भोजनोत्तर।
20. मात्रा बस्ती—महा नारायण या दशमूलाद्य तेल 40 मि.ली., मधु 20 ग्राम, नमक 1 ग्राम, सौंफ 1 ग्राम। प्रातः भोजन के बाद दें, सुखोष्ण दे। रोगी इसें रोके रखने का प्रयत्न करे। 4 अंगुल गहरी लगाएँ। अग्निमांद्य होने पर न दे। अग्निमांद्य हो तो लंघन कराएँ। विरेचन दे।
21. श्वास का दौरा हो तो कनकासव 10 मि.ली., समान गर्म जल से दे।
22. पथ्य—रोटी, दाल पूर्वोक्त या सब्जी गाजर, पालक, पत्ता गोभी या फूलगोभी।
23. चूसने के लिए— एलादि या व्योषादि वटी 6गोली अथवा धनिया, सौंफ, मिश्री।
24. प्रातः 5.30 पर—लवणभास्कर चूर्ण 3 ग्राम, तिन्दुक वटी 125 मि.ग्रा., हिंग 375 मि.ग्रा., अजवायन 1 ग्राम, घृत या पंचतिक्त घृत या त्रिफला घृत 10 ग्राम से उपर से पुनः पुनः कोष्ण जल पान।
25. सामान्य मल शोधनार्थ—स्वदिष्टविरेचन चूर्ण 6 ग्राम, कोष्ण जल से।

नासा पाक

1. पंचक्षीरी वृक्षों के क्वाथ सें अथवा पुष्यानुग चूर्ण के क्वाथ से प्रक्षालन करें।
2. रक्त चन्दन को घिसकर उसका मोटा—2 लेप करें। दशांग लेप का मोटा लेप करें।
3. यदि पीडिकायें क्लेद युक्त हो तो दशांग लेप के सूखे चूर्ण को बुरक दे अथवा जहर मोहरा खताई पिष्टी का अवचूर्णन करें।

4. इरिमेदादि तैल, निम्ब तैल, का प्रयोग भी शुष्क पीडिकाओं का शोथ में किया जा सकता है।
5. पंचतिक्त घृत गुग्गुलु 1 ग्राम, जहरमोहरा खताई पिष्टी 500 मि.ग्रा., कामदुधा रस 500 मि.ग्रा., स्वर्णमाक्षिक भस्म 125 मि.ग्रा., शु॰ गंधक या गंधक रसायन 250 मि.ग्रा., रसमाणिक्य 50 मि.ग्रा., दिन में 3 बार, सीरप सेप्टीलिन 10 मि.ली. भोजनोत्तर – टेब. सेप्टीलिन 2 गोली, 2 बार।

प्रतिश्याय

1. सप्ताह में केवल 2 बार विरेचन दें – एतदर्थ स्वादिष्ट विरेचन चूर्ण या पंचसंकार चूर्ण 6 ग्राम रात्रि में उष्ण जल से दे।
2. दही 250 ग्राम (अधिक शीतल एवं अधिक अम्ल न हो किन्तु मक्खन निकाला हुआ न हो) व 30 सें 40 ग्राम गुड (गुड पुराना हो तो ठीक रहता है) तथा 11 सें 15 काली मिर्च का चूर्ण मिला कर प्रातः 8.00 बजे प्रतिदिन एक बार दें। यह योग केवल 5 दिन तक दे। दही मे लेक्टोबेसीलस होते हैं, जो विषाणु नाशक होते हैं।
3. दूध 200 मि.ली., घी ढाई चम्मच, हल्दी आधा चम्मच, तीनों को अच्छी तरह फैंटकर रात्रि में सोते समय धीरे धीरे सिप करवा कर सुला दे। हल्दी मे करक्यूमिन होता है जो शोथ नाशक के साथ साथ एन्टीसप्टिक है।
4. गुड 5 ग्राम, कालीमिर्च 4 नग, मधुयष्टी चूर्ण 1 ग्राम, मुनक्का 11 नग, तुलसी पत्र 15 सें 21 नग, सभी को कूट कर डेढ कप पानी में उबालें। 1 कप शेष रहने पर मसल कर छान लें। यह एक मात्रा है। यह 2 सें 3 बार तक दिया जा सकता है।
5. नासा स्राव जब जलीय हो ओर मात्रा अत्यधिक हो तो कर्पूर रस 250 ग्राम सें 500 मिग्रा तक 3 ग्राम तालीसादि चूर्ण या शतपत्र्यादि चूर्ण में मिलाकर चूसने के लिए दें। यह एक मात्रा है। ऐसी 3 सें 4 मात्राएँ स्त्राव बन्द होने तक दी जा सकती है। कर्पूर रस में मुख्य द्रव्य कर्पूर एवं अफीम है, अफीम में कोडिन, मार्फीन तथा पेथेडिन आदि एल्कलायड होते हैं। ये स्त्राव रोधक एवं शूल नाशक है तथा शुष्क कास में भी लाभकारी है। साथ ही कर्पूर एन्टीवायरल तथा एड्रनर्जिक होने से एलर्जिक रायनाईटिस में उत्तम कार्यकारी है।

6. नासिका गुहा मे नार्मल सेलाइन वाटर जो कोष्ण हो के द्वारा प्रक्षालन करना चाहिए।
7. पानी में अजवायन या कर्पूर डालकर वाष्प स्वेदन लिया जा सकता है।
8. रसमाणिक्य 50 ग्राम, पंचतिक्तघृत गु॰ 1 ग्राम, कामदुधा रस (सादा) 500 मिग्रा, चन्दनादि लौह (ज्वर) 500 मिग्रा, तालीसादि चूर्ण (यक्ष्मा) ढाई ग्राम, मधुरक क्षार 500 मिग्प्र, त्रिभुवनकीर्ति रस 250 मिग्रा, 2 सें 3 बार तक, कूष्माण्डावलेह 20 ग्राम, 2 से 3 बार तक, प्रातः 6 बजे, दिन में 2 बजे, रात्रि 9 बजे।
9. नस्यः– सर्षप तेल सें, 3 बार दें, प्रातः स्नान के बाद एवं दोनो समय, भोजन के बाद। नस्य 3 दिन बाद प्रारम्भ करें।
10. प्रतिश्याय, श्वास, वातव्याधी – अश्वगंधा 3 ग्राम, पोस्तदाना 5 ग्राम, सोंठ 1 ग्राम, पीपल 500 मि.ग्राम का क्षीरपाक घृत गुड़ से दे। साथ में लक्ष्मीविलास नारदीय 250 मि.ग्रा. दे।
11. बदाम 5 नग, पोस्ता 5 ग्राम, कालीमिर्च 500 मि.ग्राम, हल्दी 2 ग्राम, दूध से रात्रि को दे।
12. पुनरावर्तक व जीर्ण प्रतिश्याय– सितोपलादि 3 ग्राम, शंख भस्म 250 मि.ग्रा., शुभ्रा भस्म 250 मि.ग्रा., मधुयष्ठी 1 ग्राम, वासा सीरप से दे।
13. प्रतिश्याय, कास – मुलेठी 1 ग्राम, श्वासकुठार रस 250 मि.ग्रा., सर्जीकाक्षार 500 मि.ग्रा., चीनी 1 चम्मच, दिन में 3 बार दे।

प्रतिश्याय अनूर्जताजन्य

1. दशमूल तेल का कवल, गण्डूष, पान व सिर पर लगाना।

पीनस

1. दही, गुड काली मिर्च का जो योग प्रतिश्याय चिकित्सा में बताया गया है, उसें 7 से 15 दिन तक देना चाहिए।
2. 7–15 दिन बाद निम्न प्रकार स्नेहपान करना चाहिए। यह शमन प्रकार का स्नेहन है। इसके बाद स्वेदन आदि करवाना आवश्यक नही है। हिंग्वष्टक चूर्ण डेढ ग्राम, स्रोतोसंगहर चूर्ण डेढ ग्राम, असली घी 50 मिलि, सर्षप तेल 15 मिलि, गुड 10 मिलि, देवदार्वाद्यरिष्ट 40 मि.ली., प्रातः 6.00 बजे सेवन करं। इसके बाद

अरिष्ट पिलायें। डेढ डेढ घंटे सें 2–3 बार गर्म पानी पिलावें। यह स्नेहपान 7 दिन तक लगातार दे 7 दिन बाद 15 दिन तक एक दिन छोडकर एक दिन तत्पश्चात् 15 दिन तक सप्ताह में 2 बार दे जब यह स्नेह पान समाप्त हो जाये तब निम्न योग प्रयोग करावें। सर्षप तेल शोथहर तथा जीवाणुनाशक गुण नवीन शोधों से भी स्थापित हो चुका है।

3. पुष्कर मूल चूर्ण 50 ग्राम, पंचकोल चूर्ण 50 ग्राम दोनों को बराबर मात्रा में मिलाकर रखें। प्रातः गुड के आटे एवं घृत का पर्याप्त स्निग्ध हलवा बनाकर उसमें 3 ग्राम की मात्रा में मिलाकर, 7 दिन प्रतिदिन, 15 दिन तक एक दिन छोडकर एक दिन, फिर 30 दिन तक सप्ताह में 2 बार इसका प्रयोग करना चाहिए।

4. शेष चिकित्सा प्रतिश्यायोक्त चिकित्सा के समान करना चाहिए।

5. इस रोग में रात्रि को सोते समय शीतल जल पीकर सोना चाहिए। किन्तु प्रातः काल का प्रथम जलपान उष्ण ही होना चाहिए।

6. पीनस रोग मे नस्य का बहुत महत्व है। इससे क्रस्ट नही बनते, नासा आर्द्र रहती है, तथा नासावरोध तथा नासा श्लेष्म में लाभ होता है। एतदर्थ, सप्ताह में 3 बार गुड शुंठि का नस्य प्रातः काल सूर्योदय के पूर्व देना चाहिए। व्याध्री तेल या अणु तेल का नस्य भी प्रतिमर्श विधि सें दिन मे 2 बार देना चाहिए। केवल एरण्ड स्नेह का नस्य प्रति 4–4 घन्टे में दिये जाने से नासा आर्द्र रहती है तथा एरण्ड स्नेह वात कफ शामक होने से पीनस में लाभकारी है। सामान्यतः सर्षप तेल का नस्य प्रातः 2 बार एवं एरण्ड स्नेह का नस्य मध्याह्न पश्चात् 2 से तीन बार दिया जाना उतम फलदायी माना गया है। एतदर्थ 2–2 बूंद स्नेह नाक में डालना चाहिए।

7. रोगी की रोग प्रतिरोधकता क्षमता बढाने के लिए निम्नयोग उतम पाया गया है। अश्वगंधा चूर्ण 50 ग्राम, सोंठ चूर्ण 50 ग्राम, पोस्त दाना चूर्ण 200 ग्राम, इन तीनों का मिश्रित चूर्ण 10 सें 15 ग्राम, दूध 250 ग्राम, पानी 250 ग्राम, बडे दाख (मुनक्का) 15 नग तोडकर मिला दें। इसका क्षीरपाक करे। खीर जैसा हो जाने पर बिना छाने इसमें 10 से 15 ग्राम घृत मिलाकर रोगी को रात्रि को खाने को दे यह प्रयोग 30 से 45 दिन तक करवाया जा सकता है।

8. पीनस मे विरेचन का अत्यंत महत्व है। अतः 7 दिन में 2 बार कोष्ठ शुद्धि आवश्यक है।

9. सर्षप तेल में थोडी सी हरिद्रा एवं सैंधव मिलाकर गण्डूष करवाना, लवण युक्त जल सें कवल एवं लवण युक्त मंजनों का प्रयोग करना चाहिए।
10. अजवायन को गर्म कर उसकी पोटली बनाकर सूंघना चाहिए।
11. आचूषणार्थ व्योषादि वटी या लगभग 50 ग्राम द्राक्षा में कृष्ण लवण एवं कृष्ण मरिच मिलाकर एक–एक करके चबा कर खाने के लिए देना उतम प्रयोग है।

आवश्यक होने पर जीवतिक्ती या विटामिन्स ए और डी का प्रयोग करवा सकते हैं। यह मक्खन व घी में यह पर्याप्त मात्रा में होता है।

फुफ्फुस में रोन्काई आना

1. वीर्यशोधक चूर्ण 3 ग्राम, जल से 3 बार देवें।

रक्तपित्त, नासा रक्त स्राव

1. 1. प्रातः मध्यान्ह सायं–शोणितार्गल रस 500 मि.ग्रा., बोलबद्ध रस 250 मि.ग्रा., तृणकान्तमणि पिष्टी 250 मि.ग्रा., लाक्षादि गु॰ 500 मि. ग्रा., आमलकी चूर्ण 2 ग्राम, वासा चूर्ण 3 ग्राम, कूष्माण्डावलेह 20 ग्राम, से 3 बार। 2. प्याज का रस 2 बूँद नाक में डालें। 3. दूर्वा स्वरस 2 चम्मच, मिश्री मिलाकर, 3 बार
2. अनार के फूल 5 पीस कर पिलावें।
3. 1. आमलकी रसायन 1 ग्राम., वासा चूर्ण 2 ग्राम., चन्द्रकला रस 250 मि.ग्रा., तृणकान्तमणिपिष्टी 250 मि.ग्रा., गोदन्ती 500 मि.ग्रा., कूष्माण्डावलेह 20 ग्राम, से 2 बार,। 2. नस्य–घृत या नारियल तेल से 3. बावलीघास घनसत्व 2 केप, 2 बार। 4. अंगूर के रस का नस्य। 5. घी, बूरा, चावल खावें। 6. भोजन के बाद गन्ना चूसें।
4. यदि रक्तभाराधिक्य के कारण रक्त स्राव हुआ हो तो तत्काल नहीं रोकना चाहिए।
5. सार्वदैहिक कारणों से हुए रक्त स्राव में तत रोग की चिकित्सा से लाभ हो जाता है।
6. नासा सें होने वाले रक्त स्राव में स्थानिक चिकित्सा नासा की पैकिंग उत्तम उपाय है, एतदर्थ वेसलीन व शुभ्रा भस्म की गॉज बनाकर पेकिंग करना चाहिएं।

7. नस्यों में दूर्वाद्य घृत, अनार पुष्प स्वरस का अथवा चंदन बला लाक्षादि तेल का पूतिमर्श विधि से दिया गया नस्य उपकारक है।
8. औषधियों में – वासा चूर्ण 2 ग्राम, चन्द्रकला रस 250 मि.ग्रा., तृणकान्तमणि पिष्टी 250 मि.ग्रा., गोक्षुरादि गुग्गुलु 500 मि.ग्रा., आमलकी चूर्ण 1 ग्रा., गोदन्ती भस्म 250 मि.ग्रा., दिन में 3 बार, वासा कूष्माण्डखण्ड या कूष्माण्डावलेह 20 ग्राम के साथ।
9. भोजन के बाद – टेब. आयापान 2 गोली, 2 बार। प्रायः इस चिकित्सा से लाभ हो जाता है।
10. तप्त मिट्टी के ढेले पर पानी डाल कर सुंघाना चाहिए।
11. वासावलेह, दूर्वाघृत, त्रिफला घृत, शोणितार्गल रस, गिलोय सत्व, जहरमोहरा खताई पिष्टी, शतावरी घृत, शतावर्यादि चूर्ण, सारिवाद्यासव, कामदुधा रस, मुक्तापिष्टी, रक्तपित्तकुलकण्डन रस, नागकेशर चूर्ण, मोचरस, तालमखाना चूर्ण आदि का प्रयोग भी यथावश्यक, यथाविधि किया जा सकता है। पेटेन्ट योगों में पोसेक्स केप., पोइन्ट केप., बावलीघास घन सत्व केप., आदि का प्रयोग भी लाभकारी होता है।

राजयक्ष्मा

1. उँटकटेले की मूल, अपामार्ग मूल, 3–3 ग्राम, दिन मे 3 बार, गाय या बकरी के दूध से पथ्य–गेहूँ की रोटी, मूँग की दाल, बिना नमक मिर्च के।
2. 1. रुदन्ती 1 ग्राम, वासा 2 ग्राम, तालीसपत्र 1 ग्राम, नागकेसर 1 ग्राम, दालचीनी 500 मि.ग्राम, पिप्पली 1 ग्राम, एला चूर्ण 250 मि. ग्राम, प्रवालपिष्टी 250 मि.ग्राम, मुलेठी चूर्ण 1 ग्राम, 3 बार, अर्जुन छाल 10 ग्राम, से सिद्ध दुग्ध से 2. प्रातः सायं–नागार्जुनाभ्र रस 250 मि.ग्रा., चन्दनादि लौह (ज्वर) 250 मि.ग्रा., लघुमालिनी वसन्त 250 मि.ग्रा., ताप्यादि लौह 250 मि.ग्रा., मधु से 3. चन्दन बला लाक्षादि तेल का प्रातः की धूप में मर्दन करें। 4. भोजन के बाद–उष्ण दुग्ध पान।
3. 1. प्रातः 8 बजे सायं 5 बजे लाक्षादि गु॰ 1 ग्राम, नागार्जुनाभ रस 250 ग्राम, मृगश्रृग भस्म 250 ग्राम, चातुर्जात चूर्ण 1 ग्राम, शिवा गुटिका 1 ग्राम, रुदन्ती चूर्ण 2.5 ग्राम, दिन मे 2 बार, सहपान – वासावलेह 10 ग्राम, च्यवनप्राश 20 ग्राम

क्षीरपाक – इस क्षीरपाक का उपयोग कई क्षय रोगियों पर करवाने पर यह क्षय रेाग की शीघ्र चिकित्सा मे उत्तम पाया गया है। मधुयष्टी चूर्ण 3 ग्राम, अर्जुन त्वक् चूर्ण 5 ग्राम, अवश्त्थ त्वक् 10 ग्राम, मुनक्का 21 नग, अजा दूध (अभाव में गौदुग्ध) 300 मिलि, पानी 250 मिलि, क्षीरपाक विधि से क्षीरपाक करके मसल कर छानकर रात्रि में सोते समय दे।

4. भोजन के बाद – सारस्वतारिष्ट 25 मिलि, चित्तचन्दिरासव 25 मिलि, समान जल मिलाकर।

इनके अतिरिक्त समय–समय पर लक्षणानुसार चिकित्सा करते रहना चाहिएं। श्रृंगाराभ्र, चन्दनादिलौह (ज्वर), सितोपलादिचूर्ण, तालीसादि चूर्ण, मुनक्का, पंचामृत, कामदुधा रस, लाक्षादि चूर्ण (रक्त ष्ठीवन होने पर) चन्द्रकला रस, लता कस्तूरी चूर्ण, वासा चूर्ण आदि की योजना भी यथा समय करना उतम रहता है। स्वर्ण योगो में स्वर्ण बसन्त मालती, मृगांक रस, महा मृगांक रस, रसराज रस (क्षय) आदि प्रयोज्य है।

वातोत्फुल्लता

1. वातावरण अनुकुलन।
2. रोग प्रतिरोधक शक्ति का वर्धन।
3. संक्रमण से सुरक्षा।
4. श्वास कास आदि रोगों के पुनरावर्तन को रोकना।
5. प्राणायाम।

जैसा कि पूर्व में बताया है कि जंगल, शुष्क एवं उष्ण प्रदेश इस रोग की वृद्धि नही होने देते अतः ऐसे वातावरण में रोगी को रखना चाहिए।

रोग प्रतिरोधक चिकित्सा में रसायनों का उपयोग करवाया जाना चाहिए। हमने अपने अनुभव में ब्राह्मरसायन को इस हेतु उतम पाया है। इसमें च्यवनप्राश की अपेक्षा हरीतकी अधिक है जो परम रसायन, स्रोतोशोधक तथा रसायनियों, रक्तवाहिनीयों के अवरोध व संग को दूर करने में उत्तम है इसका उपयोग सहपान के रूप में या स्वतंत्र रूप से करवाया जा सकता है। किन्तु इसके अनुपान के रूप में दूध का उपयोग नहीं करना चाहिए। इसके स्थान पर लगभग 25 से 50 ग्राम ब्राह्म रसायन को 1 से 2 समय तक चटाते जायें एवं गर्म गर्म पानी पिलाते जायें। इसके सेवन के बाद कम से कम तीन घन्टे तक रोगी को किसी भी प्रकार का आहार न दे।

इसके अतिरिकत भल्लातक के बने योग जैसे नारासिंह चूर्ण, अमृत भल्लातक पाक आदि भी पर्याप्त लाभकारी है।

श्वास में पठित समस्त औषधियाँ इस रोग में लाभकारी है। इसके अतिरिक्त श्वासकास चिन्तामणि, हेमगर्भपोटली रस, महालक्ष्मीविलास रस, महायोगराज गु०, चन्द्रप्रभा वटी, प्रभाकर वटी, शिलाजत्वादि लौह, सप्तामृत लौह, ताप्यादि लौह, नागार्जुनभ्र रस, सारस्वातारिष्ट आदि औषधियों का संयोजन भी रेाग प्रतिरोधक क्षमता वर्धन एवं रोगविकृति हेतु किया जाना चाहिए।

कपालभाति, अनुलोम विलोम, भ्रामरी प्राणायाम का अभ्यास तथा सूर्य नमस्कार रोग निवृत्ति में सहायक हैं।

वायु प्रणाली विस्तृति Bronchiectasis

1. श्लेष्मा को यथा शक्ति बाहर निकालने का प्रयत्न करते रहें, उसे अन्दर न रहने दें। अन्यथा पूयमयता का खतरा बना रहेगा। एतदर्थ रोगी का सिरहाना नीचे तथा पैरों वाले हिस्से की ओर खाट के पायों को 1 से 1.5 फीट ऊंचा उठा दे। फिर दायी या बायी करवट जिस करवट से भी श्लेष्मा आराम सें निकल सकती है, उस ओर करके श्लेष्मा को मुख द्वारा बाहर आने दें। ऐसा प्रातः एवं सांय 2 बार अवश्य करें। इसें शय्या कफ प्रवाहण (Pastural drainage) कहते हैं। गर्म जल में नमक डालकर पीने से यह क्रिया आराम सें हो जाती है।
2. संक्रमण पर सख्ती सें नियंत्रण रखे। ऐसा न करने पर संक्रमण जनित उपद्रव हो सकते हैं। एतदर्थ एन्टीबायोटिक्स का उपयोग कर सकते हैं। आयुर्वेद में रस सिन्दूर, गंधक रसायन, वंग भस्म, मृगश्रृंग भस्म, जहरमोहराखताई पिष्टी, पंचतिक्तघृत गु०, पंचामृत पर्पटी, शीतल चीनी चूर्ण, चोपचीनी चूर्ण, वीर्य शोधक चूर्ण, बब्बूलाद्यरिष्ट, देवदार्वाद्यरिष्ट, संगजराहत भस्म आदि औषधियाँ संक्रमण रोधी होती हैं।
3. सबसे अधिक आवश्यक है, रोगी की जीवनीय शक्ति को बनाए रखना। एतदर्थ नारसिंह चूर्ण, शिवा गुटिका, ब्राह्म रसायन एवं पीनस रोग में उल्लेखित अश्वगंधादि क्षीरपाक उत्तम उपाय है। इस रोग में भी अन्य रसायनों की अपेक्षा ब्राह्म रसायन एवं अगत्स्य हरीतकी कार्यकारी है। शुद्ध वायु, प्रणायाम तथा पोषक आहार रोग नियंत्रण में सहायक होते हैं। शेष चिकित्सा श्वास में उल्लेखित चिकित्सा के अनुसार करना चाहिए।

श्वसनक ज्वर

1. रस माणिक्य 25 मि.ग्रा., बालसुधा 50 मि.ग्रा., शुभ्रा 50 मि.ग्रा., सप्तविंशति गु॰ 250 मि.ग्रा., रससिन्दूर 50 मि.ग्रा., तालीसादि चूर्ण 1 ग्राम, बालजीवन वटी 25 मि.ग्रा., 2 बार, च्यवनप्राश व मधु से।
2. दिन में 3 बार–रस माणिक्य 50 मि.ग्रा., बालसुधा 100 मि.ग्रा., शुभ्रा भस्म 100 मि.ग्रा., त्रिभुवनकीर्ति रस 100 मि.ग्रा., बालचातुर्भद्र 1 ग्राम, कपर्द भस्म 100 मि.ग्रा., तालीसादि चूर्ण 2 ग्राम, 10 बूँद घृत व 20 बूँद मधु से श्वासकास चिन्तामणि 1 गो., 1 बार। 15 दिन बाद– पुष्पधन्वा रस या नागार्जुनाभ्र रस दे।
3. 3 बार – 8 बजे, 2 बजे, 9 बजे–रसमाणिक्य 50 से 100 मि.ग्रा., बालघोरकासघ्न चूर्ण 500 मि.ग्रा. से 1 ग्रा., लोकनाथ रस 250 मि. ग्रा., पंचतिक्तघृत गु॰ 1 ग्रा., चन्दनादि लौह 500 मि.ग्रा., अविपत्तिकर या तालीसादि चूर्ण 2.5 ग्रा., मधुरक क्षार 500 मि.ग्रा., सहपान – हरिद्रार्द्रकावलेह 15 ग्राम, दिन मे 3 बार
4. भोजन के बाद – बब्बूलाद्यरिष्ट 30 मि.ली. बराबर गर्म जल से।
5. खदिरादि वटी 4 से 8 गोली, आचूषणार्थ।
6. वक्ष, पृष्ठ पर – बाम व सर्षप तेल का अभ्यंग।
7. सर्षप तेल का प्रतिमर्श नस्य, दिन मे 3 बार।
8. नमक के पानी से गरारे।
9. लवणोदक से कुंजल क्रिया, यह अति लाभकारी है।
10. भोजन के बाद – टेब. सेप्टीलिन 2 गोली, 2 बार।
11. रोगी को ऐसे कमरे मे रखें जहाँ वायु का आवागमन पर्याप्त हो किन्तु सीधी हवा न लगने पाएँ। कमरे का तापमान 65 फेरेनहाइट रखें। वातावरण शीत व आर्द्र न रखें।
12. ठण्डी, खट्टी वस्तुऐं, दही, छाछ, निम्बू, टमाटर, आदि बिलकुल नही दे।
13. उबाल कर ठण्डा किया जल सेवन कराएँ।
14. सामान्यतः दूध न दे किन्तु रात्रि मे 1 कप गोदुग्ध या बकरी के दूध मे बच चूर्ण 500 मि.ग्रा. डालकर देना ठीक रहता है।
15. भोजन उष्ण, लघु व ईषत् स्निग्ध देना चाहिए।

16. बालकों मे बालचातुर्भद्र चूर्ण का उपयोग करवाया जाना चाहिए।
17. इन औषधियों के अतिरिक्त मल्ल के अन्य योग, अगत्स्य हरितकी, एमस्थावलेह, चोपचिन्यादि चूर्ण, वीर्यशोधक चूर्ण, जहरमोहराखताई पिष्टी, कुमार्यासव, चन्द्रामृता रस आदि का प्रयोग भी यथावश्यक करवाया जा सकता है।

श्वसन संस्थान की अनूर्जता

1. 1. खैर या बबूल के क्वाथ 250 मि.ली. में 2 चम्मच तिल्ली का तेल डाल कर कवल कराएँ। 2. अँगुली हथेली पर रगड़ कर नाक पर लगाएँ। 3. हथेलियाँ रगडें। 4. अनुलोम विलोम प्राणायाम करें।
2. हल्दी के टुकडों को घृत में सेक कर, ये टुकडे मुँह में रख कर चूसें।
3. 1. नस्य– घृत से 2. रात्रि को –अमृता सत्व 500 मि.ग्रा., प्रवाल पिष्टी 500 मि.ग्रा., विषाण 1 ग्रा., कालीमिर्च 3 नग, घृत 1 चम्मच, शक्कर 1 चम्मच। 3. अजीर्ण, आनाह का ध्यान रखें। 4. प्रातः– पुष्करमूल चूर्ण 1 ग्राम, गुड, घृत के हलवे से 5. हरिद्रा, दुग्ध, पंचतिक्तघृत 10 ग्राम। 6. पंचतिक्त घृत गु॰ 2–2 गोली, 3 बार।

स्वरभेद (Dysphonia)

1. रससिंदूर, ताम्रभस्म व लोहभस्म को कंटकारी के फल के रस में 21 दिन तक खरल करके 65 मि.ग्रा. की गोली 3 बार मुख में रख कर चूसें।
2. मुलेठी 84 भाग, पीपरमेन्ट के फूल 3 भाग, कपूर, इलायची व लवंग 12–12 भाग, जावित्री 24 भाग, सबको मिला कर 125 मि.ग्रा. की गोली बना कर, 3 बार चूसें।

हिक्का

1. मयूरपिच्छ भस्म 250 मि.ग्रा., मधुरक क्षार 500 मि.ग्रा., उदावर्तहर चूर्ण 2 ग्राम, सितोपलादि चूर्ण 2 ग्राम, प्रवालपंचामृत सादा 250 मि. ग्रा., कामदुधा रस 250 मि.ग्रा.,सूतशेखर सादा 250 मि.ग्रा., 4 बार, दाडिमावलेह 15 मि.ली. से 2. तनाव हो तो–टेब. ब्रेन्टो 2 गो., सीरप शंखपुष्पी 25 मि.ली. व एला सिद्ध दुग्ध। 3. उच्च रक्तदाब हो तो–

कार्डियोमेप 2 गो., नारिकेल जटा का धूमपान या उडद का धूमपान। 4. अर्कपुष्प लौंग तिल तेल में डूबो कर निगलवायें।

2. सोंठ व गुड़ का नस्य दे।
3. काला नमक की एक चुटकी जीभ के पीछले भाग पर डाल कर, 2 लवंग का जल बना कर व पीपल की छाल के कोयले की राख डाल कर छान कर निथारा हुआ जल गर्म गर्म पिलावें। 1 घण्टे तक ठण्डा जल न दे।
4. कूठ या राल का नस्य या धूमपान।
5. कण्टकारी मूल का क्वाथ 1–1 घण्टे से, 3 बार।
6. उड़द या आधासीसी का धूमपान।
7. ईक्षु रस का नस्य या गुड व सोंठ का नस्य
8. वायविड़ंग पान में खिलावें।
9. आलपिन पर कालीमिर्च लगा कर, जला कर, उसके धुऐं का नस्य दे।
10. अर्कपुष्पा की लोंग को तिल तेल में डूबोकर खिलावें।
11. सूखे आम के पत्ते चिलम में रखकर धूमपान कराएँ।
12. एक मुठ्ठी सूखी शक्कर खिलावें।
13. कमलखोपड़ी व नारियल की जटा जलाकर मधु से चटाएँ।
14. पुदिना की 4–5 पत्तियाँ शक्कर से खिलावें।
15. उबले चावलों को घी डालकर खिलावें।
16. गेरु को आग पर सेककर 1 ग्राम की मात्रा में 10 ग्राम मधु से चटाएँ।
17. कालीमिर्च व अजवायन पीसकर आग पर डालकर धूनी दे। नाक मुँह से सूंघे।
18. सैन्धव घी या पानी में मिलाकर सूंघे।
19. नीबू के ताजे पत्ते चबाकर चूसे।
20. दो लोंग चबाकर उपर से पानी पीएँ।
21. थोडी मोटी चीनी मुँह में डालकर चूसें।
22. मूले के हरे पत्ते चबाकर खावें।

23. मयूरपिच्छ भस्म, 64 प्रहरी पीपल, सूतशेखर रस 5–5 ग्राम लेकर 21 पुडिया बना लें। दिन में तीन बार मधु से चाटें।
24. गांजा व गुड़, समभाग, मटर के बराबर गोली बनाएँ एवं 1 गोली देवें। इससे हिक्का शमन हो जाती है। आवश्यकता हो तो 1 घन्टे बाद फिर 1 गोली देवें। इससे नशा आता है किन्तु इससे किसी प्रकार की हानि नहीं होती है।
25. पुदीने का रस या निम्बु का रस चूसें।
26. चन्द्रसूर 12 ग्राम को 500 ग्राम उबलते जल में मिलावें फिर 10 मिनट उबालें थोड़ा गुड मिलाकर निवाया पिलाएँ। पाचन संस्थान की विकृती पर ठीक है।
27. सफेद जीरे को घृत का हाथ लगा धूमपान कराएँ।
28. चणक पत्र का धूमपान कराएँ।
29. चन्द्रसूर का फाण्ट गुड से दे।
30. ईक्षुरस का नस्य दे अथवा गुड़ में सोठ मिलाकर नस्य दे।
31. पद्माख 2 ग्राम का चूर्ण मधु से चटाएँ।
32. निम्बू के छिलको की राख मधु से चटाएँ।
33. पाटला पुष्परस मधु से दे।
34. नारियल जटा का धूमपान कराएँ।
35. उड़द का धूमपान कराएँ।

अध्याय 8

हृदय रोग
(Cardiology)

हृद्रव, भ्रम

1. मुनक्का 7 नग, बादाम 7 नग, कालीमिर्च 7 नग, छोटी एला 5 नग, पोस्तदाना 5 गाम, गुलाब के फूल 5 ग्राम, अंजीर 3 नग, रात्रि को भिगो कर प्रातः पीस लें। 30 ग्राम घृत में सेक कर, मिश्री मिलाकर प्रातः खिलाएँ।

हार्दिक श्वास

1. 1. प्रातःसायं–सूतशेखर रस 250 मि.ग्रा., रससिंदूर 125 मि.ग्रा., हरताल गोदन्ती 250 मि.ग्रा., सितोपलादि चूर्ण 3 ग्राम, वासा चूर्ण 1 ग्राम, अमर सुन्दरी वटी 500 मि.ग्रा., गोक्षुरादि गु॰ 500 मि.ग्रा., 4 बार, मेनाल माल्ट 20 ग्राम व कफ सीरप 10 मि.ली. से 2. भोजन के बाद–भृंगराजासव 20 मि.ली., व चित्तचंदिरासव 20 मि.ली., समान जल से, 2 बार। 3. स्रोतोसंगहर चूर्ण 1.5 ग्राम, मुलेठी चूर्ण 1.5 ग्रा., जल से।

हार्दिक ब्लोकेज

1. 1. कढ़ी का प्रयोग चरक सूत्र 2 व 3, चरक चि. 16/17 श्वास या अष्टांग संग्रह सूत्र 11/72 में भेदिनी यवागू दे।

अध्याय 9

त्वक् रोग (Dermatology)

अलाईयां, स्वेदराजिका

1. चन्दनासव 25 मिली व उशीरासव 25 मिली का प्रयोग करें।
2. सेप्टिलिन टेब. 2–2 गोली, 3 बार।
3. बर्फ से सेक करें।
4. लेप के लिए लाल चन्दन घिस कर लगाएँ या शतधोत घृत लगाएँ।
5. तापाघात के प्रकरण की चिकित्सा का प्रयोग करें।

आँखों के काले घेरे

1. त्रिफला चूर्ण 5 ग्राम का फाण्ट मिश्री से दे। च्यवनप्राश दे। 1. केशोर गु॰ 500 मि.ग्रा., आरोग्यवर्धिनी वटी 500 मि.ग्रा., 2 बार। 2. कुटकी चिरायता चूर्ण 1 ग्राम, प्रातः, जल से 3. लेप–घृतकुमारी का गूदा, बाद में मजीठ, हरिद्रा व रक्त चन्दन का लेप।

आँखों के नीचे दाने

चन्द्रोदयावर्ती से घिसे एवं दशांग लेप लगाएँ।

आघात

1. अमरसुन्दरी 2 गोली व तिन्दुक वटी 1 गोली, दिन में 2 बार।
2. आमाहल्दी का लेप करें।

कच्छू Scabies

1. खट्टे दही या छाछ अथवा तुत्थवारि (2 : 100) से साफ करें। 2. दालचीनी, तालीसपत्र, कूठ, करंज, निम्ब, सारिवा, मंजिष्ठा, खदिर आदि का प्रयोग करें। 3. इसके अतिरिक्त जो योग तिक्त हो व स्वेद से बाहर निकलते हो, का प्रयोग करें। 4. घर के सभी सदस्यों की एक साथ चिकित्सा करें। 5. कपड़े, चेहरे व टॉवल उबालकर, इस्तरी करके प्रयोग करें।

1. प्रातः सायं – अमीर रस या अष्टमूर्ति रसायन 75 मि.ग्रा., प्रवालपिष्टी 250 मि.ग्रा., शुद्ध गन्धक 500 मि.ग्रा., करंजादि वटी 500 मि.ग्रा., शुभ्रा 250 मि.ग्रा., गोदन्ती 500 मि.ग्रा., सप्तविंशति या पंचतिक्तघृत गुग्गुलु, शीतलचीनी 2.5 ग्रा., ताप्यादि लौह 500 मि.ग्रा., दिन में 2 बार, रक्तशोधकावलेह या डरमोक्योर सीरप 15 ग्राम से।
2. भोजन के बाद – आरोग्यवर्धनी वटी 500 मि.ग्रा., 2 बार पानी से।

स्थानिक लेप

1. दद्रुदावानल, पामाहर, कूठ, चिरोंजी, रुदन्ती चूर्ण को निम्ब व करंज तेल में लेप करें।
2. कुष्ठादि लेप का प्रयोग करें।

कण्डू

1. परदेशी बबूल की पत्र की सींके, खाने में व लगााने में।
2. गुंजा पत्र व मूल का कल्क, व भृंगराज पत्ररस से सिद्ध तेल का लेप।
3. सर्वप्रथम कारण को दूर करें।
4. रक्तगत विष को दूर के लिए विरेचन व क्षारीय मूत्रल औषध दें।
5. कण्डूघ्न गण की औषधियों के क्वाथ या चूर्ण का आभ्यन्तर प्रयोग करें।
6. उशीर, जटामांसी, चंदन का 20 ग्राम का हिम प्रातः दे।
7. चिरोंजी व खोपरा खिलाना लाभप्रद है।
8. पित्तशामक चिकित्सा करें।

9. 1. प्रातः सायं – प्रवाल पंचामृत 250 मि.ग्रा., रसमाणिक्य 100 मि.ग्रा., शुभ्रा 125 मि.ग्रा., चन्दनादि लौह 250 मि.ग्रा., सितोपलादि चूर्ण 2.5 ग्राम, पंचतिक्तघृत गुग्गुलु 1 ग्राम, प्रमेहगजकेसरी 125 मि.ग्रा., कूष्माण्डावलेह 20 ग्राम से 2. भोजन के बाद – आरोग्यवर्धनी रस 2 गोली, पानी से साथ में देवदार्वाद्यरिष्ट या कुटजारिष्ट या उशीरासव या चन्दनासव 20 मि.ली., बराबर पानी से 3. कभी ज्यादा इचिंग हो तो कनकासव 10 मि.ली. दे।

10. प्रातः सायं – चन्द्रकला रस 250 मि.ग्रा., चन्दनादि लौह 250 मि.ग्रा., प्रवाल पिष्टी 250 मि.ग्राम पंचतिक्तघृत गुग्गुलु 1 ग्राम, चन्द्रप्रभा वटी 500 मि.ग्रा., गंधक रसायन 500 मि.ग्रा., महातिक्तघृत 20 ग्राम से, 2 बार।

11. सफाई के लिए – बबूल के पंचांग का फाण्ट प्रयोग करें।

12. आफ्टर शेव लोशन का स्थानिक रुप से प्रयोग काफी लाभप्रद रहता है।

13. अर्टीप्लेक्स लोशन सभी कण्डू में 5 मिनट में लाभ करता है।

14. अमलतास के पत्र का रस, पामाहर लेप, गुलाब जल, बछिया के गोबर का रस व कपूर मिला कर मालिश करें।

15. **गुदकण्डू, योनि कण्डू** में विशेषतः – आफ्टर शेव लोशन का स्थानिक रुप से प्रयोग करें। तक्र व शुभ्रा से सफाई करें। खोपरे का तैल, इरिमेदादि तेल या चिरोंजी के तेल का पिचु रखें।

करतल पामा

1. 1. केशौर गु॰ 1 ग्राम, गिलोय 15 ग्राम क्वाथ व मधु 2 चम्मच से 2. मर्दन– पिण्ड तेल या नारियल तेल से 3. 15 दिन बाद– पंचतिक्तघृत 10 ग्राम दूध से दे।

कक्षा विसर्प

1. 1. प्रातः सायं–रस माणिक्य 75 मि.ग्रा., पंचतिक्तघृत गु॰ 1 ग्राम, सूतशेखर रस (रौप्ययुक्त) 250 मि.ग्रा., शु॰ गन्धक 250 मि.ग्रा., श्रृंग भस्म 250 मि.ग्रा., पंचनिम्ब चूर्ण 2 ग्राम, घृत, मधु से, 3 बार। 2. भोजन के बाद– आरोग्यवर्धिनी वटी 2 गो. 2 बार, जल से 3. विरेचन– स्वादिष्टविरेचन चूर्ण 6 ग्राम से 4. दिन में 3 बार–टेब.

निरोसिल 1 व हायपोनिड 1, 3 बार। 5. निम्ब तेल 5 बूँद, पतासे में। 6. दशांग लेप 10 ग्राम, जिंक 1 ग्राम, चन्द्रोदयावर्ती दद्रु दावानल, पामाहर, बालसुधा, निम्ब तैल, इनका लेप बना कर लगावें। लेप रात्रि में न लगावें। प्रथम 3 दिन न लगावें।

2. प्रातः सायं– रसमाणिक्य रस 75 मि.ग्रा., पंचतिक्त घृत गु॰ 1 ग्राम, शु॰ गन्धक 500 मि.ग्रा., सूतशेखर रस (रोप्य युक्त) 250 मि.ग्रा., शुभ्रा भस्म 250 मि.ग्रा., पंचनिम्ब चूर्ण 2 ग्राम, 2 बार, घृत मधु से 2. टेब. निरोसिल या हायपोनिड 1 गो॰, 3 बार। 3. भोजन के बाद– आरोग्यवर्धिनी 2 गो॰, 2 बार। 4. निम्ब तेल 5 बूँद, 2 बार, पतासे या केप्सूल में। 5. लगाने के लिए–दशांग लेप 10 ग्रा., जिंक ओक्साइड 1 ग्राम, चन्द्रोदयावर्ती, दद्रुदावानल, पामाहर लेप, बालसुधा, का निम्ब तेल में मलहर बना कर लगावें।

3. 1. प्रातः सायं– पु॰प॰ विषमज्वरान्तक लौह 100 मि.ग्रा., पंचतिक्तघृत गु॰ 1 ग्राम, चन्दनादि लौह 500 मि.ग्रा., जहरमोहरा पिष्टी 500 मि. ग्रा., कामदुधा रस (अम्लपित्त) 500 मि.ग्रा., शुभ्रा भस्म 250 मि.ग्रा., स्वर्णमाक्षिक भस्म 250 मि.ग्राम, 4 बार, रक्तदोषान्तक या इम्प्यूरिन 15 मि.ली. व चन्दनविटाकल्प 15 मि.ली. से पिडिका युक्त ज्वरों में मधु न दे। 2. टेब. निरोसिल व रुदन्तीघनसत्व 2 केप॰ 2 बार। 3. भोजन के बाद–आरोग्यवर्धिनी 2 गो॰ 2 बार। 4. लगाने के लिए– लाल चन्दन घीस कर ।

4. कबीला, बोरिक, मेहन्दी, सरसों के तेल में लगाएँ। 1 बार में दाह कम होता है, 3–4 बार में मिट जाता है।

5. जहरमोहरा खताई पिष्टी 500 मि.ग्रा, रसमाणिक्य रस 100 मि.ग्रा, चन्दनादि लौह 500 मि.ग्रा., स्वर्णमाक्षिक भस्म 250 मि.ग्रा., कामदुधा रस 500 मि.ग्रा, गन्धक रसायन 500 मि.ग्रा, पंचतिक्त घृत गुग्गुलु 2 ग्राम, दिन में 3 बार वासावलेह 2–2 चम्मच से

6. रसमाणिक्य 100 मि.ग्रा., आरोग्यवर्धनी 500 मि.ग्रा., अमृतासत्व 500 मि.ग्रा., खदिरारिष्ट 40 मि.ली., मधु व महामंजिष्ठादि क्वाथ 15 ग्राम। प्रक्षालन पंचवल्लक क्वाथ, लगाने को जात्यादि घृत, 2 बार

7. मुक्तापिष्टी 125 मि.ग्रा., रससिन्दूर 100 मि.ग्रा., प्रवालपिष्टी 250 मि. ग्रा., रसमाणिक्य 65 मि.ग्रा., अमृतासत्व 500, पटेलादिक्वाथ 20 ग्राम से

8. पंच निम्बचूर्ण 2 ग्राम, रसमाणिक्य 65 मि.ग्रा., शुभ्रा, शु. गन्धक, स्वर्ण माक्षिक भस्म 250 मि.ग्रा., पंचतिक्तघृत गु. 1 ग्राम। घृत या मधु से।
9. भोजनोत्तर – नीरोसील 1 गोली व आरोग्यवर्धनी 2 गोली, पानी से
10. पामाहर 6 ग्राम, दद्रुदावानल 3 ग्राम, दशांग लेप 10 ग्राम, शतधोत घृत या जात्यादितैल व निम्ब तेल से।
11. शतधोत घृत, जात्यादि घृत, दूर्वाध घृत, न्योग्रधादि या उत्पलादिगण से लेप।
12. बरगद की नूतन जटा, कदली का मध्य भाग, विसग्रन्थि, कमलगट्टा को शतद्योत घृत में लेप, गेरू को घृत में मिलाकर लेप।
13. मुलेठी के शीतल, दूर्वा स्वरस, मुस्तक जल, दूध, या ईक्षु रस से परिषेक।
14. कालीयादि प्रलेप, शार्दुलादि प्रलेप, सारिवादि, नलदलादि, बलादि लेप।
15. न्यग्रोधादि लेप, वटप्ररोह, गिलोय, कदलीगर्भ, कमलकन्द, शतधोत घृत से लेप।
16. कमलकन्द, कमल की डण्डी, कसेरू का लेप।
17. शिरीष की छाल, बरीयार मूल व घृत।
18. वट, गूलर, पाकर, बेत, पीपल, इनके पत्र व छाल का चूर्ण घृत मिलाकर लेप।
19. परवल पत्र, नीम छाल, आँवला, हरड़, बहेड़ा, मुलेठी, नीलकमल, से सिद्ध घृत या शोथ में बहेड़ा फल की मज्जा का चूर्ण लगाने से सब प्रकार के शोथ में दाह व वेदना में शान्ति रहती है।
20. वृषाद्य तैल, जात्यादि तैल, करंज तैल, पंचगुण या जात्यादि तैल।
21. नीलकमल, लालचन्दन, लोध्र, खस, दोनों सारिवा का लेप करें।
22. जियापोता के फल की मज्जा का लेप।
23. शिरीष मूल छाल, मजीठ, चन्दन, आँवला, मुलेठी, जायफल का लेप।
24. इन्द्रयव का तण्डूलोदक में पीसकर लेप।
25. लालचन्दन, नागकेसर, चम्पकपुष्प, अनन्तमूल, चौलाई मूल, शिरीष छाल, चमेली पत्र का लेप।
26. दशांग लेप, घृत में लेप, या इससे सिद्ध घृत का लेप।

27. चन्दनादि लेप, शुकतर्वादि लेप, मांस्यादि लेप का प्रयोग करें।
28. शिरीष, गुलर, जामुन की वृक्षों की छाल का अवषेचन या प्रलेप।
29. लिसोड़े की छाल का लेप।
30. प्रपोण्डरीकादि लेप – पुण्डरीया, मजीठ, पद्माक, खस, लाल चन्दन, मुलेठी, नीलोफर का दूध में लेप।
31. कशेरूकादि लेप – कसेरू, सिंघाड़ा, ऋषभक, गिलोय, सवार, नीलोफर, घृत से
32. पंचवल्ल की औषधियां या पद्माक, खस, मुलेठी, लालचन्दन, लेप, परिषेक।
33. मटर, मसूर, मूंग, शालिधान्य, इन्हें पृथक् या सम्मिलित, घृत में लेप।
24. शतधोत नवनीत में श्वेत चन्दन चूर्ण व कर्पूर का लेप।
25. निम्ब पत्र स्वरस का लेप।
36. इरिमेद, कालीमिर्च, छत्रक (सांप की छतरी) का कन्द का गोमूत्र में लेप।
37. 4 बूँद अर्कदुग्ध बतासे में डाल कर सायं 3 बजे दे। 6 दिन तक। खटाई गुड़ बन्द करें।

38. अन्य विकीर्ण योग

1. मक्खन में कर्पूर मिश्रित कर लेप से शूल व दाह शान्त होते हैं।
2. श्वेतचन्दन चूर्ण 10 ग्राम, कर्पूर 5 ग्राम, घृत 12 ग्राम का लेप करें।
3. खैर, गिलोय, इन्द्रयव समान लेकर क्वाथ करें। इस क्वाथ में कर्पूर, दालचीनी, एला, तेजपात का समान 3 ग्राम, चूर्ण डालें। इसके साथ 125 मि.ग्रा. रससिन्दूर को खाकर क्वाथ पी लेवें। दिन मे 2–3 बार सेवन करने से कक्षा विस्फोट आदि नष्ट हो जाते हैं।
4. पटोलादि क्वाथ – अमृता, चिरायता, परवलपत्र, अडूसापत्र, नीम की अन्दर की छाल, खैर छाल, पित्तपापड़ा, नागरमोथा, का 25 ग्राम चूर्ण का क्वाथ पीवें 2 बार।
5. मुनक्का, गम्भारी, पिण्डखजूर, पटोलपत्र, निम्बछाल, वासामूल, कुटकी, लाजा, यवासा, क्वाथ में शर्करा मिलाकर पीने से पित्तज विस्फोट शान्त हो जाते हैं।

6. आक की डोडी को गुड़ में मिला कर प्रातः 3 दिन दे।
7. अमृता का सेवन कराएँ। महासुदर्शन चूर्ण दें, भूम्यामलकी व मुलेठी का सेवन कराएँ।
8. खाने व लगाने में रुदन्ती चूर्ण का उपयोग करें।

कीलें

1. कामी व नमक लगाएँ।
2. दग्ध चिकित्सा करें।
3. ताम्र व कचनार के योग प्रयोग करें।
4. खुरच कर क्षारसूत्र इस गड्ढे में भर दे।
5. हरिद्रा व स्नुही क्षीर का पेस्ट गड्ढे में भर दे। (थोडा घृत डालने से स्नुही क्षीर नहीं जमता है)
6. **व्यवस्था पत्र** – प्रातः सायं – कांचनार गुग्गुलु 1 ग्राम, त्रिविक्रम रस 100 मि.ग्रा., वृद्धिवाधिका वटी 500 मि.ग्रा., शुद्ध शिलाजीत 1 ग्रा., 2 बार, कूष्माण्डावलेह 20 ग्राम से

काला दाद

1. गन्धक 100 ग्राम, तुत्थ 100 ग्राम, चक्रमर्द बीज 100 ग्राम, मिला कर पीतल की कडाही में निम्बू रस में 24 घन्टे पडा रखें। कटू तेल में लगाएँ।

कुनख रोग

1. तालकेश्वर रस या कोई अन्य मल्ल का योग 65 मि.ग्रा., त्रिवंग भस्म 100 मि.ग्रा., प्रवालपिष्टी 250 मि.ग्रा., संशमनी वटी या पंचतिक्तघृत गु॰ 500 मि.ग्रा., शीतलचीनी चूर्ण 2.5 ग्रा., स्वर्णमाक्षिक भस्म या त्रिविक्रम रस 100 मि.ग्रा., शुद्ध गन्धक या गन्धक रसायन 500 मि. ग्रा., संशमनी वटी 500 मि.ग्रा., विडंगादि लौह या चन्दनादि लौह 500 मि.ग्रा., 2 बार, चोपचीनी पाक या अवलेह एवं मधु 10 ग्राम से।
2. भोजन के बाद – आरोग्यवर्धनी वटी 2 गोली, 2 बार।
3. भोजन के बाद – देवदार्वाद्यरिष्ट या बबूलाद्यरिष्ट 20 मि. ली., 2 बार, बराबर पानी से।

स्थानिक लेप

1. तक्र व सरसों के तेल में मिलाकर लगावें।
2. दद्रुदावानल, पामाहर व दशांग लेप को सर्षप तेल या वृहत् मरिच्यादि तेल में मिलाकर 2–3 बार लगाएँ।
3. कृष्ण मलहर का प्रयोग सप्ताह में 2 बार करें।
4. चक्रमर्द बीज में कुष्ठ 1/4 भाग मिलाकर सिरके में पीस कर लगावें।
5. गंधक सुहागा, 12–12 ग्राम, कपूर 3 ग्राम लगाएँ।
6. गंधक, सुहागा, कर्पूर, चन्दन समान भाग।
7. गंधक सुहागा तुत्थ का चूर्ण।
8. सिन्दूरादि प्रलेप (सिन्दूर, दोनों जीरे, दोनों हरिद्रा, मैनसिल, मरिच, गंधक, पारद)।
9. माहेश्वर लेप, – पारा, गंधक, हरताल, मैनसिल, मरिच, दोनों हल्दी दोनों जीरे, सिन्दूर, तुत्थ, चक्रमर्द बीज, बाकुची, समान घृत या वेसलीन में।
10. फिटकरी व सुहागा खील।
11. विडंगादि लेप –विडंग, पंवाड, कुष्ठ, हल्दी, सैंधव, सरसों।
12. लाक्षादिलेप – लाक्षा, कुष्ठ, सरसों, हल्दी, पंवाड, मूली के बीज, गंधक बिरोजा, मरिच, समान तक्र से लेप।
13. तुलसी की 10–12 पत्तियाँ, नमक, हथेली पर मसलकर रस प्रातः सांय लगाएँ।
14. कच्चे पपीते का दूध, कपड़े से रगड़ कर ताजा लगाएँ
15. अमलतास, चक्रमर्द, करंज, अडूसा गिलोय, मैन फल, हल्दी, दारुहल्दी का लेप।
16. दशांगलेप 1 ग्राम, तुत्थ 1 ग्राम, शुभ्रा 1 ग्राम, बोरिक 2 ग्राम, जिंक 2 ग्राम, खोपरे के तेल में मिलाकर लगावें, निम्बू के रस से रगड़ें, फिर 2–3 रोज रगड़ कर फिर कृष्ण मलहर लगाएँ।
17. कुटज का चूर्ण को गौमूत्र में लेप।
18. कुटज के दूध का लेप।
19. पामाहर, दद्रुदावानल, सत्यानाशी के बीज।

20. देवदाली फल को थूहर व अर्कदुग्ध से 7–7 दिन भावित करें व लगाएँ।
21. करंज तेल, मलहर
22. कासमर्द के मूल का लेप कांजी से।
23. दद्रुदावानल, टंकण, गंधक, नौसादर, नीम के रस या गौमूत्र में लगाएँ।
24. गंधक, सुहागा, खुरासानी अजवायन, राल, कपूर जल या निम्बू के रस से लेप
25. शिरोदद्रु मे रुदन्ती का प्रयोग, दालचीनी + शीतल चीनी का प्रयोग – दोनों तरह से

अन्य विकिर्ण योग

1. बाकुची चूर्ण 3 ग्राम, 2 बार पानी से।
2. कर्पूर 100 मि.ग्रा. केप्सूल या गुड में मिला कर।
3. लक्ष्मीविलास रस नारदीय या महाज्वरांकुश रस 125 मि. ग्राम का प्रयोग भी कर सकते हैं।
4. पंचतिक्त घृत या महातिक्त घृत अनिवार्य रुप से प्रयोग कराएँ।
5. दालचीनी 500 मि.ग्रा. का प्रयोग, 2 बार, मधु से

ग्रन्थि

1. कुटज की फली का प्रलेप।
2. 1. सप्तविंशति गु. 500 मि.ग्रा., कामदुधा रस 250 मि.ग्रा., बालसुधा 125 मि.ग्रा., शुभ्रा 125 मि.ग्रा., तालीसादि चूर्ण 3 ग्राम, 2 बार, मधु व कूष्माण्डावलेह 20 ग्राम, से 2. लगाने के लिए–दशांग लेप घृत सें। 3. भोजन के बाद – देवदार्वाद्यरिष्ट 25 मि.ली., समान जल से 4. प्रातः क्वाथ–मंजिष्ठा, शोभान्जन, कचनार, वरुण छाल, 20 ग्राम का।

झाई

1. प्याज के रस का लेप या प्याज के बीजों का दूध के साथ लेप।

त्वक् के हल्के दाग

1. मुलतानी मिट्टी, मंजिष्ठादि चूर्ण व गुलाब जल का लेप।

त्वक् रोग

1. प्रातः सायं–स्वर्णमाक्षिक भस्म 125 मि.ग्रा., केशोर गु॰ 500 मि.ग्रा., शु॰ शिलाजीत 500 मि.ग्रा., भृंगराज 1 ग्राम, वासा 1 ग्राम, भूम्यामलकी 1 ग्राम, संशमनी वटी 250 मि.ग्रा., 3 बार।
2. आमलकी चूर्ण 3 ग्राम, स्वर्णमाक्षिक भस्म 250 मि.ग्राम, शु॰ शिलाजीत 500 मि.ग्राम, कामदुधा रस 125 मि.ग्राम, संशमनी वटी 500, वासा चूर्ण 1 ग्राम, दिन में 2 बार, इम्प्यूरिन सीरप या सीरप लिवोहर्ब 15 मि.ली.से।
3. प्रातः सायं–आमलकी रसायन 500 मि.ग्रा., कामदुधा रस 250 मि.ग्रा., स्वर्णमाक्षिक भस्म 125 मि.ग्रा., शिलाजीत 500 मि.ग्रा., संशमनी वटी 500 मि.ग्रा., वासा चूर्ण 2 ग्राम, मधु से
4. चिरायता का प्रयोग करें।
5. 1. प्रथम 15 दिन–हरितकी, विभितक, आमलकी, धान्यक, सनाय पत्र, अजवायन, दानामेथी, 50–50 ग्राम, सैन्धव 20 ग्राम, हिंग कच्ची 10 ग्राम, सबको चूर्ण बना कर, 10 ग्राम, प्रातः सायं जल से दे। 2.15 दिन बाद–500 ग्राम धान्यक को घृत में सेक कर 200 ग्राम बूरा मिला कर, नीबू के बराबर लड्डू बनाएँ। एक रोज प्रातः जल से दे। 3. लगाने के लिए–शतधोत घृत या छोटी कटेली के पंचांग का रस या शुभ्रा, गुड, शहद लगाएँ। पामा, शीतपित्त, विचर्चिका में दे सकते हैं। इससें कोई भी चर्मरोग हो, जड़ से ठीक होता है।
6. 1. प्रातः सायं–कामदुधा रस 250 मि.ग्रा., शु॰ शिलाजीत 1 ग्राम, स्वर्णमाक्षिक भस्म 250 मि.ग्रा., गन्धक रसायन 500 मि.ग्रा., पंचतिक्तघृत गु॰ 1 ग्राम, मुलेठी चूर्ण 1 ग्राम, चन्दनादि लौह 500 मि. ग्रा., संशमनी वटी 250 मि.ग्रा., कूष्माण्डावलेह 20 ग्राम, से 2 बार,। 2. भोजन के बाद– आरोग्यवर्धिनीवटी 500 मि.ग्रा., जल से 3. लगाने के लिए–नारियल का तैल। कण्डू होतो–निम्ब तेल मिलावें। 4. रात्रि में–हरिद्रा व दूध। 5. रात्रि को मंजिष्ठादि या स्वादिष्ट विरेचन चूर्ण 6 ग्राम, गर्म जल से

7. 1. प्रातः सायं – स्वर्णमाक्षिक भस्म 250 मि.ग्रा., आमलकी रसायन 500 मिग्रा, शिलाजीत 1 ग्रा., कामदुधा रस 250 मि.ग्रा., शसंमनी वटी 500 मि.ग्रा., वासा चूर्ण 2 ग्राम, कूष्माण्डावलेह 20 ग्राम, से 2 बार। 2. भोजन के बाद – आरोग्यवर्धिनी वटी 500 मि.ग्रा., जल से
8. कामदुधा रस 250 मि.ग्रा., वासा चूर्ण 2 ग्राम, केशोर गु॰ 1 ग्राम, आमलकी रसायन 1 ग्राम, स्वर्णमाक्षिक भस्म 125 मि.ग्रा., 2 बार, जल से रात्रि को – शु॰ शिलाजतु 500 मि.ग्रा., दूध से
9. स्वर्णमाक्षिक भस्म, गन्धक, शिलाजीत का प्रयोग अवश्य करें। चन्द्रप्रभा वटी में तीनों हैं।

त्वक् अनूर्जता

1. 1. सूतशेखर रस (रौप्ययुक्त) 250 मि.ग्रा., स्वर्णमाक्षिक भस्म 250 मि. ग्रा., अभ्रक भस्म 125 मि.ग्रा., प्रवाल पिष्टी 250 मि.ग्रा., केशोर गु॰ 500 मि.ग्रा., 3 बार, वोमीटेब सीरप 10 मि.ली. से 2. कण्ट कार्यावलेह व वासावलेह। 3. हरिद्रा खण्ड 10 ग्राम, पंचतिक्त घृत 10 ग्राम, कोष्ण जल से 4. विरेचनार्थ–मंजिष्ठादि चूर्ण या स्वादिष्ट विरेचन चूर्ण। 5. दूध, घी, हल्दी 6. पीपल त्वक् क्षीरपाक। 7. हिम–गिलोय, मंजीठ, अनन्तमूल, बिल्व, मुस्तक, धान्यक, मिश्री।

त्वचा में खात बनना, केलोईड

1. 1. एरण्ड स्नेह व सोंठ के क्वाथ से तीव्र विरेचन दे। 2. प्रातः सायं–कामदुधा रस विशेष 100 मि.ग्रा., प्रवाल पिष्टी 250 मि.ग्रा., गन्धक रसायन 500 मि.ग्रा., महायोगराज गु॰ 500 मि.ग्रा., संशमनी वटी 500 मि.ग्रा., गिलोय सत्व 500 मि.ग्रा., मधु से तथा मंजिष्ठादि क्वाथ 15 ग्राम। 3. नारियल तेल व अविपत्तिकर चूर्ण।

दद्रु

1. राल, पलाश पापड़ा, माजूफल, सिंघाड़ा, पवाड़, केवडिया कत्था, नोसादर, सुहागा, खेरी का गोंद, 1–1 भाग, आँवलासार गन्धक 18 भाग, सबको जल से पीस वर्ती बनाएँ। जल में घिस कर लगाएँ।
2. पीतल के कटोरे में छाछ में चक्रमर्द के बीज को भिगो कर थोडी मनःशिला डालें। कुछ दिन रख कर लगाएँ। 5 दिन में ठीक होगा।

3. 1. पत्थरचटा का लेप। 2. जीरा, चक्रमर्द, सुदर्शन मूल को छाछ में भिगो कर लेप करें। लेप से पूर्व उड़द चूर्ण व शक्कर का लेप करें। रात भर रख कर प्रातः लेप करे।

4. तालकेश्वर रस या कोई अन्य मल्ल का योग 65 मि.ग्रा., त्रिवंग भस्म 100 मि.ग्रा., प्रवाल पिष्टी 250 मि.ग्रा., संशमनी वटी या पंचतिक्तघृत गु॰ 500 मि.ग्रा., शीतलचीनी चूर्ण 2.5 ग्रा., स्वर्णमाक्षिक भस्म या त्रिविक्रम रस 100 मि.ग्रा., शुद्ध गन्धक या गन्धक रसायन 500 मि. ग्रा., संशमनी वटी 500 मि.ग्रा., विडंगादि लौह या चन्दनादि लौह 500 मि.ग्रा., 2 बार, चोपचीनी पाक या अवलेह एवं मधु 10 ग्राम से।

5. भोजन के बाद – आरोग्यवर्धनी वटी 2 गोली, 2 बार। भोजन के बाद – देवदार्वाद्यरिष्ट या बबूलाद्यरिष्ट 20 मि. ली., 2 बार, बराबर पानी से।

6. स्थानिक लेप

1. तक्र व सरसों के तेल में मिलाकर लगावें।
2. दद्रुदावानल, पामाहर व दशांग लेप को सर्षप तेल या वृहत् मरिच्यादि तेल में मिलाकर 2–3 बार लगाएँ।
3. कृष्ण मलहर का प्रयोग सप्ताह में 2 बार करें।
4. चक्रमर्द बीज में कुष्ठ 1/4 भाग मिलाकर सिरके में पीस कर लगावें।
5. गंधक सुहागा, 12–12 ग्राम, कपूर 3 ग्राम लगाएँ।
6. गंधक, सुहागा, कर्पूर, चन्दन समान भाग।
7. गंधक, सुहागा, तुत्थ का चूर्ण।
8. सिन्दूरादि प्रलेप (सिन्दूर, दोनों जीरे, दोनों हरिद्रा, मैनसिल, मरिच, गंधक, पारद)
9. फिटकरी व सुहागा खील।
10. तुलसी की 10–12 पत्तियाँ, नमक, हथेली पर मसलकर रस प्रातः सायं लगाएँ।
11. कच्चे पपीते का दूध, कपड़े से रगड़ कर ताजा लगाएँ।
12. अमलतास, चक्रमर्द, करंज, अडूसा गिलोय, मैन फल, हल्दी, दारुहल्दी।

13. दशांगलेप 1 ग्राम, तुल्थ 1 ग्राम, शुभ्रा 1 ग्राम, बोरिक 2 ग्राम, जिंक 2 ग्राम, खोपरे के तेल में मिलाकर लगावें, निम्बू के रस से रगड़ें, फिर 2–3 रोज रगड़ कर फिर कृष्ण मलहर लगाएँ।
14. कुटज का चूर्ण को गौमूत्र में लेप।
15. कुटज के दूध का लेप।
16. पामाहर, दद्रुदावानल, सत्यानाशी के बीज।
17. देवदाली फल को थूहर व अर्कदुग्ध से 7–7 दिन भावित करें व लगाएँ।
18. करंज तेल का लेप।
19. कासमर्द के मूल का लेप कांजी से
20. दद्रुदावानल, टंकण, गंधक, नौसादर, नीम के रस या गौमूत्र में लगाएँ।
21. गंधक, सुहागा, खुरासानी अजवायन, राल, कपूर जल या निम्बू के रस से लेप।
22. शिरोदद्रु में रुदन्ती का प्रयोग, दालचीनी, शीतल चीनी का प्रयोग, दोनों तरह से।

7. अन्य विकीर्ण योग

1. बाकुची चूर्ण 3 ग्राम, 2 बार पानी से
2. कर्पूर 100 मि.ग्रा. केप्सूल या गुड़ में मिलाकर।
3. लक्ष्मीविलास रस नारदीय या महाज्वरांकुश रस का प्रयोग भी कर सकते हैं।
4. पंचतिक्त घृत या महातिक्त घृत अनिवार्य रुप से प्रयोग कराएँ।

दारूणक (Dandruff)

1. शोधन व वमन कराएँ।
2. प्राणायाम करें।
3. सरसों के तेल का नस्य दे।
4. बालों को ढक कर रखें। बाइक पर हेलमेट का प्रयोग करें।
5. तक्र धारा अवश्य दे।
6. साबुन, शैम्पू का परहेज रखें।

7. **आभ्यन्तर औषध** – व्यवस्था पत्र

प्रातः सायं – कांचनार गुग्गुलु 1 ग्राम, चन्द्रप्रभा वटी 500 मि.ग्रा., लोकनाथ रस 250 मि.ग्रा., ताप्यादि लौह 250 मि.ग्रा., रसमाणिक्य 65 मि.ग्रा., तालीसादि चूर्ण 2.5 ग्राम, गन्धक रसायन 500 मि.ग्रा., 2 बार, रक्तशोधकावलेह 15 ग्राम से दे।

स्थानिक लेप

1. खट्टे तक्र व आमलकी चूर्ण का लेप करें।
2. पामाहर लेप, दद्रुदावानल, जिंक ऑक्साइड, बोरिक एसिड को करंज तेल में लेप करें।
3. काली मिट्टी या मुलतानी मिट्टी के साथ ग्लिसरीन का लेप करें।
4. चालमोगरा, बाकुची, करंज व निम्ब तेल को सिर की मालिश में प्रयोग करें।
5. नारियल तेल 100 मि.ली. में 50 ग्राम मेहंदी के पत्ते का कल्क डाल कर पकावें। परक 2 बार में करें। इसकी सिर में मालिश करें। छाछ व काली मिट्टी से सिर धोवें।
6. धत्तूरपत्रादि तेल का लेप करें।
7. आँवले व छाछ को उबाल कर लेप करें।

धूप से अनूर्जता

1. एक चम्मच चिरोंजी, दो बादाम बारीक पिसा, आधा चम्मच बेकिंग पावडर को दूध में मिला कर पेस्ट बनाएँ एवं चेहरे पर लगा कर 20 मिनट रहने दे। चेहरा धोने के बाद सनस्क्रीन जरुर लगाएँ। रोज नहाने से पूर्व ऐसा करें।
2. 1. प्रातः सायं–शतावरी चूर्ण 3 ग्राम, प्रवालपिष्टी 250 मि.ग्रा., पंचतिक्तघृत गु॰ 500 मि.ग्रा., चन्दनादि लौह 250 मि.ग्रा., मधुयष्टी चूर्ण 1ग्रा., 2 बार, कूष्माण्डावलेह 20 ग्राम से 2. लेप–रक्त चन्दन का लेप। 3. कच्चा खोपरा, पेठा खावें। गन्ना चूसें। एलादि गण की औषधियाँ।
3. 1. प्रातः सायं–सितोपलादी चूर्ण 3 ग्राम, आमलकी रसायन 500 मि. ग्रा., पंचतिक्तघृत गु॰ 1 ग्रा., चन्दनादि लौह 500 मि.ग्रा., कामदुधा रस (अम्लपित्त) 500 मि.ग्रा., प्रवाल पिष्टी 250 मि.ग्रा., 2 बार,

कूष्माण्डावलेह 20 ग्राम से 2. लेप–खोपरे का तेल व कपूर व घी। 3. खोपरा, मिश्री खावें। 4. चन्दनविटाकल्प 10 मि.ली., 2 बार। 5. सौंफ खावें। 6. घृत का नस्य। 7. नारियल का जल लें।

न्यच्छ, व्यंग

1. 1. घृतभृष्ट हरतिकी में गिलोय स्वरस की 3 भावना लगाकर चूर्ण बनाएँ। 1 ग्राम, भोजन के बाद दे। 2. लेप–गूडूचि तेल में हल्दी मिला कर। 3. नस्य–गूडूचि तेल 4–4 बूँद का। 4. रात्रि सोते समय –अश्वगन्धा 40 भाग, गाय 5 भाग, कालीमिर्च 3 भाग, विडंग 3 भाग, तुलसी 2 भाग, मुलेठी 5 भाग, का 4 ग्राम का चूर्ण, जल से।
2. बैर की गुठली का लेप।
3. नीबू का रस 100 मि.ली., मगज बादाम 50 ग्राम, टि. बेन्जोईन 50 मि.ली., हाईड्रोजन पराक्साईड 30प्रतिशत 50 मि.ली. को रात को लगावें, प्रातः धोवें। या 1 कप पानी में 1 नीबू व 1 चम्मच ग्लीसरीन मिला कर साफ करें। अब 2 चम्मच दही को कपडे में लटका दें, पानी निकलने पर 2 पत्र केसर मिलावें। रात को लगाएँ, सवेरे साफ करें।
4. 1. नस्य–सर्षप तेल से 2. केसर 3 पत्र व दूध 250 मि.ली. पिलावें। 3. कंकुमादि तेल या निम्बोली सिरके मे पीस कर लगावें।
5. 1. महासुदर्शन चूर्ण व मंजिष्ठा, 5 ग्राम, घृत व मिश्री या जल से 2. लगाने को–मजीठ, हल्दी, चिरोंजी, मुल्तानी मिट्टी, चन्दन, पंच वल्कल।
6. ज्योतिष्मति तेल का नस्य व लेप।
7. खिरनी के पत्र का कल्क दूध में पीस कर बाँधें।
8. लता करंज के बीज का तैल।
9. अर्क दुग्ध व हरिद्रा की वर्ती बना कर लेप करें।
10. बैर की गुठली का लेप।

नाडीव्रण

1. दोनों अंजन शतधोत घृत में लगाएँ।
2. एरण्ड पत्र रस से सिद्ध घृत का व्रण बंधन करें।

3. मतीरे का छिलका सुखा कर, जला कर, घृत में मलहर बनाएँ। नासूर पर लगा कर पट्टी बाँधें। दूसरे ही दिन नाडीव्रण खुल जायेगा।

पपडीयुक्त विकार

1. करवीर मूल से सिद्ध तेल का प्रयोग।

पामा

1. पवांड बीज, सफेद जीरा, सुदर्शन कन्द को मटकी में छाछ में भिगो कर 1 माह रोडी में रख कर लगाएँ।
2. भैंस के कान का मैल का लेप करें।
3. अंकोल के पत्र का लेप व सेक, 10 दिन करें। 2. आधासीसी का डोडा 1 कि., काकनासा 1 कि., को थोडा कूट लें। सरसों का तेल 300 ग्राम डाल कर मिला दे। 10 दिन तक रखें, बीच में हिलाते रहें। पाताल यंत्र विधि से तेल निकालें व लगावें।
4. 1. केशोर गु॰ 1 ग्राम, 3 बार, जल से 2. लगाने को–दशांग लेप 20 भाग, दद्रु दावानल 5 भाग, पामाहर लेप 5 भाग, जिंक ओक्साइड 3 भाग, जात्यादि तेल आवश्यकतानुसार।
5. स्रावी पामा में पहाड़ी लोंग का 1 ग्राम खाने में प्रयोग।
6. कच्छ्रू की औषधों का अनुसरण करें।
7. मधुमेह की चिकित्सा में काम आने वाले पेटेन्ट योग भी काम में लें।
8. धनियां, सौंफ व मिश्री, दरदरा कूट कर चूसने के लिए दे।
9. **आभ्यन्तर औषध**
    1. **व्यवस्था पत्र** – प्रातः 1 बार – मंजिष्ठादि क्वाथ 15 ग्राम व महातिक्त घृत 10 ग्राम।
    2. प्रातः सायं – पंचतिक्तघृत गुग्गुलु 1 ग्राम, स्वर्णमाक्षिक भस्म 250 मि.ग्रा., हरताल गोदन्ती भस्म 100 ग्राम, चन्दनादि लौह 500 मि.ग्रा., प्रवाल पिष्टी 500 मि.ग्रा., गन्धक रसायन 500 मि. ग्रा., कामदुधा रस 500 मि.ग्रा., 2 बार, रक्तशोधकावलेह या वासावलेह 20 ग्राम से।
    3. भोजन के बाद – आरोग्यवर्धनी वटी 2 गोली, 2 बार, पानी से।

4. भोजन के बाद – सारिवाद्यासव 20 मि.ली., बराबर जल से।

10. **स्थानिक लेप** – दशांग लेप को शतधोत घृत से कुष्ठादि लेप या उशीरादि लेप, अथवा पामाहर लेप एवं दशांग लेप को शतधोत घृत से लेप।

पाददारी

1. इन्द्रयव 1.5 ग्राम 2 बार।
2. नमक व गर्म जल में पैर डूबो कर यह लेप लगाएँ। स्रोतोसंगहर चूर्ण 1 भाग, दशांग लेप 4 भाग, कपूर 1 भाग, का घृत, वेसलीन व नारियल के तेल में बना मलहम लगाएँ।
3. इन्द्रयव 1.5 ग्राम 2 बार जल से दे।

प्रमेहपिड़िका

1. नाहीकन्दी *(Corallocarpus epigeous)* का 3 दिन लेप करें।

फोड़े को पकाना

1. मैनफल व रेवन्दचीनी का लेप।
2. दशांग लेप व कपोत विष्ठा का स्थानिक प्रयोग करें।

बालतोड़

1. मंजिष्ठादि क्वाथ 10 ग्राम प्रातः पीना चाहिए।
2. आभ्यन्तर औषध – प्रातः सायं – रस माणिक्य 50 मि.ग्रा., पंचतिक्तघृत गुग्गुलु 1 ग्राम, शुभ्रा 250 मि.ग्रा., शुद्ध गन्धक 250 मि. ग्रा., स्वर्णमाक्षिक भस्म 125 मि.ग्रा., पुष्यानुग चूर्ण 2.5 ग्राम, वासावलेह या रक्तशोधकावलेह 15 ग्राम से
3. भोजन के बाद– सेप्टीलीन 2 गोली 2 बार। देवदार्वाद्यरिष्ट 20 मि. ली., बराबर पानी से
4. दिन में 2 बार – रसान्जन, कूठ, निम्ब, विजयसार, कम्पिल्लक, दारुहरिद्रा, समभाग 1–1 चम्मच, 2 बार, पानी से अकेले या पुड़िया के साथ।

स्थानिक लेप

1. निम्ब क्वाथ या त्रिफला क्वाथ से धोकर जात्यादि घृत या जात्यादि तेल लगाना चाहिए।
2. स्थानिक शुद्धि के लिए निम्ब पत्र क्वाथ व शुभ्रा अथवा तुत्थ वारि अथवा खट्टे दही या छाछ से कराएँ।
3. लेपार्थ – दद्रुदावानल, पामाहर लेप व जिंक ऑक्साईड को नारियल या सर्षप तेल में लगाएँ। कुष्ठादि लेप भी प्रयोग किया जा सकता है।

भभूती

1. बकायन के फल की गिरी को छाछ मे भिगोकर उबटन करे।
2. चन्दन व कर्पूर का लेप।

मण्डल कुष्ठ

1. रात्रि को चालमोगरा तैल, निम्ब तैल, करंज तेल व मरिच्यादि तेल की मालिश करें। प्रातः शेम्पू से धोलें।
2. बकायन के बीज छाछ में सडा कर लगाएँ।
3. गोमूत्र का लेप कर धूप में बैठें। 2. पंचामृत का लेप करें। 3. अर्जुन चूर्ण व मधु का लेप। 4. मंजिष्ठाद्यरिष्ट व खदिरारिष्ट दे। 5. गिलोय हरी 25 ग्राम का क्वाथ दे।
4. 1. प्रथम स्रोतासंगहर चूर्ण से विरेचन, फिर लंघन कराएँ। 2. प्रातः सायं– रसपर्पटी या रससिन्दूर 100 मि., स्वर्णमाक्षिक भस्म 125 मि. ग्रा, सप्तविंशति गु० 500 मि.ग्रा., तालीसादि चूर्ण 2 ग्राम, कामदुधा रस 250 मि.ग्रा., शिलाजीत 500 मि.ग्रा., गन्धक रसायन 500 मि.ग्रा., सीरप लिवोहर्ब 20 मि.ली. से 2 बार। 3. भोजन के बाद– आरोग्यवर्धिनी 2 गो., जल से, 2 बार,। 4. रसान्जनादि लेप–रसोंत, चक्रमर्द बीज, कपित्थ पत्र रस में लेप। या कठगूलर छाल, चित्रक, वृहती, सैंन्धव, देवदारु को गोमूत्र में लेप। 5. ब्रेन्टो टेब 2 गो. को सीरप शंखपुष्पी से दे।
5. गोघृत 250 ग्राम, शक्कर 50 ग्राम, हल्दी 50 ग्राम, केसर 1.5 ग्राम, 1–1 चम्मच, प्रातः सायं।

6. यह स्वरोग क्षमता रोग (Auto Immune Disease) है। अतः विरुद्धाहार न लें।
7. रोग अल्प हो तो औषध व्यवस्था से ठीक होता है। रोग अधिक हो तो औषध व्यवस्था के साथ पंचकर्म कराना भी आवश्यक होता है।
8. स्नेहन, स्वेदन, रेचन, वमन आवश्यक है। बाद में लंघन, पाचन कराएँ।
9. पुनः शोधन आवश्यक है।
10. कुंजल का प्रयोग हर सातवें दिन गरम जल से करें।
11. विरेचन के लिए स्रोतोसंगहर चूर्ण 6 ग्राम, प्रातः सायं मधूदक (पुराना मधु) से दे अथवा विरेचन न होने पर स्रोतोसंगहर चूर्ण 6 ग्राम, या स्वादिष्ट विरेचन चूर्ण 6 ग्राम प्रातः गरम जल से दे। प्रातः लंघन कराएँ एवं सायं लघु अन्न मूंग की दाल रोटी दे।
12. खाने में सरसों के तेल का प्रयोग करें।
13. सरसों के तेल का नस्य 4–4 बूँद का प्रयोग करें।
14. आचार्य चरक की आज्ञानुसार गन्धक, शिलाजीत, स्वर्णमाक्षिक का प्रयोग कराएँ। ताम्र का प्रयोग भी करें।
15. प्रथमावस्था में रसमाणिक्य जैसी तीक्ष्ण औषध का प्रयोग न करें।
16. रोग का मानसिक तनाव व प्रसन्नता से सीधा सम्बन्ध है अतः आल्हादकारक औषध दे। ब्रेन्टो टेब सीरप शंखपुष्पी से दे। उशीरासव, जटामांसी फाण्ट, तगरादि क्वाथ यथानुकूल प्रयाग करें।

17. आभ्यन्तर औषध – व्यवस्था पत्र

1. प्रातः मंजिष्ठादि क्वाथ 20 ग्राम में, पंचतिक्तघृत गुग्गुलु 5 से 10 ग्राम डाल कर देवें।
2. प्रातः सायं – व्याधिहरण रस 100 मि. ग्राम, कामदुधा रस 500 मि. ग्राम, लोकनाथ रस 250 मि. ग्राम, ताप्यादि लौह 500 मि. ग्राम, पंचतिक्तघृत या सप्तविंशति गुग्गुलु 1 ग्राम, शुद्ध शिलाजीत गुग्गुलु 1 ग्राम, 2 बार, कूष्माण्डावलेह 20 ग्राम से।
3. भोजन के बाद – आरोग्यवर्धनी वटी 2 गोली, साथ में सारिवाद्यासव 20 मि.ली., 2 बार, समान जल से।
4. पटोलादि क्वाथ 20 ग्राम का महातिक्त घृत 10 ग्राम से प्रयोग करें।

5. अमृता का भरपूर प्रयोग करें।
6. गन्धक 500 मि.ग्रा. व स्वर्णमाक्षिक 250 मि.ग्रा. को 2 बार, मधु से प्रयोग करें।
7. सिद्धार्तक स्नान (चरक–कुष्ठाधिकार) अत्यन्त उपयोगी है।
8. पलाश बीज, गन्धक व चित्रक को दूध में उबाल कर, सुखा कर 2 ग्राम की मात्रा में जल से लेने से 1 मास में मण्डल कुष्ठ नष्ट हो जाता है। (सिद्ध भैषजमणिमाला)

18. स्थानिक लेप

1. निम्ब तैल, करंज तैल, चालमोगरा तेल 20–20 मि.ली., मरिच्यादि तेल 50 मि.ली. क्यूटिस आयल, लगाएँ। चने के तेल का लेप करें। दशांग लेप, गौमूत्र व महातिक्त घृत का लेप करें। सोरियन जेल, गोपाल कर्कटी (झाड फानूस) (*Kigelia pinnata*) के लटकने वाले कठोर फल को पीस कर उसके स्वरस को लगाने से मण्डल कुष्ठ शीघ्र ठीक होने लगता है। घृतकुमारी के गूदे को निम्ब तेल में मिला कर लगाएँ।

2. अन्य व्यवस्था पत्र

3. प्रातः सायं – रसमाणिक्य 125 मि.ग्रा, आरोग्यवर्धनी वटी 500 मि.ग्रा, गन्धक रसायन 500 मि.ग्रा, केशोर गुग्गुलु 1 ग्राम, सीरप इम्प्यूरिन 15 मि.ली. से भोजन के बाद – खदिरारिष्ट 20 मि.ली, महामंजिष्ठाद्यरिष्ट 20 मि.ली, 2 बार, समान जल से प्रातः 6 बजे– मंजिष्ठादि क्वाथ 25 ग्राम, द्राक्षा 25 ग्राम, 1 मात्रा।
4. लगाने के लिए – तुवरक तेल 5 भाग व चन्दन तेल 1 भाग, 4 बार।
5. प्रातः सायं – कामदुधा रस 250 मि.ग्रा, स्वर्णमाक्षिक भस्म 125 मि.ग्रा, रसन्दिूर या रसपर्पटी 125 मि.ग्रा, सप्तविंशति गुग्गुलु 1 ग्राम, तालिसादि चूर्ण 2 ग्राम, स्रोतोसंगहर चूर्ण 1 ग्राम, शु. शिलाजीत 500 मि.ग्रा, गन्धक रसायन 500 मि.ग्रा, शंख भस्म 250 मि.ग्रा, सीरप लिवोहर्ब 15 मि.ली. से भोजन के बाद – आरोग्यवर्धनी वटी 500 मि.ग्रा, जल से उक्त औषध 20 दिन देकर, साथ में अथवा केवल निम्नोक्त केसरादि योग दे। 3 से 6 माह में रोग ठीक होता है। लेपार्थ – एडी रगड़ने के ब्रश से खुरच कर मरिच्यादि तेल या रसान्जन का लेप या रसान्जनादि

लेप या करंजादि लेप लगाएँ। 20 दिन बाद कोई आसव यथा त्रिफलासव दे।

6. प्रातः सायं – आमलकी रसायन 500 मि.ग्रा, स्वर्णमाक्षिक भस्म 125 मि.ग्रा, शु. शिलाजीत 500 मि.ग्रा, कामदुधा रस 250 मि.ग्रा, संशमनी वटी 500 मि.ग्रा, वासा चूर्ण 1 ग्राम, मधूदक या किसी शोधक सीरप से यह योग सभी त्वक् रोगों में बहुत ही अच्छा कार्य करता है।

19. अन्य विकिर्ण योग

1. केसरादि योग   हरिद्रा 100 ग्राम, शक्कर 250 ग्राम, गौघृत 250 ग्राम, केसर 1 ग्राम, केसर को थोडे जल में घोल कर सबको एकत्र करें। 2–2 चम्मच प्रातः सायं दे।
2. पंचतिक्तघृत गुग्गुलु 1 ग्राम, 3 बार, खदिरारिष्ट 20 मि.ली. से, भोजन के बाद आरोग्यवर्धनी वटी 2–2 गोली, 2 बार।
3. आरोग्यवर्धनी वटी 2–2 गोली, त्रिफलासव 20 मि.ली., 2 बार।
4. बाकुची, चक्रमर्द बीज, शुद्ध गैरिक, समभाग, 1–1 चम्मच, प्रातः सायं दे।
5. **लेप** – प्रथम चित्रक मूल का लेप करें, पश्चात् एरण्ड बीज पीस कर लगाएँ। कठगूलर की छाल, चित्रक, बड़ी कटेली, सैन्धव, देवदारु को गोमूत्र में लेप करें। रसोंत, चक्रमर्द बीज, कपित्थ पत्र रस का लेप करें। घृतकुमारी के गूदे का लेप।

मशक

1. प्याज व चूना रगडें। तत्काल नष्ट होता है।
2. डिटरजेन्ट पावडर व चूना मिला कर जलावें। अथवा खाने का सोडा, पूना, नौसादर लगाएँ।
3. भोजन के बाद–2 बार, स्वर्णवंग 250 मि.ग्रा., यशद भस्म 100 मि.ग्रा. यवक्षार 500 मि.ग्रा., त्रिफला चूर्ण 2 ग्राम, जल से।
4. उदयभास्कर रस 100 मि.ग्रा, अष्टमूर्ति रसायन 100 मि.ग्रा, लोकनाथ रस 250 मि.ग्रा, यव क्षार या वासा क्षार 125 मि.ग्रा, कांचनार गुग्गुलु या पंचतिक्तघृत गुग्गुलु 1 ग्रा, हिंग्वष्टक चूर्ण 2 ग्राम, 2 बार, कंटकार्यावलेह 1 चम्मच या सर्षप तेल 1 चम्मच या घृत 1 चम्मच से

5. नस्य – सर्षप तेल 4–4 बूंद, प्रातः स्नान के बाद।
6. कवल व गण्डूष – सर्षप तेल व लवण व पानी से
7. प्रातः 1 बार क्वाथ – शोभान्जन, वरुण, हरिद्रा, दारुहरिद्रा, अमृता, शिग्रु, त्रिफला, कंटकारी, मधुयष्टी व कचनार, सब मिलकर 20 ग्राम।
8. भोजन के बाद – आरोग्यवर्धनी 2 गोली, 2 बार एवं देवदार्वाद्यरिष्ट 20 मि.ली., 2 बार, बराबर जल से।
9. **स्थानिक लेप**
   1. तुत्थ, यवक्षार व सरसों का तेल लगावें व रगड़ें।
   2. अर्क दुग्ध व हरिद्रा या स्नुही दुग्ध व हरिद्रा का लेप 2 से 5 मिनट मशक के आकार के अनुसार लेप करें।
   3. क्षार तेल (भैषज्य रत्नावली) – मोखा, वृक्षक, गुंजा, चित्रक, अर्क पत्र, थूहर, अपामार्ग, पलाश, नीम, करंज, कनेर, यवक्षार, सज्जी क्षार, सुहागा से घृत सिद्ध करें व लगाएँ।

मुख के काले दाग

1. अर्जुन चूर्ण व मधु का लेप।

मेदग्रन्थि

1. रसोंत व राई का लेप।

युवानपिडिका

1. लता करंज के बीज का तैल।
2. बैर की गुठली का लेप।
3. हायपोनिड टेब. या स्रोतोसंगहर चूर्ण दे। सीबम फेट जातिय होने से ये वसा का पचन गोमूत्र व हरड के कारण होता है। जिस औषध से मधुमेह में लाभ होता है उसी से युवानपिडिका ठीक होती है।
4. जायफल दूध में लगाएँ या हरे धनिये का पेस्ट लगाएँ या जीरा, चिरोंजी व हल्दी का दूध में पेस्ट लगावें। या अनार का छिलका व हरड़ या बालसुधा 1ग्रा व मधु 1 चम्मच का लेप लगावें। या कटे हुए नीबू पर हल्दी व नरसार बुरक कर घीसें।

5. बोरिक एसिड 10 ग्राम, ग्लीसरीन 80 मि.ली., केलोमिन पावडर 40 ग्राम, गुलाब जल 400 मि.ली., को फुरेरी से लगाएँ।
6. 1. विरेचन– 2. लंघन– 3. ग्लूकोमेप 2गो. व सेप्टीलिन 2गो., जल से, भूखे पेट। 4. हरिद्रा खण्ड 1–1 चम्मच, 2 बार, गर्म जल से।
7. 1. प्रातः– स्वादिष्टविरेचन चूर्ण या मंजिष्ठादि चूर्ण 7 ग्राम व सर्जिका क्षार 500 मि.ग्रा., गर्म जल से 2. टेब. ग्लूकोमेप 2 व टेब. सेप्टीलिन 2, 2 बार। 3. हरिद्रा खण्ड 1 चम्मच, 2 बार, गर्म जल से
8. ईंगुदी फल गर्भ का लेप।
9. 1. प्रातः सायं–स्रोतोसंगहर चूर्ण 1 ग्राम, कांचनार गु॰ 1 ग्राम., संशमनी वटी 250 मि.ग्रा., शंख भस्म 100 मि.ग्रा, शुभ्रा भस्म 100 मि. ग्रा, शु॰ गन्धक 250 मि.ग्रा., रसपर्पटी 250 मि.ग्रा., चन्दनादि लौह 350 मि.ग्रा., कूष्माण्डावलेह 20 ग्राम, से 2 बार,। 2. हायपोनिड टेब. 1, 2 बार। 3. स्वादिष्ट विरेचन चूर्ण 6 ग्राम, स्वर्जिका क्षार 500 मि. ग्रा., प्रति सातवें दिन। 4. प्रातः उठते ही–वृ0 मंजिष्ठादि क्वाथ 30 मि.ली., गर्म जल 60 मि.ली. व मधु 2 चम्मच। 5. रुपनिखार उबटन 200 ग्राम, चिरोंजी 30 ग्राम, बेसन 30 ग्राम, मसूर का आटा 50ग्रा., इसके 3 चम्मच चूर्ण को 20 मि.ली. दूध में व जल में लेप, 1 चम्मच तेल डाल कर बनाएँ व लगावें। 6. ग्लीसरीन 4 चम्मच, प्याज का रस 2 चम्मच, मधु 2 चम्मच, गुलाब जल 3 चम्मच, हल्दी 1चम्मच, का प्रलेप।
10. कलौंजी को जामुन के सिरके में लेप।
11. दूर्वा स्वरस का मिश्री से प्रयोग। 3दिन मे लाभ।
12. शोधन – प्रातः त्रिफला चूर्ण 6 ग्राम गर्म जल से कराएँ।
13. समस्त मधुमेह नाशक औषधें इस रोग में कार्यकारी हैं।
14. नस्य – सर्षप तेल 4–4 बूंद से
15. प्राणायाम, अनुलोम विलोम व दीर्घ श्वास प्राणायाम करें।
16. गर्म जल के तौलिए से साफ करें।
17. हरी सब्जी, चना, करेला, घी, मूली के पत्ते की सब्जी प्रयोग करें।
18. तक्रधारा का प्रयोग करें।

19. आभ्यन्तर औषध – व्यवस्था पत्र

1. प्रातः सायं – कांचनार गुग्गुलु 1 ग्राम, चन्द्रप्रभा वटी 500 मि.ग्रा., लोकनाथ रस 250 मि.ग्रा., ताप्यादि लौह 250 मि.ग्रा., रसमाणिक्य 65 मि.ग्रा., तालिसादि 2.5 ग्राम, गन्धक रसायन 500 मि.ग्रा., 2 बार, रक्तशोधकावलेह 15 ग्राम से दे।
2. भोजन के बाद – आरोग्यवर्धिनी वटी 500 मि.ग्रा., 2 बार जल से साथ में पुनर्नवासव या सारिवाद्यासव या मंजिष्ठाद्यरिष्ट या विड़ंगारिष्ट या अभयारिष्ट 20 मि.ली., समान जल से साथ में चित्रकादि वटी 2 गोली।
3. कवल गण्डूष – मुलेठी व दूध से
4. तिल तेल का मंजन।
5. अणु तेल का प्रतिमर्श नस्य लें।
6. अन्य योग – पियेल फेस पैक, हर्बल जैल, केप. एक्नोविन, केप. हापोनिड भी दे सकते हैं।

20. स्थानिक लेप

1. दशांग लेप, खस, रक्त चन्दन, चिरोंजी, मसूर का आटा, हरिद्रा, बेसन, जौ का चूर्ण पानी में भिगो कर सर्षप तेल डाल कर लेप करें, सूखने न दें, दूध लगााते रहें। 1–1.5 घन्टे बाद मसल कर छुड़ा दे।
2. दशांग लेप 100 ग्राम, चक्रमर्द मूल 50 ग्राम, कुटज 30 ग्राम, बेसन 200 ग्राम, मुलेठी 30 ग्राम, गिलोय 30 ग्राम, सरसों का तेल 25 मि.ली. का लेप दिन में गर्म दूध में लगाएँ। सूखने के पहले निकाल दे।
3. ताम्र पात्र में दही रख कर हल्दी, सरसों, कालीमिर्च डाल कर स्नान के समय उबटन लगाएँ।
4. काली गीली मिट्टी का लेप लगाएँ।

21. अन्य विकिर्ण योग

1. माजूफल को चावलों के जल में घिस कर लेप करें।
2. जायफल, मरिच, चन्दन का जल में लेप।
3. गोरोचन व कालीमिर्च का जल से लेप।
4. श्वेत गुंजा को तिल तेल में लेप।

5. पीली कौड़ी तीव्र सिरके में 3 दिन रख कर लेप करें।
6. नीम की निबोली को तक्र से लेप करें।
7. भुने चने का चूर्ण, मुर्दासिंगी, सफेदा काशगरी का बकरी के दूध से लेप।
8. अर्जुन छाल का चूर्ण या मंजिष्ठादि चूर्ण का मधु से लेप।

रुसी

1. सिरका, बेसन, मधु मिला कर लगावें।
2. खोपरे का तैल, ग्लीसरीन, गुलाबजल व नीबू का रस मिला कर लगाएँ।
3. 1. सरसों के तेल को वासा क्षार, मुलेठी, टंकण, नीम का तैल, गन्धक, कालीमिर्च में सिद्ध कर लगाएँ। 2. त्रिफला घृत 3. प्रातः 1 बार– भृंगराज 5 ग्राम, विड़ग 1 ग्राम, आँवला 3 ग्राम, गन्धक 500 मि.ग्रा., जल से 4. रात्रि के नीम का तेल 10 बूंद, दूध से।
4. नारियल का तेल 1 चम्मच, फुलाया सुहागा 1 चम्मच, दही 3 चममच, नीम की पत्र 7, सबको लगा कर शेम्पू से धोवें।
5. चालमोगरा, बाकुची, निम्ब व करंज तेल को रात को सिर में लगा कर, कपडा बाँध कर सो जाएँ। प्रा:त शेम्पू से सिर धो लें। ऐसा सप्ताह में 2 बार करें। 2 से 3 सप्ताह में रुसी 90 प्रतिशत समाप्त होती है। बाल झड़ने में 20 से 25 दिन में 50 प्रतिशत लाभ हो जाता है। पूरा लाभ 2 माह में आ जाता है। महिलाओं में अधिक होता है।

रंग साफ करना

1. उदुम्बर शुंग का लेप।

विपादिका

1. 1. केशौर गु॰ 1 ग्राम, गिलोय 15 ग्राम क्वाथ व मधु 2 चम्मच से 2. मर्दन– पिण्ड तेल या नारियल तेल से 3. 15 दिन बाद– पंचतिक्तघृत 10 ग्राम दे।
2. अमरसुन्दरी वटी 2–2गो., दूध घृत से लगाने को एरण्डी का तैल।

3. अमृता, मुलेठी, घृत में गर्म कर लगाएँ।
4. 1. एरण्ड तेल में ग्लीसरीन मिला कर लगावें। 2. मोम, मंजीठ, राल, अलसी का तैल, मुलेठी लगावें। 3. नमक व मक्खन लगावें।

विचर्चिका

1. सत्यानाशी के बीज दही से लेप। एक सप्ताह बाद वन्ध्याकर्कोटकी का लेप करें।

व्रण सद्य

1. नागबला, मुलेठी का बन्धन करें।

व्रण दुष्ट

1. वेसलीन 10 ग्राम, शुभ्रा भस्म 3 ग्राम, लगाएँ। प्रातः गर्म जल से धोवें।
2. 1. प्रथम दिन– मधु अथवा एरण्ड तेल व चूना व साबुन का पेस्ट बना कर लगाएँ। 2. दूसरे दिन–शुभ्रा व शंख भस्म छिडक कर, जल का छींटा देकर साफ करें। 3. पश्चात शुभ्रा व वेसलीन की पट्टी करें।
3. शुभ्रा, शंख, सोडाबाईकार्ब को सूखा बुरक कर, जल डाल कर प्रक्षालन करें। फिर शुभ्रा व वेसलीन का मलहर लगाएँ।
4. पर्णबीज से सिद्ध घृत का प्रयोग करें।
5. प्रथम दिन मधु, एरण्ड तैल, बूझा चूना व साबुन का पेस्ट बना कर लगाएँ। दूसरे दिन शंख, शुभ्रा, सोडा बायकार्ब बुरक कर, जल का छींटा देकर साफ करें। फिर शुभ्रा, वेसलीन मिला कर पट्‌टी करें। 3दिन में ही लाभ होगा।
6. रसकपूर (केलोमल) 10 ग्राम, काली मिर्च 10 ग्राम, राल 20 ग्राम, गोघृत 250 ग्राम, सबको पीस, मिला कर कांसे के बर्तन या साफ पत्थर पर शतघोत कर लें। मोटे कपडे पर लगा कर पट्‌टी चिपका दे। इसे लगी रहने दे। इससें असाध्य दिखने वाले, केंसर जैसे गोभी के फूल जैसे व्रण ठीक होते हैं।

व्रण दग्ध

1. राल 50 ग्राम, मोम 50 ग्राम, अलसी का तेल 250 ग्राम, नारियल का तेल 250 ग्राम, दोनो तेल गर्म कर बाकी दोनों चीजें डाल कर ठण्डा कर लें। इसें चूने के जल (100 ग्राम बिना बुझे चूने को 5किलो जल में भिगो कर 2 घन्टे छोड़ कर नितार कर काम में लें) से 21 बार धोवें। मलहर सफेद मुलायम हो जावेगा। 10 कपूर की टिकिया पीस कर मिला दे।

शय्या व्रण

1. सफाई के लिए तुत्थवारि का प्रयोग करें।
2. चना, करेला, घृत का प्रयोग करें।
3. मधुमेह विरोधी औषधों का प्रयोग करें।
4. जीवनीय शक्तिवर्धक औषधों का प्रयोग करें।
5. प्रोटीन डाईट लें।

आभ्यन्तर औषध – व्यवस्था पत्र

1. प्रातः सायं – रसमाणिक्य 100 मि.ग्रा., शुद्ध गंधक 500 मि.ग्रा., प्रवाल पिष्टी 250 मि.ग्रा., सप्तविंशति गुग्गुल 500 मि.ग्रा., चन्दनादि लौह 500 मि.ग्रा., 2 बार, ब्राह्मरसायन से दे।
2. सेप्टिलिन टेब. 2–2 गोली, 3 बार।
3. भोजन के बाद – देवदार्वाद्यरिष्ट 20 मि.ली., बराबर पानी से

स्थानिक लेप – पामाहर लेप, दशांग लेप, जिंक ओक्साईड, मुर्दासिंगी का जात्यादि तेल में लेप।

अन्य विकीर्ण योग – शोभान्जन का खाने में प्रयोग करें।

वर्षा की फुन्सीयाँ

1. गन्धक रसायन 500 मि.ग्रा., आमलकी रसायन 500 मि.ग्रा.,2 बार, मक्खन मिश्री या दूध की मलाई से कोई अनुलोमक औषध व लीवर के लिए कोई सीरप दे।

श्वित्र

1. 1. ताम्रपात्र के जल का उपयोग करें। 2. दूध, सोयाबीन व दालों का उपयोग अधिक करें। 3. रात्रि को – चालमोगरा तैल, निम्ब तैल, करंज तेल व बाकुची तैल के 15 बूँद के केप्सूल को दूध से लें। 4. लेपार्थ– उक्त चारों तेल का प्रातः व श्वित्रहर वर्ती का सायं लेप करें व 20 मिनट धूप में बैठें। (श्वित्रहर वर्ती क्रम 8 पर है) 5. आनाह हो तो–स्वादिष्ट विरेचन चूर्ण 6 ग्राम, उष्णोदक से 6. प्रातः–बाकुची बीज (7 बार गोमूत्र भावित–रात्रि को नवीन गोमूत्र में भिगोवें एवं दिन भर सुखावें) का कल्प दूध के साथ कराएँ–5 बीज से रोज 1–1 बढाते हुए 30 तक ले जाएँ एवं 1–1 घटाते हुए 5 तक लाएँ। 7. दिन में 3 बार– टेब. पिगमेन्टो 1 गो. व टेब. निरोसिल 1 गो. अथवा सेप्टीनिल 2 गो. या सप्तविंशति गु॰ 2 गो. (रोग संक्रामक हो तो), जल सें। 8. भोजन के बाद– आरोग्यवर्धिनी वटी 2 गो. जल सें। 9. अम्ल द्रव्य बन्द रखें। आसव अरिष्ट न दे। 10. प्रात5 सायं–उदयादित्य रस 125 मि.ग्रा., स्वर्णमाक्षिक भस्म 125 मि.ग्रा., गन्धक रसायन 500 मि.ग्रा., चन्दनादि लौह 250 मि.ग्रा., तालीसादि चूर्ण 2 ग्राम, पंचनिम्ब चूर्ण 2 ग्राम, घृत 5 ग्राम से अथवा रसपर्पटी 125 मि.ग्रा., त्रिविक्रम रस 50 मि.ग्रा., गन्धक रसायन 500 मि.ग्रा., केशोर गु॰ 500 मि.ग्रा., संजीवनी वटी 250 मि.ग्रा., शु॰ शिलाजतु 500 मि.ग्रा.,2 बार, इम्प्यूरिन सीरप 15 मि.ली. से।
2. कठगूलर की छाल का क्वाथ10 से 20 मि.ली, गुड का प्रक्षेप देकर प्रातः 1 बार दे। ऐसा 38 दिन तक करें। नमक बन्द रखें। धब्बों पर छाले होने पर नीम का तेल या गुड या कठगूलर की छाल का लेप लगाएँ। अथवा कठगूलर व पंवाड के बीज का जमाया घृत लगाने को, पानार्थ– इसी की तक्र।
3. रसायन, घृत, शिवागुटिका दे। बाकुची दे। इसके अलावा अन्य कर्षण औषध न दे।
4. नेगड बूंटी का प्रयोग, गुलबांस्या (*Mirabilis zalapa*) को सरसों के तेल में पका कर लेप।
5. काले सर्प की काली राख बहेड़े के तेल में लेप।
6. चक्रमर्द के बीज, बावची, कठूमर की छाल, इनकी 30 ग्राम की पाटली बना कर, 2.5 ली. दूध में, 1 कि. जल डाल कर, ओटावें। दुग्धावशेष रहने पर जमा दे। प्रातः बिलो कर छाछ को पीने के लिए

व घृत को लगाने के लिए प्रयोग करें। भेजन के स्थान पर केवल छाछ का ही प्रयोग करें। 3 दिन में ही परिवर्तन होगा।

7. मक्खन को गर्म करते समय बची छाछ व अल्प घृत लगाएँ।

8. श्वित्रहरवर्ती आमाहल्दी, आँवलासार गन्धक, चक्रमर्द के बीज, धुली हुई लाख, गेरु, बावची, नौसादर, वर्की हरताल, सज्जीक्षार, सब बराबर लेकर अदरक के स्वरस में खरल कर वर्ती बनाएँ। अदरक के स्वरस में घीस कर लगाएँ। 7 से 15 दिन में लाभ होगा। परिक्षित है।

9. बाकुची बीज, विभितक फल मज्जा, काकोदुम्बर मूलत्पक्, गुड़ के साथ लेप। 2. सप्तविंशति गु॰ 2 गो, 2 बार।

10. 1. शु॰ शिलाजतु 500 मि.ग्रा., केशोर गु॰ 1 ग्राम, रसपर्पटी 250 मि.ग्रा., गन्धक रसायन 500 मि.ग्रा., त्रिविक्रम रस 125 मि.ग्रा., संजीपनी 250 मि.ग्रा., 2 बार, इम्प्यूरिन सीरप 10 मि.ली. से, 2. भोजन के बाद–अमृतारिष्ट व विड़ंगारिष्ट 20–20 मि.ली., समान जल से 3. टेब. पिगमेन्टो व सायटोजन एक एक, 2 बार। 4. गोमूत्र भावित बावची बीज कल्प।

11. भल्लातक, हरड़, मंडूर, गोमूत्र का लेप।

12. मेहन्दी के फूल, सुहागा, गन्धक की मसी का लेप।

13. ईश्वरी पत्र रस मधु से लगाएँ।

14. एरण्ड तेल में एवियोन केप्सूल को मिला कर लगाएँ।

15. 1. लंघन, स्नेहन, व रेचन क्रमशः करने के बाद ही औषध प्रयोग कराएँ। इस प्रक्रिया को औषधि रोक कर हर 2 माह में कराएँ। 2. लोहे की कढाही में बनी करेले व प्याज की घी में बनी सब्जी खिलावें। 3. तिल तेल व घृत का प्रचुर प्रयोग कराएँ। 4. जस्त व एल्यूमिनियम के पात्र का निषेध करें। 5. हरिद्रा, बाकुची, मूली के बीज, व दही का लेप करें। 6. रात्रि में–घृत व हरिद्रा युक्त दूध दे। 7. टेब. पिगमेन्टो 2 गो., 2 बार। 8. अलिगढ़ का श्वित्रहर सेट 2 केप., 2 बार। 9. प्रातः क्वाथ–त्रिफला, पटोल, निम्ब छाल, बच, मजीठ, कुटकी, हल्दी, खैर, विजयसार, का 20 ग्राम, पंचतिक्तघुत 10 ग्राम डाल कर दे। 10. बावची, तुवरक, मोम का मलहर बना कर, दिन में 3 बार लगाएँ। 11. प्रातः सायं – उदयभानु रस या शीतपित्तभंजी रस 125 मि.ग्रा., रसमाणिक्य 100 मि.ग्रा., रसपर्पटी

250 मि.ग्रा., गन्धक रसायन 500 मि.ग्रा., स्वर्णमाक्षिक भस्म 125 मि. ग्रा., त्रिकटु चूर्ण 1 ग्राम, शिलाजीत शु॰ 500 मि.ग्रा., तालीसादि या सितोपलादि चूर्ण 3 ग्राम, कूष्माण्डावलेह 20 ग्राम, से 2 बार।

16. कठगूलर की मूल की छाल 10 ग्राम का क्वाथ पिलावें व इसी का प्रलेप करें। 1माह तक। छाले होने व फूटने पर गुड़ का लेप करें।

17. 1. प्रातः सायं–त्रिविक्रम रस 125 मि.ग्रा., संजीवनी वटी 250 मि.ग्रा., रसपर्पटी 125 मि.ग्रा., केशोर गु॰ 500 मि.ग्रा., शिलाजीत 1ग्रा., गन्धक रसायन 500 मि.ग्रा, 1 ग्रा., लिवोहर्ब 20 ग्राम, से 2 बार,। 2. भोजन के बाद– आरोग्यवर्धिनी वटी 500 मि.ग्रा., जल से 3. पिगमेन्टो व साइटोजन टेब 1–1, 2 बार। 4. बाकुची बीज का कल्प। 5. रात्रि को–हरिद्रा खण्ड 10 ग्राम। 6. ताम्रपात्र का जल। 7. श्वित्रहर वटक। 8. करेले, प्याज की सब्जी।

18. गूलर के दूध का लेप। शाखोटक (सिहोर) के फल के बीज का लेप। वरार्क व तुत्थाश्च्योतन का प्रयोग भी करें।

19. खेजडे की छाल गोमूत्र में घिस कर लगाावें।

20. शिवा गुटिका का प्रयोग करें। 2–2–2 गोली 3 बार।

21. 1. कंटकारी मूल 1 ग्राम, तीन बार, जल से 2. ताम्रमाक्षिक या सिन्दूर 250 ग्राम, 2 बार, मधु से 3. कंटकारी फल तेल का बाह्य प्रयोग।

22. 1. प्रातः सायं–ताप्यादि लौह 250 मि.ग्राम., रस पर्पटी 250 मि.ग्रा., त्रिकटु चूर्ण 2 ग्रा, दालचीनी चूर्ण 1 ग्रा., मधु 10 ग्राम, से 2 बार। 2. भोजन के बाद– आरोग्यवर्धिनी वटी 500 मि.ग्रा., जल से 3. लगाने के लिए– निम्ब, बाकुची, करंज, चालमोगरा व ज्योतिष्मति तैल। 4. रात्रि में–उक्त तेल 20 बूँद, दूध में।

23. रसोंत 50 ग्राम, हरिद्रा, भल्लातक, राई, मूली के बीज, कठूमर की छाल, विभितक फल मज्जा, 200–200 ग्राम, गोमूत्र में भावना।

24. आमीहल्दी, आँवलासार गन्धक, चक्रमर्द बीज, लाख, सोनागेरु, बावची, नौसादर ठीकरी, वर्की हरताल, सज्जीक्षार, सब समान, आर्द्रक रस में 3 भावना।

25. रोग शरीर के 5 प्रतिशत से अधिक क्षेत्र में हो तो ठीक होने की संभावना कम होती है।

26. आसव न दे।

27. ताम्र पात्र का पानी पीना चाहिए।
28. श्वित्र रोग में कुष्ठ रोगोक्त क्रिया करनी चाहिए।
29. प्रथमतः शोधन करके अर्थात् वमन विरेचन, आस्थापन, वस्ति प्रयोग, शिरा विरेचन तथा रक्तमोक्षण कर्म करने चाहिए।

30. आभ्यन्तर औषध

1. पंचकर्म विधि

1. स्नेहन– 4 दिन तक पंचतिक्त घृत 25 ग्राम बाकुची कशाय से दे। पश्चात 50 ग्राम की मात्रा में प्रयोग स्नेहन होने तक करें। घृत पान के पश्चात आधा घन्टा भ्रमण करावें। पथ्य में पुराना चावल दुग्ध के साथ दे। तृष्णा लगने पर यवमण्ड पिलावें।
2. स्वेदन – यद्यपि कुष्ठ मे स्वेदन निषिद्ध है किन्तु श्वित्र में मृदु स्वेदन कराया जा सकता है। स्वेदनार्थ द्रव्य – निम्ब पत्र, खदिर त्वक्, इन्द्रायण फल, हरिद्रा, बाकुची, चित्रक, कनेर मूल, बदरी मूल त्वक्, अर्कपत्र, दशमूल। ये 100–100 ग्राम लेकर 10 लीटर पानी में स्वेदन यंत्र में रख रोगी को शय्या पर लिटा निर्वात स्थान पर 2 घन्टे नियमित रूप से वाष्प दे। अवस्थानुसार नाड़ी स्वेदन स्थानिक भी कराया जा सकता है।
3. वमन कर्म – सम्यक् स्नेहन स्वेदन के पश्चात् वमन कर्म कराने के लिए मदन फल 60 ग्राम दो लीटर जल में उबाल कर अर्धावशेष रहने पर छान कर 60 ग्राम मधु व 6 ग्राम पिप्पली चूर्ण मिलाकर पिलावें। वमन कर्मोक्त विधि से सम्यक् वमन होने पर लघु आहार यथोक्त देवें।
4. विरेचन कर्म – वमन कर्म के बाद यथोक्त पेया विलेपी क्रम अपना कर स्नेहन करवा कर विरेचन दे। स्नेहार्थ पंचतिक्त घृत 50 मात्रा में बाकुची कषाय में मिलाकर केवल प्रातः 7 दिन तक देवें। विरेचनार्थ त्रिवृत्तचूर्ण को सेहुण्ड की दूध की भावना देकर 3 ग्राम मात्रा में उष्णोदक से प्रातः काल दे। 5–6 घंटे बाद दस्त आने प्रारंभ होंगे। सम्यक् विरेचन होने पर यूष दें। विरेचन के बाद विश्राम करने दें ताकि निर्बलता दूर हो जाये पश्चात् पुराना गुड़ 10 ग्राम को काकोदुम्बर मूल त्वक् 100 ग्राम के क्वाथ में मिलाकर प्रातः 3 दिन तक पिलावें। प्रतिदिन यथा शक्ति धूप में बैठे। तृषा लगने पर यवमण्ड पिलावें। भोजन में मूंग की खिचड़ी देवें। यदि श्वित्र पर फफोले पड जावें तो सूची

का विद्ध करके द्रव निकाल दे। स्नान के लिए खेरसार के जल को प्रयोग में लें। काकोदुम्बर व गुड़ को 3 दिन पिलाने के पश्चात असन, विजयसार, प्रियंगु और सौंफ प्रत्येक समान भाग लेकर यथा विधि क्वाथ बना कर 1 बार प्रातः 15 दिन तक सेवन करें।

2. व्यवस्था पत्र

1. प्रातः सायं – रसमाणिक्य 50 मि.ग्रा., उदयभास्कर रस 100 मि. ग्रा., बाकुच्यादि चूर्ण 2 ग्रा., पंचतिक्तघृत गुग्गुलु 1 ग्राम, ताप्यादि लौह या स्वर्णमाक्षिक भस्म 250 मि.ग्रा., गन्धक रसायन 500 मि.ग्रा., प्रवालपंचामृत 500 मि.ग्रा., शुद्ध शिलाजीत 1 ग्राम, भोजन के बाद – आरोग्यवर्धनी 2 गोली, 2 बार, पानी से
2. रात को – आमलकी चूर्ण, पपड़िया कत्था व बाकुची, सब समान भाग, 1 चम्मच, दूध से।
3. नस्य – सर्षप तेल या अणु तेल से
4. निम्न औषध भी प्रयोग कर सकते हैं – केपसूल ल्यूडर्मा (मेडोकेम), एल्डीकेयर (नेचर बायो), टेब. पिगमेन्टो, सीरप इम्प्यूरिन।
5. रसायन सेवन कराएँ, एतदर्थ च्यवनप्राश या ब्राह्मरसायन 20 ग्राम, गर्म पानी से।
6. प्रात; 1 बार पंचतिक्तघृत 10 ग्रा का सेवन दूध से कराएँ।
7. केशोर गुग्गुलु 500 मि.ग्रा., रस पर्पटी 125 मि.ग्रा., गन्धक रसायन 500 मि.ग्रा., त्रिविक्रम रस 65 मि.ग्रा., संजीवनी 250 मि. ग्रा., शुद्ध शिलाजतु 500 मि.ग्रा., दिन में 2 बार, इम्प्यूरिन सीरप 15 मि.ली. से दे। साथ में भोजन के बाद अमृतारिष्ट 20 मि.ली. व विडंगारिष्ट 20 मि.ली., समान जल से दे।। गोमूत्र भावित बाकुची बीज का कल्प कराएँ व श्वित्रारि वटक लगाएँ।
8. त्रिविक्रम रस 50 मि.ग्रा., संजीवनी 250 मि.ग्रा., रस पर्पटी 125 मि.ग्रा., केशौर गुग्गुलु 500 मि.ग्रा., गन्धक रसायन 500 मि.ग्रा., शुद्ध शिलाजीत 500 मि.ग्रा., दिन में 2 बार, सीरप इम्प्यूरिन 10 मि.ली. से।
9. उदयादित्य रस 125 मि.ग्रा., आरोग्यवर्धनी वटी 500 मि.ग्रा., स्वर्णमाक्षिक भस्म 250 मि.ग्रा., मण्डूकपर्णी 2 ग्राम., नारसिंह चूर्ण

2 ग्राम., दिन में 2 बार, मधु से प्रातः 1 बार यह फाण्ट दे – खदिर छाल, बाकुची बीज, अनन्तमूल, वासा, भांगरा, निशोथ, गिलोय, अमलतास, दारुहल्दी, मुलेठी, धनियां, सम्मिलित 15 ग्राम, मधु डाल कर दे।

10. रसमाणिक्य 125 मि.ग्रा., स्वर्णमाक्षिक भस्म 250 मि.ग्रा., बाकुची चूर्ण 3 ग्राम, त्रिफला चूर्ण 3 ग्राम, दिन में 3 बार, मधु से, ऊपर से महामंजिष्ठादि अर्क 20 मि.ली., जल मिला कर।

31. स्थानिक लेप

1. कड़वाजीरी, हरड़, बहेड़ा, आँवला, 50 50 ग्राम, हरताल 25 ग्राम को गोमूत्र के साथ लेप करें। 1 से 2 माह में दाग साफ हो जाता है।
2. इन्द्रयव या कठगूलर मूल छाल का लेप भी लाभप्रद है।
3. श्वित्रारि लेप–बाकुची 160 ग्राम, तपकिया हरताल 40 ग्राम, मैनसिल, सफेद चिरमी के बीज, चित्रक मूल 6–6 ग्राम को गोमूत्र में मोटा मोटा लेप करें अथवा गोमूत्र की 7 भावना देकर वर्ती बना कर लेप करें।
4. हरताल 1 भाग, बाकुची 2 भाग को गोमूत्र में 7 भावना देकर वर्ती बनाएँ। फिर जल में घिस कर लेप करें। 2–3 दिन में फफोले हाने पर लेप बन्द कर मक्खन का लेप करें। फफोले मिटने पर पुनः लेप करें। ऐसा 3–4 बार करने पर दाग निर्मूल हो जाते हैं।
5. गोमूत्रादिक्षार चूर्ण; कालीजीरी जलाकर गोमूत्र से लेप करें।
6. मूली के बीज, बाकुची बीज व हरिद्रा को दही में लेप करें।
7. चित्रक, चक्रमर्द, काकोदुम्बर मूल छाल, कुटकी सम भाग को देशी सिरके में पीस कर लेप करें एवं धूप में बैठें।
8. श्वित्रहर वटक – आमी हल्दी, गंधक, चक्रमर्द, लाख, सोनागैरु, बाकुची, नौसादर, वर्की हरताल, सज्जीक्षार, सबको समान लेकर आर्द्रक रस की 3 भावना देकर वटक बनाकर जल में घिसकर लेप करें।
9. ताम्र पात्र में निंबू का रस, तुलसीपत्र व कसौंदी का रस भरें व दाग पर मलें।

10. कुटकी, काशीस व तुलसी पत्र पीस कर लगाएँ। रात्रि को गोबर का रस लगाएँ।
11. केसर 12 भाग, बाकुची 50 भाग को गोमूत्र में 24 घन्टे भिगो कर गोलियां बना लें। गीले कपड़े से पोंछ कर, रगड़ कर लगा देवें।
12. रक्त गुंजा, निम्बोली, कूठ, बच, चित्रक पीस कर लेप करें।
13. मैनसिल, चित्रक, बाकुची, वंग भस्म को कांजी में पीस कर लेप करें
14. काले धतूरे के नरम पत्ते को मसल कर लगाएँ।
15. ओष्ठ श्वित्र में गंधक, चित्रक, काशीस, हरताल व त्रिफला का लेप करें।
16. चालमोगरा तेल का थोड़ा–थोड़ा सूची वेध करें।
17. आँवला सार गन्धक 500 मि.ग्रा., त्रिफला 3 ग्रा., बाकुची 500 मि.ग्रा. की गोली बना कर प्रातः खाली पेट मधु से खाकर इसी गोली को आर्द्रक रस में लेप करें।
18. पिगमेन्टो आयन्टमेन्ट या बाकुची तेल या हरिद्रा, रक्त चन्दन व मधु का लेप, बच घिस कर लगाएँ या श्वित्रारि वटक या चक्रमर्द बीज का प्रलेप।

32. अन्य विकीर्ण योग

1. चक्रमर्द के बीज, बाकुची बीज, कठगूलर की छाल, मिलित 30 ग्राम की पोटली बनाकर 2.5 कि.ग्रा. दूध में 1 कि.ग्रा. पानी डालकर ओटावें। दूध शेष रहने पर जमा दे। प्रातः दूध को बिलो कर, छाछ को पीने के लिए व घृत को लगाने के लिए दे। भोजन के स्थान पर केवल छाछ का प्रयोग करें। 3 दिन में ही परिवर्तन अनुभव होगा।
2. गन्धक, बाकुची, त्रिफला, वासा, चमेली पत्र, भांगरा रस की 3 भावना देकर, बेर के बराबर गोली बना कर 1 गोली प्रातः दे 1 सप्ताह में लाभ होगा। 3 माह दे। 6 माह नमक बन्द रखें
3. बाकुची हरितकी योग – बाकुची चूर्ण को खदिर त्वक् से 7 भावना देकर, समभाग हरितकी मिला कर, 4 ग्राम की मात्रा में मधु घृत से दे।

4. विडंग, हरिद्रा, पिप्पली, शुंठी, चित्रक सनाय, जटामांसी, मंजिष्ठा, 60–60 ग्राम, बाकुची 100 ग्राम, चक्रमर्द 50 ग्राम, छोटे बैर की जड़ 100 ग्राम, अंजीर की जड़ 50 ग्राम, निम्ब का पंचांग 50 ग्राम, शरपुंखा 50 ग्राम, चाकसू 25 ग्राम, गोमूत्र में पकाई हरड़ 100 ग्राम, त्रिफला 50 ग्राम, गोरखमुन्डी 25 ग्राम, गोखरु 30 ग्राम, तुलसीपत्र 30 ग्राम, नवायस लौह 6 ग्राम, हरताल भस्म 12 ग्राम, रसमाणिक्य 12 ग्राम, सबको मिलाकर 1–1 चम्मच मधु से सेवन करें। सेवन काल में काले तिल का सेवन करें।
5. शरपुंखा की छाल 10–10 ग्राम, जल से 15 दिन तक खिलावें। खाने में केवल चने की रोटी सेवन कराएँ।
6. श्वित्रारि रस – शुद्ध पारद, शुद्ध गन्धक की कज्जली निंबू के रस में 7 दिन बनाएँ। पारद के बराबर त्रिफला, भृंगराज, बाकुची, भल्लातक, काले तिल, निम्बोली की गिरी लेकर 21 दिन भृंगराज के रस में खरल करें। 1–1 ग्राम की गोली बना कर प्रातः सायं सेवन करें।
7. श्वित्रारि अर्क – भल्लातक तेल में शोधित आँवला सार गन्धक 3 ग्राम, काकोदुम्बर मूल त्वक् 10 ग्राम, चक्रमर्द बीज 4 ग्राम, गोमूत्र शोधित बाकुची बीज 4 ग्राम, महाबूटी 4 ग्राम, गोदुग्ध 500 मि.ली., सबको मिला कर जामन लगा दे। प्रातः बिलोकर मक्खन निकाल लें तत्पश्चात् लेप करें।
8. श्वेत कुष्ठ विनाशक योग – वनतुलसी 80 ग्राम, चक्रमर्द बीज 5 ग्राम, कालीजीरी 5 ग्राम, रसमाणिक्य 5 ग्राम, त्रिफला 10 ग्राम, रक्तचन्दन 15 ग्राम, आरोग्यवर्धिनी 5 ग्राम, खदिर अन्तर छाल 40 ग्राम, इनके सूक्ष्म चूर्ण को तुलसी स्वरस की 11 भावनाएँ देकर सुखा लें। 250 मि.ग्रा. 2 बार मधु से दे। अचूक महोषधि है। सेवन काल में भोजन के बाद खदिरारिष्ट 20 मि. ली. समान जल से सेवन कराएँ।
9. श्वित्रारि रसायन–शुद्ध बाकुची चूर्ण 50 भाग, कज्जली 50 भाग, काबुली हरड़ 10 भाग, लौह भस्म 10 भाग, नाग भस्म 1 भाग, एकत्र कर काकोदुम्बर मूल की 7 भावनाऐं दे 1–1 ग्राम की गोली बनाकर श्वित्रारि तक्र 100 मि.ली. से दे। अचूक योग है।
10. अतरी लाल *(Anthriscus cerefolium)* के बीज 3.5 ग्राम, अकरकरा, निशोथ, शुण्ठी 400–400 मि.ग्रा., मधु से सेवन करें।

11. कठूमर की छाल 10 ग्राम का क्वाथ 15 दिन तक दे एवं लेप के लिए लाल चन्दन का लेप करें। 15 दिन में स्फोट होने पर गुड का लेप करें। स्फोट न होने पर लाल चन्दन का उपयोग करते रहें। 100 प्रतिशत परिक्षित है।
12. इस व्याधी में बाकुची श्रेष्ठ औषध है अतः इसका निरन्तर प्रयोग कराएँ। बाकुची बीज 2 ग्राम अथवा 7 बार गोमूत्र भावित (काली गाय हो तो ज्यादा ठीक) बाकुची बीज का कल्प 5 से 51 नग तक कराएँ अथवा बाकुची तेल 5 मि.ली. 2 बार, दूध के साथ प्रयोग करें।
13. हरिद्रा खण्ड 10 ग्राम, 2 बार, दूध से
14. चालमोगरा बीज चूर्ण 2 ग्राम, अथवा तेल 10 बूंद, दूध या मक्खन या घृत से 2 बार दे।
15. पारद, गन्धक, त्रिफला, भांगरा, बाकुची, भल्लातक, काले तिल, निम्बोली गिरी को भांगरे के रस में 7 भावना देकर, 3 ग्राम की मात्रा में, 3 सप्ताह तक दे।
16. कनेर, हल्दी, धतूरा, अपामार्ग *(Achyrenthus aspera)* इनकी भस्म व सज्जी क्षार जल में कुरेद कर लेप करें। इससे लाल छाले पड़ेंगे जिन्हें कंटक से फोड़ दे।
17. ब्रह्मदण्डी *(Tricholepsis glaberina)* का क्वाथ या हिम का प्रयोग करें।
18. शिरीष के छाल के चूर्ण को 3–5 ग्राम को 2–3 माह सेवन करें।
19. भांगरा के चूर्ण को तिल के तेल में भून कर 5 ग्राम की मात्रा में, विजयसार के चूर्ण के 10 ग्राम के फाण्ट में, 2–3 माह तक सेवन करें।
20. राई के चूर्ण को शतधोत घृत में लेप करें। पामा, ब्यूची, दद्रु पर भी लाभप्रद है।
21. बाकुची बीज, आँवला, खैर की छाल 20 ग्राम का क्वाथ 2 बार पीने से 1–2 माह में दाग मिट जाते हैं।
22. श्वित्रारि योग – शुद्ध गंधक, हरड, बहेड़ा, आवंला, भांगरा, भिलावा, नीम की गिरी में भांगरे के रस की 3 भावना देकर सुखा कर 375 मि.ग्रा. मधु से दे।

23. श्वित्रारि रस – काशीस भस्म व सिद्धदरदामृत 125 मि.ग्रा. 2 बार मधु से देना अत्यन्त लाभप्रद है।
24. बाकुच्यादि चूर्ण 6 ग्राम व शुद्ध शिलाजीत 1 ग्राम को जल से प्रयोग करें।
25. बाकुची बीज चूर्ण 2 ग्राम, महातिक्त घृत 10 ग्राम से सेवन करें।
26. अनन्तमूल 3 ग्राम का जल से प्रयोग भी लाभप्रद है।
27. दानामेथी, अजवायन, धनिया, हरड़, बहेड़ा, आवंला 50–50 ग्राम, काला नमक व कच्ची हिंग 10–10 ग्राम, मिलावें। 5–5 ग्राम प्रातः सायं या भोजनोत्तर दे। यह 15 दिन की औषध होगी। 15 दिन बाद 250 ग्राम धनिया को घृत में सेंक कर बूरा मिलावें। निम्बू के आकार के लड्डू बनाकर प्रातः निराहार दे। लगाने के लिए वेसलीन 100 ग्राम, शुभ्रा 30 ग्राम, का मलहर बनाकर लगाएँ। प्रातः गरम पानी से धो लेवें। यह योग शीतपित्त, पामा, दद्रु, करतल पामा, श्वित्र में अत्यन्त लाभकारी है।
28. टेब. मेलाडाइन (*Ammi majus* पौधे से बना), प्रथम सप्ताह 1 गोली प्रतिदिन भोजन के बाद, द्वितीय सप्ताह 2 बार, तृतीय सप्ताह 3 बार, इसी का द्रव या आयन्टमेन्ट लगाएँ। इसके सेवन काल में विटामिन–बी कोम्पलेक्स व विटामिन सी का त्याग कराएँ। औषध सेवन काल में धूप का एवं दूध का सेवन कराएँ।
29. प्रातः – श्वित्रारि रसायन – 1 गो. अनुपान– कठगूलर, असन, प्रियंगु, सौंफ के क्वाथ सं। सायं – कासीस बद्धरस 250 मिग्रा., बाकुची चूर्ण (गोमूत्र शोधित, मधु 6 ग्राम, शोधित गंधक आमलसार 125 मि.ग्रा. कठगूलर मूल त्वक् चूर्ण 250 मि.ग्रा., इसे खाकर श्वित्रारि तक्र पीवें। रात्रि को – आरोग्यवर्धिनी वटी 500 मि.ग्रा., उष्णोदक से भोजनोत्तर – खदिरारिष्ट 20 मि.ली., समान जल से लगाने के लिए – श्वित्रारि लेप – दिन में 2 बार लगाएँ। यह योग विश्वसनीय है। इससे 1 मास में श्वित्र नष्ट होता है।

श्वित्रारि रसायन – शुद्ध पारद, शुद्ध गंधक, ताम्र भस्म, शुद्ध हरताल (वरकिया), शुद्ध श्वेत मल्ल, अश्वत्थ की आभ्यन्तर त्वक् 10–10 ग्राम। दो दिन अर्क क्षीर में खरल कर गोलियाँ बना लें। इसे काले नाग के मुख में उक्त गोलियाँ उदर तक भर दे। फिर एक घड़े के भीतर चूना व गुड़ का लेप

कर, सूखने पर, वत्सनाभ, बाकुची, भल्लातक व इन्द्रयव का चूर्ण बिछा कर, नाग को रख कर, उपर भी यह चूर्ण भर दे। इसे 1 क्विन्टल उपलों में फूंक दे। स्वांगशीत होने पर भस्म निकाल कर खरल करें। उक्त भस्म में बाकुची चूर्ण 1.5 कि.ग्रा., चक्रमर्द बीज 750 ग्रा., अंजीर मूल त्वक् 750 ग्राम, मिला कर, 7 भावना काकोदुम्बर क्वाथ की दे एवं औषध को सुखा लें। इस औषध में से 8 ग्राम की मात्रा को श्वित्रारि तक्र 250 मि.ली. से सेवन करें।

श्वित्रारि तक्र – भल्लातक तेल में शोधित आँवलासार गन्धक 3 ग्रा., काकोदुम्बर मूलत्वक् 10 ग्रा., चक्रमर्द बीज 4 ग्रा., बाकुची चूर्ण 4 ग्रा. (गोमूत्र से 7 बार भावित), महाबूटी 4 ग्रा., गोदुग्ध (संभव हो तो काली गाय का 250 मि.ली.), प्रातः बिलो कर नवनीत निकाल लेवें। तक्र पीवें एवं नवनीत को घृत बना कर लेप में काम में लेवें।

श्वित्रारि लेप – हरताल 1 भाग, तुत्थ 1 भाग, कासीस 1 भाग, चमेली के पत्ते 4 भाग, अर्क पुष्प 1 भाग, अर्क पत्र नवीन 1 भाग, आरग्वध वृक्ष त्वक् 1 भाग, बाकुची 4 भाग, तुवरक बीज 4 भाग, हरिद्रा चूर्ण 4 भाग, करवीर मूल त्वक् 4 भाग, चित्रक 4 भाग, करंज बीज 4 भाग, इनको नागार्जुनी, मेहंदी, करंज पत्र स्वरस एवं गोमूत्र में 2–2 दिन मर्दन कर वर्ती बना लेवें एवं पानी में घिस कर 2 बार लगाएँ।

30. वनतुलसी के बीज 80 ग्राम, पवांड़ के बीज 40 ग्राम, कालीजीरी 20 ग्राम, रस माणिक्य 5 ग्राम, त्रिफला 40 ग्राम, रक्तचंदन 15 ग्राम, आरोग्यवर्धनी 5 ग्राम, खदिर छाल 40 ग्राम, को तुलसी पत्ररस की 11 भावना दे। 1 चम्मच की मात्रा में खदिरारिष्ट 20 मि.ली. के अनुपान से दे। 31. अंजीर के पत्रों का रस लगाने से बढना रुक जाता है।

शीतदग्ध

1. कपूर का सरसों या नारियल के तेल में मालिश करें।
2. गोमूत्रक्षार के साथ दशांग लेप का लेप करें।
3. **सामान्य निर्देश** – 1. खट्टे दही या छाछ अथवा तुत्थवारि (2:1000) से साफ करें। 2. दालचीनी, तालीसपत्र, कूठ, करंज, निम्ब, सारिवा, मंजिष्ठा, खदिर आदि का प्रयोग करें। 3. इसके अतिरिक्त जो योग तिक्त हो व स्वेद से बाहर निकलते हो, का प्रयोग करें। 4. दूध, घी, हल्दी का रात को प्रयोग करें। 5. केसर 7 पत्ती को दूध से लें। 5. रोकथाम के लिए शीतकाल में मौजों व दस्तानों का प्रयोग करें।

4. 1. प्रातः सायं – अमीर रस या अष्टमूर्ति रसायन 75 मि.ग्रा., प्रवाल पिष्टी 250 मि.ग्रा., शुद्ध गन्धक 500 मि.ग्रा., करंजादि वटी 500 मि. ग्रा., शुभ्रा 250 मि.ग्रा., गोदन्ती 500 मि.ग्रा., सप्तविंशति या पंचतिक्त घृत गुग्गुलु, शीतलचीनी 2.5 ग्रा., ताप्यादि लौह 500 मि.ग्रा., दिन में 2 बार, रक्तशोधकावलेह या डरमोक्योर सीरप 15 ग्राम से 2. भोजन के बाद – आरोग्यवर्धनी वटी 500 मि.ग्रा., 2 बार, पानी से।

5. **स्थानिक लेप –**
   1. दद्रुदावानल, पामाहर, कूठ चिरोंजी, रुदन्ती चूर्ण को निम्ब व करंज तेल में लेप करें।
   2. कुष्ठादि लेप का प्रयोग करें।

सूर्यदग्ध

1. निदान परिवर्जन करें। धूप व ताप से बचें।
2. घृतपूर्ण आहार का सेवन करें।
3. गाजर के रस का सेवन करें। नारियल का पानी एवं कच्चे नारियल का प्रयोग करें। पेठे की मिठाई का प्रयोग करें।
4. अन्य पित्तशामक चिकित्सा करें। मुक्ता धारण कराएँ।

आभ्यन्तर औषध – व्यवस्था पत्र

1. प्रातः – महातिक्त घृत या पंचतिक्त घृत का धान्यपंचक 10 ग्राम या अमृतादि क्वाथ 20 ग्राम से सेवन करें।
2. प्रातः एक बार उशीर हिम (20 ग्राम उशीर को 250 मि.ली. जल में रात को भिगो कर) का प्रयोग करें।
3. धनिया, सौंफ, मिश्री, समभाग को मोटा मोटा कूट कर 10 ग्राम, दिन में 4 बार सेवन करें।
4. प्रातः सायं – चन्दनादि लौह 250 मि.ग्रा., प्रवाल पिष्टी 250 मि.ग्रा., कामदुधा रस 500 मि.ग्रा., पंचतिक्तघृत गुग्गुलु 1 ग्राम, सशंमनी वटी 500 मि.ग्रा., गिलोय सत्व 500 मि.ग्रा., सितोपलादि चूर्ण 2.5 ग्राम, दिन में 2 बार, चन्दनविटा कल्प या चन्दन के शर्बत 20 मि.ली. से 2 बार।

5. रोग अधिक होने पर – मुक्तापंचामृत 250 मि.ग्रा., रजत भस्म 125 मि.ग्रा., केशौर गुग्गुलु 500 मि.ग्रा., अमृता गुग्गुलु 500 मि.ग्रा., दिन में 2 बार, चन्दनविटा कल्प या चन्दन के शर्बत 20 मि.ली. से 2 बार।
6. भोजन के बाद – उशीरासव या चन्दनासव 20 मि.ली., बराबर जल से 2 बार।

स्थानिक लेप

1. पूरे शरीर पर शतधोत घृत या नारियल तेल का अभ्यंग करें। चन्दनादि तेल का प्रयोग कराया जा सकता है।
2. लेप के लिए दशांग लेप शतधोत घृत से या रक्त चन्दन या श्वेत चन्दन का लेप करें।

स्वेदवृद्धि (Hyperhydrosis)

1. प्रवालपिष्टी 250 मि.ग्रा., सितोपलादि चूर्ण 3 ग्राम., अमृता सत्व 500 मि.ग्रा., आमलकी रसायन 500 मि.ग्रा, कूष्माण्डावलेह 20 ग्राम से, 2 बार।

अध्याय 10

मानस रोग
(Psychology)

अपस्मार

1. कंटक तण्डुलीय मूल 20 ग्राम, कालीमिर्च 5 नग, जल 50 ग्राम, पीस कर प्रातः सायं देने से 7 दिन में रोग नष्ट हो जाता है।
2. खुरासानी अजवायन 200 ग्राम, गांजा 20 ग्राम, डली कपूर 12.5 ग्राम, हिंग कच्ची 12.5 ग्राम, जल में 575 मि.ग्रा. की वटी बनाएँ। दो बार जल सें।
3. गिलहरी की काली भस्म 375 मि.ग्रा., 2 बार, भीगी चने की दाल से शंखपुष्पी कल्क 10 ग्राम, 2 बार, 11 दिन देवें।
4. 1. उदसलीब 12 ग्राम, छोटी एला 5 ग्राम, अकलकरा 12 ग्राम, जदवार 7 ग्राम, उस्तखद्दूस 12 ग्राम, पीली हरड़ की छाल 24 ग्राम, काबूली हरड़ की छाल 12 ग्राम, मीठी सुरंजान 36 ग्राम, सौंफ 24 ग्राम, जटामांसी 24 ग्राम, जवा हरड़ 24 ग्राम, दालचीनी 3 ग्राम, सबका बारीक चूर्ण करें। 3 ग्राम की मात्रा में, शर्बत बनफ्सा 20 मि.ली., अर्क बादियान 20 मि.ली., अर्क गुलाब 20 मि.ली., से दे। 2. प्रातः राबडी में जीरा मिला कर पिलावें।
5. लताकस्तूरी का रस का नस्य दे।
6. शतावरी स्वरस 10 मि.ली. मिश्री से।
7. चतुर्भुज रस 100 मि.ग्रा., बिल्व व कालीमिर्च के रस से दे।

उन्माद

1. जटामांसी, तज, अगर, रुमी मस्तंगी, बादरंजबोया, उद बलसां, हब्बे बलसां, जुंद बेदस्तर, 10–10 ग्राम, गुलकन्द 80 ग्राम, शहद 140 ग्राम, 1–1 चम्मच, 2 बार, जल से।

स्मृतिदौर्बल्यहर द्रव्य

1. कफज द्रव्य दे। यथा मुलेठी, शतावरी, घृत, दुग्ध, अश्वगन्धा, सालमपंजा, सालममिश्री, अष्टवर्ग, जीवनीय गण व वृंहणीय गण।
2. ज्योतिष्मति रसायन (मालकांगनी तैल, गोघृत व गन्धक, समभाग) का कल्प कराएँ। 100 मि.ग्रा. से आरंभ करके नित्य 100 मि.ग्रा. बढावें। 15 दिन तक बढा कर नित्य 100 मि.ग्रा. कम करें। दिन में 2 बार दूध से दे। यह उन्माद व दृष्टिमांद्य में भी सफल है।

अध्याय 11

संक्रामक रोग (Infection)

चिकनगुनिया

1. 1. प्रातः सायं–रसमाणिक्य 50 मि.ग्रा., शुभ्रा भस्म 125 मि.ग्रा., तिन्दुक वटी 125 मि.ग्रा., आमलकी रसायन 1 ग्रा., श्वेत पर्पटी 500 मि.ग्रा, पंचतिक्तघृत गु॰ 500 मि.ग्राम, चन्दनादि लौह 500 मि.ग्रा., फिवरोनिल सीरप 20 ग्राम, से 2 बार,। 2. भोजन के बाद– आरोग्यवर्धिनी वटी 500 मि.ग्रा., जल से 3. प्रातः रात्रि में– गांगडी चूर्ण 5 ग्राम, दूध से

जलसंत्रास

1. रामनारायणी बूँटी को शरपुंखा के साथ मालपुआ बनाकर खिलावें।

जीर्ण ज्वर

1. पंचगव्य घृत का प्रयोग करें।
2. प्रातः सायं–सूतशेखर रस 250 मि.ग्रा., मधुमालिनी वसन्त 250 मि.ग्रा. सर्वज्वरहर लौह 250 मि.ग्रा., गिलोय सत्व 500 मि.ग्रा., सितोपलादि चूर्ण 2.5 ग्राम, 2 बार, दाडीमावलेह 20 मि.ली.।

ज्वर हल्का

1. 1. प्रातः 1 बार–अमृता सूखी 10 ग्राम या गीली 30 ग्राम, अजवायन 500 मि.ग्रा., हरिद्रा 1 ग्राम, गोरखमुण्डी 1 ग्राम, शुण्ठी 1 ग्राम, का 50 मि.ली. में क्वाथ कर 2 चम्मच घृत, चित्रकादि वटी 1 गो. व रसोनादि वटी 1 गो. डाल कर लें। 2. सप्ताह में 1 बार–प्रातः द्राक्षासव 30 मि.ली., एरण्ड तेल 10 ग्राम, व चित्रकादि वटी 2 गो.।

3. रात्रि को–दूध 200 मि.ली., पंचगव्य घृत 10 ग्राम, अश्वगन्धा चूर्ण 3 ग्राम व एलर्ट केप.1 4. मर्दनार्थ– पंचगुण तैल।

2. पिप्पली कल्प– पिप्पली को रात को मिट्टी के पात्र में भिगो दे। प्रातः उन्हें यमक में डाल कर तवे पर सेक लें। इन्हें खाकर ऊपर से गोदुग्ध पी लें। प्यास लगने पर भी दूध ही पीवें। दिन में भी यथासंभव गोदुग्ध का अधिक उपयोग करें। कोष्ण जल भी पिया जा सकता है। खाने में यथासंभव घृत की अधिकता वाला भोजन करें। बाटी को फोड़ कर घृत में डूबो कर रखें व उसका उपयोग करें। पिप्पली एक से आरंभ करें। पिप्पली की संख्या प्रतिदिन इस तरह बढावें। पहले दिन 1, दूसरे दिन 1, तीसरे दिन 2, चौथे दिन 2, पांचवे दिन 3, छठे दिन 3, सातवें दिन 4, आठवे दिन 4, नवे दिन 5, दसवें दिन 5, ग्यारहवें दिन 6, बाहरवे दिन 6, तेहरवे दिन 7, चोहदवे दिन 7, पन्द्रहवे दिन 8, सोहलवे दिन 8, सत्रहवे दिन 8, अठारवे दिन 8, उन्नीसवे दिन 7, बीसवे दिन 7, इक्कीसवे दिन 6, बाइसवे दिन 6, तेइसवे दिन 5, चोइसवे दिन 5, पच्चीसवे दिन 4, छब्बीसवे दिन 4, सत्ताइसवे दिन 3, अट्ठाइसवे दिन 3, उन्तीसवे दिन 3, तीसवे दिन 2, इकत्तीसवे दिन 1 व बत्तीसवे दिन 1 पिप्पली लें। इससें अग्निमाद्य व अन्य सभी रोग दूर होते हैं।

ज्वर उतारना

1. आक के जड की छाल, नोसादर को 250 मि.ग्रा. की मात्रा में दे।

ज्वरातिसार

1. धान्यपंचक, कुटज, गिलोय, मधु से दे।

डेगूं

1. 1. महासुदर्शन चूर्ण 10 भाग, त्रिकटु चूर्ण 1 भाग, तालीसादि चूर्ण 2 भाग, कुटज चूर्ण 1 भाग, अमृता 2 भाग, अनन्तमूल 1 भाग, भूम्यामलकी 1 भाग, वासा 1 भाग, कण्टकारी मूल 1 भाग, मुस्तक 1 भाग, मुलेठी 1 भाग, मिलित चूर्ण 5 ग्राम, 2 बार, मधुदक से 2. दशमूलादि केप. (पंचकोल, हिंग, अजवायन, पिप्लीमूल, कायफल में दशमूल क्वाथ की 7 भावना) 1–1 2 बार। 3. द्राक्षा या छुहारा एवं 5 बादाम रोज खाना।

विषम ज्वर

1. 1. पंचकोल 3 ग्राम, सिद्व दुग्ध। 2. क्वाथ–पाठा, कुटकी, इन्द्रयव, गिलोय, शतावरी, देवदारु, मुस्तक, सोंठ, चिरायता, सारिवा 15 ग्राम।
2. चन्दनादि लौह 250 मि.ग्राम., आनन्द भैरव रस 250 मि.ग्राम., हरताल गोदन्ती 250 मि.ग्राम., अमृता सत्व 500 मि.ग्राम., 3 बार, मधु से।
3. प्रातः सायं रस माणिक्य 100 मि.ग्रा., चन्दनादि लौह 500 मि.ग्रा., सितोपलादि चूर्ण 3 ग्राम, शुभ्रा भस्म 250 मि.ग्रा., कपर्द भस्म 250 मि.ग्रा., शंख भस्म 250 मि.ग्रा., कूष्माण्डावलेह 20 ग्राम, से 2 बार।

वायरल ज्वर

1. प्रातः सायं– रस माणिक्य 100 मि.ग्रा., महाज्वराकुंश रस 250 मि.ग्रा., चन्दनादि लौह 500 मि.ग्रा., तालीसादि चूर्ण 3 ग्राम, शुभ्रा भस्म 250 मि.ग्रा., कपर्द भस्म 250 मि.ग्रा., शंख भस्म 250 मि.ग्रा, कूष्माण्डावलेह 20 ग्राम, से 2 बार।

वातश्लेष्मिक ज्वर

1. 1. प्रातः सायं–रसमाणिक्य 50 मि.ग्रा., शुभ्रा 125 मि.ग्राम., महाज्वराकुंश रस 250 मि.ग्रा., पंचतिक्तघृत गु॰ 500 मि.ग्रा, चन्दनादि लौह 500 मि.ग्रा, श्वेतपर्पटी 500 मि.ग्रा, तालीसादि चूर्ण 2ग्रा., कूष्माण्डावलेह 20 ग्राम, से 2 बार। 2. टेब. लारियानिल 2, 3 बार।

संक्रमण

1. कांचनार गु., गन्धक, मंजिष्ठा, कम्पिल्लक का प्रयोग करें।

स्वाइन फ्लू

1. 1. प्रातः सायं–रसमाणिक्य 50 मि.ग्रा., मुक्ताशुक्ति भस्म 250 मि.ग्रा, अविपत्तिकर चूर्ण 2 ग्रा., शुभ्रा भस्म 125 मि.ग्रा., तालीसादि चूर्ण 2 ग्राम, कूष्माण्डावलेह 20 ग्राम, से 2 बार,। 2. प्रातः 1 बार–गुड़, घी का हलवे में सोंठ 1 ग्राम या पंचकोल 2 ग्राम मिला कर खिलावें। 3. रात्रि को – हल्दी 2 ग्राम व दूध दे। 4. क्वाथ–छोटी कटेली, बड़ी कटेली, देवदारु, धन्यक, सोंठ, 2–2 ग्राम का।

अध्याय 12

दंश एवं विष रोग (Toxicology and Sting Bites)

अफीम विष

1. सोये के बीज 5 ग्राम का जल से 3 बार प्रयोग करें।

अफीम छुडाना

1. एरण्ड तेल से शुद्ध कुचला 12 ग्राम, सुपारी चूर्ण 12 ग्राम, कालीमिर्च 9 ग्राम, इमली बीज 5 ग्राम चने के बराबर गोली बनाकर ताजे जल से दे। 10 दिन में लाभ होगा। ब्राह्मी, शंखपुष्पी, मुलेठी, गुलाब पुष्प, एला, धनिया, का 20 ग्राम का शीत कषाय दे। निम्बू 4 बार दे।

तम्बाकू के उपद्रव

1. गोमूत्र तेल का मंजन।

धत्तूर विष

1. मसूर की दाल का पानी दे।
2. बेंगन के पत्र का क्वाथ।

पारद विष

1. पारदार्तिहर योग (मणिमाला)
2. करेले की मूल का स्वरस पिलावें।

बिच्छूदंश

1. कसोंदी के पत्र चबा कर विपरीत कान में फूँक मारें। आयोडेक्स लगा कर तपावें।
2. चणक क्षार लगाएँ।

भंगा विष

1. दूर्वा स्वरस 20 मि.ली., 3 बार पिलावें।

मदात्यय

1. कज्जली में आमलकी रस की 7 भावना देकर 250 मि.ग्रा. को मधु से 3 बार दे।

सर्पविष

1. गुडमार के पत्र 25 ग्राम का क्वाथ बना कर, गोघृत मिला कर आधा आधा घन्टे के अन्तर से देते रहें व निम्ब पत्र चबवा कर निर्विष होने का परिक्षण करते रहें। इसे गृध्रसी में भी दे सकते हैं।

अध्याय 13

निस्रोतस ग्रन्थियों के रोग (Endocrinology)

थायरायड स्राव की कमी

1. 1. स्रोतोसंगहर चूर्ण, त्रिकटु, त्रिफला का अन्य औषधों के साथ प्रयोग करें। 2. ज्योतिष्मति तेल 2 बूँद से आरंभ करके, एक दिन छोड़ कर 1–1 बूँद वृद्धि करके, 15 दिन तक ले जाकर इसी तरह कम करें। यह कफज शोथ है। इसमें पित्तवर्धक व वातशामक औषध देनी है। क्योंकि थॉयरायड़ का रस पित्तवर्गीय होने से इस रोग में पित्त कम होता है, अतः उसके वर्धन की आवश्यकता होती है। इसमें पित्तवर्धक व वात कफशामक औषध के रुप में ज्योतिष्मति तेल सर्वश्रेष्ठ है। क्योंकि ज्योतिष्मति तेल के गुणों से पित्त के सारे गुणों का मेल है। जबकी ऐसा लालमिर्च के गुणों से भी नहीं है। गौमूत्र में अवश्य पित्तवर्धन है पर कम अंश में है। अतः ज्योतिष्मति तेल सर्वश्रेष्ठ है।
2. कुमुदनी क्षार 1.5 ग्राम, पुनर्नवा मण्डूर 500 मि.ग्रा., आरोग्यवर्धिनी 500 मि.ग्रा., कांचनार गु॰ 1 ग्राम, मधु से, 2 बार, 3 माह तक। टीएसएच ठीक न हो देवदार्वाद्यरिष्ट, चन्द्रकला रस, त्रिवंग देवे।
3. कुमुदनी क्षार 1.5 ग्राम, धनंजय वटी 500 मि.ग्रा., अग्नितुण्डी वटी 250 मि.ग्रा., अग्निकुमार रस 125 मि.ग्रा., त्रिकटु चूर्ण 1 ग्राम, केशोर गु॰ 500 मि.ग्रा. कांचनार गु 1 ग्राम, मधु से, 2 बार, 3 माह तक।
4. 1. नवायस लौह 1 ग्राम को मधु व घृत से दे। 2. रात्रि को–दूध में पंचगव्य घृत 10 ग्राम दे। 3. तिल तेल का कवल, गण्डूष व मंजन करें। धनिये का पानी पिलावें।
5. 1. मखाना व सिंघाडे खिलावें। कुमुदनीया सिंघाडा का क्षार 1.5 ग्राम, 500 मि.ग्रा., कांचनार गु. 500 मि.ग्रा. रसमाणिक्य 100 मि.ग्रा. गन्धक रसायन 500 मि.ग्रा. मधु से 2 बार।

मधुमेह

1. **व्यवस्था पत्र** – 1. प्रातः साय– पु.प. विषमज्वरान्तक लौह या स्वर्ण भूपति रस 100 म्रिग्रा., पंचतिक्तघृत गु. 1 ग्राम, पुष्पधन्वा रस 250 मि.ग्रा., शुभ्रा भस्म 250 मि.ग्रा., क्रव्याद रस 250 मि.ग्रा., प्रवाल पंचामृत रस 250 मि.ग्रा. या कामदुधा रस 250 मि.ग्रा., तालीसादि चूर्ण 2.5 ग्राम, चन्द्रप्रभा वटी 500 मि.ग्रा. या शु. शिलाजीत 1 ग्राम, 2 बार, शु. मधु या जल से। बाद मे पु.प.वि. को बन्द करके वृ. वंगेश्वर रस दे, किन्तु इसमें न मिला कर प्रातः अकेले दे। 2. भोजन के बाद – आरोग्यवर्धिनी 2 गोली., 2 बार, जल से 3. रात्रि को– ज्योतिष्मति तेल 10 बूँद, दूध से 4. अनुलोम विलोम, कपाल भाति व सूर्य नमस्कार करें। यथाशक्ति, सही विधि से करें। 5. जौ का सत्तू, जो की धानी, गाय की तक्र व गोघृत का प्रयोग करें। 6. पैदल भ्रमण 5 कि.मी.। प्रातः 3, सायं 2, रात्रि को 1 किमी घूमे। 7. दिन मे 2 बार–मेथीदाना व निम्ब बीज मज्जा का चूर्ण एक एक चम्मच, जल से 8. प्रातः पनीर फूल 10 ग्राम, का शीत कषाय दे। 9. प्रातः 1 बार–पुष्यानुग चूर्ण 5 ग्राम, त्रिफला घृत 10 ग्राम से चटाएँ। उपर से उष्णोदक पान। 10. शिवा गुटिका 2 गोली, 2 बार, जल से 11. भुने चने 100 ग्राम व शुभ्रा 2 ग्राम डाल कर थोडे थोडे खावें। 12. 2 नग निर्मली चूसें। 13. नस्य–प्रातः स्नान के बाद, सर्षप तेल 4 बूंद, सायं भोजन के बाद गोघृत 4 बूंद। 14. कवल गण्डूष – तिल तेल 4 चम्मच व उष्णोदक 200 मिली। 15. अभ्यंग–सर्व शरीर पर सर्षप तेल या तिल तेल से 16. भोजन करते समय टी.वी न देखें, अख बार न पढें। 17. प्रसन्न रहें, तनाव न रहने दे। 18. प्रकृति के पास जाएँ, सप्ताह में आधा दिन, माह में 1 दिन, 6 माह में 5 दिन, वर्ष में 10 दिन घूमने का रखें। परिवार के साथ भ्रमण करें। 19. छोटी इन्द्रायण के फल या करेले के फल को पैरों से कुचलें, जब तक कि मुँह में कडवापन अनुभव होने लगे। या इनके स्वरस या इससें बने तेल का पादतल में मर्दन करें। छोटी इन्द्रायण *Citrullus colocynthis* – स्थानीय नाम पापडपीन्दा, जमीन पर फैलने वाली, फूल पीला, फल पहले हरा, पकने पर पीला, छोटा होता है। 20. प्रातः 6 बजे– पटोलादि क्वाथ (पटोल, निम्ब, आमलकी, गूडूची, मुस्तक, हरड़, पद्मकाष्ठ, कुटज, शतावरी) 20 ग्राम, त्रिकंटक तेल 2 चम्मच, शतावरी घृत 10 ग्राम से 21. पायरिया होने पर कुटज चूर्ण 3 ग्राम, 3 नग पिप्पली के क्षीरपाक से प्रातः

निराहार। 22. बहुमूत्रता होने पर – मधुरक्षक चूर्ण (डाबर) 1.5 ग्राम या अन्य कोई मधुमेह नाशक चूर्ण। 23. ताम्र पात्र में तुलसी, बिल्व के पत्र डाल कर उसका जल पिलावें। 24. पूजा में गणेशजी का ध्यान करें। 25. खाने के आटे में एरण्ड तेल 2 चम्मच का मोयन दे। 26. खाने के आटे मे 7 कि. गेहूं, 2 कि. जौ, 1 कि. चना रखें।

2. प्रातः सायं–पु॰प॰ विषमज्वरान्तक लौह 100 मि.ग्रा., पुष्पधन्वा रस 250 मि.ग्रा., प्रवाल पंचामृत सादा या कामदुधा रस 250 मि.ग्रा., क्रव्याद रस 250 मि.ग्रा., तालीसादि चूर्ण 2.5 ग्राम, शुभ्रा 250 मि.ग्रा., पंचतिक्तघृत गु॰ 1.5 ग्राम, शु॰ शिलाजीत 1 ग्राम, मधुदक से, 2 बार,। 2. भोजन के बाद– आरोग्यवर्धिनी 2गोली., 2 बार, जल से 3. प्रातः 1 बार–पुष्यानुग चूर्ण 5 ग्राम, त्रिफला घृत 10 ग्राम से चटाएँ।

3. 1. पंचतिक्तघृत गु॰ 1 ग्राम, पुष्पधन्वा रस 250 मि.ग्रा., शुभ्रा भस्म 250 मि.ग्रा., क्रव्याद रस 250 मि.ग्रा., प्रवाल पंचामृत रस 250 मि.ग्रा., तालीसादि चूर्ण 2.5 ग्राम, ताप्यादि लौह 500 मि.ग्रा., प्रातः सायं। 2. भोजन के बाद – मधुरक्षक चूर्ण (डाबर) 1.5 ग्राम या अन्य कोई मधुमेह नाशक चूर्ण।

4. 1. सुवर्णभूपति रस 100 मि.ग्रा., प्रातः 1 बार। 2. ज्यातिष्मति तेल 10 बूँद, रात को दूध से।

5. 1. निम्ब बीज मज्जा व दानामेथी का चूर्ण 6 ग्राम, प्रातः सायं जल सें। 2. पनीरडोडी 10 ग्राम, का मोटा चूर्ण रात्रि को आधा गिलास जल में भिगो कर, प्रातः मसल कर, छान कर लें। इससें मधुमेह नियंत्रण मे रहता है व शरीर में रोग का दुष्प्रभाव नहीं होता।

6. कुटज चूर्ण 3 ग्राम, प्रातः निराहार। वर्धमान पिप्पली, क्षीरपाक से।

7. स्वर्णवंगादि योग– शिलाजतु 30 ग्राम, स्वर्णवंग 10 ग्राम, त्रिकटु चूर्ण 30 ग्राम, तालमखाना 5 ग्राम, भावना–अमृता, पुष्करमूल, चित्रक, पटोल पत्र, गोमूत्र की 7 भावना। मात्रा–1 ग्राम, 2 मात्रा फीके दूध से सत्तू व तक्र का प्रयोग अधिक करें। 2 माह दे। 10 दिन में परिणाम आते हैं।

8. 1. त्रिफला, अमृता, हरिद्रा, शतावरी, मुस्तक, 15 ग्राम क्वाथ दे। 2. शिवा गुटिका 2 गो., 2 बार, जलसे। 3. भोजन के बाद–आमलकी रसायन 1 ग्राम। 4. रात्रि को अश्वगन्धा 2 ग्राम व शतावरी 3 ग्राम, दूध से 5. भोजन के बाद– लोहासव या लोध्रासव या मध्वारिष्ट 20 मि.ली., समान जल से 6. भुने चने, यव का सत्तू, मूंग की दाल दे।

9. रम की एक बोतल में 40 अण्डों के छिलकों को 1ली. निम्बू के रस में भिगो कर मिलावें। इसकी 21 मात्रा बना कर दे।
10. त्रिफला, दारुहल्दी, इन्द्रायण मूल, महुआ, कुलिंजन, दालचीनी का क्वाथ, प्रक्षेप में हल्दी।
11. त्रिफला 5 ग्राम, गिलोय 10 ग्राम का क्वाथ, प्रक्षेप हल्दी चोथाई चम्मच एव रात को शिलाजीत। भोजनोत्तर–चित्रकादि या हिंग्वादि वटी 2 गोली, रात को अश्वगन्धा चूर्ण 3 ग्राम, दूध से।
12. 1. प्रातः 6 बजे– पटोलादि क्वाथ (पटोल, निम्ब, आमलकी, गूडूची, मुस्तक, हरड़, पद्मकाष्ठ, कुटज, शतावरी) 20 ग्राम। 2. त्रिकंटक तेल 2 चम्मच, दूध या चाय से 3. भोजन के बाद–आमलकी चूर्ण 1 चम्मच, जल से 4. रात्रि को महातिक्त घृत 1 चम्मच, दूध से 5. यव का सत्तू, जो की धानी या आटे में जो दे। 6. प्रातः सायं– पंचतिक्त घृत गुं 500 मि.ग्रा., शिलाजत्वादि लौह 1 ग्राम, स्वर्णमाक्षिक भस्म 125 मि.ग्रा., यशद भस्म 100 मि.ग्रा., शुद्ध 1 चम्मच के जल से।
13. मुस्तक, गिलोय, आमलकी, शतावरी, कुटज व शिवा गुटिका दे।
14. 1. प्रातः 1 बार–सुवर्णभूपति रस 100 मि.ग्रा., जम्बुलिन 1 गो., ताम्रपात्र मे जल लेकर उसमें 11 तुलसीपत्र, 11 बिल्व पत्र, 5 नग कालीमिर्च, व 100 मि.ग्रा. भांग डालकर, बनाएँ जल से 2. भोजन के पूर्व–जम्बुलिन 2 गो., पनीर डोडी 10 ग्राम व जटामांसी 15 ग्राम कषाय से 3. भोजन के बाद–आरोग्यवर्धिनी 2 गो., 2 बार। 4. रात्रि को–ज्योतिष्मति रसायन–(ज्योतिष्मति तेल 2 भाग, गोघृत 2 भाग, गन्धक रसायन 1 भाग) आधे से एक चम्मच, दूध से ले। इसका कल्प भी कराया जा सकता है। 5 बूँद से आरंभ करके, 51 बूँद तक प्रातः व रात्रि को दे।
15. 1. स्वर्णमाक्षिक भस्म 250 मि.ग्रा., सालसारादि गण के क्वाथ सें। 2. अरणीमूल, सागवान की छाल का क्वाथ हल्दी डाल कर।
16. गेहूँ या जो के भूसे को रात को भिगो दे। प्रातः उबाल कर छान कर पिलावें।
17. शिवा गुटिका का प्रयोग करें। 2 नग निर्मली चूसें।
18. उटंगण के बीज, भांग के बीज, तालमखाना, सेमल मूसली, बबूल बीज छिले हुए, सिरस के बीज छिले हुए, इमली बीज, सब बराबर लेकर गाय के दूध से।

19. अग्नाशय के कोशों की उत्पत्ति के लिए त्रैलोक्य चिन्तामणि रस व तालीसादि चूर्ण दे।

20. 1. प्रथम कोष्ठशुद्धि करके 3दिन पाचन करें। 2. प्रातः चूसने के लिए – सुवर्णमालिनी वसन्त 1 गो. 3. वर्धमान पिप्पली 1–1, शिलाजित 1 ग्राम के क्षीरपाक से 4. रात्रि में– ज्योतिष्मति रसायन–गन्धक, घृत, ज्योतिष्मति तेल दे।

21. स्वर्णमाक्षिक भस्म 250 मि.ग्रा., सालसारादि गण के क्वाथ 20 ग्राम से।

22. अरणीमूल 5 ग्राम, सागवान छाल 10 ग्राम के क्वाथ में हल्दी 2 ग्राम डाल कर दे।

23. नागरमोथा, गिलोय, आँवला, शतावरी, कुटज का चूर्ण 5 ग्राम, 2 बार, जल से शिवा गुटिका 2–2 गो., 2 बार, जल से

24. ज्योतिष्मति रसायन 2 ग्राम, पिप्पली 500 मि.ग्रा., के क्षीरपाक से

25. पु.प. विषमज्वरान्तक लौह 100 मि.ग्राम, क्रव्याद रस 250 मि.ग्राम, प्रवाल पंचामृत 500 मि.ग्राम, पुष्पधन्वा रस 250 मि.ग्राम, तालिसादि चूर्ण 2.5 ग्राम, शुभ्रा भस्म 125 मि.ग्राम, पंचतिक्तघृत गु. 1 ग्राम, दालचीनी चूर्ण 1 ग्राम, पुराने मधु से शिवागुटिका 1 ग्राम, चूसने को। निर्मली 2 नग चूसें।

26. मधुमेह में पिप्पली, भल्लातक व ज्योतिष्मति का भरपूर प्रयोग करें।

मधुमेहिक कोथ विधायरा स्वरस की पट्टी करें।

अध्याय 14

नेत्र रोग (Ophthalmology)

दृष्टिमांद्य

1. 1. प्रातः सायं–शिरःशूलहर वटी 250 मि.ग्रा., आनन्दभैरव रस 250 मि.ग्रा., गोदन्ती भस्म 250 मि.ग्रा., यशद भस्म 100 मि.ग्रा., सप्तामृत लौह 500 मि.ग्रा., 2. खोपरा 10 ग्राम., शक्कर 10 ग्राम., घृत 10 ग्राम, प्रातः व रात्रि को। 3. नेत्रसुदर्शन अर्क 2–2 बूँद।
2. 1. प्रातः सायं– सप्तामृत लौह 1 ग्राम, यशद भस्म 100 मि.ग्रा., शतावरी घृत 1 चम्मच से 2. प्रातः स्नान के बाद सरसों का तेल व सायं गोघृत डालें। 3. प्रातः सूर्योदय से पूर्व एवं सूर्यास्त के बाद 1 बूँद मधु आँख में डालें।
3. 1. नस्य–घृत का। 2. लेप–घृत का नाभि पर। 3. कवल–दूध, जल, मुलेठी। मंजन–नीम का तैल, पेस्ट के बाद में। 4. खाने के 45 मिनट तक जल न पीवें। 5. वर्जित–फ्रिज का जल, आईसक्रीम। 6. नेत्रों में – नेत्र बिन्दू या पलाशार्क। 7. रात्रि को – दूध, त्रिफला घृत व 3 बादाम। 8. प्रातः–आवले का मुरब्बा 1 नग। 9. चूसने को– घृतभृष्ट हरितकी, कभी कभी मुलेठी, रोज। 10. त्रिफला के जल से चक्षु प्रक्षालन व कवल।
4. 5 कालीमिर्च व 10 बादाम व मिश्री 20 ग्राम प्रातः 1 बार दे।

अध्याय 15

कर्ण रोग
(Ear diseases)

कर्णनाद

1. योगराज गु॰ 500 मि.ग्रा., तिन्दुक वटी 125 मि.ग्रा., 2 बार, मधु से।

कान बहना

1. एरण्ड पत्र स्वरस का पूरण।
2. श्वान मूत्र पूरण।

अध्याय 16

कर्कटार्बुद (Cancers)

अर्न्तविद्रधि

1. कज्जली में 7 भावना वरुण छाल के क्वाथ की 7 भावना देकर 250 मि.ग्रा., मधु से 3 बार दे।

कर्कटार्बुद

1. अरहर के पत्र खिलावें 10 ग्राम। नमक मिर्च बन्द।
2. 1. प्रातः 6 बजे–वरुणादि क्वाथ या अर्न्तविद्रधिहर क्वाथ या ग्रन्थिहर क्वाथ 15 ग्राम, या गिलोय स्वरस या क्वाथ 20 मि.ली., 1 चम्मच गोघृत व 1 चम्मच तिल तेल या पंचतिक्त घृत 1 चम्मच से 2. प्रातः 8 बजे व सायं 5 बजे–अमरसुन्दरी वटी (कालेडा या धन्वन्तरि फार्मेसी, जौहरी बाजार) 2 गो., पुनर्नवादि गु. 2 गो., केशोर गु. 2 गो., जटामांसी कषाय 15 ग्राम से, मधु डाल कर, 2 बार। 3. भोजन के बाद–आरोग्यवर्धिनी वटी 2 गो., 2 बार, जल से 4. दिन में 9 बजे व सायं 6 बजे–लोकनाथ रस 250 मि.ग्रा., या त्रैलोक्य चिन्तामणि रस 100 मि.ग्रा., हिंग्वष्टक चूर्ण 2.5 ग्राम, महायोगराज गु. या गोक्षुरादि गु. 500 मि.ग्रा., शूलवज्रिणी वटी 250 मि.ग्रा., वृद्धिवाधिका वटी 500 मि.ग्रा., कूष्माण्डावलेह 20 ग्राम, व घृत आधा चम्मच या मिश्रक स्नेह 10 ग्राम से, 2 बार,। 5. गेंहूँ के जवारे का रस 20 मि.ली.। 6. ताम्र पात्र में रखा हुआ तुलसी पत्र युक्त जल पान। 7. अपने कुल देवता का पूजन।
3. 1. कंटकी करंज फल मज्जा 1 ग्राम, शक्कर 5 ग्राम, जल से मूंग की दाल रोटी। 2. नागफणी की डोडी 1 रोज जल से 15 दिन।

4. 1. तुलसी की मंजरी चबावें। 2. तुलसी का जल दे। 3. अमरसुन्दरी वटी 1 ग्राम, पुनर्नवादि गु॰ 500 ग्राम, केशोर गु॰ 500 मि.ग्रा., जटामांसी क्वाथ 15 ग्राम से 4. रसान्जनादि वटी को दार्व्यादि क्वाथ व दूध से दे।

5. 1. प्रातः गिलोय 20 ग्राम, हल्दी 1 ग्राम, सोंठ 1.5 ग्राम का क्वाथ– 10 ग्राम घृत डाल कर पिलावें। 2. शंखपुष्पी सीरप 20 मि.ली., 2 बार। 3. रात्रि को–पंचगव्य घृत 15 ग्राम, दूध सें।

6. भल्लातकावलेह व नारसिंह चूर्ण दे। नारियल, दूध, घृत, चावल दे।

7. रुद्रवन्ती 1–1 चम्मच क्वाथ करके दे। रामनारायणी बूँटी 500 मि.ग्रा. 2 बार दे।

केन्सर की ग्रन्थि

1. 1. शु॰ पारा 15 ग्राम, बड का दूध 30 ग्राम, तिल्ली का तेल 2 कि., को खरल करें। मलहर बनने पर, गांठ पर लगाावें। उपर से नागफनी को कांटे हटा कर, बीच से काट कर, हल्दी लगा कर, गर्म कर बांधे। 2. नागफनी का डोडा को गर्म कर रस निकालें व पिलावें। 3. नीम का मद 15 ग्राम, गर्म करके, 3 बार पिलावें।

आन्त्रविद्रधि

1. कज्जली में वरुणादि क्वाथ की 7 भावना देकर 500 मि.ग्रा., 2 बार प्रयोग करें।

2. आरोग्यवर्धिनी वटी 500 मि.ग्रा., संहिजने की छाल के क्वाथ दिन में 2 बार प्रयोग करें।

अध्याय 17

प्रजनन संस्थान के रोग (Reproductive System)

अशुक्राणुता

1. सौंफ खिलावें 10–10 ग्राम। 4 कि.ग्रा. पूरे होने तक खिलावें।

अल्प शुक्राणुता

1. 1. प्रातः सायं–वसन्तकुसुमाकर रस 125 मि.ग्राम., स्वर्णमाक्षिक भस्म 250 मि.ग्रा., अभ्रक भस्म 125 मि.ग्रा, पुष्पधन्वा रस 250 मि.ग्रा, वीर्यशोधक वटी 500 मि.ग्रा., फलघृत 10 ग्राम व शतावरीघृत 10 ग्राम से 2 बार।
2. शतावरी, विदारीकन्द, माष, कवाँच, गोक्षुरु, 1–1 कि.ग्रा., सबका पृथक् क्वाथ करें। मिला कर, व 8 कि.ग्रा. में, 1 कि.ग्रा. गोघृत में पाक करें। घृत सिद्ध करें। यह 10 ग्राम घृत 5 ग्राम मधु व 15 ग्राम मिश्री से दे। शुक्राणु संक्ष्या 40 प्रतिशत बढेगी।
3. कवाँच, अकरकरा, शतावरी, लज्जालु के बीज, मिश्री व दूध से 1 माह में 20 प्रतिशत बढेगें।

धातुदौर्बल्य

1. 1. प्रातः सायं– मकरध्वज वटी 250 मि.ग्रा., रसमाणिक्य 50 मि.ग्रा., पुष्वधन्वा रस 250 मि.ग्रा., धातुपौष्टिक चूर्ण 2.5 ग्राम, कूष्माण्डावलेह या कौंचपाक 20 ग्राम, से 2 बार। 2. ओजेक्स फोर्ट 1 गो॰, स्ट्रेसकाम 1, 2 बार।
2. बथुए के बीज, मुलेठी, समान, 1–1 चम्मच, दूध या जल से।

ध्वजभंग

1. 1. पुष्पधन्वा रस 250 मि.ग्रा., रसमाणिक्य 50 मि.ग्रा., क्रव्याद रस 250 मि.ग्रा., प्रवाल पंचामृत रस 250 मि.ग्रा., तालीसादि चूर्ण 2.5 ग्राम (ध्वजभंग में) अथवा सितोपलादि चूर्ण (स्तंभनार्थ), ताप्यादि लौह 500 मि.ग्रा., नवजीवन रस (विशेष) 250 मि.ग्रा., प्रातः सायं, कौंच पाक (ध्वजभंग में) 20 ग्राम या कूष्माण्डावलेह (स्तंभनार्थ) 20 ग्राम। बाद में 2 घन्टे तककुछ न दे। 2. टेब. ओजेक्स फोर्ट 1 गो. व टेन्टेक्स रोयल 1 गो., 2 बार। 3. लगाने के लिए–हिमकोलिन। 4. गोरखमुन्डी चूर्ण 2 ग्राम, दूध सें।
2. 1. मधु 200 ग्राम, दालचीनी 80 ग्राम, कपूर 10 ग्राम, काली तिल्ली 80 ग्राम, अवलेह बना कर 15–15 ग्राम दूध से दे। 2. मकरध्वज वटी (डाबर) 2 गोली, शिलाजीत चूरा 3 ग्राम, रसायन वटी 2गोली, 2 बार, दूध से 3. रात्रि को– शतावरी घृत 20 ग्राम, दूध से 4. भोजन के बाद–अश्वगन्धारिष्ट 25 मि.ली., 2 बार, समान जल से पेट साफ रखें।

वाजीकरण

1. 1. प्रातः सायं–पुष्पधन्वा रस 250 मि.ग्रा., मन्मथाभ्र रस 250 मि.ग्रा., क्रव्याद रस 250 मि.ग्रा., रसमाणिक्य 50 मि.ग्रा., गोरखमुन्डी 2.5 ग्राम, कोंचपाक 20 ग्राम, से 2. 2 बार–ओजेक्स फोर्ट 1गो., टेन्टेक्स रोयल 1, 2 बार, दूध से।
2. 1. प्रातः सायं–पुष्पधन्वा रस 250 मि.ग्रा., मन्मथ रस 250 मि.ग्रा., रसमाणिक्य 50 मि.ग्रा., मकरध्वज वटी 125 मि.ग्रा., गोरखमुन्डी 2.5 ग्राम, दालचीनी चूर्ण 500 मि.ग्रा., अकरकरा चूर्ण 1 ग्राम, तिन्दुक वटी 125 मि.ग्रा., मधु व दूध से 2. प्रातः 1 बार–सफेद प्याज का रस 2 चम्मच, घी 1 चम्मच, मधु 2 चम्मच। 3. मर्दन–सरसों का तैल। 4. रात्रि को–नारसिंह चूर्ण, दूध से।
3. 1. कवाँच की मूल 25 ग्राम को मधु से दे। उपर से दूध पिलावें। 2. सिद्ध दरदामृत को मलाई से दे। 3. कुमारी कन्द पाक (रसराज महोदधि) का प्रयोग करें।
4. 1. काले तिल 250 ग्राम, दालचीनी 50 ग्राम, कपूर भीमसेनी 10 ग्राम, 1–1 चम्मच, 2 बार, मधु 10 ग्राम से 2. शिवा गुटिका 2 ग्राम, 2 बार। 3. अश्वगन्धारिष्ट 25 मि.ली., समान जल से।

5. बथुए के बीज, मुलेठी, समान, 1–1 चम्मच, दूध या जल से।
6. 1. प्रातः सायं–क्रव्याद रस 250 मि.ग्रा., प्रवाल पंचामृत रस 250 मि. ग्रा., पुष्पधन्वा रस 250 मि.ग्रा., अकरकरा चूर्ण 1 ग्रा., मधुयष्टी चूर्ण 1.5 ग्राम, विगरॉल जैली 2 चम्मच से 2. दिन में 2 बार–ओजेक्स फोर्ट 2 गो., दूध से 3. गोरखमुन्डी चूर्ण 3 ग्राम, दूध से
7. 1. प्रातः सायं–क्रव्याद रस 250 मि.ग्रा., पुष्पधन्वा रस 250 मि.ग्रा., मन्मथाभ्र रस 250 मि.ग्रा., अग्नितुण्डी वटी 250 मि.ग्रा., रसमाणिक्य 50 मि.ग्रा., शतावर्यादि या अश्वगन्धादि चूर्ण 2.5 ग्राम, कूष्माण्डावलेह 20 ग्राम,से 2 बार 2. भोजन के 1 घन्टे पूर्व–पेन्टेक्स रायल 1–1, जल से 3. स्थानीक मर्दन–श्रीगोपाल तेल से 4. सार्वदेहिक मर्दन–सरसों के तेल से।
8. मल्लसिन्दूर 65 मि.ग्रा., वंग भस्म 125 मिग्रा, विजया चूर्ण 250 मि. ग्रा., मलाई से दिन में 2 बार दे।
9. 1. प्रातः सायं–स्मृतिसागर रस 250 मि.ग्रा., मकरध्वज 100 मि.ग्रा., कामचूडामणि रस 125 मि.ग्रा., त्रिवंग भस्म 125 मि.ग्रा., अकरकरा चूर्ण 1 ग्राम, शिवागुटिका 1 ग्राम, मधु से 2. गोखमुण्डा चूर्ण 2 ग्राम, दूध से 3. दिन में 2 बार–विगोरेक्स 1गो, दूध से 4. मुनक्का 50 ग्राम, रोज।
10. 1. प्रातः सायं–रसमाणिक्य 100 मि.ग्रा., रससिंन्दूर 100 मि.ग्रा., गोरखमुन्डी चूर्ण 1.5 ग्राम, मन्मथाभ्र रस 250 मि.ग्रा., पुष्पधन्वा रस 250 मि.ग्रा., बीएस फोर्ट 20 ग्राम, से 2 बार,। 2. तिल्ली के तेल की मालिश। 3. मकरध्वज वटी 2–2 गोली, चूसने के लिए।

शुक्रमेह

1. कुटज चूर्ण का प्रयोग करें।
2. प्रातः सायं–प्रमेहगजकेसरी रस 500 मि.ग्रा., वीर्यशोधक वटी 250 मि. ग्रा., रसमाणिक्य 50 मि.ग्रा., पुष्पधन्वा रस 250 मि.ग्रा., शिवागुटिका 1 ग्राम, धातुपोष्टिक चूर्ण 2 ग्राम, कर्पूर रस 1 गो०, कूष्माण्डावलेह 20 ग्राम, से 2 बार। 2. प्रातः उठते ही–स्वप्नजित चूर्ण 1 च. मलाई से 3. विमफेक्स व ओजेक्स दिन में 1–1, 2 बार दूध से दे।

शुक्रस्तम्भन

1. सफेद संखिया 6 ग्राम, कत्था 6 ग्राम, अम्बर 3 ग्राम, मीठे 21 पान के रस में खरल कर, बाजरे के बराबर गोली बनाएँ। 1–1 गोली, प्रातः सायं मक्खन में रख कर खिलावें। घृत, दूध का सेवन करें। 7 दिन दे।
2. मोचरस 1.5 ग्राम, दूध से, 21 दिन दे।
3. 1. प्रातः सायं–पुष्पधन्वा रस 250 मि.ग्रा., मन्मथाभ्र रस 250 मि.ग्रा., मकरध्वज 100 मि.ग्रा., वीर्यधोधक वटी 250 मि.ग्रा., धातुपोष्टिक चूर्ण 2.5 ग्राम, कूष्माण्डावलेह 20 ग्राम, से 2. 2 बार–ओजेक्स फोर्ट 1गो., टेन्टेक्स रोयल 1, 2 बार, दूध से।
4. सोंठ, शतावरी, गोरखमुन्डी, बूरा, 10–10 भाग, दालचीनी 2 भाग, 1–1 चम्मच,दूध से, 2 बार।
5. तालमखाना, बडे गोखरु, सफेद मूसली, मिश्री, 5 ग्राम, 2 बार, दूध से।
6. सर्वशरीर पर अभ्यंग व भोजन से पूर्व कोई आसव।
7. नारिकेल में बड़ का दूध भर कर, पका कर, मिश्री मिला कर दे।
8. सौंफ खिलावें। 10–10 ग्राम।
9. प्रथम कोष्ठ शुद्धि कराएँ 1. प्रातः सायं–मन्मथाभ्र रस 250 मि.ग्रा., पुष्पधन्वा रस 250 मि.ग्रा., शतावर्यादि चूर्ण 3 ग्रा., गोरखमुन्डी चूर्ण 1.5 ग्राम, सोंठ चूर्ण 1 ग्राम, ओजेक्स फोर्ट 20 ग्राम, से 2 बार,। कामचूडामणि रस, कामिनीविद्रावण रस या वीर्यस्तम्भन वटी भी दे सकते हैं।
10. (अ) संपूर्ण शरीर पर मालिश (ब) मलशोधन (स) सत्वावजय (द) रोटी में घी, दूध का मोयन दे। (य) उडद की दाल अधिक खावें (सोंठ, घी, हींग, जीरा अधिक मात्रा में छोंक देकर) (र) विदारीकद 100 ग्राम, शतावरी 50 ग्राम, अश्वगंधा 50 ग्राम, सोंठ 50 ग्राम, मुलेठी 50 ग्राम, अजवायन 50 ग्राम, का चूर्ण 1–1 चम्मच दिन में 2 बार, दूध से (ल) नारसिंह चूर्ण 1–1 चम्मच, मक्खन से दे।

स्वप्नदोष

1. प्रथम 3 दिन– प्रातः 7 बजे व रात्रि 9बजे–स्वादिष्टविरेचन या मंजिष्ठादि चूर्ण 6 ग्राम, उष्णोदक से 3दिन बाद– प्रातः 7 बजे व

रात्रि 9 बजे–संजीवनी 250 मि.ग्रा.,त्रिवंग भस्म 125 मि.ग्रा., चन्दनादि लौह (प्रमेह) 250 मि.ग्रा., शिवा गुटिका 500 मि.ग्रा., गिलोय सत्व 500 मि.ग्रा., प्रवाल पिष्टी 250 मि.ग्रा., प्रारंभ के 10 दिन मधु से, फिर 10 दिन घृत से, फिर 10 दिन मधु से। एक दिन छोड कर विरेचन देते रहें।

अध्याय 18

प्रतिजीवी रोग (Immunology)

रोग प्रतिरोधक क्षमता बढाने के लिए

1. क्रव्याद रस 250 मि.ग्रा., पुष्पधन्वारस 250 मि.ग्रा., प्रवाल पंचामृत 250 मि.ग्रा., नवजीवन रस 250 मि.ग्रा., सितोपलादि चूर्ण 3 ग्राम, कूष्माण्डावलेह 20 ग्राम, से 2 बार। स्ट्रेसकॉम केप 1, 2 बार।

शीतपित्त

1. 1. प्रथम उदरक्रिमी के लिए मल परिक्षा कराएँ। यदि हो तो उसकी चिकित्सा करें। 2. प्रथम दिन–एरण्ड स्नेह 40 ग्राम, शुण्ठी 1.5 ग्राम के क्वाथ से विरेचन कराएँ। 2–3 दिन पीपल चूर्ण पर रखें। 3. चौथे दिन से–4. यवक्षार जल से कुंजल कराएँ। 5. अजवायन 2 ग्राम, गुड 5 ग्राम, त्रिकटु 2 ग्राम, तीन बार, अर्जुन त्वक् 10 ग्राम, क्षीरपाक से दे। 7 दिन बाद– 6. सर्वतोभद्र रस 250 मि.ग्रा., प्रवाल पिष्टी 250 मि.ग्रा., मुक्ताशुक्ति भस्म 250 मि.ग्रा., यशद भस्म 125 मि. ग्रा., गन्धक रसायन 500 मि.ग्रा., तालीसादि चूर्ण 2 ग्राम, दिन में 3 बार, दाडिमावलेह से 7. भोजन के मध्य–आरोग्यवर्धनी वटी 2 गो., 2 बार। 8. रात्रि को–मंजिष्ठादि चूर्ण 6 ग्राम, उष्णोदक से 9. अपथ्य–कच्चा दूध, गर्म दूध, गर्म चाय, अधिक मिर्च मसाला, व नमक। 15 दिन बाद– 1. रससिन्दूर 125 मि.ग्रा., अजवायन 2 ग्राम, गुड 5 ग्राम, त्रिकटु 2 ग्राम, तीन बार, अर्जुन त्वक् 10 ग्राम, क्षीरपाक से दे। 2. मानसिक कारणों से हो तो–ब्रेन्टो 2 गो., सीरप शंखपुष्पी 15 मि.ली. से, 2 बार गर्म जल से।
2. राल चूर्ण 2 ग्राम, शर्करा 5 ग्राम, 2 बार, दूध सें।
3. 1. आमज व आमवातज शीतपित्त–चन्द्रप्रभा वटी 500 मि.ग्रा., ताप्यादि लौह 250 मि.ग्रा., नवजीवन रस 125 मि.ग्रा., कासीस भस्म

250 मि.ग्रा., तालीसादि चूर्ण 2 ग्राम, मधु से दिन में 2 बार–एरण्ड पाक 20 ग्राम, 2 बार, उष्ण दूध से रुमाराज 1 स्ट्रेसकॉम 2, 2 बार। लगाने को मायस्टाल लिनिमेन्ट। 2. स्वर्णगैरिक 100 ग्राम, हल्दी 100 ग्राम, को गंगाजल की भावना देकर सुखावें। 1.5 ग्राम, 3 बार, मधु से फिर दूध पिलावें। हर प्रकार की अनूर्जता में लाभकारी है। 3. शीतपित्तभंजी रस 250 मि.ग्रा., गुढ 5 ग्राम, 3 बार। हरिद्रा खण्ड 10 ग्राम, 2 बार, दूध से ददोरे होने पर 250 मि.ली. गर्म जल, मधुरक क्षार 12 ग्राम, में कपडा भिगो कर शरीर पर फिरावें। पेट साफ रखें। 4. शीतल मिर्च चूर्ण 1.5 ग्राम को नींबू के शर्बत के साथ देने से चमत्कारिक लाभ होता है। 5. पोदीना कल्क 6 ग्राम, शक्कर 10 ग्राम, पिलावें। 6. रक्तवर्ण शुभ्रा भस्म 250 मि.ग्रा., सर्पगन्धा 500 मि,ग्रा, मक्खन से 7. रससिंदूर 125मि.गा., कालीमिर्च 1 ग्राम, अजवायन 2 ग्राम, गुड 4 ग्राम, 2 बार, शीतल जल से 8. आरोग्यवर्धिनी 500 मि.ग्रा., अग्नितुण्डी 125 मि.ग्रा., जल से 9. रसमाणिक्य 100 मि.ग्रा., रससिंदूर 100 मि.ग्रा., अभ्रक भस्म125 मि. ग्रा., केशौर गु॰ 500 मि.ग्रा., 3 बार। 10. केशौर गु॰ 500 मि.ग्रा., शु॰ गैरु 1 ग्राम, गोघृत 10 ग्राम, सोंठ की चाय से 11. हरे पोदीने या हरे धनिये का रस 1 चम्मच व मधु 10 ग्राम, 4 बार। 12. शीतपित्तहर मिश्रण–गन्धक रसायन 25 ग्राम, रसमाणिक्य 10 ग्राम, संजीवनी 10 ग्राम, सूतशेखर रस 10 ग्राम, अजवायन 50 ग्राम, इनकी 60पुडिया बना कर, 2 बार, मधु या जल से। **शीतपित्तहर वटी**–ताम्र भस्म 50 ग्राम, कालीमिर्च 25 ग्राम, वत्सनाभ 10 ग्राम, को घृतकुमारी से 125 मि.ग्रा. की गोली बनाएँ। उपर के 1घन्टे बाद जल सें। प्रातः–हरिद्रा खण्ड 6 ग्राम, मंजिष्ठादि क्वाथ 15 ग्राम से रात्रि को–त्रिफला चूर्ण 3 ग्राम, जल से 13. चिरोंजी 12 ग्राम चबा कर खा जाएँ व शीत जल पीवें। 14. जहरमोहरा पिष्टी 1 ग्राम का प्रयोग करें। 15. जीर्ण शीतपित्त– रससिंदूर 100 मि.ग्रा., व चन्द्रप्रभा वटी 500 मि.ग्राम, मधु से, 2 बार। 16. नवीन शीतपित्त–हरित पाषाण 1 ग्राम, जहरमोहरा पिष्टी 1 ग्राम, मुक्ताशुक्ति भस्म 500 मि.ग्रा., का प्रयोग करें। 17. जीर्ण शीतपित्त– आरोग्यवर्धिनी 500 मि.ग्रा., मुक्ता शुक्ति भस्म 500 मि.ग्रा., 2 बार, मधु से, श्रेष्ठ कार्य करती है। 18. **शीतपित्त कुठार**–सर्पगन्धा चूर्ण 125 मि.ग्रा., मुक्ताशुक्ति भस्म 125 मि.ग्रा., 3 बार, जल से 10 दिन दें, फिर हरिद्रा खण्ड दे। गन्धक 1 ग्राम को रात में छिलका रहित केले के चारों ओर लगा कर, प्रातः केले को खा लें। शर्बत उन्नाब व गुलाब जल 20–20 मि.ली. पी

जाएँ। 3 दिन में सम्पूर्ण नष्ट। पुरातन में 10 दिन देवें। 19. हल्दी, गिलोय, खदिर, सारिवा, निम्ब, करंज, शिरीष, समभाग का 15 ग्राम का फाण्ट, 2 बार दे। अत्यन्त लाभकारी है।

4. ब्राह्मी के रस 10 मि.ली. का 2 बार प्रयोग करें।

5. लेप–निर्गुण्डी व करंज तैल।

6. 1. कृमिमुद्गर रस 250 मि.ग्रा., मल्लसिंदूर 50 मि.ग्रा., प्रवालपिष्टी 250 मि.ग्रा., ताप्यादि लौह 250 मि.ग्रा., मधु से 2. भोजन के बाद–खदिरारिष्ट 20 मि.ली., महामंजिष्ठाद्यरिष्ट 20 मि.ली., समान जल से 3. लगाने को– चालमोगरा तैल।

7. 1. कुंजल। 2. चिरोंजी खिलावें। 3. सुधा चूर्ण पतासे में।

8. अरणी की मूल 6 ग्राम, 2 बार घृत से।

9. विरेचन देकर लंघन करावें। एतदर्थ प्रातःकाल प्रति तीसरे दिन सौंठ 2 ग्राम के फाण्ट में 40 मि.ली. एरण्ड तेल डाल कर पिलावें। ऊपर से घूंट घूंट गर्म पानी पिलावें। प्रातः भोजन न दे। सायं लघु अन्न सेवन कराएँ।

10. घृत पूर्ण आहार सेवन करावें।

11. दूध व दूध से बने पदार्थ बन्द करें।

12. 1. प्रातः दोपहर सायं – गन्धक रसायन 500 मि.ग्रा., जहरमोहरा खताई पिष्टी 500 मि.ग्रा., प्रवाल पिष्टी 250 मि.ग्रा., आरोग्यवर्धनी 500 मि.ग्रा., मुक्ताशुक्ति भस्म 250 मि.ग्रा., दिन में 3 बार मधु से 2. शीतलचीनी चूर्ण 2.5 ग्राम दिन में 2 बार, निम्बू की शिकंजी से दे। प्रयोग कभी असफल नहीं होता। 3. भोजन के बाद – अर्टीप्लेक्स 2 गोली, 2 बार, साथ में शीतपित्तभंजी रस 250 मि.ग्रा., पीसकर, गुड़ मिलाकर दे। या प्यूरिम 2 गोली, 2 बार। 4. राल का चूर्ण 2 ग्राम, मिश्री 4 ग्राम, दिन में 2 बार, जल से दे। अतीव प्रभावी है। 5. भोजन के बाद – उशीरासव या सारिवाद्यासव 20 मि.ली., समान जल मिलाकर, 2 बार।

13. स्थानिक लेप

1. मर्दन का तेल – 100 ग्राम सरसों का तेल गरम करें फिर उसमें डन्ठल सहित 11 लाल मिर्च तल कर बाहर निकाल लें। इस तैल को लगााने से 2 मिनट में लाभ होता है।

2. काली मिर्च को बारीक पीस कर नारियल के तेल में मिला कर मालिश करें।
3. पामाहर लेप को सरसों के तेल में पका कर मर्दन करें।

14. अन्य विकीर्ण योग

1. रससिंदूर 100 मि.ग्रा. व अजवायन चूर्ण 3 ग्राम, जल से। दिन में 2 बार।
2. शुद्ध गैरिक 3 ग्राम, चीनी 3 ग्राम, दिन में 2 बार जल से।
3. अजवायन चूर्ण 3 ग्राम, गुड़ 5 ग्राम, दिन में 2 बार जल से।
4. हरितकी चूर्ण 3 ग्राम, दिन में 2 बार जल से।
4. बाकुची बीज चूर्ण, शुद्ध गन्धक व गैरु 3 ग्राम, जल से तीन बार।
5. श्वेत व कृष्ण जीरे का क्वाथ करके मिश्री मिला कर पीवें। (सि. भै.मणि.)
6. सुधा चूर्ण 125 मि.ग्रा., पतासे में या चीनी के साथ जल से पीवें। (सि.भै.मणि.)
7. आर्द्रक रस 10 मि.ली. में गुड़ 10 ग्राम, तीन बार।
8. विड़ंग चूर्ण व चोपचीनी चूर्ण 3 ग्राम, शुंठी 5 ग्राम के क्वाथ से
9. गन्धक रसायन 500 मि.ग्रा. व अमृता सत्व 500 मि.ग्रा., मधु से
10. शुद्ध गन्धक 500 मि.ग्रा. को केले से खावें।

जीवनीय शक्ति बढाने व दुर्बलता

1. प्रातः सायं–क्रव्याद रस 250 मि.ग्रा., पुष्पधन्वा रस 250 मि.ग्रा., नवजीवन रस 125 मि.ग्रा., प्रवाल पंचामृत रस 250 मि.ग्रा., प्रभाकर वटी 250 मि.ग्रा., सितोपलादि चूर्ण 2 ग्राम, 2 बार, मेनाल माल्ट या विगोरोल जैली या कूष्माण्डावलेह 15 ग्राम से।

अनूर्जता

1. वंग भस्म 250 मि.ग्राम मलाई से दिन में 2 बार।
2. 1. यूकिलिप्टीस के हरे पत्र या अजवायन को पीस कर सूंघे। 2. नाक मे तेल लगाएँ। 3. लवंग 1नग, 6 तुलसी पत्र, 6 मुनक्का,

अदरक 3 ग्राम की चटनी गर्म करके दे। 4. बादाम 10 ग्राम, कालीमिर्च 1 ग्राम को प्रातः 1 बार दे। ठण्डा जल न दे।

3. पुनर्नवामूल 10 ग्राम के क्षीरपाक मे काली मिर्च डालकर दे।
4. प्रातः – कालीमिर्च 10 नग, हल्दी चूर्ण 3 ग्राम, मिश्री 10 ग्राम, गोघृत 10 ग्राम, उष्णोदक पान। रात्रि को–अजवायन 4 ग्राम, गुड़ 10 ग्राम, चबा कर खावें।
5. 1. यूकिलिप्टस के पत्र मसल कर सूंघे। 2. सरसों के तेल का नस्य लें। 3. लवंग एक, तुलसी पत्र 6नग, मुनक्का 6नग, 3 ग्राम अदरक की चटनी बना कर, गर्म कर पिलादें। 4. बदाम 10 ग्राम, कालीमिर्च 1 ग्राम, 1 बार प्रातः दे। उपर से ठण्डा जल न दे। 10 दिन तक दे।
6. 1. बादाम 6, कालीमिर्च 4, मधु से 2. खाली पेट–तुलसी के पत्र। 3. करंजादि वटी 2 गो., एलेक्जी 1 गो.। 4. तालीसादि चूर्ण 3 ग्राम, संजीवनी 250 ग्राम, मधु से 5. रात्रि को–पंचगव्य घृत से
7. वंग भस्म 500 मि.ग्रा. को घी के पकोडे मे डाल कर प्रातः भूखे पेट, 20 दिन, एक घन्टे तक कुछ न दे।

अध्याय 19

बालों के रोग
(Diseases of Hairs)

खालित्य

सामान्य सावधानियाँ

1. पपीता, पत्तागोभी, मुनक्का, मुलेठी, दाडीम का प्रयोग अधिक करें।
2. लौह, केलशियम, मेग्नीशियम, क्रोमीयम, जिंक की मात्रा घटने से बाल अधिक झड़ते हैं। अतः इनका पूरण करें। जिंक की कमी से नाखूनों पर सफेद धब्बे होते हैं।
3. ताम्र की मात्रा अधिक बढने से भी बाल झड़ते हैं।
4. विटामिन ए की कमी से भी बाल झड़ जाते हैं। विटामिन व प्रोटीन की कमी से भी बाल झड़ सकते हैं।
5. अत्यधिक विटामिन विशेषतः ए व डी की अधिकता से भी बाल झड़ सकते हैं।
6. भोजन करने के समय में परिवर्तन से भी बालों को नुकसान पहुँचाता हैं।
7. स्वस्थ शरीर में ही स्वस्थ बाल होते हैं। अतः शरीर की तरफ ध्यान दे।
8. अनियमित खानपान, दिनचर्या व तनाव का बालों पर बुरा असर पड़ता हैं। इसका पहला संकेत बाल झड़कर व सफेद होकर होता है।
9. केंसर, कोलेस्ट्रोल को कम करने की दवा, गर्भावस्था में दी जाने वाली दवाईयों से भी बालों पर बुरा असर पड़ता है।

10. रात को देर तक जागना – प्रातः देर से उठना छोड़ दे। अपना कंघा अलग रखें।
11. पेट साफ रखें। कब्जी न रहने दे। प्रातः सांय दोनों समय शौच जाएँ।
12. गीले बालों में तेल न डालें व कंघी न करें।

योग

1. बालों का गिरना अधिकांशतः रुसी के कारण होता है। विशेषतः महिलाओं में। अतः खालीत्य की चिकित्सा में प्रथम रुसी की चिकित्सा करें। एतदर्थ –बाकुची तैल, चालमोगरा तेल व निम्ब तेल मिला कर सप्ताह में 2 बार रात को लगाएँ। रात को कपड़ा बांध कर सो जावें। प्रातः किसी भी उपयुक्त शैम्पू या अन्य औषध से साफ कर लें। 2–3 सप्ताह में 90 प्रतिशत रुसी खत्म हो जाती है। बाल झड़ने में 50 प्रतिशत लाभ 20–25 दिन में हो जाता है। पूरा फायदा 2 माह में हो जाता है। खाने में निम्न औषध भी साथ में दे। इससे बाल झड़ना भी रुकता है एवं बालों की पुनरुत्पती भी होती है। इस योग को श्वास, कास, मुहांसें, त्वक्विकार सभी प्रकार के, श्वित्र, मण्डल में दे सकते हैं। 80 प्रतिशत रोगियों में पूर्ण लाभ होता है। यह बालों की पुनरुत्पती भी करता है। इससे त्वचा का रंग गोरा भी होता है। आमलकी रसायन 500 मि.ग्राम, संशमनी वटी 500 मि.ग्राम, केशोर गुग्गुलु 500 मि.ग्राम, भृंगराज चूर्ण 2 ग्राम, वासा चूर्ण 1 ग्राम, लक्ष्मीनारायण रस 125 मि.ग्राम, शिलाजत्वादि लौह 500 मि.ग्राम, इसे पानी के साथ प्रातः सांय दे। रोग अधिक गंभीर हो या कफ, आम अधिक हो तो मंजिष्ठादि क्वाथ या पुनर्नवाष्टक क्वाथ 15 ग्राम दे। इसे 2 माह तक दे। 80 प्रतिशत रोगियों में पूर्ण लाभ होता है। अस्थ्यग्निमांध के लिए भोजन से पूर्व शुण्ठीचूर्ण 500 मि.ग्राम, मेथीदाना चूर्ण 2 ग्राम, 2 बार दे।
2. चालमोगरा तैल, निम्ब तैल, करंज तेल 50–50 मि.ली. व डिकामाली 10 ग्राम, जयपाल 10 ग्राम को गर्म कर छान लें व लगाएँ।
3. 1. त्रिफला, लौह चूर्ण, अनार की छाल को भांगरे के रस में 1 माह जमीन में गाड़ दे। बकरी के दूध में लेप करें। 2. केवडे की मूल, तैल, त्रिफला व भांगरे के रस को लौहपात्र में डाल कर 1 माह जमीन में गाड दे। फिर लेप लगाएँ।

4. खालित्य में लाभकारी द्रव्य – इन्द्रायण के बीज का तैल, लघु कंटकारी का रस, कनेर मूल त्वक्, कपूरकाचरी, कम्पिल्लक, करंज पुष्प, करीर की कोंपल। बहेडे का तैल, जटामांसी का तैल, प्याज का बीज, हारसिंगार का बीज, सागवान, कालाजाजी, काकनासा का तैल।

5. शक्कर का घोल चुपड़ कर उड़द के आटे की पट्टी करें।

6. रोगन जरारिह, लहसुन का रस 1 बूँद, अदरक का रस 2 बूँद, नींबू का रस 4 बूँद, 4 बार।

7 कटेली रस व मधु। 1 मात्रा में चाटें।

8. प्रातः सायं–स्मृतिसागर रस 250 मि.ग्रा., सप्तामृत लौह 500 मि.ग्रा., संजीवनी 250 मि.ग्रा., स्वर्णमाक्षिक भस्म 125 मि.ग्रा., केशोर गु॰ 500 मि.ग्रा., तालीसादि चूर्ण 3 ग्राम, जल से।

9. नारियल के तेल 400 ग्राम में रतनजोत 50 ग्राम, व देशी कपूर 5 ग्राम डाल कर, गर्म कर डालें।

10. पिप्पली क्षीरपाक या भल्लातक सिद्ध दूध व भल्लातकासव का प्रयोग करें।

11. खोपरे का तेल 400 मि.ली., कपूर देशी 10 ग्राम, रतनजोत 50 ग्राम डालकर लगावें।

12. कलोंजी को पीस कर बालों की जड में लगाावें। हरड़ का मुरब्बा 1 चम्मच रोज खावें। या भांगरा, आँवला, काले तिल, शक्कर, 1–1 चम्मच 2 बार जल से।

13. निबू का रस व हिंग का लेप करें।

14. 1. स्मृतिसागर रस 250 मि.ग्रा., महायोगराज गु॰ 500 मि.ग्रा., कासीस भस्म 250 मि.ग्रा., नागार्जुनाभ्र रस 250 मि.ग्रा., सितोपलादि चूर्ण 3 ग्राम, 2 बार, मधु, च्यवनप्राश या मेनाल माल्ट से 2. लगाने के लिये – रम 250 मि.ली., लाल प्याज एक बडा, जटामांसी 20 ग्राम, डाल कर 7 दिन धूप में रख दे। बीच बीच में हिला दे।

15. 1. प्रातः –गन्धक रसायन 1 ग्राम, मुलेठी 1 ग्राम, विड़ंग 1 ग्राम, काली मिर्च 500 मि.ग्राम, बहेड़ा 1 ग्राम, घृत 10 ग्राम से 2. सायं–पीपल चूर्ण 500 मि.ग्रा, त्रिफला घृत 15 ग्राम, दूध से 3. प्रतिमर्श नस्य–त्रिफला घृत, 4 बार। 4. लगाने को – त्रिफला, विड़ग, गन्धक, हल्दी, लौहपात्र में रख कर लेप।

16. 1. स्मृतिसागर रस 250 मि.ग्रा., महायोगराज गु॰ 500 मि.ग्रा., कासीस भस्म 250 मि.ग्रा., आमलकी रसायन 1 ग्रा., स्वर्णमाक्षिक भस्म 250 मि.ग्रा., संजीवनी 250 मि.ग्रा., तालीसादि चूर्ण 3 ग्राम, 2 बार, मेनाल माल्ट से केप॰ अश्वगन्धा 1, 2 बार।

17. 1. पित्तनाशक खान पान व औषधि प्रयोग करें। 2. प्रातः सायं– पुनर्नवा मण्डूर 250 मि.ग्रा., सप्तामृत लौह 250 मि.ग्रा., प्रवालपिष्टी 250 मि.ग्रा., गिलोय सत्व 500 मि.ग्रा., द्राक्षावलेह 10 ग्राम व घी, मिश्री से

18. शतावरी चूर्ण 1 ग्राम, आमलकी रसायन 1 ग्राम, दूध, मिश्री से बडी कटेरी के रस का लेप।

19. जयपाल को जल में पतला लेप बना कर लगाएँ। 4 घन्टे रख कर नारियल का तेल लगा दे।

20. 1. प्रातः सायं–स्मृतिसागर रस 250 मि.ग्रा., तालीसादि चूर्ण 2 ग्राम, कासीस भस्म 100 मि.ग्रा., आमलकी रसायन 1 ग्राम, केशोर गु॰ 500 मिग्रा, स्वर्णमाक्षिक भस्म 100 मि.ग्रा., संजीवनी वटी 250 मि.ग्रा., 2 बार, मेनाल माल्ट 10 ग्राम, 2. स्ट्रेसकाम 1, 2 बार। 3. वाटिका तेल व केप॰ एवियोन

21. 1. प्रातः सायं–स्मृतिसागर रस 250 मि.ग्रा., सितोपलादि चूर्ण 2 ग्राम, कासीस भस्म 100 मि.ग्रा., आमलकी रसायन 1 ग्राम, महायोगराज गु॰ 500 मिग्रा, स्वर्णमाक्षिक भस्म 100 मि.ग्रा., 2 बार, मेनाल माल्ट 10 ग्राम, 2. स्ट्रेसकाम 1, 2 बार। 3. वाटिका तेल व केप. एवियोन

22. 1. स्मृतिसागर रस 125 मि.ग्रा., केशोर गु॰ 1 ग्रा., सप्तामृत लौह 1 ग्रा., चन्द्रप्रभा वटी 500 मि.ग्रा., बालसुधा 250 मि.ग्रा., सितोपलादि चूर्ण 3 ग्राम, 2 बार, ब्राह्मरसायन 20 ग्राम से 2. केप॰ टाप हेयर व त्रिचप 1–1, 2 बार। 3. त्रिचप हेयर आयल व एवियोन केप॰। 4. नस्य, कर्णपूरण।

23. 1. प्रातः सायं–स्मृतिसागर रस 125 मि.ग्रा., नागार्जुनाभ्र रस 250 मि. ग्रा., महायोगराज गु. 500 मि.ग्रा, कासीस भस्म 125 मि.ग्रा., सितोपलादि चूर्ण 3 ग्रा., मेनाल माल्ट 20 ग्राम, से 2 बार। 2. अश्वगन्धा व एवियोन केप 3. पत्तागोभी की सब्जी। 4. तनाव कम करें।

24. जयपाल व लवंग तेल का लेप या अश्वकंचुकी का लेप।

25. गुन्जादि तेल व धत्तूरपत्रादि तेल व पीली मधुमक्खी के छत्ते का तेल का लेप करें।

26. तक्रधारा व आमलकी क्वाथ से शिरोपूरण।

27. वासा, हरड़, बहेड़ा, आँवला, गिलोय, काली तिल्ली, मुलेठी, गोखरु, भृंगराज, भूम्यामलकी।

28. 1. प्रातः सायं—लक्ष्मीनारायण रस या लक्ष्मीविलास रस सादा 125 मि. ग्राम, स्वर्णमाक्षिक भस्म 250 मि.ग्रा., आमलकी रसायन 500 मि.ग्रा, संशमनी वटी 500 मि.ग्रा, केशौर गु॰ 500 मि.ग्रा, भृंगराज चूर्ण 1 ग्रा., पासा चूर्ण 1 ग्राम, जल से 2 बार। 2 माह तक दे।

29. प्राथमिक रोग की चिकित्सा करें।

30. खालित्य में केश सुचारू रूप से नहीं बनते अतः इसे अस्थ्यग्निमांद्य मानते हुए इसकी चिकित्सा करें। चूंकि बाल अस्थि धातु का मल है। अतः यदि बाल का पोषण सही रूप से नहीं हो पा रहा है तो यही मानना होगा कि इस रोगी में अस्थ्यग्निमांद्य है। इसकी चिकित्सा में इस अस्थ्यग्निमांद्य के लिए निम्न औषधियाँ विभिन्न रूपों से प्रयोग करें। ये औषधियाँ अस्थ्यग्निमांद्य को तो दूर करती है। इन्हें अन्य धात्वग्निमांद्य में भी सफलतापूर्वक प्रयोग किया जा सकता है। स्वर्ण के योग – मकरध्वज, शिलाजतु के योग – शिवागुटिका, अमरसुन्दरीवटी, पिप्पली के योग– 64 प्रहरी पीपल, पिप्पलीपाक, भल्लातक के योग – नारसिंह चूर्ण, मेथीदाना, अन्य तिक्त पदार्थ।

31. शोधन में विरेचन का प्रयोग करें। एतदर्थ एरण्ड स्नेह 20 मि.लि. को शुण्ठी चूर्ण 3 ग्राम के फाण्ट से, सप्ताह में 2 बार प्रयोग करें। यह प्रातःकाल देकर, दिन का खाना न दे और सायंकाल लघु आहार दे।

32. नस्य – प्रातः अणु तेल 4–4 बूंद एवं सायं गौघृत 4–4 बूंद से लें। ज्योतिष्मति तेल का भी प्रयोग करवा सकते हैं। बाल गिरने की समस्या, महिलाओं में विशेषतः बालों की सही सफाई न होने से, रुसी या डेन्ड्रफ हो जाने के कारण होती है। अतः प्रथम इसकी चिकित्सा करें। एतदर्थ सिर को ढक कर रखें। लगाने के लिए निम्न तेल का मिलित प्रयोग करें। निम्ब तेल 2 भाग, करंज तेल 1 भाग, चालमोगरा तेल 1 भाग, बाकुची तेल 1 भाग, ज्योतिष्मति तेल

आधा भाग, रात को अच्छी तरह मालिश करके सिर पर कपड़ा बांध कर सो जाएँ। प्रातः किसी अच्छे शैम्पू से सिर धो लें।

33. 1. प्रातः सायं – महा योगराज गुग्गुलु 500 मि.ग्रा., स्मृतिसागर रस 100 मि.ग्रा., सप्तामृत लौह 1 ग्रा., प्रवाल पिष्टी 250 मि.ग्रा., सितोपलादि चूर्ण 2.5 ग्राम, दिन में 2 बार, कूष्माण्डावलेह 20 ग्राम से। 2. शिरो धारा में तक्र धारा का प्रयोग करें, काफी लाभप्रद है।

34. शिरो लेप – आँवला, छाछ, मुलेठी, बावची, दशांग लेप, कासीस भस्म या हरा कसीस का पीस कर प्रयोग करें। 30 दिन से 6 माह तक प्रयोग करें। रसान्जन व हस्तिदंत मसि का पानी या बकरी के दूध में लेप करें। पामाहर लेप, दद्रुदावानल लेप, रुदन्ती चूर्ण, टंकण को ज्योतिष्मति तेल में लगाएँ।

35. जयपाल के बीजों का पानी में प्रलेप भी बहुत लाभप्रद है किन्तु इसे सावधानी से प्रयोग करें। फफोले होने पर जात्यादि घृत या नारियल का तेल लगाएँ।

36. सप्ताह में दो बार नारियल के तेल में नमक डाल कर गण्डूष करें।

37. मेथी दाना चूर्ण 250 ग्राम को 50 ग्राम घृत में भूनकर, तत्काल दरदरा चूर्ण करें। 3 ग्राम की मात्रा में 2 बार, प्रातः व रात्रि में, पानी से प्रयोग करें।

38. खरबूजे के बीज, अण्डे की जर्दी, जैतून, तेजपात, लौहचूर्ण, सबको मलहम बनाकर लगावे तो 15 दिन में निश्चय ही केश आ जाएगें।

39. मैनसिल 110 ग्राम हलदी 240 ग्राम को अर्क दुग्ध 100 ग्राम को खरल करें। फिर अर्कपत्र स्वरस डालकर चटनी बनाएँ। यह चटनी तथा तिल तेल 1 किलो. व जल 2 किलो. मिलाकर कलईदार बर्तन में मन्दाग्नि से सिद्ध करें। बर्तन आग से उतारकर तुरन्त छान लें। यह गंज में सिर पर लगाया जाता है। यह पामा, कण्डू, ब्यूची, कण्डूयुक्त वणों पर लगाया जाता है।

40. करीर की कोपल को सिर पर मसलने से बाल जम जाते हैं। इसका तेल भी सिद्ध कर लगाया जा सकता है।

41. सिर के तैलों में आधार तेल के रुप में इन्द्रायण का तेल का प्रयोग करें।

42. नारियल के तेल में कपूर मिलाकर लगाने से बाल फिर उगते हैं।

43. आर्द्रक स्वरस व पुराना देशी सिरका को खुरदरे कपडे से रगडकर लगाएँ। इससे गंजापन दूर होता है।
44. बरगद की जटा 250 ग्राम का नारियल तेल में 7 दिन भिगोकर सिद्ध करें व लगाएँ।
45. बाल लम्बे करना – उड़द की दाल व बेरी के पत्ते से सिर की मालिश कर धोवें।
46. गंज – बकायन 10 ग्राम बोरड़ी के पत्ते 10 ग्राम नीला तोथा 5 ग्राम को शतधोत घृत या दही से लेप करें।
47. गंजापन – नीबू का रस व हींग का लेप करें।
48. गंज – सुहागा, कबीला, गन्धक को तिल्ली के तेल में सिद्ध करें। थोड़ा कर्पूर डालकर मालिश करें।
49. दुबारा बाल उगाने के लिए – स्मृतिसागर रस 250 ग्राम, नागार्जुनाभ्र 250 ग्राम, महायोगराज गु॰ 375 ग्राम, कासीस भस्म 125 मि.ग्रा., सितोपलादि चूर्ण 3 ग्राम मेनाल माल्ट से दे। (यह योग भ्रम, दौर्बल्य, शिरःशूल, पिण्डिकोद्वेष्टन, जीर्ण श्वास, स्मृतिमांद्य व उच्च रक्तदाब में भी दिया जा सकता है। 7 दिन में बाल झड़ना बन्द होते हैं। 1 माह तक दे। अश्वगन्धा केप॰ 2, 2 बार, विटामिन ई 1 रोज दे। नारियल के तेल में एवियोन केप॰ मिलाकर मालिश कराएँ।
50. बैर के पत्ते 10 ग्राम नीला थोथा 1 ग्राम, बकायान गिरी 3 ग्राम, काले तिल 10 ग्राम का लेप करें ।
51. गंज – रक्त गुंजा का पानी में लेप करें।
52. बदर पत्र तक्र से लेप करें। द्राक्षा, दाडिम, मधुयष्टी का प्रयोग कराएँ।
53. रम (शराब) 250 ग्राम व जटामांसी 20 ग्राम, लाल प्याज 1 नग कूटकर 7 दिन भिगो दे। फिल्टर कर रात को सोते समय लगाएँ। गिरते बाल रोकने के लिए लाभकारी है।
54. मुलेठी 50 ग्राम दूध 800 मि.ली., ताजे आंवले का रस 800 मि.ली. तिलतैल 800 मि.ली., को सिद्ध करें। इसके नियमित नस्य लेने से बाल सघन होते हैं। काले रहते हैं। सफेद नहीं होते हैं।
55. बालों का गिरना रोकना – नीम के एवं बैर के पत्तों को पानी में उबालकर सिर धोवें एवं 1 घण्टा पूर्व निम्बू के रस की मालिश करें।

56. बालों की पुनरुत्पत्ती के लिए – पत्ता गोभी का सेवन करें व रस की मालिश करें।

57. रात्रि को प्याज का रस व मधु लगाएँ। प्रातः धो लें।

58. दही को तांबे के पात्र में रखकर तांबे के छोटे लोटे से इतना रगड़े की वह हरा हो जाऐ। इसे गंजे भाग पर लगाएँ। शीघ्र बाल उग जावेगें।

59. नारियल तेल 1 शीशी में 10 खडे साबुत मूंग डालकर रखें। इसी की सिर में मालिश करें।

60. शाम को लोहे की कडाही में आँवला व शिकाकाई 50–50 ग्राम डालकर पानी डाल दे। प्रातः 10 मिनट उबालें। फिर 2 चम्मच साबुत मैथी दाना, 10 ग्राम कत्था व 5 ग्राम काफी पावडर डालकर 10 मिनट और उबालें। उतार कर, ठण्डाकर मेंहदी की तरह बालों में लगाएँ। 1 घण्टे बाद सादा पानी से धो लें। ऐसा सप्ताह में दो बार करें। किसी साबुन या शेम्पू का उपयोग न करें। बहुत गुणकारी प्रयोग है। 1–2 मास मे ही चमत्कार देख ले।

61. रुसी के लिए निम्बू का रस 1 भाग सरसों का तेल 10 भाग लगाएँ।

62. मेंहदी 1 कप, काफी पावडर 1 चम्मच, दही 1 चम्मच, निंबू का रस 1 चम्मच, कत्था 1 चम्मच, ब्राह्मी 1 चम्मच, आँवला चूर्ण 1 चम्मच, पोदीना 1 चम्मच, पर्याप्त पानी डालकर 2 घण्टे रखे, स्नान से 2 घंटे पूर्व बालों व बालों की जडों में अच्छी तरह लगा लें। बाल सूख जाएँ तब स्नान करें। साबुन न लगाएँ। धोने के लिए मिट्टी का प्रयोग करें। इससे बालों की सब शिकायतें दूर हो जाती है। रुसी खत्म होती है। जो बालों में रंग न लाना चाहें वह काफी पावडर व कत्था हटा दे।

63. नीम व बेर की पत्तियों को उबालकर इस पानी से सिर धोने से बाल झड़ना बन्द होता है।

64. टंकण भस्म व निम्बू का रस, रात को लगाकर प्रातः स्नान करें। इसका प्रयोग 1–2 सप्ताह से ज्यादा न करें। 7 दिन में इसका पूरा प्रभाव हो जाता है।

65. उपयुक्त योग के साथ निम्न योग प्रयोग करें। आँवला 200 ग्राम, शिकाकाई 150 ग्राम, रीठा, नागरमोथा, कपूरकाचरी, भृंगराज, 50–50

ग्राम, कपूर 10 ग्राम, इसका 2 चम्मच रात को भिगोकर प्रातः बालों में मसले व धो लें। इससे बालों की सभी समस्यायें नष्ट होती है।

66. हाथीदांत की भस्म बकरी के दूध में रात को लगाएँ। 3–4 सप्ताह तक प्रयोग करने से बाल निकलना शुरु हो जाते हैं। 7–8 सप्ताह में पूरे बाल निकल आते हैं।

67. केश रसायन – काले तिल, आँवला, त्रिफला, मुलेठी, भांगरा 100–100 ग्राम लौहभस्म 50 ग्राम, मिश्री 500 ग्राम को 1–1 चम्मच, प्रातः सांय दूध या पानी से 6 माह तक प्रयोग करें। इससे बाल प्राकृतिक तौर पर काले–लम्बे घनें रहते हैं।

68. ककडी का रस लगाने से बाल लम्बे घने होते हैं।

69. बालों में जैतून के तेल की मालिश कर, गर्म पानी में तोलिया भिगो कर, बोलों को लपेटकर 15–20 मिनट रहने दे। इससे बाल मजबूत होते हैं।

70. कन्डीशनर –जैतून का तेल 4 चम्मच, ग्लिसरीन 4 चम्मच, सिरका 1 चम्मच व 2 अण्डे मिलाकर जड़ों में अच्छी तरह लगाएँ। 10–15 मिनट बाद गुनगुने पानी से धो लें। इस मिश्रण को फ्रिज में रखें ।

71. उपयोग की गई चाय की पती उबालकर 1 निम्बू निचोड़कर बाल धोवे।

72. कोरे घड़े में 20 दिन 2 किलो. काली मिट्टी गलाकर बाल धोवे।

73. नारियल जैतून, बादाम, आँवला, अरण्डी, सभी समान लेकर गर्म कर बालों में मालिश करें।

74. न. 1 क्वाथ–भांगरा, ब्राह्मी, आँवला, बड़ी हरड़, अनन्तमूल, लौह चूर्ण, शिकाकाई, कलौंजी, कपूरकाचरी, नागरमोथा, बालछड़, छड़ीला, रतनजोत, सुगन्धबाला, कच्चे आम की गुठली 15–15 ग्राम को लौह पात्र में 2.5 ली. पानी में उबालें। 1/2 ली. रहे तब उतार लें छान लें। न. 2 क्वाथ–जपा के ताजे फूल 50 ग्राम, हाथीदांत का बुरादा, कनेर, बेर, नीम, तुलसी, इन चारों के पत्र, बरगद जटा, लोकी, कद्दू के बीज, हरी मेंहदी, असली नील 15–15 ग्राम, 1.5 लीटर पानी में उबालें, 250 मि.ली. बचे तब छान लें। न. 3 क्वाथ–यूकिलिप्टिस के हरे पत्र, खसखस, गुलाब के फूल, चन्दन का बुरादा, 15–15 ग्राम, 1/2 ली, पानी में उबालें व 150 मि.ली. रखें। अब काले तिलों का तेल 3 लीटर में 1 व 2 क्वाथ को डालकर

आग पर पकावें। अधपका होने पर क्वाथ 3 भी डाल दे। थोड़ी देर बाद 10 नीबू का रस डालें। तेल सिद्ध करें। न जलने दे न कच्चा रहने दे। इसकी मालिश करें। इससें असमय में बाल सफेद होना, झड़ना बन्द होता है। बाल लम्बे घने होते हैं। रुसी, गंजापन दूर होता है। शिरःशूल व अनिद्रा नष्ट होती है।

75. रुसी नाशक द्विहरिद्राद्य तैल–हल्दी, दारुहल्दी, चिरायता, नीमपत्ती, हरड़, बहेडा, आँवला, लाल चन्दन 100–100 ग्राम को जोकुट कर 6 लीटर पानी में उबालें। 2 लीटर रहने पर उतारकर 1 लीटर तिल तेल में सिद्ध करें। सिर के बालों में नीबू का रस डालकर 1 घण्टा लगा रहने दे। गुनगुने पानी में सिर धोकर सुखाकर बालों की जड़ो में लगाएँ। इसके कुछ ही दिनों के प्रयोग से रुसी – अरुंषिका दूर होती है।

76. दूधी का लेप करने से खालित्य दूर होता है।

77. पाकर (प्लक्ष) का दूध लगाने से इन्द्रलुप्त में लाभ होता है।

78. पटोलपत्र के पत्र के रस का मर्दन इन्द्रलुप्त में करें।

79. प्याज के बीजों को मधु के साथ लगाएँ।

80. **स्थानिक लेप** – लगाने के लिए – भृंगराज तेल या कासीसादि तेल का प्रयोग करें। इसके अलावा निम्न तैलों का प्रयोग भी लाभप्रद है–टॉप हेयर आयल, केशकल्प, त्रिचप, सेसा, शकुन्तलम्। कार्मुकता बढाने के लिए 100 मि.ली. तेल में 6 केप्सूल Evion के मिलावें। महिलाओं में गुच्छे के गुच्छे बाल उतरने की शिकायत होने पर 100 मि.ली. तेल में सूची वेध Placentrox मिलावें। इससे तुरन्त लाभ होगा।

पालित्य

1. खस का शर्बत धारोष्ण दूध से दे।

2. लोहे के पात्र में रात को त्रिफला, भृंगराज, मेंहदी भिगो दे। प्रातः कोई भी शेम्पू में मिला कर, बालों में मिला कर, 20 मिनट रहने दे। फिर सिर धो लें।

3. यह पित्तप्रधान रोग है अतः शोधन में विरेचन का प्रयोग करें। एतदर्थ स्वादिष्ट विरेचन चूर्ण 6 ग्राम या कुटकी चूर्ण 3 ग्राम, का प्रातःकाल गर्म पानी से प्रयोग करें।

4. नस्य – प्रातः अणु तेल 4–4 बूंद एवं सायं गौघृत 4–4 बूंद से लें।
5. पित्तज आहार विहार का त्याग करें। जैसे अचार, केथ, केरी, चटनी, तेज मिर्च मसाले, फास्ट फूड का त्याग करें। पथ्य – कच्चा व पक्का खोपरा, धनियां, सौंफ व मिश्री का बार– बार प्रयोग एवं घृत का सेवन करें।
6. भोजन के बाद – ताजा गन्ना चूसें।
7. आसव अरिष्ट व मद्य नहीं दे।
8. आमलकी अथवा त्रिफला का लम्बा प्रयोग कराएँ।
9. नीम की निबोली को 7 दिन तक भृंगराज स्वरस में भिगोकर किसी यन्त्र से या घाणी में तेल निकलवाकर लगवायें। इससे बाल काले होते हैं ।
10. नारियल तेल 750 ग्राम छड़ीला 20 ग्राम, को 20 दिन भिगोकर, तेल सिद्ध कर लगाएँ।
11. एरण्ड तैल 500 ग्राम, सफेद चन्दन बुरादा 18 ग्राम काफी बीज 18 ग्राम डालकर 1/2 घण्टे उबालें। फिर उसको बोतल में भर लें। रात को सोते समय 1 चम्मच का मालिश करें। प्रातः धोलें।
12. जैतून का तेल 4 भाग, एरण्ड तेल 1 भाग ग्लीसरीन 1 भाग रात को अच्छी तरह लगाकर प्रातः धो लें।
13. आँवला 50 ग्राम, काले तिल 50 ग्राम को 25 ग्राम गोघृत में भूनकर, 100 ग्राम मिश्री मिला लें। 20 ग्राम प्रातः सांय शहद से लें।
14. नारसिंह चूर्ण (गोडम्बी) 1–1 चम्मच मीठे दूध से लें। भोजन के बाद अश्वगन्धारिष्ट 20 मि.ली. व भृंगराजासव 20 मि.ली. भी लें। लगाने के लिए महाभृंगराज तेल ओर चन्दनादि तेल लगाएँ 4–5 मास तक प्रयोग करें।
15. छोटी हरड का मुरब्बा 1 नग रात को खाकर दूध पी लें। 6 माह प्रयोग करें ।
16. इन्द्रायण के बीज के तेल का लगाने के लिए प्रयोग करें।
17. 1. प्रातः सायं – केशोर गुग्गुलु 1 ग्राम, चन्दनादि लौह 250 मि.ग्रा., संशमनी वटी 500 मि.ग्रा., प्रवाल पिष्टी 250 मि.ग्रा., मधुयष्टी चूर्ण 2 ग्राम, कासीस भस्म 125 मि.ग्रा., दिन में 2 बार, वृहत् शतावरी घृत 10 ग्राम से 2. प्रातः सायं – काले तिल, भृंगराज, मुलेठी, आँवला,

अमृता, शर्करा, सब समान भाग, एक एक चम्मच, पानी से, 6 माह तक ले। 3. भोजन के बाद – आरोग्यवर्धनी वटी 2–2 गोली, पानी से 4. कामदुधा रस 250 मि.ग्रा., स्वर्णमाक्षिक भस्म 250 मि.ग्रा., केशोर गुग्गुलु 1 ग्राम, आमलकी रसायन 500 मि.ग्रा., शिलाजत्वादि लौह या शुद्ध शिलाजीत 500 मि.ग्रा., सप्तामृत लौह 500 मि.ग्रा., वासा चूर्ण 1 ग्राम, मधु या कूष्माण्डावलेह 20 ग्राम से, दिन में 3 बार।

18. **स्थानिक लेप** – 1. लगाने के लिए – भृंगराज तेल या कासीसादि तेल का प्रयोग करें। इसके अलावा निम्न तैलों का प्रयोग भी लाभप्रद है– टॉप हेयर आयल, केशकल्प, त्रिचप, सेसा, शकुन्तलम्। 2. शिरो धारा में तक्र धारा का प्रयोग करें, काफी लाभप्रद है। 3. शिरो लेप – आँवला, छाछ, मुलेठी, बावची, दशांग लेप, कासीस भस्म या हरा कसीस का पीस कर प्रयोग करें। 30 दिन से 6 माह तक प्रयोग करें।

बाल लम्बे करना

1. अनार के छिलके, गुडहल के पत्र व मेंहदी बराबर लेकर व चाय पत्ती के पानी में मिला कर पेस्ट बना कर एक घण्टा रहने दे व बाद में शेंम्पू कर लें। ऐसा सप्ताह में एक बार करें।

बाल न बडना

1. बालों की जडों में आधा चम्मच एरण्डी का तैल, आधा चम्मच तिल का तेल व ग्वारपाठा का गूदा लगा कर एक घण्टा छोड दे व बाद में शेंम्पू कर लें। ऐसा सप्ताह में एक बार करें। आवले का लम्बे समय तक प्रयोग करें।

अतिरोमता

1. उबटन–मनःशिला या श्वासकुठार रस, कालीमिर्च, सज्जीक्षार, कदलीक्षार, शंख भस्म, चित्रकादि वटी, बेसन, हल्दी, रसों के तेल में उबटन करें। दाह हो तो घृत लगाावें। 2. दशमूलाद्य तेल की बस्ती लगाएँ। 3. पंचतिक्तघृत 10 ग्राम, गोक्षुरु सिद्ध दूध सें। 4. शिवा गुटिका 2 गो॰, 2 बार।

1. शोधन – वमन, विरेचन व बस्ति का प्रयोग करें। तिक्तक्षीर बस्ति का प्रयोग बहुत लाभप्रद रहता है।

2. नस्य – प्रातः सर्षप तेल 4–4 बूंद का प्रयोग करें। सर्वांग अभ्यंग का प्रयोग भी करें।
3. कारण का पता लगाकर उसे हटावें।

आभ्यन्तर औषध – व्यवस्था पत्र

1. प्रातः सायं – क्रव्याद रस 250 मि.ग्रा., रसमाणिक्य 100 मि.ग्रा., प्रवाल पंचामृत 500 मि.ग्रा., पंचतिक्त घृत गुग्गुलु 1 ग्राम, तालीसादि चूर्ण 2.5 ग्रा., पुष्पधन्वा रस 250 मि.ग्रा., फल घृत 10 ग्राम से
2. प्रातः सायं – चतुर्बीज चूर्ण 3 ग्राम का, कोष्ण जल से प्रयोग करें।
3. भोजन के बाद – आरोग्यवर्धनी वटी 2–2 गोली, पानी से।
4. मेथी दाना चूर्ण 250 ग्राम को 50 ग्राम घृत में भून कर, तत्काल दरदरा चूर्ण करें। 3 ग्राम की मात्रा में 2 बार, प्रातः व रात्रि में, पानी से प्रयोग करें।

स्थानिक लेप

1. लेप – कपर्द व हरताल मिला कर घर्षण करें।

अध्याय 20

दन्त रोग
(Dental Diseases)

दन्तकृमि

1. टणकचा या कंटकी करंज के पत्र के क्वाथ का कुल्ला करें।

दन्तपूय या पायरिया

1. प्रथम कोष्ठशुद्धि कराएँ।
2. कुटज चूर्ण (या कुटज हिम से 7 बार भावित कुटज चूर्ण) 3 ग्राम, 3 बार जल से
3. क्लीन एन क्लीयर केप० 2, 2 बार। 15 दिन बाद–हल्दी आधा चम्मच, दूध, घृत से, 1 माह तक।
4. नीम की दातौन या गमटोन या जी 32। 4. तिक्त घृतों का प्रयोग।

दन्तशूल

1. विपरीत पैर के नाखून पर लहसुन का लेप करें।
2. रीठे को गुठली सहित काली राख बनाएँ। मंजन करें। कुछ देर तक कुल्ला न करें।

अध्याय 21

सन्धि रोग (Diseases of Joints)

अंग की स्ताब्धता।

1. थूहर की जडों के आसपास की मिट्टी या सांप की बांबी की मिट्टी को जल में गर्म कर, थोड़ा तिल्ली का तेल डाल कर लेप करें।

अस्थिशोषिर्य

1. प्रातः सायं–क्रव्याद रस 250 मि.ग्रा., पुष्पधन्वा रस 250 मि.ग्रा., नवजीवन रस 125 मि.ग्रा., प्रवाल पंचामृत रस 250 मि.ग्रा., प्रभाकर वटी 250 मि.ग्रा., सितोपलादि चूर्ण 2 ग्राम, मृगश्रृंग भस्म 250 मि.ग्रा., 2 बार, मेनाल माल्ट या विगोरोल जैली या कूष्माण्डावलेह 15 ग्राम से।
2. मृगश्रृंग भस्म 250 मि.ग्रा. व पुष्पधन्वा रस 250 मि.ग्रा., मधु से दे।
3. बस्ति–नागबला (गांगडी), पीपल छाल, अश्वगन्धा, अर्जुन, मुलेठी, अमृता, कोंच बीज, बला, वासा पत्र, लघु पंचमूल, निर्गुण्डी पत्र, सब 60–60 ग्राम लकर 11 मात्रा बनाएँ। एक मात्रा 750 मि.ली. जल में डाल कर पकावें। आधा रहने पर 400 ग्राम दूध डाल दे। जब दूध रह जाय तो मधु 50 ग्राम, घृत 50 ग्राम डाल कर पोट से लगाावें। साथ में पंचतिक्तघृत गु० 500 मि.ग्रा. दिन में 2 बार खिलावें।

आमवातिक सन्धिशोथ

1. विजयसार 10 ग्राम का क्षीरपाक।

आमवात

1. दशमूल क्वाथ 20 ग्राम व रास्नादि क्वाथ 15 ग्राम या संहिजना क्वाथ 10 ग्राम (संक्रमण हो तो), प्रक्षेप में एरण्ड तेल 10 ग्राम, सोंठ 1 ग्राम व मधु, 7 दिन प्रातः 1 बार, 10 दिन दें, बाद में सन्तर्पण दे।

2. गिलोय, सोंठ, अजवायन का 10 ग्राम क्वाथ व हिंग्वष्टक चूर्ण 3 ग्राम का प्रक्षेप दे।
3. हिंगु 1 भाग, सैन्धव नमक 2 भाग, बालसुधा 4 भाग, सोंठ 8 भाग, में शोभान्जन क्वाथ की भावना देकर 375 मि.ग्रा. की गोली बनाएँ। प्रातः 2 गो० गर्म जल से एवं भोजन से पूर्व दोनों समय 2–2 गोली, जल से
4. तम्बाकू का तेल का मर्दन।
5. इमली 15 ग्राम का पानक बनाएँ। गुड़, हींग, जीरा, काला नमक, काली मिर्च डाल कर भोजन के पूर्व या साथ दे। प्रथम 3दिन रोज, फिर एक दिन छोड़ कर दे। इसें सन्धिवात, अपच, ग्रहणी, अतिसार, प्रवाहिका, आमवृद्धि में दिया जा सकता है। ग्रीष्म में अधिक ठीक रहता है।
6. इमली, चूना, हल्दी, मधु का लेप।
7. सांभरबेल 120 ग्राम, अजवायन 25 ग्राम, सोंठ 12 ग्राम, जल के सहयोग से स्वरस निकालें। प्रातः सांय 7 दिन दे। 7 दिन नमक खटाई बन्द करें।
8. 1. प्रातः दूध से–लहसुन का कल्प 10 गुरी तक। 2. चित्रकादि वटी 2 गो. व सारिवाद्यासव 25 मि.ली., समान जल से 3. रात्रि को–ज्योतिष्मति तेल 5 बूँद, दूध से।
9. सोंठ 10 ग्राम, बालसुधा 5 ग्राम, सेन्धव 2.5 ग्राम, हिंगु 1.25 ग्राम, इसे शोभान्जन की छाल के क्वाथ में गोली बनाकर 500 मि.ग्राम. की गोली बनाएँ। 1–1 मात्रा प्रातः गर्म पानी से दूसरी व तीसरी मात्रा भोजन के पूर्व दे।
10. सांभरबेल सूखी 60 ग्राम, सोंठ 12 ग्राम, अजवायन 24 ग्राम, सबकी 2 ग्राम की मात्रा जल से 7 दिन दे। परहेज गुड़, तैल, खटाई, तली चीजें, हींग, राई।

आमवात की 10 दिन के शिविर में चिकित्सा

प्रथम दिन–

1. सायं भोजन के बाद, केवल एकदिन–ज्वरमुरारीवटी 4 गोली, दूध से
2. प्रथम दिन व सातवें दिन–प्रातः 9 बजे या सायं 5 बजे–आस्थापन बस्ती या मलशोधक बस्ती–यह बस्ती बुभुक्षित को अथवा भोजन

जीर्ण होने पर देनी है। केवल एक बार देनी है। क्वाथ द्रव्य–कुटज चूर्ण 3 ग्राम, दशमूल 40 ग्राम, मदनफल 10 ग्राम, कुटकी 3 ग्राम, अमलतास 15 ग्राम, निशोथ 3 ग्राम, 800 मि.ली. जल में क्वाथ करके 400 मि.ली. रखें। इसमें निम्न प्रक्षेप द्रव्य अत्यन्त सूक्ष्म करके डालें। बच, सौंफ, सोंठ, पिप्पली, कूठ 1–1 ग्राम, मधु 25 ग्राम, नमक 4 ग्राम, कचूर 2 ग्राम, गोमूत्रक्षार चूर्ण 10 ग्राम, या पलाश क्षार 3 ग्राम या वासा क्षार 1.5 ग्राम या यवक्षार 500 मि.ग्राम, एरण्ड तेल 75 ग्राम। यह बस्ती 20–25 मिनट में बाहर आ जाना चाहिए। बाहर आने की अधिकतम अवधि 45 मिनट है। इस अवधि में बस्ती बाहर न आने पर निम्न क्षार बस्ती दें। ग्लिसरीन 25 मि.ली., सुखोष्ण जल 100 मि.ली., नमक 10 ग्राम, क्षार 3 ग्राम। इसको गुदा में 4 अंगुल गहरा लगावें। अथवा यह पिप्पल्यादि वर्ती लगाएँ। पिप्पली, लवण, गृहधूम, अपामार्ग, सरसों, बेंगन के बीज, निगुण्डी, अमलतास, मदनफल, सहचर, इनको गोमूत्र व अम्ल द्रव्यों के साथ पीस कर, गुड़ के साथ अंगुष्ठमूल के समान वर्ती बनाएँ। इसे गुदा में 10 से 20 मिनट रखें।

3. भोजन के बाद–रसोनादि वटी 3 गोली या चित्रकादि वटी 3गोली या गन्धक वटी 3 गोली।
4. क्षीरपाक–प्रातः 7 बजे व रात्रि 10 बजे–दूध 250 मि.ली., जल 125 मि.ली., रसोन 10 ग्राम, दशमूल 15 ग्राम।
5. सूर्य नमस्कार व योगासन।
6. पान व अन्य कामों में सदैव उष्णोदक प्रयोग।
7. भोजन के 15 मिनट बाद– अश्वगन्धारिष्ट व दशमूलारिष्ट 20–20 मि.ली., समान जल से।
8. दिन में 3 बार–समीरपन्नग रस या रस माणिक्य 125 मि.ग्रा. संजीवनी या मृत्युन्जय रस या महा वातविध्वंसन रस 250 मि.ग्रा., तालीसादि चूर्ण 3 ग्राम, पुनर्नवादि गु॰ 500 मि.ग्रा. या सिंहनाद गु॰ 1 ग्राम, सहपान–ब्राह्म रसायन 20 ग्राम, अनुपान दशमूल क्वाथ 15 ग्राम।
9. पथ्य–प्रातः–कुछ नहीं, सायं– सायं–पर्याप्त यमकयुक्त दालयूष, पर्याप्त हिंगु, जीरा, अजवायन, लहसुन का छोंक देकर।

द्वितीय, तृतीय, चतुर्थ, पंचम दिन

औषध क्रम 1, 2, 9 बन्द, शेष पूर्ववत्।

10. पथ्य–प्रातः सायं–रोटी, दाल, पर्याप्त यमक, हिंगु, जीरा, अजवायन, लहसुन का छोंक देकर।
11. अवस्थानुसार रात्रि को–गोमूत्र एरण्डभृष्ट हरीतकी चूर्ण 6 ग्राम, गर्म जल से।

छठे दिन से दशम दिन तक–

औषध क्रम 3, 4, 5, 6, 7, 10, 11 पूर्ववत् दे।

12. मुनक्का 21 नग खावें।
13. अभ्यंग– सर्षप तेल व नमक का।
14. प्रातः 5.30 बजे–लवणभास्कर चूर्ण 3 ग्राम, हिंगु 375 मि.ग्रा., अजवायन 1 ग्राम, घृत या पंचतिक्त घृत 10 ग्राम से उपर से पुनः पुनः कोष्ण जल पान।
15. उपनाह स्वेद–दशांग लेप 100 ग्राम, अजवायन, राई, हल्दी, सोंठ, गोमूत्रक्षार चूर्ण 10–10 ग्राम, अलसी 15 ग्राम, मधु 20 ग्राम, एरण्ड तेल 50 ग्राम, अल्प जल डाल कर गर्म करके एरण्ड पत्र (सर्षप तेल लगा कर व गर्म करके) पर रख कर सुखोष्ण बाँधें।
16. स्वेदन–चौथे दिन से दसवें दिन तक, एक दिन छोड़ कर, प्रातः एक बार दे। यूकिलिप्टस के पत्र, अजवायन, एरण्ड पत्र, दशमूल। स्वेदन स्थानिक, बलानुसार, 5 से 10 मिनट दे। स्वेदन के बाद ठन्डी हवा न लगने दे। इसके बाद कोई पोषक पेय दे। यथा मुनक्का व क्षीरपाक दे। इससे पूर्व प्रचुर तेल से पर्याप्त अभ्यंग कराएँ।
17. प्रातः 7 बजे व सायं 4 बजे–नारसिंह चूर्ण (भिलावे वाला) 3 ग्राम, घृत 10 ग्राम, मधु 5 ग्राम, 2 बार, उष्णकाल में नारसिंह चूर्ण के बजाय सितोपलादि चूर्ण दे।
18. दिन में 3 बार–समीरपन्नग रस 125 मि.ग्रा. महा योगराज गु॰ 500 मि.ग्रा., सितोपलादि चूर्ण 3 ग्राम, अमरसुन्दरी वटी 1 ग्राम, ताप्यादि लौह 375 मि.ग्रा., सहपान– च्यवनप्राश 20 ग्राम, अनुपान दशमूल क्वाथ 15 ग्राम।
19. अनुवासन बस्ती (अवस्थानुसार कभी कभी) – सैन्धवाद्य तेल 40 ग्राम, पश्चात् क्षार बस्ती।

एडी शूल, सन्धिशोथ

1. अलसी या एरण्ड बीजमज्जा या सुआ की गाढी खीर को पलाश पत्र मे बाँधे।
2. खुमानी 2–2 के छिलके व गुठली का प्रयोग करें।

कटिस्रंस

1. 1. सायं–कटिपूरण–पंचगुण, महाविषगर्भ व वृ॰ सैंन्धवादि तेल से 2. प्रातः –पत्र पोट्टली सेक। 3. लेप–महुआ का फल, अलसी का तैल, आम्बा हल्दी, कायफल का सेंक करें। 4. प्रातः स्नेहन– स्रोतोसंगहर चूर्ण 1.5 ग्राम, हिंग्वष्टक चूर्ण 1.5 ग्राम, घृत 4 चम्मच, सरसों का तेल 4 चम्मच, गुड़ 10 ग्राम, दशमूलारिष्ट 50 मि.ली., गर्म जल। 5. प्रातः मध्यान्ह सायं–अश्वगन्धादि चूर्ण 2.5 ग्राम, रस माणिक्य 50 मि. ग्रा., मृत्युन्जय रस 250 मि.ग्रा., शुभ्रा भस्म 250 मि.ग्रा., बालसुधा 250 मि.ग्राम, गोक्षुरादि गु॰ 500 मि.ग्रा., कूष्माण्डावलेह 20 ग्राम, से 3 बार।

कशेरुकाशोथ या स्पोन्डिलाइटिस

1. आंगीलयां थूहर को बिना जल के उडद की दाल की पकौडी बनाकर तिल तेल में 8–10 पकोडी 15 दिन में एक बार खिलावें। 4 बार। 50 प्रतिशत लाभ होता है। गर्मी के मोसम में न दे।
2. 1. प्रातः 6 बजे– स्नेहन योग। 2. प्रातः सायं–रसमाणिक्य 50 मि. ग्राम., मृत्युन्जय रस 250 मि.ग्रा., शुभ्रा भस्म 250 मि.ग्रा., बालसुधा 250 मि.ग्रा., गोक्षुरादि गु॰ 1 ग्रा, तालीसादि चूर्ण 3 ग्रा., कूष्माण्डावलेह 20 ग्राम, से 2 बार। 3. टेब. ओस्टीयोलिप 2 गो., एलोबजेसिक 1 गो., 2 बार, जल से 4. नस्य–सरसों का तैल 4 बूँद। 5. कर्णपूरण–सरसों का तैल 4 बूँद।
3. 1. प्रातः–ताजा गिलोय 10 ग्राम, पुनर्नवाष्टक क्वाथ 15 ग्राम, मधु डाल कर। 2. प्रातः भोजन से पूर्व–दशमूलारिष्ट 30 मि.ली., समान जल से 3. सायं भोजन से पूर्व–सोमपान या अंगूरासव 40 मि.ली., समान जल से 4. रात्रि को–पंचगव्य घृत 20 ग्राम, व केप. एलर्ट 1। 5. सुरा व तिल्ली के तेल का कवल।

चणक जाना

1. मूली के बीज 3ग्रा., 2 बार। एवं धतूरे का लेप।

जानूशूल

1. 1. महायोगराज गु॰ 500 मि.ग्रा., ताप्यादि लौह 500 मि.ग्रा., तिन्दुक वटी 125 मि.ग्रा., अमरसुन्दरी वटी 1 ग्राम, सितोपलादि चूर्ण 3 ग्राम, 2 बार, मेनाल माल्ट से 2. भोजन के बाद–अश्वगन्धारिष्ट 20 मि.ली. समान जल से 3. नारायण तेल व मायस्टाल से मर्दन।
2. दालचीनी, तेजपात व छोटी हरड़ को रात को भिगो कर प्रातः पीवें।

नवीन आमवात

1. दोष पाचनार्थ–सोंठ, सुहागा, सैन्धव, 250–250 मि.ग्रा., हिंग 50 मि. ग्रा., सहिंजना छाल, 3 ग्राम, दशमूल क्वाथ 15 ग्राम से, 3 बार।

सन्धिवात

1. 1. दिन में 3 बार–रस माणिक्य 125 मि.ग्रा. मृत्युन्जय रस 250 मि. ग्रा., स्रोतासंगहर चूर्ण 1 ग्राम, तालीसादि चूर्ण 2 ग्राम, गोक्षूरादि गु॰ 500 मि.ग्राम, बालसुधा 250 मि.ग्रा., शुभ्रा 125 मि.ग्रा.,कूष्माण्डावलेह 20 ग्राम, से 2 बार,। 2. प्रातः 5.30 बजे–वातान्तक सीरप 30 मि.ली., मधु 20 ग्राम, कोष्ण जल 50 मि.ली.। 3. पोजेक्स व अश्वगन्धा केप एक एक दूध से।
2. सहींजना 10 ग्राम का क्वाथ में सोंठ 250 मि.ग्रा., अजवायन 250 मि. ग्राम डालकर पीवे।
3. हरड़ 3 ग्राम, सोंठ 1 ग्राम, काला तिल 10 ग्राम, 25 ग्राम पुराना गुड़, प्रातः 6 बजे दे।
4. 1. रसमाणिक्य 50 मि.ग्रा., कामदुधा रस 250 मि.ग्रा., पंचतिक्तघृत गु॰ 1 ग्राम, तालिसादि चूर्ण 2.5 ग्राम, श्वेत पर्पटी 500 मि.ग्रा., चन्दनादि लौह 500 मि.ग्रा., मधुदक (मधु 15 ग्राम व जल 1 कप) से 2. भोजन के बाद–आरोग्यवर्धनी वटी 2 गो॰ व आयुष 64 2 केप॰, 2 बार जल से 7 दिन बाद 1. प्रातः 6 बजे–स्रोतोसंगहर चूर्ण 5 ग्राम, शोभान्जन क्वाथ 1 कप व वातान्तक लिक्विड 30 मि.ली. व मधु 3 चम्मच 2. 8 बजे – 5 बजे टेब. ओस्टियोलिफ 2, गोक्षुरादि गु॰ 1 ग्राम, मुलेठी 2. 5 ग्राम, मधुदक से 3. केप॰ एवियोन 400 मि.ग्रा. 1 व टेब. सुप्राडिन 1, दिन में एक बार। 4. इमली का पणा, हिंग, जीरा, काला नमक, काली मिर्च व गुड डाल कर, प्रातः भोजन से पूर्व 2 दिन तक, फिर

एक दिन छोड़कर एक सप्ताह, फिर सप्ताह में 2 बार दे। 5. आसन – सर्वांगासन, भुजगांसन, पश्चिमोत्तानासन, घुटने का व्यायाम। 6. प्राणायाम–अनुलोम विलोम 30, भ्रामरी 11, कपालभाति 100 बार।

5. 1. सर्वप्रथम मलशोधक बस्ती दे। 2. प्रातः 6 बजे, स्नेहन–उदरामृत चूर्ण 1 ग्राम, तालीसादि चूर्ण 1 ग्राम, स्रोतोसंगहर चूर्ण 1 ग्राम, अग्नितुण्डी वटी 250 ग्राम, घृत 30 ग्राम, तिल तेल 20 ग्राम, गुड़ 20 ग्राम, अश्वगन्धारिष्ट 35 मि.ली. व गर्म जल। 3. प्रातःसायं–रस माणिक्य 125 मि.ग्रा., बालसुधा 125 मि.ग्रा., तालीसादि चूर्ण 2 ग्राम, गोक्षुरादि गु॰ 500 मि.ग्रा., सिद्ध दरदामृत रस 125 मि.ग्रा., 2 बार, मेनाल माल्ट 20 ग्राम से 4. भोजन के बाद–आरोग्यवर्धिनी 3गोली, चित्तचंदिरासव 20 मि.ली., समान जल से रात्रि को–पंचसकार चूर्ण 6 ग्राम गर्म जल से।

कटिवात

1. वंग भस्म 250 मि.ग्रा. मलाई से 3 दिन मे लाभ होता है।

सन्धिवात की 10 दिन के शिविर में चिकित्सा

प्रथम दिन–

1. सायं भोजन के बाद, केवल एक दिन–ज्वरमुरारी वटी 4 गोली, दूध से

2. प्रथम दिन व सातवें दिन–प्रातः 9 बजे या सायं 5 बजे–आस्थापन बस्ती या मलशोधक बस्ती–यह बस्ती बुभुक्षित को अथवा भोजन जीर्ण होने पर देनी है। केवल एक बार देनी है। क्वाथ द्रव्य–कुटज चूर्ण 3 ग्राम, दशमूल 40 ग्राम, मदनफल 10 ग्राम, कुटकी 3 ग्राम, अमलतास 15 ग्राम, निशोथ 3 ग्राम, 800 मि.ली. जल में क्वाथ करके 400 मि.ली. रखें। इसमें निम्न प्रक्षेप द्रव्य अत्यन्त सूक्ष्म करके डालें। बच, सौंफ, सोंठ, पिप्पली, कूठ 1–1 ग्राम, मधु 25 ग्राम, नमक 4 ग्राम, कचूर 2 ग्राम, गोमूत्रक्षार चूर्ण 10 ग्राम, या पलाश क्षार 3 ग्राम या वासा क्षार 1.5 ग्राम या यवक्षार 500 मि.ग्राम, एरण्ड तेल 75 ग्राम। यह बस्ती 20–25 मिनट में बाहर आ जाना चाहिए। बाहर आने की अधिकतम अवधि 45 मिनट है। इस अवधि में बस्ती बाहर न आने पर निम्न क्षार बस्ती दे। ग्लीसरीन 25 मि.ली., सुखोष्ण जल 100 मि.ली., नमक 10 ग्राम, क्षार 3 ग्राम। इसको गुदा

में 4 अंगुल गहरा लगावें। अथवा यह पिप्पल्यादि वर्ती लगाएँ। पिप्पली, लवण, गृहधूम, अपामार्ग, सरसों, बेंगन के बीज, निगुण्डी, अमलतास, मदनफल, सहचर, इनको गोमूत्र व अम्ल द्रव्यों के साथ पीसकर, गुड़ के साथ अंगुष्ठमूल के समान वर्ती बनाएँ। इसे गुदा में 10 से 20 मिनट रखें।

3. मुनक्का 21 नग खावें।
4. भोजन के बाद–रसोनादि वटी 3 गोली या चित्रकादि वटी 3 गोली या गन्धक वटी 3 गोली।
5. क्षीरपाक–प्रातः 7 बजे व रात्रि 10 बजे–दूध 250 मि.ली., जल 125 मि.ली., मुलेठी 5 ग्राम, रसोन 10 ग्राम, दशमूल 15 ग्राम।
6. अभ्यंग– दशमूलाद्य या नारायण तेल व सर्षप तैल, या नारायण तेल व तारपीन तेल का।
7. सूर्य नमस्कार व योगासन।
8. पान व अन्य कामों में सदैव उष्णोदक प्रयोग।
9. भोजन के 15 मिनट बाद– अश्वगन्धारिष्ट व दशमूलारिष्ट 20–20 मि.ली., समान जल से।
10. दिन में 3 बार–समीरपन्नग रस या रस माणिक्य 125 मि.ग्रा. (निम्न रक्तदाब हो तो इनके स्थान पर त्रिभुवनकीर्ति रस 250 मि.ग्रा. दे), संजीवनी 250 मि.ग्रा., तालीसादि चूर्ण 3 ग्राम, पुनर्नवादि गु॰ 500 मि. ग्रा. या सिंहनाद गु॰ 1 ग्राम, सहपान–ब्राह्म रसायन 20 ग्राम, अनुपान दशमूल क्वाथ 15 ग्राम।
11. प्रातः 5.30 बजे–लवणभास्कर चूर्ण 3 ग्राम, तिन्दुक वटी 125 मि.ग्रा., हिंग 375 मि.ग्रा., सितोपलादि चूर्ण 2 ग्राम, घृत या पंचतिक्त घृत 10 ग्राम से उपर से पुनः पुनः कोष्ण जल पान।
12. पथ्य–प्रातः–कुछ नहीं, सायं– सायं–पर्याप्त यमकयुक्त दालयूष, पर्याप्त हिंग, जीरा, अजवायन, लहसुन का छोंक देकर।

द्वितीय दिन – औषध क्रम 1 व 2 बन्द करें, शेष पूर्ववत्।

13. अनुवासन बस्ती (यह दसवें दिन तक दी जानी है) – दशमूलाद्य या नारायण तेल 40 ग्राम, मधु 20 ग्राम, नमक 1.5 ग्राम।
14. पथ्य–परिमित आहार रोटी, दाल दे।

तृतीय दिन—द्वितीय दिन का चिकित्सा क्रम रखें। तथा

15. अवस्थानुसार विबन्ध हो तो गोमूत्र एरण्ड हरितकी चूर्ण 6 ग्राम, गर्म जल से।
16. उपनाह स्वेद—दशांग लेप 100 ग्राम, अजवायन, राई, हल्दी, सोंठ, गोमूत्रक्षार चूर्ण 10—10 ग्राम, अलसी 15 ग्राम, मधु 20 ग्राम, एरण्ड तेल 50 ग्राम, अल्प जल डाल कर गर्म करके एरण्ड पत्र(सर्षप तेल लगा कर व गर्म करके) पर रख कर सुखोष्ण बाँधें।

चतुर्थ, पंचम, छठे दिन – औषध तृतीय दिन की तरह।

17. स्वेदन—चौथे दिन से दशवें दिन तक, एक दिन छोड़ कर, प्रातः एक बार दे। यूकिलिप्टस के पत्र, अजवायन, एरण्ड पत्र, दशमूल। स्वेदन स्थानिक, बलानुसार, 5 से 10 मिनट दे। स्वेदन के बाद ठन्डी हवा न लगने दे। इसके बाद कोई पोषक पेय दे। यथा मुनक्का व क्षीरपाक दे। इससे पूर्व प्रचुर तेल से पर्याप्त अभ्यगं कराएँ।
18. दिन में 3 बार—समीरपन्नग रस 125 मि.ग्रा. (निम्न रक्तदाब हो तो इनके स्थान पर त्रिभुवनकीर्ति रस 250 मि.ग्रा. दे), महा योगराज गु० 500 मि.ग्रा., सितोपलादि चूर्ण 3 ग्राम, अमरसुन्दरी वटी 1ग्रा., ताप्यादि लौह 375 मि.ग्राम, तिन्दुक वटी 125 मि.ग्रा. (निम्न रक्तदाब हो तो दे), सहपान—च्यवनप्राश 20 ग्राम, अनुपान– क्षीरपाक।
19. प्रातः 7 बजे व सायं 4 बजे—नारसिंह चूर्ण (भिलावे वाला) 3 ग्राम, घृत 10 ग्राम, मधु 5 ग्राम, 2 बार, उष्णकाल में नारसिंह के बजाय सितोपलादि दें

सप्तम दिन से दशम दिन तक – छठे दिन की चिकित्सा दे।

शोथ

1. शोथनाशक द्रव्य – शोथघ्न महाकषाय, दशमूल, पुनर्नवा, मकोय, तृणपंचमूल, गोखरु, गुग्गुलु दशमूल, हरड़, सोंठ, गुड।
2. 1. जहाँ जल का जमाव हो, कफज हो – पुनर्नवा मण्डूर। 2. वातिक हो – गोक्षुरादि गु०। 3. संक्रमण हो—सिंहनाद गु० 1 ग्राम दे।

अध्याय 22

यकृत व प्लीहा के रोग (Diseases of Liver and Spleen)

कामला

व्यवस्था पत्र– अवरोधक कामला

1. दिवाशयन न करें। 2. प्रातः सायं भ्रमण करें। 3. घृत तेल अत्यल्प लें। 4. तली भारी चीजें न ले। 5. खटाई न ले, विशेषतः टमाटर। 6. मुखसेव्य गर्भ निरोधक गोलियाँ न ले। 7. पेट साफ रखें, स्वादिष्टविरेचन चूर्ण या जैतून का तेल ले। 8. प्रातः सायं – संजीवनी वटी 250 मि.ग्रा., तालमखाना क्षार 500 मि.ग्रा., कांचनार गु॰ 500 मि.ग्रा., कपोतविष्ठा 1 ग्राम, तालीसादि चूर्ण 2 ग्राम, स्रोतोसंगहर चूर्ण 2 ग्राम, मधु से या अर्क मकोय 20 मि.ली. या पुनर्नवासव 20 मि.ली. से अथवा प्रातः सायं–महावातविध्वंसन रस 125 मि.ग्रा, आरोग्यवर्धिनी रस 500 मि.ग्रा., सूतशेखर रस 125 मि.ग्रा., पुनर्नवा मण्डूर 500 मि.ग्रा., नारिकेल लवण 500 मि.ग्रा., सीरप नीरी 20 मि.ली. से 9. भोजन के बाद–कुमार्यासव 20 मि.ली., रोहितकारिष्ट 20 मि.ली., समान जल से 10. जल अधिक पिवें। 11. प्रातः 1 बार– पुनर्नवाष्टक या पुनर्नवादि क्वाथ 15 ग्राम, मधु मिला कर।

याकृतिक व शोणांशिक कामला

1. प्रातः सायं – कामदुधा रस 250 मि.ग्रा., सूतशेखर रस 250 मि.ग्रा., पुनर्नवा मण्डूर 500 मि.ग्रा., तालीसादि चूर्ण 2 ग्राम, संजीवनी 250 मि.ग्रा., मुलेठी 1 ग्राम, स्रोतोसंगहर चूर्ण 1 ग्राम, गोक्षुरादि गु॰ 500 मि.ग्रा., 2 बार, प्रातः पंचतिक्त घृत 15 ग्राम एवं सायं मधुदक से 2. भोजन के बाद– आरोग्यवर्धिनी 2 गोली, भृंगराजासव 20 मि.ली., समान जल से 3. क्षीरपाक– रसोन, मुलेठी का। 4. नस्य। 5. अभ्यंग। 6. कर्णपूरण। 7. प्रातः 1 बार– पुनर्नवाष्टक या पुनर्नवादि क्वाथ 15 ग्राम, मधु मिला कर। सर्वप्रथम मलशोधक बस्ती दे। यह बस्ती बुभुक्षित को अथवा भोजन जीर्ण होने पर देनी

है। केवल एक बार देनी है। क्वाथ द्रव्य–कुटज चूर्ण 3 ग्राम, दशमूल 40 ग्राम, मदनफल 10 ग्राम, कुटकी 3 ग्राम, अमलतास 15 ग्राम, निशोथ 3 ग्राम, 800 मि.ली. जल में क्वाथ करके 400 मि.ली. रखें। इसमें निम्न प्रक्षेप द्रव्य अत्यन्त सूक्ष्म करके डालें। बच, सौंफ, सोंठ, पिप्पली, कूठ 1–1 ग्राम, मधु 25 ग्राम, नमक 4 ग्राम, कचूर 2 ग्राम, गोमूत्र क्षार चूर्ण 10 ग्राम, या पलाश क्षार 3 ग्राम या वासा क्षार 1.5 ग्राम या यवक्षार 500 मि.ग्राम, एरण्ड तेल 50 ग्राम। यह बस्ती 20–25 मिनट में बाहर आ जाना चाहिए।

हेपेटाइटिस बी

1. 1. प्रातः 1 बार–पथ्य– पुनर्नवाष्टक क्वाथ 15 ग्राम, शोभान्जनछाल 2.5 ग्राम, कचनार छाल 2.5 ग्राम, पंचतिक्त घृत या महा तिक्त घृत 10 ग्राम, मधु डाल कर। 2. प्रातः सायं – त्रैलोक्य चिन्तामणि रस 50 मि.ग्रा., प्रतापलंकेश्वर रस 500 मि.ग्रा., स्वर्णमाक्षिक भस्म 125 मि.ग्रा., सप्तविंशति गु॰ 1 ग्राम, तालीसादि चूर्ण 2 ग्राम, मधु से **या** प्रातः सायं–त्रैलोक्य चिन्तामणि रस 100 मि.ग्रा., स्वर्णमाक्षिक भस्म 125 मि.ग्रा., पंचतिक्तघृत गु॰ 1 ग्राम, दालचीनी चूर्ण 1 ग्राम, पुनर्नवा मण्डूर 500 मि.ग्रा., त्रिविक्रम रस 100 मि.ग्रा., सीरप लिवोहर्ब से। **या** प्रातः सायं – पु॰प॰ विषमज्वरान्तक लौह 125 मि.ग्राम., टंकण भस्म 250 मि.ग्रा., शीतल चीनी चूर्ण 2 ग्राम, तालीसादि चूर्ण 2 ग्रा, पंचतिक्तघृत गु॰ 1 ग्रा., कूष्माण्डावलेह 20 ग्राम, से 2 बार। यह चिकित्सा 20 दिन दें, 10 दिन विराम देकर फिर 20दिन दे। 3. भोजन के बाद–आरोग्यवर्धिनी वटी 1–1 ग्राम, 4. प्रातः 1 बार–नीम की कोंपल 11 नग, तुलसी पत्र 21 नग, कालीमिर्च 5 नग, मिश्री 2 चम्मच, पीस कर दे। 5. टेब॰ निरोसिल 1 व सीरप लीवोहर्ब 20 मि. ली., 2 बार।
2. 1. प्रातः सायं–पु॰प॰ विषमज्वरान्तक लौह 125 मि.ग्रा., पुनर्नवा मण्डूर 250 मि.ग्रा., तालीसादि चूर्ण 2.5 ग्राम, स्रोतोसंगहर चूर्ण 2 ग्राम, प्रतापलंकेश्वर रस 250 मि,ग्रा, संशमनी वटी 500 मि.ग्रा., यवक्षार 500 मि,ग्रा, कूष्माण्डावलेह 20 ग्राम, से 2 बार,। 2. दिन में 2 बार–चन्द्रप्रभा वटी 2 गो., गोक्षुरादि गु॰ 2 गो, 2 बार, जल से 3. एरण्ड पत्र स्वरस 4 चम्मच, गोदुग्ध से
3. त्रिफला, मुलेठी, कुटकी, अजवायन, शंख भस्म, लवणभास्कर चूर्ण को गुड़ के जल से दे।

4. स्वर्ण सूतशेखर रस 100 मि.ग्रा. का प्रयोग करें। एरण्ड पत्र स्वरस, सीरप लिवोहर्ब से 3 बार दे।
5. प्रातः कलमीशोरा 2 ग्राम, खट्टी छाछ या दही से दे। दोपहर तक खाना न दे। बाद में मीठा चावल खिलावें। 3 दिन तक दे।
6. पुनर्नवाष्टक क्वाथ, गिलोय क्वाथ 15 ग्राम में गुड़ डाल कर दे।
7. प्रातः सायं – सुवर्णभूपति रस या पु०प० विषमज्वरान्तक लौह 100 मि. ग्रा., मण्डूर भस्म, स्वर्णमाक्षिक भस्म, नवायस लौह या पुनर्नवा मण्डूर 500 मि.ग्रा., धात्री लौह 1 ग्राम, मधु मिश्रित गिलोय क्वाथ से भोजन के बाद–आरोग्यवर्धिनी वटी 2 गो, 2 बार।
8. 1. सर्वप्रथम मलशोधक बस्ती दे। 2. कामदुधा रस 250 मि.ग्रा., सूतशेखर रस 250 मि.ग्रा., पुनर्नवा मण्डूर 500 मि.ग्रा., तालीसादि चूर्ण 2 ग्राम, संजीवनी 250 मि.ग्रा., मुलेठी 1 ग्राम, स्रोतोसंगहर चूर्ण 1 ग्राम, गोक्षुरादि गु० 500 मि.ग्रा., 2 बार, प्रातः पंचतिक्त घृत 15 ग्राम एवं सायं मधुदक से 2. भोजन के बाद–आरोग्यवर्धिनी 2 गोली, भृंगराजासव 20 मि.ली., समान जल से 4. क्षीरपाक–रसोन, मुलेठी का। 5. नस्य। 6. अभ्यंग। 7. कर्णपूरण।
9. अवरोधज – संजीवनी वटी 250 मि.ग्रा., अर्शकुठार 250 मि.ग्रा., पुनर्नवा मण्डूर 500 मि.ग्रा., श्वेत पर्पटी 500 मि.ग्रा., मधु से दे। 3 दिन में लाभ होता है।

जलोदर

1. सहींजना के बीज सेहुन्ड के दूध में 7 दिन तक भिगोवें। मटर के बराबर की गोली बनाएँ। पानी कम दे। ऊँटनी का दूध दे। नमक बन्द करें।
2. 1. सर्वप्रथम मलशोधक बस्ती दे। 2. अर्शकुठार रस 375 मि.ग्रा., श्वेत पर्पटी 500 मि.ग्रा., पुनर्नवा मण्डूर 500 मि.ग्रा., तालीसादि चूर्ण 2 ग्राम, स्रोतोसंगहर चूर्ण 1 ग्राम, गोक्षुरादि गु० 500 मि.ग्रा., 2 बार, मधुदक से 3. भोजन के बाद–आरोग्यवर्धिनी 2 गोली, भृंगराजासव 20 मि.ली., व दशमूलारिष्ट 20 मि.ली., समान जल से 4. रात्रि को– पंचसकार चूर्ण 6 ग्राम व मधुरकक्षार 500 मि.ग्रा., गर्म जल से 5. पिप्पली 1 ग्राम सिद्ध दुग्ध।

पित्ताशयाश्मरी

व्यवस्था पत्र

1. 1. प्रातः सायं–महावातविध्वंसन रस 125 मि.ग्रा., आरोग्यवर्धिनी रस 500 मि.ग्रा., सूतशेखर रस 125 मि.ग्रा., पुनर्नवा मण्डूर 500 मि.ग्रा., नीरकेल लवण 500 मि.ग्रा., सीरप नीरी 20 मि.ली. से 2. प्रातः 1 बार– पुनर्नवाष्टक या पुनर्नवादि क्वाथ 15 ग्राम, मधु मिला कर। 3. भोजन के बाद–कुमार्यासव 20 मि.ली., रोहितकारिष्ट 20 मि.ली., समान जल से।
2. च.चि. 13.169.171 देखें।
3. बिजोरा निम्बू का रस 10 ग्राम, सैन्धव 2 ग्राम, भूखे पेट 2 बार।
4. 1. दिवाशयन न करें। 2. प्रातः सायं भ्रमण करें। 3. घृत तेल अत्यल्प लें। 4. तली भारी चीजें न ले। 5. खटाई न लें। 6. मुखसेव्य गर्भ निरोधक गोलियाँ न ले। 7. पेट साफ रखें, स्वादिष्टविरेचन चूर्ण या जैतून का तेल ले। 8. शोथशामक चिकित्सा ले, गोक्षुरादि गु॰ या पुनर्नवादि गु॰ ले। 9. स्रोतोविस्फारक औषध यथा संजीवनी, समीरपन्नग रस, रसमाणिक्य ले। 10. प्रातः सायं–संजीवनी वटी 250 मि.ग्रा., तालमखाना क्षार 500 मि.ग्रा., कांचनार गु॰ 500 मि.ग्रा., कपोतविष्ठा 1 ग्राम, तालीसादि चूर्ण 2 ग्राम, स्रोतोसंगहर चूर्ण 2 ग्राम, मधु से या अर्क मकोय 20 मि.ली. या पुनर्नवासव 20 मि.ली. से 11. जल अधिक पिवें। 12. कूष्माण्ड का रस या मूली का रस ले। 13. ताम्र भस्म व आरोग्यवर्धनी रस। 14. इन्द्रयव, कृष्ण जीरक, काला नमक, विडंग, 4 ग्राम, 3 बार। 15. रात्रि को जैतून तेल 20 मि.ली. दूध से 16. उँटकटेला की मूल। 17. बदरीपाषाण भस्म या हजरुल यहूद भस्म। 18. मक्का के बालों की भस्म 150 मि.ग्रा., खरबूजे के छिलकों की भस्म 150 मि.ग्रा., मूलिका क्षार 150 मि.ग्रा., सूर्य क्षार 250 मि.ग्रा., यवक्षार 250 मि.ग्रा., संगेयहूद भस्म 250 मि. ग्रा., पाषाणभेद 2 ग्राम, अनुपान–वरुण छाल, कुलत्थ, पाषाणभेद क्वाथ 15 ग्राम व अर्क सौंफ 20 मि.ली. से।
5. कलमीशोरा 100 ग्राम, नौसादर 50 ग्राम, हजरुल यहूद भस्म 50 ग्राम, सुहागा 5 ग्राम, रीठा का छिलका 4 नग का, 400 ग्राम जल में कलमीशोरा डाल कर उबालें। जल आधा रहने पर बाकी औषधें डालें। जल जलने तक सुखावें। 2 ग्राम की मात्रा में कच्चे दूध की

लस्सी से, प्रातः 5 बजे खाली पेट दे। जल, छाछ, दही खूब दे। 20 दिन में परिणाम आते हैं।

पित्ताशयशोथ

1. केशराज, 3 ग्राम अमलतास गूदा 6 ग्राम व मिश्री दे।

पित्तज शूल

1. शल्लकी व शतावरी 6 ग्राम का प्रयोग कोष्ण जल से करें।

प्लीहावृद्धि

1. प्लीहा पर घृत लगा कर, सहींजने की मूल की छाल का लेप करें, उपर से केले का पत्र लगाएँ। शीघ्र ही प्लीहावृद्धि समाप्त होती है।

यकृतोदर

1. 1. सर्वप्रथम मलशोधक बस्ती दे। 2. अर्शकुठार रस 375 मि.ग्रा., श्वेत पर्पटी 500 मि.ग्रा., पुनर्नवा मण्डूर 500 मि.ग्रा., तालीसादि चूर्ण 2 ग्राम, स्रोतोसंगहर चूर्ण 1 ग्राम, गोक्षुरादि गु॰ 500 मि.ग्रा., 2 बार, मधुदक से 3. भोजन के बाद–आरोग्यवर्धिनी 2 गोली, भृंगराजासव 20 मि.ली., व दशमूलारिष्ट 20 मि.ली., समान जल से 4. रात्रि को – पंचसकार चूर्ण 6 ग्राम व मधुरकक्षार 500 मि.ग्रा., गर्म जल से 5. पिप्पली सिद्ध दुग्ध।

हलीमक

1. हिंग्वष्टक चूर्ण 2 ग्राम, कासीस भस्म 250 मि.ग्रा., आमलकी चूर्ण 2 ग्राम, 2 बार, घृत से अंजीर, मुनक्का जामुन के सिरके से।

अध्याय 23

चयापचय रोग
(Diseases of Metabolism)

दुर्बलता

1. 1. विदारीकन्द, एला, शतावरी, अश्वगन्धा, दूध में। 2. घी का आटे में मोयन। 3. खोपरा, मखाना। 4. खरेंटी के मोदक। 5. सिंघाडा के मोदक।
2. मखाना, सिंघाड़ा, द्राक्षा, कशेरु, मुलेठी, दुहारा, एला, दालचीनी, शक्करा
3. रससिन्दूर (षडगुण) 3 ग्राम, केसर 3 ग्राम, को खरल करें। छोटी पीपल 5 ग्राम, दालचीनी 10 ग्राम, छोटी इलायची दाने 20 ग्राम, पिस्ते 50 ग्राम, बादाम 100 ग्राम, अखरोट गिरी 200 ग्राम, छुहारे सफेद गुठली रहित 400 ग्राम, मिश्री 800 ग्राम, सबका मिलित चूर्ण डेढ़ चम्मच, ताजा स्वस्थ गाय के दूध में दे। प्रक्षेप में 2 ग्राम त्रिकटु, घृत 10 ग्राम, 10 ग्राम मधु डाल कर प्रातः एक बार दे। 10 दिन में परिणाम प्राप्त होगे।
4. 1. सालममिश्री 12 ग्राम, घी में सिकी बादाम 35 ग्राम, दूध से 14 दिन। 2. शतावरी, विदारीकन्द, अश्वगन्धा, सफेद मूसली, दूध सें। 3. मखाना खिलावें। 4. नागबला, अश्वगन्धा, उड़द, दूध से 5. प्रातः अंजीर, मुनक्का, बादाम भिगोकर दे।
5. अश्वगन्धा 5 ग्राम, सोंठ 1 ग्राम, पोस्तदाना10 ग्राम, द्राक्षा 20 ग्राम, का क्षारपाक व 2 चम्मच घृत सें।
6. प्रातः सायं–क्रव्याद रस 250 मि.ग्रा., पुष्पधन्वा रस 250 मि.ग्रा., नवजीवन रस 125 मि.ग्रा., प्रवाल पंचामृत रस 250 मि.ग्रा., प्रभाकर वटी 250 मि.ग्रा., सितोपलादि चूर्ण 2 ग्राम, 2 बार, मेनाल माल्ट या विगोरोल जैली या कूष्माण्डावलेह 15 ग्राम से।

लम्बाई बढ़ाने हेतु

1. चन्द्रशूर 5 ग्राम, दूध से दे। व्यायाम करें।
2. च्यवनप्राश 10 ग्राम, 2 बार।
3. रात्रि को – ज्योतिष्मति तेल 5 बूँद, दूध सें। 3. व्यायाम करें।

स्थौल्य

1. जो को उबाल कर पानी देवें। उसी का दलिया खिलावें।
2. गेहूँ या जो के भूसे को रात को भिगो दे। प्रातः उबाल कर छान कर पिलावें।
3. त्रिफला, हल्दी, मुस्तक का क्वाथ 3 माह दे।
4. 1. हाई प्रोटीन डाईट जैसे मेवे, काजू, बदाम, पिस्ता आदि न लें। 2. तेल घी कम करें। भैंस का घी न लें। गाय के घी का प्रयोग करें। गाय के दूध के दही की मक्खन निकाली हुई तक्र (हिंग, जीरा, काला नमकयुक्त व घृत से धूपित की गई) दोपहर भोजन के साथ लें। 3. दिवाशयन न करें। बहुत आवश्यक हो तो खाने के 2 घन्टे बाद थोडा लेट सकते हैं। 4. प्रातः व्यायाम, प्राणायाम करें। एतदर्थ सुबह टी.वी. में या सी.डी. से सहायता ले सकते हैं। प्रातः 4 कि.मी. तेज चाल सें, सायं 2 कि.मी. साधारण चाल से व रात्रि भोजन के बाद 1 कि.मी. टहलें। निम्न व्यायाम विशेष रुप से करें। (क) सीधे लेट कर हाथ बगल में रखें। श्वास भरते हुए एक पैर को बिना मोडे 2 फीट उठावें। जब तक रोक सके, रोके, फिर श्वास छोडते हुए, धीरें धीरें नीचे रख दे। ऐसा ही दूसरे पैर से करें। फिर दोनों पैरों से एक साथ करें। ऐसा 5–5 बार करें। (ख) सीधे लेट कर हाथ बगल में रखें। श्वास भरते हुए एक पैर को बिना मोडे 2 फीट उठावें व एक पैर से क्लोक व एन्टीक्लोक वाइज गोला या शून्य बनाएँ। फिर श्वास छोडते हुए, धीरें धीरें नीचे रख दे। ऐसा ही दूसरे पैर से करें। फिर दोनों पैरों से एक साथ करें। ऐसा 5–5 बार करें। (ग) सीधे लेट कर हाथ की अंगुलियों को सिर के पीछे आपस में फसा कर, दायें हाथ की कोहनी से बायां घुटना स्पर्श करें। फिर हाथ बायें की कोहनी से दायां घुटना स्पर्श करें। ऐसा 10–12 बार करें। (घ) रस्सी कूदें। व्यायाम खाली पेट करें व शरीर के सामर्थ्य के अनुसार करें। 5. अपथ्य–अधिक घी, तैल, तली चीजें, पूरी,

पराठां, दही, मीठा, आलू, अरबी, भिन्डी। दूध कम घी वाला ले। 6. फ्रिज का ठण्डा किया गया कोई पदार्थ न लें। आईसक्रीम, फास्ट फूड न लें। 7. खाना एक तय समय पर लें। नाश्ता न करें। खाना खाते समय टी.वी. न देखें, अख बार न पढ़ें। खाना मन लगा कर, खूब चबा चबा कर खावें। आधा पेट सलाद से भरें, पर भूखे न रहें। दोनों भोजन के बीच में कुछ न खावें। बार–बार कुछ न कुछ खाने की आदत छोड दे। तीसरे प्रहर भूख लगने पर पपीता या अन्य फल या जौ की धाणी ले सकते हैं। 8. रोटी के आटे में निम्न निम्न अनुपात में रखें, गेहूँ 6 कि.ग्रा. जौ 3 कि.ग्रा., चना 1 कि.ग्रा.। 9. पेट साफ रखें। दोनों समय शौच जाएँ। क्षुधा का ध्यान रखें। एतदर्थ औषध लें लें। 10. प्रातः 1 गिलास गर्म जल, 2 चम्मच मधु, 1 निंबू का रस लें। 11. जब भी संभव हो गर्म जल का पान करें। यह सबसे बडी औषध है। 12. प्रातः स्नान के बाद 4–4 बूंद सरसों के तेल का नस्य लें। 13. प्रातः सायं–कांचनार गु॰ 500 मि.ग्रा., पंचतिक्तघृत गु॰ 1 ग्राम, त्र्यूषणाद्य लौह 500 मि.ग्रा., चन्द्रप्रभा वटी 500 मि.ग्रा., शु॰ शिलाजतु 500 मि.ग्रा., मेदोहर गु॰ 500 मि.ग्रा., विड़गांद्य लौह 500 मि.ग्रा., 2 बार,मधु से 14. भोजन के बाद– आरोग्यवर्धिनी वटी 500 मि.ग्रा., कुमार्यासव 20 मि.ली., कुमार्यासव 20 मि.ली., समान जल से 15. रात्रि को स्वादिष्टविरेचन चूर्ण 6 ग्राम, उष्णोदक से।

5. मेदोहर गु॰ 20 ग्राम, स्वर्णमाक्षिक भस्म 5 ग्राम, कासीस भस्म 5 ग्राम, संजीवनी 5 ग्राम, गोमूत्रादिक्षार 50 ग्राम, इसकी 120 मात्रा में केप्सूल भर दे। दिन में 3 बार। कोलानिल पावडर 4 ग्राम, 2 बार जल से (हरड़, बहेड़ा, आँवला, सोंठ, पीपल, विडंग, मुस्तक, हल्दी, कचूर, 5–5 भाग, बच 1 भाग)।

6. बड़ी हरड़, बाकुची, काले तिल, सोंठ, 50–50 ग्राम, पुराना गुड़ 100 ग्राम, 2 चम्मच प्रातः गर्म जल से।

अध्याय 24

अन्य रोग (Miscellaneous)

अंशुघात (तापाघात, सूर्याघात)

1. गोघृत की सम्पूर्ण शरीर पर मालिश करें।
2. प्याज का रस 1 चम्मच, अर्क विसूचिकान्तक 20 मि.ली, कर्पूरधारा 4 बूंद, ग्लूकोज 4 चम्मच, पानी 1 कप, दिन में 4 बार लें। वमन हो तो वमन कुठार या वोमीटेब दे।
3. निम्न औषधि का अवस्थानुसार प्रयोग कराएँ – दाडीमावलेह, चन्दनविटा कल्प, गुलकंद, जपा पुष्पार्क, वासापुष्प गुलकंद, नारिकेलखण्ड, कूष्माण्डावलेह।
4. प्रवाल पंचामृत या मुक्तापंचामृत 500 मि.ग्रा., दूध की लस्सी से दे।
5. प्रवालपिष्टी 500 मि.ग्रा., व आँवला का मुरब्बा दे।
6. प्रवालपिष्टी या मुक्तापिष्टी 500 मि.ग्रा., अमृतासत्व 500 मि.ग्रा., सितोपलादि चूर्ण 3 ग्राम, मुनक्का की चटनी से दे।

आवरण (दोषों का) हटाना

1. त्रिफला 10 ग्राम, सोंठ 1 ग्राम के फाण्ट में एरण्ड तेल 2 चम्मच डाल कर पिलावें।
2. तालीसादि चूर्ण 3 ग्राम मधु से।

एड्रिनर्जिक द्रव्य

1. तिन्दुक, सोमल योग, बच, मरिच, दालचीनी, तालीसपत्र, हिंगु, लवण, धतूरा

कर्पूर रस का विकल्प

1. लालमिर्च को बीज निकाल कर जल में भिगोवें। 2 रोज तक जल बदलें। तीसरे दिन मिर्च को जल में खरल करें। लार छूटने पर 4 : 1 के अनुपात में कपूर डाल कर, घुटाई करके कालीमिर्च के बराबर गोली बनाएँ। कर्पूर रस की तरह काम में लेवें।

कोलोनर्जिक द्रव्य

1. वत्सनाभ, शीत द्रव्य, स्तम्भक द्रव्य, पूग, कषाय द्रव्य, मन्द, पिच्छिल द्रव्य, सर्पगन्धा, दही।

घृत की पहचान

1. बीकर में एक चुटकी शक्कर लेकर, उसें सान्द्र हाईड्रोक्लोरिक एसिड में काँच की नली की सहायता से, चलाते हुए घोलें। बराबर आयतन में पिघले घी तथा चीनी के इस घोल को एक परखनली में चौथाई भर दे। परखनली का मुँह कार्क या काँच के ढक्कन से बन्द कर करीब 3 मिनट तक अच्छी तरह हिला कर स्थिर रख दे। 1 मिनट बाद स्थिर होने पर परखनली में 2 सतहें बन जाती हैं। अशुद्ध घी लाल गुलाबी सतह के रुप में नीचे तथा रंगहीन शुद्ध घी ऊपर रह जाता है। सतहों की मात्रा से मिलावट के अनुपात का अन्दाजा भी हो सकता है।
2. चर्बी का पता–5 ग्राम पिघले हुए घी में 5 बूँद शोरे का अम्ल (नाईट्रिक एसिड) मिलाऐं। इसे एक शीशी में डाल कर हिलाऐं। कुछ देर में घी का रंग हल्का पीला, नारंगी या लाल हो जायेगा। इसमें चर्बी होने पर घी में दाने उभर आते हैं।
3. घी की एसेंस की मिलावट–घी को थोडा सा हाथ पर लगाएँ। असली घी की गंध काफी देर तक नहीं जाती। एसेंस की मिलावट होने पर कुछ देर बाद ही हाथ पर कोई गंध अनुभव नहीं होगी।

टूटे काँटे गलाना

1. प्रातः–कटसरैया की छाल 3 ग्राम, काली मिर्च 5 नग, घृत 50 ग्राम, गर्म जल से 3 दिन तक।

दाह (Burning sensation)

1. प्रवालपिष्टी 250 मि.ग्रा., सितोपलादि चूर्ण 3 ग्राम., अमृता सत्व 500 मि.ग्रा., आमलकी रसायन 500 मि.ग्रा., कूष्माण्डावलेह 20 ग्राम से, 2 बार।

भग्न (Fractures)

1. गंगेरन का आधा चम्मच चूर्ण दूध से 2 बार लें।
2. अस्थिसंधानक लेप (एलवा, हीराबोल, कुन्दरु, गूजर या अजरुल (*Astragulus sarcocolia*), उसारेरेवन्द, मेदालकड़ी, सज्जीक्षार, लोध, माजूफल व फिटकरी 10–10 भाग एवं आमाहल्दी 50 भाग) को जल में मिला कर लेप बना कर लगाएँ फिर रुई लगा कर कपड़ा बाँधें। लेप 3 दिन लगा रहने दे।

मधु की पहचान

1. मधु पीताभ श्वेत् या रक्ताभ, सान्द्र, चिकना, अर्ध पारभासी होता है।
2. मधु सर्दी में या पुराना होने पर मिश्री के समान वर्ण का होकर जम जाता है। धूप में रखने पर वापस पिघल जाता है।
3. मधु में शक्कर, गुड़, राब या ग्लूकोज की मिलावट की जाती है।
4. रुई की वर्ती को मधु में डूबो कर माचिस से जलाने पर असली मधु शब्दरहित जलता है। शक्कर की चासनी होने पर वर्ती चट चट की आवाज के साथ जलती है।
5. मधु की एक या दो बूँद ब्लाटिंग पेपर पर रखें। यदि मधु में चासनी मिली होगी तो पेपर के नीचे जहाँ मधु की बूँदें रखी हैं, वहाँ जल के समान गीला धब्बा दिखाई देगा। असली मधु मे कभी नहीं।
6. किसी सूती कपड़े पर मधु की एक दो बूँद डाल कर उस कपड़े को खडा कर दे। यदि मधुकी बूँदे धीरे धीरे करके नीचे गिर जाती है तो असली मधु मानना चाहिए। कपडे पर चिपकी रहने पर उसें अशुद्ध समझें।
7. स्वच्छ काँच के गिलास में जल भर कर, दो तीन बूँद मधु की डालें। यदि बूँदें पूर्ववत बनी रहती हैं, उनके आकार में कोई कमी नहीं आती है तो उस मधु को एकदम असली समझना चाहिए। यदि जल

में डाली गई मधु की बूँदें आकार में कम हो जायें तो उसें नकली मधु समझें।

8. चीनी मिट्टी के खरल में करीब 5–5 बूँद मधु व ईथर की मिलायें ओर मूसली से अच्छी तरह रगडें। कमरे के तापमान पर रगड़ते रगड़ते ईथर उड़ जायेगी। उसी मधु में बार बार ईथर मिलाकर इस क्रिया को 4 बार दुहरायें। अब एक बीकर में एक चुटकी रिसोर्सीनोल लेकर, उसमें 3 बूँद सान्द्र हाईड्रोक्लोरिक एसिड डाल कर, काँच की नली की सहायता से, चलाते हुए घोलें। इस घोल को मधु वाले खरल में डाल कर, मूसली से 3 बार मिलातें। मधु अगर चेरी लाल रंग में बदल जाये तो शक्कर, गुड़ या ग्लूकोज की मिलावट को दर्शता है।

मावे में मिलावट

1. मावे पर थोडा टिंचर आयोडिन डालें। मावे में आटा, मैदा या अन्य कोई मिलावट होने पर मावा टिंचर आयोडिन डालते ही काला पड़ जाता है।

योगवाही द्रव्य

1. विष, मधु, बच, रसमाणिक्य, वत्सनाभ, स्वर्ण, पारद, गन्धक, रससिंदूर।

रसग्रन्थियों की वृद्धि

1. मल्लसिन्दूर या समीरपन्नग रस या स्वर्णसमीरपन्नग रस का प्रयोग करें।

2. 1. प्रातः सायं–मेदोहर गु. 500 मि.ग्रा., यशद भस्म 100 मि.ग्रा., ताप्यादि लौह 500 मि.ग्रा., तालीसादि चूर्ण 3 ग्राम, ब्रह्मरसायन 20 ग्राम, से 2 बार,। 2. प्रातः 1 बार–ग्रन्थिहर क्वाथ (त्रिफला, सोंठ, मुलेठी, पिप्पली, गोखरु, शोभान्जन, कचनार, वरुण, मजीठ, नागरमोथा) 20 ग्राम, मिश्रक स्नेह 2 चम्मच। 3. लगाने के लिए–कडवीजीरी की मसी व कुमारी का लेप या ग्रन्थिहर लेप (रसतन्त्रसार)।

अध्याय 25

रोग सूचो

रोग का नाम पृष्ठ संख्या

Les zoonoses
et la santé publique
Une approche intégrée pour la santé mondiale

Éthique et pratique médicale

fondée par Richard Moreau
Collection dirigée par Roger Teyssou

La collection « Éthique et pratique médicale » est une tribune qui permet à tous les acteurs du monde de la santé, professionnels, enseignants, administrateurs, économistes et patients d'exposer leurs opinions, de décrire leur expérience et de proposer des solutions aux problèmes posés par une profession en pleine mutation, et ce en toute indépendance et en conformité avec la déontologie et les bonnes pratiques médicales.

Dernières parutions

Pauline HAULTCOEUR, *Stop la prise de tête avec mon assiette ! Mon histoire à propos des Troubles du Comportement Alimentaire (TCA)*, 2025.
Jean-Michel PELLAT, *La matière et son éminence grise. Des expériences de mort imminente à l'énigme de la conscience*, 2024.
Roch MYLAN ETOU, *Honneurs à la mathématique, Regard épistémologique sur la mathématique*, 2024.
Pierre-Marie TEBEU, *Mes grands pas en gynécologie*, 2024.
Pierre-Marie TEBEU, *Mes grands pas en obstétrique*, 2024.
Sophie GUGLIELMONI, *Soutenir les mineurs isolés face au psychotraumatisme. Une éthique relationnelle à l'aide sociale à l'enfance,* 2024.
Marie-Caroline LAÏ, *Éthique, Intelligence Artificielle et santé. Pour la construction d'un cadre éthique opérationnel*, 2024.
Jacques JAUME et Nathalie RIVIÈRE, *L'Accompagnée*, 2024.
Éric BASEILHAC, *Mythologie du médicament*, 2024.
Mohamed Naceur KRIFI, *L'Homo-cobayeur. Expérimentations médicales* in*humaines*, 2024.
Olivier NKULU KABAMBA, *Le cancer et la sorcellerie. Narration d'un malentendu étiologique et clinique en médecine*, 2024.
Jacques JAUME et Nathalie RIVIÈRE, *Voyage au cœur du deuil,* 2023.
Michel BOLLA, *Cancer et parcours de soins, L'odyssée du malade*, 2023.

Albert Kikonzi Makasi

Les zoonoses et la santé publique

Une approche intégrée pour la santé mondiale

Préface du Pr Lutonadjo Miti Willy

L'Harmattan

5-7, rue de l'École-Polytechnique ; 75005 Paris

http://www.editions-harmattan.fr

ISBN : 978-2-336-52782-6
EAN : 9782336527826

Sommaire

Préface

Dans un monde de plus en plus interconnecté, les zoonoses — ces maladies transmissibles entre les animaux et les humains représentent un enjeu majeur de santé publique. La montée des échanges internationaux, l'urbanisation croissante, et les changements climatiques ont créé un terrain fertile pour l'émergence et la réémergence de ces infections. Ce livre, qui vise à explorer le vaste domaine des zoonoses, se veut une ressource précieuse pour les professionnels de la santé, les chercheurs, et le grand public.

Les zoonoses ne se limitent pas à des maladies exotiques ; elles touchent des millions de personnes à travers le monde. Des infections bien connues comme la rage, le M-pox, le covid-19, la tuberculose et la leptospirose aux pathologies moins familières telles que la schistosomiase et la filariose, leur impact sur la santé humaine est considérable. La compréhension des mécanismes de transmission, des facteurs de risque, et des stratégies de prévention est essentielle pour lutter efficacement contre ces maladies.

Ce livre s'articule autour de plusieurs chapitres, chacun dédié à une zoonose spécifique, tout en intégrant des perspectives sur la santé globale. Nous aborderons les enjeux éthiques, économiques, et environnementaux liés à ces infections, ainsi que les approches multidisciplinaires nécessaires pour les combattre. Des études de cas illustreront les défis rencontrés dans différentes régions du monde, mettant en lumière les efforts déployés pour contrôler et prévenir les zoonoses. Nous souhaitons que cet ouvrage inspire non seulement les professionnels du secteur, mais aussi les décideurs, les étudiants, et toute personne concernée par la santé humaine et animale. En fin de compte, la lutte contre les zoonoses requiert une coopération étroite entre les disciplines, les nations, et les communautés.

Nous espérons que ce livre contribuera à sensibiliser, à informer, et à mobiliser les efforts nécessaires pour faire face à cette problématique de santé publique d'une importance cruciale.

Professeur Lutonadjo Miti Willy

Dédicace

A mes parents, pour leur soutien indéfectible et leur amour inconditionnel, qui m'ont appris l'importance de la curiosité et de la compassion.

À mes mentors, pour leurs conseils avisés et leur inspiration, qui ont guidé mon chemin dans la quête de connaissances.

À tous les professionnels de la santé et les chercheurs, dont le dévouement et la passion font une différence chaque jour, et qui œuvrent sans relâche pour un monde en meilleure santé.

A ma chérie Maguy, mes enfants que j'aime beaucoup : Princesse KIKONZI ET Gradie KIKONZI.

A mes grands frères que j'aime beaucoup Mr l'Abbé KIKONZI, CT willy KIKONZI MATINA et à ma Sœur unique Godélive KIKONZI.

Au Papa Pasteur **MABAYA Jean-Pierre** et toute sa famille,

A tous mes neveux et nièces, Borel KIBALA, Jeancy KIBALA, Bénédicte KIBALA, Jackson KIBALA et Sarah KIBALA., Jeancy KIKONZI, Christopher KIKONZI, Mbo et Mpia KIKONZI, Winnette et Judelle KIKONZI

A mes oncles, Matthieu NDUKUTE, Bizen NDUKUTE, Siros BATETE

A mes frères et amis Joël KASUKASU, Delphin MUSESE, Marcel LUBALA, Ali KISUPA, Emmanuel NYOGA, Maître Urbain KAMWANGA, assistant Hugues DIOSI, IKUMA Patrick et autres.

A mon vieux CT martin NYOGA et son épouse madame CT J'acquis.

A toute la famille scientifique de l'ISP MUKEDI

À tous ceux qui œuvrent pour un monde plus sain, que ce livre soit une source d'inspiration et d'engagement pour relever ensemble les défis de la santé publique.

Enfin, à toutes les personnes touchées par les zoonoses, en espérant que ce livre contribue à sensibiliser et à apporter des solutions.

Je dédie cet ouvrage

Dr. Albert KIKONZI CHEF DE TRAVAUX

Remerciements

Je tiens à exprimer ma profonde gratitude à toutes celles et ceux qui ont contribué à la réalisation de cet ouvrage.

Tout d'abord, un immense merci à mes parents, dont le soutien constant et l'encouragement m'ont permis de poursuivre mes rêves et de mener à bien ce projet. Leur foi en moi a été une source inestimable de motivation.

Je remercie également mes mentors et collègues, dont les conseils et l'expertise m'ont été précieux tout au long de mes recherches. Vous avez partagé vos connaissances avec générosité, et votre passion pour la recherche et la santé publique a été une source d'inspiration. Merci beaucoup.

Un remerciement particulier au Directeur Général de l'ISP MUKEDI le professeur **Albert GAPINGA**, au Secrétaire Général **CT KAFUTI,** au corps scientifique de l'ISP MUKEDI et à l'équipe de recherche qui a collaboré avec moi, apportant des idées novatrices et des perspectives enrichissantes. Votre travail acharné et votre dévouement ont grandement contribué à la qualité de cet ouvrage.

Je souhaite également remercier les professionnels de la santé et les chercheurs qui, par leurs efforts quotidiens, font face aux défis des zoonoses. Votre engagement envers le bien-être des communautés est admirable et essentiel.

Enfin, merci à mes amis, frères et ainés, Fabrice NDUKU, Etienne KITOKO, CT André ILUNGA, Daniel MIKULU, Julien Mbwamulungu, Dr. Felix MATIALA, Assistant LUBALA Marcel, Jean Paul KASANJI, Assistant Jean-Claude MUNZUMBU, Abbé KIVUDI, Abbé Jean -Remy yamvwa, CT LUNGOY, CT Caroline SANDUKU pour leur soutien inconditionnel et pour avoir cru en moi, même dans les moments de doute.

À tous, je dédie ce travail, en espérant qu'il puisse sensibiliser et apporter des solutions aux enjeux de santé publique qui nous concernent tous.

Introduction

Les zoonoses sont des maladies infectieuses transmissibles de l'animal à l'homme, constituent un défi majeur pour la santé publique mondiale. Avec l'augmentation de la population humaine, l'urbanisation croissante et le changement climatique, les interactions entre humains et animaux se multiplient, favorisant ainsi l'émergence et la propagation de ces maladies. Historiquement, les zoonoses ont joué un rôle significatif dans l'évolution des sociétés humaines, influençant des événements tels que des épidémies dévastatrices et des changements dans les pratiques agricoles.

La compréhension des zoonoses est essentielle non seulement pour la protection de la santé humaine, mais aussi pour la préservation de la santé animale et de l'environnement. Les zoonoses représentent un lien complexe entre la santé des animaux, celle des humains et l'écosystème dans son ensemble, illustrant le concept de "One Health" (Une seule santé). Ce principe souligne l'interdépendance des systèmes de santé animale, humaine et environnementale, et met en avant la nécessité d'approches collaboratives pour lutter contre ces maladies.[1]

Cet ouvrage a pour objectif d'explorer les différentes dimensions des zoonoses face à la santé publique. Il abordera les principales zoonoses, leurs impacts sur la santé humaine et animale, ainsi que les approches de prévention et de contrôle. En examinant les défis, les opportunités et les innovations dans ce domaine. Nous espérons fournir une ressource précieuse pour les professionnels de la santé, les décideurs et

---

[1] Acha P.N., Szyfres B., 2005. *Zoonoses et maladies transmissibles communes à l'homme et aux animaux*, OIE.

toute personne intéressée par la santé publique et la gestion des risques sanitaires.

À travers une analyse approfondie des zoonoses, nous devons savoir que cet ouvrage vise et aide à sensibiliser sur l'importance d'une réponse intégrée et proactive, garantissant ainsi une meilleure protection contre les menaces que ces maladies représentent pour notre santé collective.[2]

---

[2] Artaud H. *et al.*, 2019. *Manifeste du Muséum. Humains et autres animaux.* Reliefs/MNHN, https://www.mnhn.fr/fr/explorez/actualites/manifeste-museum-humains-autres-animaux.

Définitions et importance des zoonoses

Définitions

• Le mot « **zoonose** » vient des racines grecques *ζῷον* (*zôon*, animal) et *νόσος* (*nosos*, maladie). Dès la Haute Antiquité, la possibilité de transmission de certaines maladies de l'animal aux humains est évoquée, notamment dans le cas de la rage, mais c'est au XIXe siècle que les concepts de microbes, de contagion, d'infection et de transmission apparaissent, au moins dans leurs sens contemporains, ouvrant la voie à la microbiologie et a l'épidémiologie.[3]

Rudolph Virchow médecin et chercheur allemand (1821-1902) qui proposa le terme de zoonose après avoir constaté l'existence de liens entre une maladie parasitaire présente chez les porcs et les humains, la trichinellose. Aujourd'hui, on définit une zoonose (ou maladie zoonotique) comme une maladie infectieuse ou parasitaire dont les agents microbiens ou parasitaires sont transmis naturellement entre les humains et les animaux.

Ces maladies infectieuses que nous appelons zoonoses, peuvent être transmises des animaux à l'homme et vis-vers-ça. Cette transmission peut se produire directement par contact avec des animaux infectés ou leurs excréments, ou indirectement, via des vecteurs comme des insectes, ou par l'environnement. Les zoonoses peuvent être causées par des différents agents pathogènes, tels que :

• **Virus** : comme le virus de la rage ou le virus de la grippe aviaire.

---

[3] Barnouin J., Sache Y., 2010. *Les maladies émergentes. Épidémiologie chez le végétal, l'animal et l'homme*. Editions Qu..

• **Bactéries** : comme *Salmonella* ou *Leptospira*.

• **Parasites** : comme les protozoaires qui sont responsables de la toxoplasmose.[4]

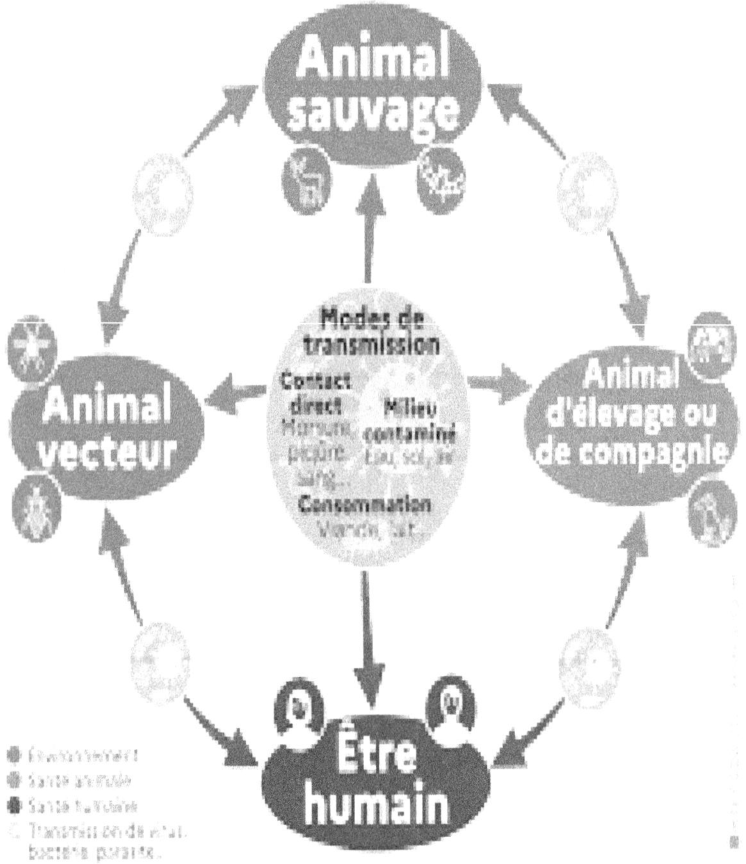

Figure 1. Agents de zoonoses. (Consulté sur google le12/03/2024 à 17h 24)

[4] Blanc S., Boetsch G., Hossaert-McKey M., Renaud F., 2017. *Écologie de la santé*, https://www.cnrs.fr/fr/ecologie-de-la-sante-pour-unenouvelle- lecture-de-nos-maux.

C’est quoi la Santé Publique ?

Cette question peut avoir plusieurs réponses mais nous devons savoir que la santé publique est un domaine multidisciplinaire qui se concentre sur la protection et l'amélioration de la santé des populations à travers des efforts organisés et collectifs. Elle vise à prévenir les maladies, prolonger la vie et promouvoir la santé grâce à des actions collectives. Ce concept peut être compris par les éléments ci-après.[5]

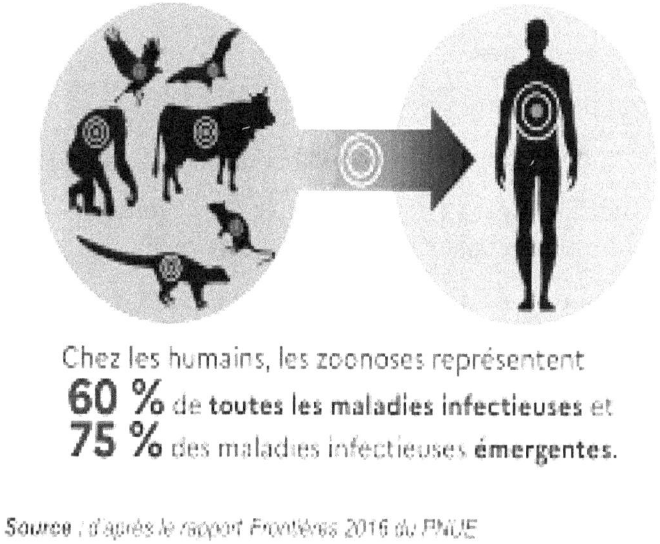

Source : d’après le rapport Frontières 2016 du PNUE

Figure 2 : Consulté à l’internet le 30/04/ 2024 à 19h03

[5] Duvallet G., Fontenille D., Robert V., 2017. *Entomologie médicale et vétérinaire*. IRD Editions.

1. Définition et Objectifs de la santé publique

Par définition, la santé publique englobe toutes les activités et les politiques mises en œuvre pour protéger et améliorer la santé des populations. Cela inclut la surveillance des maladies, la promotion de la santé, la prévention des maladies, et la gestion des crises sanitaires.

Les principaux objectifs de la santé publique à savoir sont :

- Prévenir les maladies et les blessures.
- Promouvoir des modes de vie sains.
- Améliorer l'accès aux soins de santé.
- Répondre aux crises sanitaires.[6]

2. Domaines d'Intervention

La santé publique englobe plusieurs domaines, notamment :

- **Épidémiologie** : Étude de la distribution et des déterminants des maladies dans les populations.
- **Promotion de la santé** : Initiatives visant à encourager des comportements sains et à améliorer les conditions de vie.
- **Prévention des maladies** : Programmes de vaccination, dépistage et sensibilisation aux risques sanitaires.
- **Santé environnementale** : Protection de la santé humaine par la gestion de l'environnement, y compris la qualité de l'air et de l'eau.

---

[6] Guegan J.-F., Choisy M., 2008. *Introduction à l'épidémiologie intégrative des maladies infectieuses et parasitaires*. De Boeck Supérieur.

- **Santé communautaire** : Initiatives visant à améliorer la santé des communautés par des interventions ciblées.[7]

3. Méthodes et Stratégies

- **Surveillance et Recherche** : Ce point fait la collecte de données sur la santé des populations pour identifier les problèmes de santé et évaluer l'efficacité des interventions.
- **Politiques de Santé** : Ici, on élabore des lois et de réglementations pour protéger la santé publique (ex. : interdiction du tabagisme dans les lieux publics).
- **Éducation et Sensibilisation** : Programmes d'information pour sensibiliser le public aux questions de santé, comme la nutrition et la prévention des maladies.
- **Interventions Communautaires** : Projets et programmes menés au niveau local pour répondre aux besoins spécifiques des populations.

4. Importance de la Santé Publique

- **Prévention des Maladies** : La santé publique est essentielle pour prévenir les épidémies et les maladies chroniques, contribuant ainsi à la longévité et à la qualité de vie.
- **Équité en Santé** : La santé publique vise à réduire les inégalités en matière de santé en s'attaquant aux déterminants sociaux de la santé.[8]

---

[7] Leport C., Guegan J.-F., 2011. *Les maladies infectieuses émergentes : état de la situation et perspectives*. La Documentation française, https://www. Vie publique.fr/rapport/31962-les-maladies-infectieuses-emergentes état de la-situation et perspectif.

[8]

- **Gestion des Crises** : En période de crise sanitaire, comme une pandémie, la santé publique joue un rôle crucial dans la coordination des réponses et la protection des populations.

Nous devons savoir que la santé publique est un domaine vital qui cherche à améliorer la santé des populations par des actions coordonnées et basées sur des données probantes. En s'attaquant aux déterminants de la santé et en promouvant des comportements sains, la santé publique contribue à la création de sociétés plus saines et plus résilientes.

Importance des Zoonoses

1. **Santé publique** : Les zoonoses représentent une menace significative pour la santé humaine et animale. Des maladies comme la grippe aviaire, la rage et la maladie de Lyme ont des impacts considérables sur la morbidité et la mortalité à l'échelle mondiale. La compréhension et le contrôle de ces maladies sont donc essentiels pour protéger la santé publique.[9]

2. **Économie** : Du point de vue économique, les zoonoses peuvent avoir des conséquences économiques sévères, affectant les secteurs de l'agriculture et de l'élevage. Les épidémies peuvent entraîner des pertes financières importantes dues à la baisse de la productivité animale, aux coûts des soins de santé et aux mesures de contrôle nécessaires pour limiter la propagation des maladies.

3. **Sécurité alimentaire** : Pour la sécurité alimentaire, les zoonoses peuvent contaminer la chaîne alimentaire, mettant en danger la sécurité alimentaire. Les infections d'origine

---

[9] Rapport de la Fondation pour la recherche sur la biodiversité (FRB), 2020. *Mobilisation de la FRB par les pouvoirs publics français sur les liens entre Covid-19 et biodiversité*, https://www.fondationbio diversite.fr/wp content/uploads/2020/05/Mobilisation-FRBCovid- 19-15-05-2020-1.pdf.

alimentaire, souvent causées par des pathogènes zoonotiques, peuvent provoquer des épidémies de gastro-entérite et d'autres maladies alimentaires.

4. **Écosystèmes** : Les zoonoses sont également un indicateur de la santé des écosystèmes. La déforestation, l'urbanisation et le changement climatique modifient les habitats naturels, augmentant les interactions entre les humains et les animaux sauvages, et facilitant ainsi la transmission de maladies.

5. **Recherche et développement** : L'étude des zoonoses stimule la recherche dans divers domaines, tels que la microbiologie, l'épidémiologie et la médecine vétérinaire. Les découvertes dans ce domaine peuvent conduire à des innovations en matière de diagnostics, de traitements et de stratégies de prévention.

En résumé, nous devons savoir que les zoonoses sont une problématique majeure qui touche de multiples aspects de notre société. Leur compréhension et leur gestion sont cruciales pour promouvoir la santé humaine, animale et environnementale, et pour assurer un avenir plus sain et durable pour tous.[10]

Prévention et Contrôle des Zoonoses

La prévention et le contrôle des zoonoses nécessitent une approche intégrée qui combine des stratégies de santé publique, de santé animale et de protection de l'environnement. [2] Les mesures clés que chacun de nous doit savoir pour prévenir et contrôler les zoonoses sont :

---

[10] Rapport du séminaire de "Intergovernmental Science-Policy Platform on Biodiversity and Ecosystem Services" (IPBES) sur Escaping the Era of Pandemics (en anglais), 2020, https://ipbes.net/pandemics. Vittecoq M., Roche B., Prugnolle F., Renaud F., Thomas F., 2015. *Les maladies infectieuses*. De Boeck-Solal.

1. Surveillance et Détection

- **Systèmes de Surveillance** : Dans ce domaine de surveillance et de détection, nous devons mettre en place des systèmes de surveillance épidémiologique pour détecter précocement les zoonoses chez les animaux et les humains. Cela inclut la collecte de données sur les cas suspects et les foyers épidémiques.

- **Rapports et Partage d'Informations** : Il faut toujours encourager le partage d'informations entre les secteurs de la santé humaine, animale et environnementale pour une réponse rapide.

2. Vaccination

- **Vaccination des Animaux** : Il est très nécessaire de développer et promouvoir des programmes de vaccination pour les animaux domestiques (comme les chiens et les chats) ainsi que pour les animaux d'élevage afin de réduire le risque de transmission aux humains.[11]

- **Campagnes de Sensibilisation** : Informer toujours les propriétaires d'animaux sur l'importance de la vaccination pour protéger la santé publique et animale.

3. Hygiène et Sécurité Alimentaire

- **Pratiques d'Hygiène** : Toujours promouvoir des pratiques d'hygiène adéquates lors de la manipulation, de la préparation et de la consommation d'aliments d'origine animale.

- **Contrôle de la Chaîne Alimentaire** : Mettre en œuvre des réglementations strictes sur la production, le stockage et la distribution des aliments pour éviter la contamination par des agents pathogènes zoonotiques.

---

[11] Morand S., 2016. *La prochaine peste. Une histoire globale des sociétés et de leurs épidémies.* Editions Fayard.

4. Éducation et Sensibilisation

- **Programmes d'Éducation** : Développer des programmes éducatifs pour les communautés sur les zoonoses, leurs modes de transmission et les mesures préventives.

- **Engagement Communautaire** : Impliquer les communautés dans des initiatives de santé publique, comme des campagnes de vaccination et des journées de nettoyage. Ne soyez pas seul.

5. Gestion des Animaux et de l'Environnement

- **Contrôle des Populations Animales** : Mettre en place des programmes de gestion des populations animales, en particulier des animaux sauvages et des rongeurs, qui peuvent être des réservoirs de zoonoses.

- **Protection de l'Environnement** : Promouvoir des pratiques agricoles durables et des politiques de conservation de l'environnement pour réduire les risques de transmission de zoonoses.[12] Faites surtout le reboisement.

6. Collaboration Intersectorielle

- **Approche One Health** : Adopter une approche One Health qui intègre les efforts des secteurs de la santé humaine, animale et environnementale pour une réponse coordonnée aux zoonoses.

- **Partenariats** : Établir des partenariats entre les gouvernements, les ONG, les chercheurs et les communautés pour partager des ressources et des informations.[13]

-

---

[12] Morand S., 2020. *L'homme, la faune sauvage et la peste.* Editions Fayard.

[13] Morand S., Figuie M., 2016. *Émergence de maladies infectieuses. Risques et enjeux de société.*

7. Recherche et Innovation

- **Investir dans la Recherche** : Soutenir la recherche sur les agents pathogènes zoonotiques, y compris leur transmission, leur évolution et les meilleures pratiques de prévention.

- **Développement de Nouveaux Outils** : Encourager le développement de nouvelles technologies pour le diagnostic rapide, la vaccination et le traitement des zoonoses.

- **Qui est concerné ?**

Dans les collectivités, les activités professionnelles concernées par les zoonoses sont très diverses, par exemple :

➢ Les métiers de l'environnement tels que la collecte et traitement des eaux usées, la collecte et le traitement des déchets, l'entretien des points d'apport volontaire ou des déchetteries, la dératisation, l'entretien des berges des rivières et des canaux ;

➢ Les travaux en forêt comme les bûcherons ou les garde-natures ;

➢ Les activités en contact avec les animaux, en fourrière ou la capture d'animaux errants

➢ Le ramassage d'animaux morts et l'équarrissage ;

➢ La taxidermie...

➢ D'autres métiers peuvent être concernés notamment lorsque les agents interviennent dans des zones ou des sites à risque. Par exemple, un électricien intervenant dans un vide sanitaire infecté par des rongeurs.[14]

---

[14] Morand S., Lajaunie C., 2018. *Biodiversité et santé. Les liens entre le vivant, les écosystèmes et les sociétés.* ISTE/Elsevier.

La prévention et le contrôle des zoonoses nécessitent une approche intégrée et collaborative. En renforçant la surveillance, en améliorant les pratiques d'hygiène, en éduquant les communautés et en adoptant une approche One Health, il est possible de réduire efficacement le risque de zoonoses et de protéger la santé publique. La coopération entre les secteurs est essentielle pour créer des systèmes de santé résilients et réactifs face aux menaces zoonotiques.[15]

Objectifs de l'Ouvrage

Cet ouvrage vise à atteindre plusieurs objectifs clés pour mieux comprendre et aborder la problématique des zoonoses dans le contexte de la santé publique :

1. **Éduquer et sensibiliser** : Fournir une compréhension approfondie des zoonoses, y compris leur définition, leur classification et leur impact sur la santé humaine et animale. L'ouvrage vise à sensibiliser le public, les décideurs et les professionnels de santé à l'importance de cette problématique.

2. **Analyser les enjeux de santé publique** : Mettre en lumière les défis que posent les zoonoses pour la santé publique, y compris les épidémies passées et leurs conséquences, afin de mieux préparer les systèmes de santé à faire face à ces menaces.

3. **Explorer les facteurs de risque** : Identifier et examiner les facteurs environnementaux, sociétaux et comportementaux qui contribuent à l'émergence et à la propagation des zoonoses. Cela inclut les interactions entre les humains, les animaux et leur environnement.

4. **Présenter des stratégies de prévention et de contrôle** : Proposer des approches basées sur des données probantes pour la prévention et le contrôle des zoonoses. Cela inclut des

---

[15] Morand S., Moutou F., Richomme C., 2014. *Faune sauvage, biodiversité et santé, quels défis ?* Editions Qu..

recommandations sur la vaccination, l'hygiène, la surveillance et la gestion des risques.

5. **Promouvoir l'approche One Health** : Souligner l'importance des collaborations interdisciplinaires entre les secteurs de la santé humaine, animale et environnementale. L'ouvrage encouragera une vision intégrée, essentielle pour une réponse efficace aux zoonoses.

6. **Fournir des études de cas** : Illustrer les concepts théoriques par des exemples concrets d'épidémies de zoonoses, mettant en évidence les leçons apprises et les meilleures pratiques en matière de gestion de la santé publique.

7. **Encourager la recherche et l'innovation** : Stimuler l'intérêt pour la recherche sur les zoonoses et leur gestion, en mettant en avant des innovations technologiques et méthodologiques susceptibles d'améliorer la détection, la prévention et le traitement de ces maladies.

8. **Évaluer les perspectives d'avenir** : Analyser les tendances émergentes en matière de zoonoses et discuter des implications futures pour la santé publique, en tenant compte des changements environnementaux, sociaux et économiques.

En somme, cet ouvrage aspire à être une ressource précieuse pour les chercheurs, les professionnels de la santé, les décideurs et toute personne engagée dans la lutte contre les zoonoses, en favorisant une compréhension et une action collective face à cette problématique complexe et multidimensionnelle.

Contexte Actuel des Zoonoses et de la Santé Publique

Émergence et Réémergence des Zoonoses

Au cours des dernières décennies, nous avons assisté à une augmentation significative des zoonoses émergentes et réémergentes. Des maladies telles que le virus Ebola, le virus

Zika, et plus récemment le SARS-CoV-2, ont démontré comment les zoonoses peuvent franchir la barrière des espèces et causer des pandémies mondiales. Cette tendance est exacerbée par l'intensification des activités humaines, telles que l'urbanisation rapide, la déforestation, et le changement climatique, qui modifient les habitats naturels des animaux et augmentent les interactions entre humains et animaux.[16]

Impact du Changement Climatique

Le changement climatique joue un rôle crucial dans la dynamique des zoonoses. Les modifications des températures, des précipitations et des écosystèmes peuvent favoriser la propagation de certaines maladies. Par exemple, des vecteurs comme les moustiques, qui transmettent des maladies telles que le paludisme et la dengue, peuvent étendre leur zone géographique en raison du réchauffement climatique. De plus, les événements climatiques extrêmes, comme les inondations et les sécheresses, peuvent perturber les systèmes de santé et augmenter le risque de transmission des zoonoses.

Globalisation et Mobilité

La mondialisation a facilité la mobilité des personnes et des biens, augmentant ainsi le risque de propagation rapide des zoonoses. Le transport international d'animaux et de produits alimentaires, combiné à des voyages fréquents, permet aux agents pathogènes de se propager d'une région à une autre en un temps record. La récente pandémie de COVID-19 a mis en évidence cette vulnérabilité, soulignant la nécessité d'une surveillance et d'une coopération internationale accrues en matière de santé publique.[17]

---

[16] Moutou F., 2020. *Des épidémies, des animaux et des hommes.* Editions Le Pommier.
[17] Organisation Mondiale de la santé (OMS). OMS | Zoonoses et environnement [Internet]. WHO. World Health Organization; 2020

Santé Publique et Systèmes de Santé

Les systèmes de santé publique font face à des défis croissants pour détecter, surveiller et contrôler les zoonoses. La nécessité d'une approche intégrée, qui relie les secteurs de la santé humaine, animale et environnementale, est plus pressante que jamais. Les initiatives "One Health" sont essentielles pour améliorer la collaboration entre les différentes disciplines et assurer une réponse coordonnée aux menaces sanitaires.

Sensibilisation et Éducation

La sensibilisation du public et l'éducation sur les zoonoses sont cruciales pour prévenir leur propagation. Les comportements humains, tels que la consommation d'animaux sauvages ou le non-respect des mesures d'hygiène, peuvent exacerber le risque de transmission. La mise en place de programmes éducatifs et de campagnes de sensibilisation est donc essentielle pour encourager des pratiques plus sûres.

Le contexte actuel des zoonoses et de la santé publique est marqué par une convergence de facteurs complexes et interconnectés qui nécessitent une attention urgente et une action collective. Pour faire face à ces défis, il est impératif d'adopter des approches intégrées et de renforcer la collaboration entre les secteurs de la santé, de l'environnement et de l'agriculture, afin de protéger la santé des populations humaines et animales dans un monde en constante évolution.

Principaux faits

- Une zoonose est une maladie ou une infection naturellement transmissible des animaux vertébrés à l'homme.

- Il existe plus de 200 types connus de zoonoses.

[cité26 avr2020]. Disponible sur : https://www.who.int/foodsafety/areas_work/zoonose/fr/

- Les zoonoses représentent un pourcentage important des maladies nouvelles et existantes chez l'homme.
- Certaines zoonoses, comme la rage, sont totalement évitables par la vaccination ou par d'autres méthodes.s

Une zoonose est une maladie infectieuse qui est passée de l'animal à l'homme. Les agents pathogènes zoonotiques peuvent être d'origine bactérienne, virale ou parasitaire, ou peuvent impliquer des agents non conventionnels et se propager à l'homme par contact direct ou par les aliments, l'eau ou l'environnement. Ils représentent un problème majeur de santé publique dans le monde entier en raison de notre relation étroite avec les animaux dans différents contextes (agriculture, animaux domestique et environnement naturel). Les zoonoses peuvent également perturber la production et le commerce des produits d'origine animale pour l'alimentation ou à d'autres fins.

Les zoonoses représentent une forte proportion de l'ensemble des maladies infectieuses nouvellement recensées ainsi que de nombreuses maladies existantes. Certaines maladies, comme le VIH, commencent comme zoonose, mais elles mutent plus tard en souches présentes uniquement chez l'homme.[18] D'autres zoonoses peuvent provoquer des flambées récurrentes, comme la maladie à virus Ebola et la salmonellose. D'autres encore, comme le nouveau coronavirus à l'origine de la COVID-19, ont le potentiel de provoquer des pandémies mondiales.

[18] HubálekZ. Emerging Human Infectious Diseases: Anthroponoses, Zoonoses, and Sapronoses-Volume 9, Number 3—March 2003 - Emerging Infectious Diseases journal CDC. 2003 [cité26 avr2020];9(3). Disponible sur: https://wwwnc.cdc.gov/eid/article/9/3/02-0208_article

Prévention et lutte

Les méthodes de prévention des zoonoses diffèrent pour chaque agent pathogène ; toutefois, plusieurs pratiques sont reconnues comme étant efficaces pour ce qui est de réduire les risques aux niveaux communautaire et personnel. Des lignes directrices sûres et adaptés aux soins prodigués aux animaux dans le secteur agricole permettent de réduire le risque de flambées de zoonoses d'origine alimentaire par le biais d'aliments comme la viande, les œufs, les produits laitiers ou même certains légumes.[19] Les normes relatives à l'eau potable et à l'élimination des déchets, ainsi que la protection de l'eau de surface dans l'environnement naturel, sont également importantes et efficaces. Les campagnes d'informations visant à promouvoir le lavage des mains après le contact avec des animaux et d'autres ajustements comportementaux contribuent à réduire la propagation communautaire des zoonoses lorsqu'elles surviennent.

La résistance aux antimicrobiens constitue un facteur de complexité supplémentaire en matière de lutte contre les zoonoses. L'utilisation d'antibiotiques chez les animaux élevés en vue d'une production alimentaire est répandue et augmente le risque de souches pharmacorésistantes d'agents pathogènes zoonotiques susceptibles de se propager rapidement chez l'animal et l'homme.

Quelles sont les personnes exposées à un risque ?

Les agents pathogènes zoonotiques peuvent se propager à l'homme par n'importe quel point de contact avec des animaux domestiques, agricoles ou sauvages. Les marchés où

---

[19] Lowe A-M. Bulletin de l'Observatoire multipartite québécois sur les zoonoses et l'adaptation aux changements climatiques, Volume1, numéro 1 [Internet]. INSPQ. [cité 26 avr2020]. Disponible sur: https://www.inspq.qc.ca/bulletin-de-l-observatoire-multipartite-quebecois-sur-les-zoonoses-et-l-adaptation-aux-changements-climatiques/janvier-2016

l'on vend de la viande ou des sous-produits d'animaux sauvages présentent un risque particulièrement important en raison du nombre élevé d'agents pathogènes nouveaux ou non répertoriés connus dans certaines populations d'animaux sauvages. Les travailleurs agricoles des zones où l'administration d'antibiotiques aux animaux d'élevage est forte peuvent être exposés à un risque accru d'agents pathogènes résistants aux médicaments antimicrobiens actuels. Les personnes vivant à proximité de zones sauvages ou dans des zones semi-urbaines ou le nombre d'animaux sauvages est plus élevé sont exposées au risque de contracter des maladies transmises par des animaux tels que les rats, les renards ou les ratons laveurs. L'urbanisation et la destruction des habitats naturels augmentent le risque de zoonoses en augmentant le contact entre les humains et les animaux sauvages.

Action de l'OMS

L'OMS collabore avec les gouvernements nationaux, les universités, les organisations non gouvernementales, les organismes philanthropiques et les partenaires régionaux et internationaux en vue de la prévention et de la prise en charge des menaces zoonotiques et leurs répercussions sur la santé publique, et les conséquences sociales et économiques. Ces efforts comprennent la promotion d'une collaboration intersectorielle à l'interface homme-animal-environnement entre les différents secteurs concernés aux niveaux régional, national et international.[20] L'OMS s'efforce également de développer les capacités et de promouvoir des outils et des mécanismes pratiques, reposant sur des bases factuelles et d'un bon rapport qualité/prix en vue de la prévention, de la surveillance et la détection des zoonoses moyennant

---

[20] Larousse É. Définitions: prion -Dictionnaire de français Larousse [Internet]. [cité 26 avr2020]. Disponible sur: https://www.larousse.fr/dictionnaires/francais/prion/63977

l'établissement de rapports, la réalisation d'enquêtes épidémiologiques et de laboratoire, l'évaluation et la maîtrise des risques, et d'apporter un soutien aux pays en matière de mise en œuvre.[21]

Dans le cadre de l'approche « Un monde, une santé » (One Health), l'Organisation mondiale de la Santé collabore avec l'Organisation des Nations Unies pour l'alimentation et l'agriculture (FAO) et l'Organisation mondiale de la santé animale (OIE) sur le système mondial d'alerte rapide et d'intervention pour les maladies animales. Ce système conjoint tire parti de la valeur ajoutée que représentent la combinaison et la coordination des mécanismes d'alerte des trois organismes pour apporter un soutien en matière d'alerte précoce, de prévention des menaces liées aux maladies animales, y compris les zoonoses, et de lutte contre celles-ci, moyennant l'échange de données et l'évaluation des risques.

L'Écologie et les Zoonoses : Une Relation Complexe

1. Introduction

L'écologie joue un rôle fondamental dans la dynamique des zoonoses, ces maladies transmissibles entre les animaux et les humains. Comprendre cette relation est essentiel pour développer des stratégies efficaces de prévention et de contrôle.

2. Interactions Écologiques

a. Biodiversité et Zoonoses

- **Rôle de la Biodiversité** : Une biodiversité élevée peut réduire le risque de zoonoses en maintenant des écosystèmes sains. Des populations animales variées peuvent limiter la

---

[21] PrusinerSB. Novelproteinaceousinfectiousparticlescause scrapie. Science. 9 avr1982;216(4542):136-44.

transmission de pathogènes en diluant les interactions entre les espèces hôtes et les agents pathogènes.[22]

- **Effet de l'Extinction des Espèces** : La perte de biodiversité, souvent causée par l'activité humaine, peut augmenter le risque de zoonoses. Par exemple, la réduction des prédateurs naturels peut favoriser les populations d'animaux vecteurs, comme les rongeurs.

b. Changements d'Habitat

- **Urbanisation** : L'expansion des zones urbaines empiète sur les habitats naturels, ce qui peut entraîner des contacts accrus entre les humains et les animaux sauvages, augmentant le risque de transmission de maladies.

- **Déforestation** : La destruction des forêts pour l'agriculture ou l'exploitation forestière peut perturber les écosystèmes et forcer les animaux à se rapprocher des zones habitées, augmentant les risques d'infection.

3. Changements Climatiques

- **Impact sur les Vecteurs** : Les changements climatiques peuvent modifier la répartition géographique des vecteurs, comme les moustiques et les tiques, augmentant ainsi le risque d'épidémies zoonotiques dans de nouvelles régions.

- **Adaptation des Pathogènes** : Les pathogènes eux-mêmes peuvent évoluer et s'adapter à de nouvelles conditions environnementales, rendant certaines zoonoses plus difficiles à contrôler.

---

[22] Larousse É. Définitions: parasite -Dictionnaire de français Larousse [Internet]. [cité 26 avr2020]. Disponible sur: https://www.larousse.fr/dictionnaires/francais/parasite/58023

4. Agriculture et Élevage

- **Pratiques Agricoles** : L'élevage intensif et l'agriculture industrielle peuvent créer des conditions propices à l'émergence de zoonoses, en favorisant la propagation de maladies entre les animaux.

- **Utilisation d'Antibiotiques** : L'utilisation abusive d'antibiotiques dans l'élevage peut conduire à la résistance antimicrobienne, rendant les infections plus difficiles à traiter.

5. Surveillance Écologique

- **Surveillance des Maladies** : La surveillance des écosystèmes et des populations animales est essentielle pour détecter précocement les zoonoses. Les systèmes de surveillance intégrés peuvent aider à identifier les risques potentiels avant qu'ils ne deviennent des épidémies.

- **Approches Écosystémiques** : Intégrer des approches basées sur l'écologie dans la gestion de la santé publique et animale peut améliorer l'efficacité des interventions.

A savoir :

La relation entre l'écologie et les zoonoses est complexe et multidimensionnelle. Protéger la biodiversité, gérer les habitats de manière durable, et intégrer des approches écologiques dans la santé publique sont essentiels pour réduire le risque d'émergence de zoonoses. En adoptant une perspective « Une seule santé », qui relie la santé humaine, animale et environnementale, nous pouvons mieux anticiper et gérer les défis posés par les zoonoses dans un monde en constante évolution.

CHAPITRE 1 :

COMPRENDRE LES ZOONOSES

1.1. Définition et Classification des Zoonoses

1.1.1. Définition des Zoonoses

Les zoonoses sont des maladies infectieuses qui peuvent être transmises des animaux à l'homme. Cette transmission peut se faire de différentes manières, y compris :

- **Transmission directe** : Contamination par contact direct avec des animaux infectés, leurs fluides corporels ou leurs excréments.[23]
- **Transmission indirecte** : Transmission par l'intermédiaire de vecteurs (comme les moustiques ou les tiques) ou par l'environnement (eau, sol, aliments contaminés).

Les zoonoses peuvent être causées par divers agents pathogènes, notamment des virus, des bactéries, des parasites et des champignons.[24]

1.1.2. Classification des Zoonoses

Les zoonoses peuvent être classées selon plusieurs critères, notamment le type d'agent pathogène, le mode de transmission et la gravité de la maladie. Voici un aperçu des différentes classifications :

---

[23] BourgeadeA, DavoustB, GallaisH. DES MALADIES ANIMALES AUX INFECTIONS HUMAINES. Médecine d'Afrique Noire. 1992;39(3):6.

[24] Larousse É. Définitions : parasite -Dictionnaire de français Larousse [Internet]. [cité 26 avr2020]. Disponible sur: https://www.larousse.fr/dictionnaires/francais/parasite/58023

1.1.2.1.Selon l'Agent Pathogène

- **Zoonoses virales** :
  - Exemples : rage, grippe aviaire, virus Ebola, virus Zika, covid-19, M-pox, Virus de la Fièvre Jaune et autres.
- **Zoonoses bactériennes** :
  - Exemples : leptospirose, salmonellose, tularemie, brucellose, tubercullose
- **Zoonoses parasitaires** :
  - Exemples : toxoplasmose, maladie de Chagas, echinococcose.
- **Zoonoses fongiques** :
  - Exemples : histoplasmose, cryptococcose.
- **Zoonoses virales** :

La rage

La Rage : Aperçu et Aspects Clés

1. Qu'est-ce que la Rage ?

La rage est une maladie virale grave qui affecte le système nerveux central. Elle est causée par le virus de la rage, un lyssavirus, et se transmet principalement par la morsure d'un animal infecté. La rage est presque toujours mortelle une fois que les symptômes apparaissent, mais elle est entièrement évitable par la vaccination.

2. Transmission

- **Principal Vecteur** : La rage se propage principalement par la salive d'animaux infectés, notamment les chiens, les chauves-souris, les renards et les ratons laveurs.

- **Modes de Transmission** : La transmission se produit généralement par morsure, mais elle peut également survenir par des éraflures ou des plaies ouvertes en contact avec la salive d'un animal infecté.

3. Symptômes

Les symptômes de la rage peuvent être classés en plusieurs phases :

- **Phase Prodromique** : Les symptômes initiaux incluent de la fièvre, des maux de tête, de la fatigue et une sensation de picotement ou de démangeaison au site de la morsure.
- **Phase Agressive** : Cette phase se caractérise par des troubles neurologiques, tels que l'anxiété, la confusion, des hallucinations, des convulsions et des troubles de la déglutition (hydrophobie).
- **Phase Terminale** : Sans traitement, la rage conduit à une paralysie, un coma et finalement la mort, généralement par arrêt respiratoire.

4. Prévention

- **Vaccination des Animaux** : La vaccination des animaux domestiques, en particulier des chiens, est l'une des mesures les plus efficaces pour prévenir la rage.
- **Vaccination Préventive** : Les personnes à risque (travailleurs de la santé, vétérinaires, etc.) peuvent recevoir des vaccinations préventives.
- **Éducation et Sensibilisation** : Informer les populations sur les dangers de la rage et l'importance de signaler les morsures d'animaux.

5. Traitement

- **Post-Exposition** : Si une personne est mordue par un animal suspecté d'être enragé, elle doit immédiatement consulter un professionnel de santé. Un traitement post-exposition, qui inclut des injections de vaccin antirabique et d'immunoglobulines, est essentiel pour prévenir l'apparition de la maladie.

- **Pas de Traitement Curatif** : Une fois que les symptômes de la rage apparaissent, il n'existe pas de traitement efficace, et la maladie est généralement fatale.[25]

6. Impact Global

- **Statistiques** : Selon l'Organisation mondiale de la santé (OMS), la rage entraîne environ 59 000 décès par an dans le monde, principalement dans des pays en développement où la vaccination des animaux est insuffisante.
- **Zones à Risque** : Les régions où la rage est endémique comprennent certaines parties de l'Afrique, de l'Asie et d'Amérique Latine.[26]

La rage est une maladie évitable, mais elle demeure un problème de santé publique majeur dans de nombreuses régions du monde. La vaccination des animaux, l'éducation du public et des mesures de traitement efficaces peuvent considérablement réduire le risque d'infection et protéger les communautés. Une approche intégrée impliquant la santé animale et la santé publique est essentielle pour éradiquer cette maladie.

---

[25] Zoonotic Diseases | One Health | CDC [Internet]. 2020 [cité 26 avr2020]. Disponible sur: https://www.cdc.gov/onehealth/basics/zoonotic-diseases.html

[26] Organisation Mondiale de la santé animale (OIE). Une seule santé: OIE -World Organisation for Animal Health[Internet]. 2020 [cité 26 avr2020]. Disponible sur: https://www.oie.int/fr/pour-les-medias/une-seule-sante/

Grippe Aviaire : Aperçu et Aspects Clés

1. Qu'est-ce que la Grippe Aviaire ?

La grippe aviaire, également connue sous le nom d'influenza aviaire, est une infection virale qui touche principalement les oiseaux, mais qui peut également infecter d'autres espèces, y compris les humains. Elle est causée par des virus de la famille des Orthomyxoviridae, principalement les sous-types H5 et H7, qui peuvent être hautement pathogènes.

2. Transmission

- **Entre Oiseaux** : La grippe aviaire se propage principalement entre les oiseaux par contact direct avec des oiseaux infectés, leurs excréments, ou des surfaces contaminées.
- **Transmission à l'Homme** : Les infections humaines sont rares et se produisent généralement après un contact étroit avec des oiseaux infectés ou leurs environnements. Les cas de transmission interhumaine sont extrêmement rares.

3. Symptômes

a. Chez les Oiseaux

- **Symptômes** : Les symptômes peuvent varier selon la virulence du virus, allant de légers à graves, incluant :
  - Dépression et apathie
  - Difficultés respiratoires
  - Produits de ponte réduits
  - Mortalité élevée dans les cas de souches hautement pathogènes

b. Chez les Humains

- **Symptômes** : Lorsqu'infectés, les humains peuvent présenter des symptômes similaires à ceux de la grippe saisonnière, tels que :
  - Fièvre

- Toux
- Maux de gorge
- Myalgies

- **Complications** : Dans les cas graves, cela peut entraîner des pneumonies et des complications respiratoires potentiellement mortelles.

4. Prévention

- **Surveillance Aviaire** : Mettre en place des programmes de surveillance pour détecter les souches de grippe aviaire chez les oiseaux domestiques et sauvages.
- **Contrôle des Élevages** : Appliquer des mesures strictes de biosécurité dans les exploitations avicoles pour prévenir l'introduction et la propagation du virus.
- **Vaccination** : Vacciner les volailles dans des zones à risque élevé peut aider à contrôler la propagation du virus.

5. Contrôle et Traitement

- **Réponse Épidémique** : En cas de détection d'une souche hautement pathogène, il est souvent nécessaire d'abattre les volailles infectées pour limiter la propagation.
- **Traitement des Humains** : Les antiviraux, tels que l'oseltamivir (Tamiflu), peuvent être efficaces s'ils sont administrés tôt après l'exposition au virus.

6. Impact Global

- **Épidémies** : La grippe aviaire a causé plusieurs épidémies à grande échelle, affectant les populations d'oiseaux et entraînant des pertes économiques significatives dans l'industrie avicole.
- **Santé Publique** : Bien que la transmission humaine soit rare, les cas de grippe aviaire chez l'homme soulèvent des préoccupations quant à la possibilité d'une

pandémie si le virus acquiert la capacité de se transmettre efficacement entre les humains.

La grippe aviaire représente un défi significatif pour la santé animale et publique. La surveillance, la prévention et le contrôle des épidémies sont essentiels pour minimiser l'impact de cette maladie. Une collaboration entre les secteurs de la santé animale et humaine, ainsi qu'une communication efficace, sont cruciales pour gérer les risques associés à la grippe aviaire.

Virus Ebola : Aperçu et Aspects Clés

1. Qu'est-ce que le Virus Ebola ?

Le virus Ebola est un agent pathogène hautement virulent responsable de la fièvre hémorragique à virus Ebola (FHVE). Il appartient à la famille des Filoviridae et se caractérise par des taux de mortalité élevés, pouvant atteindre jusqu'à 90 % dans certaines épidémies.[27] Le virus a été identifié pour la première fois en 1976 lors d'épidémies en République Démocratique du Congo (RDC) et en Soudan.

2. Transmission

- **Transmission Humaine** : Le virus Ebola se propage principalement par contact direct avec les fluides corporels d'une personne infectée (sang, salive, sueur, vomissements, etc.) ou par le contact avec des objets contaminés.[28]
- **Réservoir Animal** : Les chauves-souris frugivores sont considérées comme le réservoir naturel du virus. La transmission initiale aux humains peut se produire par

[27] One Health initiative. One Health Initiative -One World One Medicine One Health [Internet]. Mission Statement. [cité 26 avr2020]. Disponible sur:http://www.onehealthinitiative.com/mission.php

[28] Han BA, Kramer AM, Drake JM. Global Patterns of Zoonotic Disease in Mammals. Trends in Parasitology. 1 juill 2016 ;32(7) :565-77.

le biais de la chasse ou de la consommation d'animaux sauvages infectés, comme les singes ou les antillopes.

3. Symptômes

Les symptômes de l'infection par le virus Ebola apparaissent généralement entre 2 et 21 jours après l'exposition et incluent :

- **Phase Initiale** :
  - Fièvre
  - Mal de tête
  - Douleurs musculaires
  - Fatigue
- **Phase Avancée** :
  - Vomissements
  - Diarrhée
  - Éruptions cutanées
  - Hémorragies internes et externes (dans les cas graves)

4. Prévention

- **Contrôle des Épidémies** : Des mesures de santé publique, telles que la surveillance, l'isolement des cas et la gestion des contacts, sont cruciales pour contrôler les épidémies.
- **Formation et Sensibilisation** : Éduquer les communautés sur les modes de transmission et les comportements de prévention, tels que l'évitement des contacts avec les fluides corporels.
- **Vaccination** : Le vaccin rVSV-ZEBOV, développé contre le virus Ebola, s'est montré efficace et est utilisé dans les campagnes de vaccination en cas d'épidémie.

5. Traitement

- **Soins de Support** : Il n'existe pas de traitement antiviral spécifique pour le virus Ebola, mais des soins de support, tels que la réhydratation, la gestion des symptômes et le traitement des infections secondaires, sont essentiels pour améliorer les chances de survie.

- **Antiviraux** : Des traitements expérimentaux, ont été utilisés dans certaines situations et montrent des promesses.

6. Impact Global

- **Épidémies** : Les épidémies de virus Ebola ont principalement touché des pays d'Afrique de l'Ouest et centrale, avec une épidémie majeure en 2014-2016 qui a touché plusieurs pays, dont la Guinée, le Libéria et la Sierra Leone, causant plus de 11 000 décès.[29]
- **Préoccupations Sanitaires** : La nature hautement contagieuse et mortelle du virus Ebola en fait une menace pour la santé publique mondiale, nécessitant une vigilance continue et des capacités de réponse.

Nous devons savoir que le virus Ebola représente un défi majeur pour la santé publique, en raison de sa virulence et de son potentiel de transmission. La prévention des épidémies repose sur des stratégies de surveillance, d'éducation, de vaccination et de soins appropriés. Une collaboration internationale est essentielle pour contrôler les épidémies et protéger les communautés vulnérables. Les leçons des épidémies passées ont conduit à des améliorations dans la préparation et la réponse aux crises sanitaires liées au virus Ebola.

---

[29] Van den Berg T. One health paradigm to foster population health [Internet]. BiomedCentral. 2020 [cité 26 avr2020]. Disponible sur: https://www.biomedcentral.com/collections/OneHealth

Virus Zika : Aperçu et Aspects Clés

1. Qu'est-ce que le Virus Zika ?

Le virus Zika est un flavivirus transmis principalement par les moustiques, notamment le **Aedes aegypti** et le **Aedes albopictus**. Identifié pour la première fois en 1947 en Ouganda, il a depuis causé des épidémies dans diverses régions, notamment en Amérique latine et dans les Caraïbes.

2. Transmission

- **Transmission Vectorielle** : Le virus se propage principalement par les piqûres de moustiques infectés.
- **Transmission Humaine** : Il peut également être transmis par :
  - Contact sexuel avec une personne infectée.
  - Transmission de la mère à l'enfant pendant la grossesse ou l'accouchement.
  - Transfusions sanguines.

3. Symptômes

Les symptômes de l'infection par le virus Zika sont généralement légers et peuvent inclure :

- Fièvre légère
- Éruptions cutanées
- Douleurs articulaires et musculaires
- Conjonctivite (rougeur des yeux)
- Mal de tête

Ces symptômes apparaissent généralement entre 2 et 7 jours après la piqûre d'un moustique infecté et durent environ une semaine.

4. Complications

- **Microcéphalie** : L'une des complications les plus graves associées à l'infection par le virus Zika pendant la grossesse est la microcéphalie, une malformation congénitale caractérisée par un développement anormal du crâne et du cerveau du fœtus.

- **Syndrome de Guillain-Barré** : L'infection par le virus Zika a également été liée à une augmentation du risque de syndrome de Guillain-Barré, une maladie auto-immune qui peut entraîner une faiblesse musculaire et des paralysies.

5. Prévention

- **Contrôle des Moustiques** : Éliminer les zones de reproduction des moustiques, comme les récipients d'eau stagnante, et utiliser des insecticides.
- **Protection Individuelle** : Porter des vêtements longs, utiliser des répulsifs contenant du DEET, et installer des moustiquaires pour se protéger des piqûres.
- **Éducation** : Sensibiliser les communautés aux risques de transmission et aux mesures préventives.

6. Traitement

Il n'existe pas de traitement antiviral spécifique contre le virus Zika. La prise en charge se concentre sur le soulagement des symptômes, notamment :

- Repos
- Hydratation
- Analgésiques (comme le paracétamol)

7. Impact Global

- **Épidémies** : Le virus Zika a causé des épidémies notables, notamment en 2015-2016, lorsque le virus a rapidement circulé dans les Amériques, provoquant des inquiétudes majeures concernant les malformations congénitales.
- **Surveillance et Recherche** : La situation a conduit à un renforcement de la surveillance et à des efforts de

recherche pour mieux comprendre le virus, ses modes de transmission et ses effets sur la santé.

A retenir : Le virus Zika demeure une préoccupation de santé publique, notamment en raison de son potentiel à causer des malformations congénitales et d'autres complications. La prévention repose sur des mesures de contrôle des moustiques, l'éducation et la sensibilisation des populations. La recherche continue est essentielle pour mieux comprendre le virus et développer des stratégies de prévention et de traitement efficaces. La coopération internationale est également cruciale pour gérer les épidémies et protéger les communautés vulnérables.[30]

COVID-19 : Aperçu et Aspects Clés

1. Qu'est-ce que la COVID-19 ?

La COVID-19 est une maladie infectieuse causée par le coronavirus SARS-CoV-2, identifié pour la première fois en décembre 2019 à Wuhan, en Chine. La maladie a rapidement conduit à une pandémie mondiale, affectant des millions de personnes et provoquant des milliers de décès.

2. Transmission

- **Transmission Personnelle** : Le virus se propage principalement par des gouttelettes respiratoires produites lorsqu'une personne infectée parle, tousse ou éternue.
- **Transmission de Surface** : Il peut également se propager en touchant des surfaces contaminées, bien que cela soit considéré comme moins fréquent.

---

[30] KeesingF, Belden LK, DaszakP, Dobson A, Harvell CD, Holt RD, et al. Impacts of biodiversity on the emergence and transmission of infectious diseases. Nature. déc2010;468(7324):647-52.

- **Aérosols** : Dans des espaces mal ventilés, le virus peut être présent dans l'air sous forme d'aérosols, ce qui augmente le risque de transmission[31].

3. Symptômes

Les symptômes de la COVID-19 varient considérablement, allant de légers à sévères, et peuvent inclure :

- Fièvre
- Toux
- Difficultés respiratoires
- Fatigue
- Perte de goût ou d'odorat
- Douleurs musculaires
- Maux de tête
- Mal de gorge

Les symptômes apparaissent généralement entre 2 et 14 jours après l'exposition au virus.

4. Complications

- **Formes sévères** : Certaines personnes peuvent développer des formes sévères de la maladie, notamment une pneumonie, un syndrome de détresse respiratoire aiguë (SDRA) et des défaillances organiques.
- **Long COVID** : Certains patients présentent des symptômes persistants, appelés "long COVID", qui peuvent inclure fatigue, douleurs articulaires, troubles cognitifs et problèmes respiratoires.

---

[31] WoldehannaS, ZimickiS. An expanded One Health model: Integrating social science and One Health to inform study of the human-animal interface. Social Science & Medicine. 1 mars 2015;129:87-95.

5. Prévention

- **Vaccination** : Les vaccins contre la COVID-19, tels que ceux développés par Pfizer-BioNTech, Moderna, et Johnson & Johnson, ont été déployés pour réduire la transmission et les formes sévères de la maladie.
- **Mesures Sanitaires** : Le port de masques, la distanciation physique, le lavage régulier des mains et l'utilisation de désinfectants sont essentiels pour réduire la propagation du virus.
- **Tests et Traçage** : La mise en place de tests réguliers et des systèmes de traçage des contacts a aidé à contrôler les épidémies.

6. Traitement

- **Soins de Support** : Le traitement de la COVID-19 repose principalement sur des soins de support, y compris l'oxygénothérapie et la gestion des symptômes.
- **Médicaments** : Des antiviraux comme le remdesivir et des traitements anti-inflammatoires comme les corticostéroïdes (par exemple, la dexaméthasone) ont été utilisés dans les cas sévères.

7. Impact Global

- **Pandémie Mondiale** : La COVID-19 a provoqué des bouleversements économiques, sociaux et sanitaires à l'échelle mondiale, entraînant des confinements, des fermetures d'écoles et des perturbations dans les soins de santé.
- **Vaccination Mondiale** : Des efforts mondiaux de vaccination ont été mis en place, mais des inégalités dans l'accès aux vaccins persistent entre les pays.

La COVID-19 a transformé le paysage de la santé publique mondiale et a mis en évidence l'importance de la préparation aux pandémies. La vaccination, les mesures de prévention et le traitement des cas sont essentiels pour contrôler la propagation du virus et protéger la santé publique. Les leçons tirées de cette pandémie continueront d'informer la réponse aux futures menaces sanitaires. La coopération internationale et la solidarité sont essentielles pour surmonter cette crise mondiale et assurer un avenir plus résilient.

M-Pox : Aperçu et Aspects Clés

1. Qu'est-ce que le M-Pox ?

Le M-Pox, anciennement connu sous le nom de variole du singe **(monkeypox).** C'est une maladie virale causée par le virus de l'orthopoxvirus. C'est un membre de la famille des **Poxviridae**. Bien que son nom suggère une association avec les singes, le virus peut infecter divers animaux et a été isolé chez plusieurs espèces, y compris les rongeurs. Bien qu'elle ait été identifiée pour la première fois chez des singes en 1958, les cas chez les humains ont été documentés pour la première fois en 1970 en République Démocratique du Congo.

2. Transmission

- **Transmission Humaine** : Le M-Pox se propage principalement par contact direct avec des lésions cutanées, des fluides corporels ou des surfaces contaminées d'une personne infectée.

3. Réservoir Animal

- **Hôtes Animaux** : Les rongeurs, tels que les écureuils et les rats, sont considérés comme le réservoir principal du virus. Les singes peuvent également être des hôtes, mais ils ne sont pas le réservoir principal.
- **Transmission Zoonotique** : Les infections humaines surviennent généralement par contact direct avec des animaux infectés, leur sang, leurs fluides corporels, ou des lésions cutanées.

- **Réservoir Animal** : Il est également possible que le virus soit transmis par des animaux infectés, comme les rongeurs.
- **Transmission Aérienne** : Bien que moins courante, une transmission par voie respiratoire peut se produire dans des environnements clos, principalement à partir de gouttelettes respiratoires.
- **Propagation Mondiale** : Des cas de M-Pox ont été signalés en dehors de l'Afrique, notamment aux États-Unis et au Royaume-Uni, souvent liés à des voyages ou à des importations d'animaux. En 2022, des épidémies dans plusieurs pays non endémiques ont fait augmenter les préoccupations mondiales.

5. Implications Épidémiologiques

- **Évolution du Risque** : La possibilité de propagation du virus en dehors de ses zones d'origine soulève des préoccupations concernant la santé publique, notamment en raison de la transmission interhumaine.
- **Surveillance et Prévention** : La surveillance épidémiologique, la sensibilisation et les mesures de contrôle sont essentielles pour contenir les épidémies et prévenir la transmission.

3. Symptômes

Les symptômes du M-Pox chez l'humain incluent :

- **Phase Initiale** :
    - Fièvre
    - Frissons
    - Fatigue
    - Maux de tête
    - Douleurs musculaires
- **Éruption Cutanée** : Quelques jours après l'apparition de la fièvre, une éruption cutanée se développe, souvent

sur le visage, les mains et les parties génitales. Les lésions évoluent en papules, vésicules et pustules avant de former des croûtes.

4. Complications

Bien que la plupart des infections soient bénignes, certaines peuvent entraîner des complications, notamment :

- **Infections Bactériennes Secondaires** : En raison de lésions cutanées.
- **Difficultés Respiratoires** : Dans de rares cas, en raison d'une atteinte pulmonaire.
- **Mortalité** : Le taux de mortalité varie, mais il est plus élevé chez les personnes immunodéprimées.

5. Prévention

- **Isolement des Cas** : Les personnes infectées doivent être isolées pour prévenir la transmission.
- **Mesures de Contrôle** : Pratiques d'hygiène, comme le lavage des mains et le port de masques, sont conseillées pour réduire le risque de propagation.
- **Vaccination** : Bien qu'il n'existe pas de vaccin spécifique pour le M-Pox, les vaccins contre la variole offrent une certaine protection en raison de la similarité des virus.

6. Traitement

- **Soins de Support** : Le traitement du M-Pox repose sur des soins de support, y compris la gestion des symptômes.
- **Antiviraux Potentiels** : Des médicaments comme le tecovirimat (TPOXX) ont été utilisés pour traiter les infections graves.

7. Impact Global

- **Épidémies Récentes** : Des épidémies de M-Pox ont été signalées dans divers pays, y compris des cas hors des régions traditionnellement touchées, suscitant des inquiétudes sur la propagation du virus.

- **Surveillance** : Les autorités sanitaires surveillent attentivement les cas pour contrôler la propagation et répondre rapidement aux épidémies.

Le M-Pox est une maladie virale émergente qui nécessite une attention continue en matière de surveillance et de prévention. Bien que généralement moins grave que d'autres maladies virales, sa capacité à se propager dans de nouvelles régions soulève des préoccupations pour la santé publique. La sensibilisation, la recherche et la coopération internationale sont essentielles pour gérer cette menace potentielle et protéger les populations vulnérables.

Virus de la Fièvre Jaune

Virus de la Fièvre Jaune : Aperçu et Aspects Clés

1. Qu'est-ce que la Fièvre Jaune ?

La fièvre jaune est une maladie virale aiguë transmise par les moustiques, causée par le virus de la fièvre jaune, qui appartient à la famille des **Flaviviridae**. Elle est endémique dans certaines régions d'Afrique et d'Amérique du Sud.

2. Transmission

- **Vecteur** : Principalement par les moustiques du genre **Aedes** (comme **Aedes aegypti**) et **Haemagogus**.
- **Transmission Humaine** : Les humains peuvent devenir infectés par les piqûres de moustiques infectés.
- **Réservoir Animal** : Les primates non humains, comme les singes, peuvent servir de réservoirs pour le virus.

3. Symptômes

Les symptômes de la fièvre jaune apparaissent généralement 3 à 6 jours après l'infection et peuvent inclure :

- **Phase Initiale** :

    - Fièvre
    - Frissons
    - Maux de tête
    - Douleurs musculaires
    - Nausées et vomissements

- **Phase de Régression** : Après quelques jours, les symptômes peuvent s'améliorer.

- **Phase de Réinfection** : Environ 15 % des cas évoluent vers une forme plus grave, avec des symptômes tels que :

    - Jaunisse (due à des lésions hépatiques)
    - Hémorragies (saignements de la bouche, du nez, ou des yeux)
    - Insuffisance hépatique et rénale

4. Diagnostic

Le diagnostic de la fièvre jaune repose sur :

- **Antécédents de Voyage** : Évaluation des voyages récents dans des zones endémiques.
- **Tests Sanguins** : Détection du virus ou des anticorps spécifiques par des tests sérologiques ou PCR.

5. Prévention

- **Vaccination** : La vaccination est la méthode la plus efficace pour prévenir la fièvre jaune. Le vaccin est vivant atténué et confère une protection durable.
- **Contrôle des Vecteurs** : Réduction des populations de moustiques par des mesures environnementales et l'utilisation de répulsifs.
- **Éducation** : Sensibilisation des populations à risque sur les modes de transmission et les mesures de protection.

6. Traitement

- **Soins de Support** : Il n'existe pas de traitement antiviral spécifique pour la fièvre jaune. Le traitement consiste en soins de support, notamment :
  - Réhydratation
  - Gestion de la douleur et de la fièvre
  - Surveillance des complications

7. Impact Global

- **Prévalence** : La fièvre jaune est endémique dans les régions tropicales d'Afrique et d'Amérique du Sud, avec des épidémies sporadiques.
- **Mortalité** : La maladie peut avoir un taux de mortalité élevé, en particulier dans les cas graves.

La fièvre jaune est une maladie virale évitable grâce à la vaccination et à des mesures de contrôle des vecteurs. La sensibilisation et la prévention sont essentielles pour protéger les populations à risque, en particulier dans les régions endémiques. Un diagnostic rapide et des soins appropriés sont cruciaux pour améliorer les résultats des patients. La coopération internationale est également importante pour surveiller et contrôler les épidémies de fièvre jaune.

Virus de la Méningite Virale

Virus de la Méningite Virale : Aperçu et Aspects Clés

1. Qu'est-ce que la Méningite Virale ?

La méningite virale est une inflammation des méninges, les membranes qui enveloppent le cerveau et la moelle épinière, causée par des virus. Elle est généralement moins grave que la méningite bactérienne et peut souvent se résoudre sans traitement spécifique.

2. Agents Pathogènes

Les virus responsables de la méningite virale incluent :

- **Virus des oreillons**
- **Virus de la rubéole**
- **Virus de l'herpès (HSV-1 et HSV-2)**
- **Virus du Nil occidental**
- **Virus de la poliomyélite**
- **Entérovirus (comme le virus Coxsackie et l'echovirus)**

3. Transmission

- **Voie Fécale-Orale** : De nombreux entérovirus se propagent par l'ingestion d'eau ou d'aliments contaminés.
- **Contact Direct** : Les virus comme ceux des oreillons peuvent se transmettre par les gouttelettes respiratoires d'une personne infectée.
- **Transmission Vectorielle** : Des virus comme le virus du Nil occidental sont véhiculés par les moustiques.

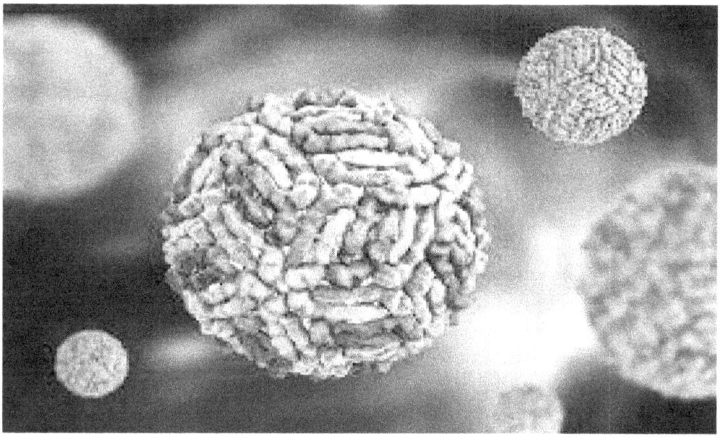

Figure 3. Les virus du Nil occidental

Consulté sur Google le 11/1/2023 à 22h 45.

4. Symptômes

Les symptômes de la méningite virale apparaissent généralement rapidement et peuvent inclure :

- Fièvre
- Maux de tête sévères
- Raideur de la nuque
- Photophobie (sensibilité à la lumière)
- Nausées et vomissements
- Fatigue

5. Diagnostic

Le diagnostic de la méningite virale repose sur plusieurs méthodes :

- **Analyse du Liquide Céphalorachidien (LCR)** : Une ponction lombaire peut être réalisée pour prélever du LCR, qui sera analysé pour détecter des signes d'infection virale.
- **Tests Sanguins** : Détection des anticorps ou des virus spécifiques dans le sang.[32]

6. Prévention

- **Vaccination** : Les vaccins contre les oreillons, la rubéole et d'autres virus peuvent réduire le risque de méningite virale.
- **Hygiène** : Pratiques d'hygiène personnelle, comme le lavage fréquent des mains, peuvent prévenir la propagation des virus.
- **Éviter les Piqûres de Moustiques** : Pour les virus transmis par les moustiques, des mesures de protection comme l'utilisation de répulsifs sont recommandées.

---

[32] KeesingF, Belden LK, DaszakP, Dobson A, Harvell CD, Holt RD, et al. Impacts of biodiversity on the emergence and transmission of infectious diseases. Nature. déc2010;468(7324):647-52.

7. Traitement

- **Soins de Support** : Il n'existe pas de traitement antiviral spécifique pour la méningite virale. Le traitement consiste généralement à soulager les symptômes :
    - Analgésiques pour la douleur et la fièvre
    - Hydratation adéquate
- **Surveillance** : Dans les cas graves, une hospitalisation peut être nécessaire pour surveiller et traiter les complications.

8. Impact Global

- **Prévalence** : La méningite virale est plus fréquente dans les régions où les entérovirus et d'autres virus prévalent, et elle représente souvent une part importante des cas de méningite.
- **Santé Publique** : Bien que généralement moins grave que la méningite bactérienne, la méningite virale peut entraîner des complications chez certains individus, en particulier ceux ayant un système immunitaire affaibli.

La méningite virale est une infection généralement moins grave que la forme bactérienne, mais elle nécessite une attention médicale appropriée. La vaccination et les pratiques d'hygiène sont essentielles pour la prévention. Un diagnostic précoce et un traitement symptomatique peuvent aider à gérer la maladie efficacement. La sensibilisation et l'éducation sont cruciales pour réduire le risque d'infection et protéger les populations vulnérables.

Zoonoses bactériennes

Leptospirose : Aperçu et Aspects Clés

1. Qu'est-ce que la Leptospirose ?

La leptospirose est une infection bactérienne causée par des bactéries du genre **Leptospira**. Elle affecte un large éventail d'animaux, notamment les rongeurs, les bovins, les chiens et les sangliers, et peut être transmise aux humains. La maladie est présente dans le monde entier, mais elle est plus fréquente dans les régions tropicales et subtropicales.

2. Transmission

- **Contact avec des Animaux Infectés** : Les humains peuvent être infectés par contact direct avec des animaux porteurs de la bactérie, notamment les rongeurs, qui sont les principaux réservoirs.
- **Eau Contaminée** : La leptospirose se propage souvent par l'eau contaminée par l'urine d'animaux infectés, surtout dans les zones inondées ou les environnements humides.
- **Contact avec le Sol** : L'infection peut également survenir par le contact de la peau ou des muqueuses avec de la terre ou de l'eau contaminée.

3. Symptômes

Les symptômes de la leptospirose varient considérablement et peuvent apparaître entre 5 à 14 jours après l'exposition. Ils incluent :

- **Phase Initiale** :
    - Fièvre
    - Frissons
    - Maux de tête
    - Douleurs musculaires
    - Nausées et vomissements
- **Phase Avancée** :
    - Symptômes hémorragiques (dans les cas graves)
    - Ictère (jaunisse)
    - Insuffisance rénale
    - Meningite

- Syndrome de Weil (forme sévère avec complications hépatiques et rénales)

4. Diagnostic

Le diagnostic de la leptospirose peut être complexe, car les symptômes ressemblent à ceux d'autres infections. Les méthodes de diagnostic incluent :

- **Sérodiagnostic** : Détection d'anticorps spécifiques dans le sang.
- **Culture** : Isolement de la bactérie à partir de fluides corporels, mais cela peut être difficile en raison de la nécessité d'un environnement spécifique.
- **Tests Moléculaires** : PCR pour détecter l'ADN de la bactérie.

5. Prévention

- **Éviter l'Exposition** : Limiter le contact avec des animaux potentiellement infectés et éviter de se baigner dans des eaux potentiellement contaminées.
- **Contrôle des Rongeurs** : Mettre en place des mesures pour réduire les populations de rongeurs dans les zones à risque.
- **Éducation** : Sensibiliser les communautés aux risques de la leptospirose et aux mesures de prévention.

6. Traitement

- **Antibiotiques** : Les antibiotiques, comme la pénicilline ou la doxycycline, sont efficaces pour traiter la leptospirose, surtout lorsqu'ils sont administrés tôt.
- **Soins de Support** : Dans les cas graves, des soins de support peuvent inclure une hospitalisation pour surveiller et traiter les complications.

7. Impact Global

- **Prévalence** : La leptospirose est une maladie négligée qui est souvent sous-diagnostiquée et sous-reportée, avec des milliers de cas chaque année dans le monde entier.
- **Épidémies** : Des épidémies peuvent survenir après des inondations ou dans des environnements à forte densité animale, mettant en danger les populations humaines.

A savoir : La leptospirose est une maladie infectieuse qui peut avoir des conséquences graves si elle n'est pas traitée rapidement. La prévention repose sur la réduction des risques d'exposition et l'éducation des populations. Une sensibilisation accrue et des efforts de contrôle des vecteurs sont essentiels pour réduire l'incidence de cette maladie et protéger la santé publique. La collaboration entre les secteurs de la santé humaine, animale et environnementale est cruciale pour mieux gérer les risques associés à la leptospirose.

Salmonellose : Aperçu et Aspects Clés

1. Qu'est-ce que la Salmonellose ?

La salmonellose est une infection causée par des bactéries du genre **Salmonella**, qui sont des bactéries gram-négatives. Elle est l'une des principales causes d'infections alimentaires dans le monde. Les deux espèces principales responsables des infections chez l'homme sont **Salmonella enterica** et **Salmonella bongori**.[33]

---

[33] Barbosa Costa G, Gilbert A, Monroe B, Blanton J, NgamNgamS, RecuencoS, et al. The influence of poverty and rabies knowledge on healthcare seeking behaviors and dog ownership, Cameroon. PLoSOne [Internet]. 21 juin 2018 [cité 29 avr2020];13(6). Disponible sur: https://www.ncbi.nlm.nih.gov/pmc/articles/PMC6013156/

2. Transmission

- **Aliments Contaminés** : La transmission se produit principalement par la consommation d'aliments contaminés, tels que :
    - Viandes crues ou mal cuites (particulièrement la volaille et le porc)
    - Œufs crus ou mal cuits
    - Produits laitiers non pasteurisés
    - Fruits et légumes contaminés
- **Eau Contaminée** : La salmonellose peut également être contractée par la consommation d'eau contaminée.
- **Contact avec des Animaux** : Les reptiles, les oiseaux, et certains animaux domestiques peuvent être porteurs de Salmonella. Le contact avec ces animaux ou leurs excréments peut également entraîner une infection.[34]

3. Symptômes

Les symptômes de la salmonellose apparaissent généralement entre 6 heures et 6 jours après l'exposition et incluent :

- Diarrhée (qui peut être sanglante)
- Fièvre
- Crampes abdominales
- Nausées et vomissements

La maladie dure généralement de 4 à 7 jours, mais les symptômes peuvent persister plus longtemps dans certains cas.

---

[34] CleavelandS, Sharp J, Abela-Ridder B, Allan KJ, BuzaJ, Crump JA, et al. One Health contributions towards more effective and equitable approaches to health in low-and middle-income countries. Philos Trans R Soc LondB BiolSci[Internet]. 19juill2017 [cité 27 avr2020];372(1725). Disponible sur: https://www.ncbi.nlm.nih.gov/pmc/articles/PMC5468693/

4. Complications

- **Déshydratation** : Une diarrhée sévère peut entraîner une déshydratation, particulièrement chez les jeunes enfants, les personnes âgées et celles ayant un système immunitaire affaibli.
- **Infections Systémiques** : Dans de rares cas, la Salmonella peut entrer dans la circulation sanguine et provoquer des infections graves, comme des septicémies.

5. Diagnostic

- **Tests de Laboratoire** : Le diagnostic de la salmonellose repose sur des tests de laboratoire qui incluent :
    - Cultures de selles pour isoler la bactérie
    - Tests sérologiques pour détecter des anticorps

6. Prévention

- **Hygiène Alimentaire** :
    - Bien cuire les viandes et les œufs.
    - Éviter les aliments crus ou non pasteurisés.
    - Laver soigneusement les fruits et légumes.
- **Hygiène Personnelle** :
    - Se laver les mains régulièrement, surtout après avoir manipulé des aliments ou des animaux.
- **Contrôle des Animaux** : Éviter le contact avec des reptiles et s'assurer que les animaux domestiques sont en bonne santé.

7. Traitement

- **Soins de Support** : La plupart des cas de salmonellose ne nécessitent pas de traitement antibiotique. Le traitement repose principalement sur l'hydratation pour prévenir la déshydratation.

- **Antibiotiques** : Dans les cas graves ou pour les personnes à risque, des antibiotiques peuvent être prescrits.

8. Impact Global

- **Épidémies** : La salmonellose est responsable de nombreuses épidémies alimentaires dans le monde entier, souvent liées à des produits alimentaires contaminés.
- **Surveillance** : Les autorités sanitaires surveillent les épidémies pour identifier les sources de contamination et prévenir de futures infections.

La salmonellose est une infection alimentaire courante mais évitable. La sensibilisation à l'hygiène alimentaire et personnelle est essentielle pour réduire le risque d'infection. Des efforts continus en matière de surveillance, de prévention et d'éducation sont nécessaires pour protéger la santé publique et minimiser l'impact des infections à Salmonella.

Tularemie : Aperçu et Aspects Clés

1. Qu'est-ce que la Tularemie ?

La tularemie est une infection bactérienne aiguë causée par la bactérie **Francisella tularensis**. Cette maladie peut affecter une variété d'animaux, notamment les rongeurs, les lapins et les cervidés, et peut être transmise aux humains.

2. Transmission

- **Contact avec des Animaux Infectés** : La tularemie se propage généralement par contact direct avec des animaux infectés, en particulier lors de la chasse, de la manipulation ou de la consommation de viande de gibier.

- **Piqûres d'Insectes** : Les tiques et les mouches peuvent également transmettre la bactérie.[35]
- **Inhalation** : Dans des cas rares, l'inhalation d'aérosols contaminés peut provoquer une infection, notamment dans des environnements où la bactérie est présente dans le sol ou les activités agricoles.
- **Consommation d'Eau ou d'Aliments Contaminés** : L'ingestion d'eau ou d'aliments contaminés peut également transmettre la maladie.

3. Symptômes

Les symptômes de la tularemie peuvent varier selon la voie d'exposition et incluent :

- **Forme Typique** :
    - Fièvre
    - Frissons
    - Fatigue
    - Maux de tête
    - Douleurs musculaires
- **Formes Localisées** :
    - **Ulcéreoglandulaire** : Formation d'ulcères sur la peau et gonflement des ganglions lymphatiques.
    - **Oculoglandulaire** : Infection de l'œil, provoquant rougeur, douleur et écoulement.

---

[35] Rahman MHAA, HaironSM, HamatRA, JamaluddinTZMT, ShafeiMN, Idris N, et al. LeptospirosisHealthIntervention Module Effecton Knowledge, Attitude, Belief, and Practice amongWetMarketWorkersin NortheasternMalaysia: An Intervention Study. Int J Environ ResPublic Health[Internet]. juill2018 [cité 24 juin 2020];15(7). Disponible sur: https://www.ncbi.nlm.nih.gov/pmc/articles/PMC6069487/

- **Pneumonique** : Infection pulmonaire, pouvant provoquer des symptômes respiratoires sévères.

4. Diagnostic

Le diagnostic de la tularemie repose sur :

- **Tests de Laboratoire** : Culture de la bactérie à partir d'échantillons de sang, de lésions cutanées ou d'autres fluides corporels.
- **Tests Sérologiques** : Détection d'anticorps spécifiques dans le sang.

5. Prévention

- **Éviter le Contact avec des Animaux Sauvages** : Limiter le contact avec des rongeurs et des lapins, surtout lors de la chasse ou de la manipulation.
- **Protection Personnelle** : Utiliser des gants et des vêtements de protection lors de la manipulation d'animaux potentiellement infectés.
- **Contrôle des Insectes** : Éviter les piqûres d'insectes en utilisant des répulsifs et en portant des vêtements longs.

6. Traitement

- **Antibiotiques** : La tularemie est généralement traitée par des antibiotiques, tels que la streptomycine, la gentamicine ou la doxycycline. Un traitement précoce est essentiel pour prévenir les complications.
- **Soins de Support** : Dans les cas graves, des soins de support peuvent être nécessaires.

7. Impact Global

- **Distribution** : La tularémie est présente dans de nombreuses régions du monde, mais elle est plus courante en Amérique du Nord, en Europe et en Asie.

- **Surveillance Épidémiologique** : Les autorités sanitaires surveillent les cas de tularémie pour comprendre les épidémies et les risques potentiels pour la santé publique.

La tularémie est une maladie potentiellement grave, mais évitable, grâce à des mesures de prévention appropriées. La sensibilisation à la maladie et à ses modes de transmission est essentielle pour réduire le risque d'infection. Une détection précoce et un traitement approprié sont cruciaux pour assurer une récupération rapide et complète. La coopération entre les secteurs de la santé humaine et animale est également essentielle pour contrôler cette maladie.

Anthrax (Bacillus anthracis)

Anthrax (Bacillus anthracis) : Aperçu et Aspects Clés

1. Qu'est-ce que l'Anthrax ?

L'anthrax est une maladie infectieuse aiguë causée par la bactérie **Bacillus anthracis**. Cette bactérie forme des spores résistantes qui peuvent survivre longtemps dans l'environnement. L'anthrax est principalement une maladie des animaux, mais il peut également infecter les humains.

2. Transmission

L'anthrax peut se transmettre de plusieurs manières :

- **Contact Direct** : Infection par contact avec des animaux infectés ou leurs produits (peau, poils, viande).
- **Inhalation** : Inhalation de spores d'anthrax, souvent dans des environnements contaminés.
- **Ingestion** : Consommation de viande d'animaux infectés qui n'a pas été cuite correctement.

3. Formes de l'Anthrax

L'anthrax se présente sous trois formes principales, en fonction de la voie d'entrée des spores :

- **Anthrax Cutané** :
  - **Transmission** : Contact direct avec des spores.
  - **Symptômes** : Apparition d'une lésion cutanée (ulcère) au site d'infection, accompagnée de démangeaisons, puis développement d'une croûte noire. Peut s'accompagner de fièvre et de douleurs.
- **Anthrax Pulmonaire** :
  - **Transmission** : Inhalation de spores.
  - **Symptômes** : Initialement semblable à une grippe (fièvre, toux, douleurs musculaires), suivi de difficultés respiratoires sévères et de choc. C'est la forme la plus grave et la plus mortelle.
- **Anthrax Gastro-intestinal** :
  - **Transmission** : Ingestion de viande contaminée.
  - **Symptômes** : Nausées, vomissements, douleurs abdominales, diarrhée, et fièvre. Peut entraîner des complications graves, comme une septicémie.[36]

4. Diagnostic

Le diagnostic de l'anthrax repose sur plusieurs méthodes :

- **Antécédents Médicaux** : Évaluation des antécédents d'exposition à des animaux ou des produits d'origine animale.

---

[36] [1] (M.) SAVEY, Commentaire de l'Agence française de sécurité sanitaire des aliments (AFSSA) In La maîtrise des maladies infectieuses, RST n° 24, Académie des sciences, 385- 387, EDP Sciences, 2006.

- **Tests de Laboratoire** : Culture de la bactérie à partir d'échantillons de sang, de lésions cutanées ou de liquides corporels, ainsi que des tests PCR pour détecter l'ADN de Bacillus anthracis.

5. Prévention

- **Vaccination** : Un vaccin est disponible pour les personnes à haut risque, comme les travailleurs des secteurs vétérinaires et agricoles.
- **Contrôle des Animaux** : Surveillance et contrôle des animaux infectés pour prévenir la propagation de la maladie.
- **Éducation** : Sensibilisation des populations à risque sur les modes de transmission et les mesures de prévention.

6. Traitement

- **Antibiotiques** : Les antibiotiques tels que la ciprofloxacine ou la pénicilline sont efficaces, surtout s'ils sont administrés tôt.
- **Soins de Support** : Dans les cas graves, une hospitalisation peut être nécessaire pour traiter les complications, notamment en cas d'anthrax pulmonaire.

7. Impact Global

- **Prévalence** : L'anthrax est plus courant dans certaines régions d'Afrique, d'Asie, d'Amérique du Sud et de certaines parties de l'Europe. Il est souvent associé à l'élevage d'animaux.
- **Santé Publique** : Bien que rare dans les pays développés, l'anthrax reste une préoccupation de santé

publique, surtout dans les zones rurales et parmi les personnes en contact avec des animaux infectés.[37]

L'anthrax est une maladie potentiellement mortelle, mais évitable grâce à la prévention, à la vaccination et à un traitement rapide. La sensibilisation aux risques et aux mesures de contrôle est essentielle pour protéger les populations vulnérables. Une surveillance continue et des efforts de santé publique sont nécessaires pour gérer cette maladie et réduire son impact sur la santé humaine et animale

Listeriose

Listeriose : Aperçu et Aspects Clés

1. Qu'est-ce que la Listériose ?

La listériose est une infection alimentaire causée par la bactérie **Listeria monocytogenes**. Cette maladie peut affecter les personnes en bonne santé, mais elle est particulièrement dangereuse pour les groupes vulnérables, notamment les femmes enceintes, les nouveau-nés, les personnes âgées et celles ayant un système immunitaire affaibli.

2. Transmission

- **Consommation d'Aliments Contaminés** : Listeria se trouve souvent dans des aliments crus ou mal cuits, notamment :
    - Produits laitiers non pasteurisés
    - Viandes transformées (saucisses, pâtés)
    - Poissons fumés
    - Fruits et légumes contaminés

---

[37] [2] (V.) DEUBEL, virus émergents In La maîtrise des maladies infectieuses, RST n° 24, Académie des sciences, 69-87, EDP Sciences, 2006.

- **Contamination Croisée** : La bactérie peut se propager dans les cuisines par des surfaces ou des ustensiles contaminés.

3. Symptômes

Les symptômes de la listériose peuvent varier en fonction de la gravité de l'infection :

- **Forme Légère** :
    - Fièvre
    - Maux de tête
    - Nausées
    - Vomissements
- **Forme Grave (Méningite ou Septicémie)** :
    - Symptômes similaires à ceux de la grippe
    - Raideur de la nuque
    - Confusion ou altération de l'état mental
    - Complications graves chez les femmes enceintes, y compris l'accouchement prématuré, l'avortement ou la mortinaissance.

4. Diagnostic

Le diagnostic de la listériose repose sur plusieurs méthodes :

- **Tests Sanguins** : Culture de la bactérie à partir d'échantillons de sang ou de liquide céphalorachidien.
- **Tests de Liquide Amniotique** : Pour les femmes enceintes, un test du liquide amniotique peut être effectué en cas de suspicion d'infection.[38]

[38] [4] (I.T.) EVANS, (E.G.) SMITH, (A.) BANERJEE & coll, Cluster of human tuberculosis caused by Mycobacterium bovis : Evidence for person to person transmission in the UK, Lancet, 2007, 369, 1270-1276.

5. Prévention

- **Hygiène Alimentaire** :
  - Laver les fruits et légumes avant de les consommer.
  - Éviter les produits laitiers non pasteurisés.
  - Bien cuire les viandes et les poissons.
  - Éviter la contamination croisée en nettoyant les surfaces et les ustensiles.
- **Surveillance** : Les produits alimentaires doivent être surveillés pour détecter la présence de Listeria, en particulier dans les établissements de transformation alimentaire.

6. Traitement

- **Antibiotiques** : Les infections à Listeria sont généralement traitées avec des antibiotiques, tels que l'amoxicilline, la pénicilline ou le triméthoprime-sulfaméthoxazole, en particulier dans les cas graves.
- **Soins de Support** : Dans les cas de méningite ou de septicémie, une hospitalisation peut être nécessaire pour des soins intensifs.[39]

7. Impact Global

- **Prévalence** : Bien que moins fréquente que d'autres infections alimentaires, la listériose peut avoir des conséquences graves. Elle est responsable de plusieurs éclosions, notamment dans les produits transformés.
- **Santé Publique** : La listériose pose un risque pour les populations vulnérables, et des mesures de prévention

---

[39] [3] AFSSA, rapport sur l'évaluation du risque d'apparition et de développement de maladies animales compte tenu d'un éventuel réchauffement climatique, 78 p., 2005.

sont cruciales pour réduire l'incidence de cette infection.

Nous devons savoir que la listériose est une infection alimentaire évitable, mais elle représente un défi pour la santé publique, notamment pour les groupes à risque. La sensibilisation aux pratiques de sécurité alimentaire, la surveillance des produits alimentaires et un diagnostic précoce sont essentiels pour prévenir cette maladie. Un traitement rapide et approprié peut réduire les complications et améliorer les résultats pour les patients.

Brucellose : Aperçu et Aspects Clés

1. Qu'est-ce que la Brucellose ?

La brucellose est une infection bactérienne causée par des bactéries du genre **Brucella**, qui affecte principalement les animaux d'élevage, notamment les bovins, les ovins, les caprins et les porcs. Elle peut être transmise aux humains, souvent par le biais de produits d'origine animale.

2. Transmission

- **Consommation d'Aliments Contaminés** : La brucellose se propage principalement par la consommation de produits laitiers non pasteurisés, de viande crue ou mal cuite provenant d'animaux infectés.
- **Contact Direct** : Les personnes peuvent également être infectées par contact direct avec les fluides corporels d'animaux infectés, notamment lors de l'abattage ou de la manipulation d'animaux malades.
- **Inhalation** : Dans des environnements de travail spécifiques (comme les usines de transformation de viande), l'inhalation de particules contaminées peut également transmettre la maladie.

3. Symptômes

Les symptômes de la brucellose apparaissent généralement entre 5 jours et plusieurs mois après l'exposition et incluent :

- Fièvre récurrente
- Frissons
- Transpiration nocturne
- Fatigue
- Douleurs musculaires et articulaires
- Maux de tête
- Perte de poids

Dans certains cas, la brucellose peut entraîner des complications graves, telles que :

- **Ostéomyélite** : Infection des os.
- **Endocardite** : Infection des valves cardiaques.
- **Infections du système nerveux central** : Meningite ou abcès cérébral.

4. Diagnostic

Le diagnostic de la brucellose repose sur :

- **Tests de Laboratoire** : Culture de la bactérie à partir de sang ou d'autres fluides corporels.
- **Tests Sérologiques** : Détection d'anticorps spécifiques dans le sang.

5. Prévention

- **Vaccination des Animaux** : La vaccination des animaux d'élevage peut réduire la transmission de la brucellose aux humains.
- **Consommation Sécurisée** : Éviter les produits laitiers non pasteurisés et s'assurer que la viande est bien cuite.
- **Hygiène et Éducation** : Sensibiliser les communautés sur les risques de la brucellose et les pratiques

d'hygiène appropriées lors de la manipulation d'animaux.

6. Traitement

- **Antibiotiques** : La brucellose est généralement traitée par des antibiotiques, tels que la doxycycline, la rifampicine ou la streptomycine. Un traitement prolongé est souvent nécessaire pour éviter les rechutes.
- **Soins de Support** : Dans les cas graves, un suivi médical peut être nécessaire pour traiter les complications.

7. Impact Global

- **Prévalence** : La brucellose est considérée comme une maladie zoonotique émergente, présente dans de nombreuses régions du monde, notamment en Méditerranée, en Afrique, au Moyen-Orient et en Amérique Latine.[40]
- **Surveillance Épidémiologique** : Les autorités de santé surveillent les cas de brucellose pour comprendre les épidémies et prévenir les infections.

La brucellose est une maladie évitable qui nécessite une vigilance continue en matière de prévention et de contrôle. La sensibilisation à la transmission et aux méthodes de prévention, ainsi que la vaccination des animaux, sont essentielles pour réduire le risque d'infection. Un diagnostic précoce et un traitement approprié sont cruciaux pour assurer une récupération complète et éviter les complications. La collaboration entre les secteurs de la santé animale et humaine est également essentielle pour gérer cette maladie zoonotique.

---

[40] [5] (J.) COLLINGE & (A.R.) CLARKE, A general model of prion strains and their pathogenecity, Science, 2007, 318, 930-936.

Tuberculose : Aperçu et Aspects Clés

1. Qu'est-ce que la Tuberculose ?

La tuberculose (TB) est une infection bactérienne contagieuse causée par la bactérie **Mycobacterium tuberculosis**. Elle touche principalement les poumons, mais peut également affecter d'autres parties du corps, comme les reins, la colonne vertébrale et le cerveau. La tuberculose reste une des principales causes de mortalité dans le monde, en particulier dans les pays à revenu faible et intermédiaire.

2. Transmission

- **Voie Aérienne** : La tuberculose se propage par l'air lorsque des personnes infectées toussent, éternuent ou parlent, libérant des gouttelettes contenant la bactérie. Les personnes à proximité peuvent inhaler ces gouttelettes et contracter l'infection.
- **Contact Prolongé** : La transmission nécessite généralement un contact étroit et prolongé avec une personne infectée, ce qui rend les environnements surpeuplés plus à risque.

3. Symptômes

Les symptômes de la tuberculose peuvent varier, mais incluent généralement :

- Toux persistante, souvent avec des expectorations sanglantes
- Fièvre
- Sueurs nocturnes
- Perte de poids
- Fatigue
- Douleurs thoraciques

Les symptômes peuvent se développer lentement et être confondus avec d'autres maladies respiratoires.

4. Diagnostic

Le diagnostic de la tuberculose repose sur plusieurs méthodes :

- **Test de la Peau (Mantoux)** : Injection intradermique d'un dérivé protéique purifié (PPD) pour détecter une réaction immunitaire.
- **Tests Sanguins** : Tests comme le QuantiFERON ou le T-SPOT pour évaluer la réponse immunitaire à la tuberculose.
- **Radiographie Thoracique** : Utilisée pour détecter des anomalies dans les poumons.
- **Culture de Bactéries** : Prélèvements de crachats ou de tissus pour cultiver la bactérie et confirmer le diagnostic.

5. Prévention

- **Vaccination** : Le vaccin BCG (Bacillus Calmette-Guérin) peut offrir une protection contre les formes sévères de tuberculose chez les enfants, mais son efficacité varie.
- **Contrôle des Infections** : Mesures telles que la ventilation adéquate, l'utilisation de masques et l'isolement des cas actifs pour réduire la transmission.
- **Surveillance** : La détection précoce des cas et le suivi des contacts sont essentiels pour contrôler la propagation.

6. Traitement

- **Antibiotiques** : La tuberculose est traitée par une combinaison d'antibiotiques sur une période de 6 à 9 mois, généralement comprenant l'isoniazide, la rifampicine, l'éthambutol et la pyrazinamide.
- **Adhésion au Traitement** : Il est crucial de suivre le traitement complet pour éviter le développement de souches résistantes aux médicaments.

7. Impact Global

- **Prévalence** : La tuberculose reste une menace mondiale, avec des millions de cas et de décès chaque année. Les pays en développement sont particulièrement touchés.
- **Résistance aux Médicaments** : L'émergence de souches multirésistantes (MDR-TB) complique le traitement et nécessite des stratégies de santé publique spécifiques.[41]

La tuberculose est une maladie évitable et traitable, mais elle continue de poser un défi de santé publique majeur. La sensibilisation, la prévention, le dépistage précoce et l'accès aux traitements sont essentiels pour contrôler la tuberculose. Une approche intégrée, impliquant la collaboration entre les secteurs de la santé humaine et animale, ainsi que des efforts communautaires, est cruciale pour réduire l'impact de cette maladie dans le monde entier.

Zoonoses parasitaires

Toxoplasmose : Aperçu et Aspects Clés

1. Qu'est-ce que la Toxoplasmose ?

La toxoplasmose est une infection parasitaire causée par le protozoaire **Toxoplasma gondii**. Ce parasite est présent dans le monde entier et peut infecter une grande variété d'animaux, y compris les humains. Bien que souvent asymptomatique chez les personnes en bonne santé, la toxoplasmose peut provoquer des complications graves chez les personnes immunodéprimées et les femmes enceintes.[42]

---

[41] (N.D.) WOLFE, (C.P.) DUNAVAN & (J.) DIAMOND, origins of major human infectious diseases, Nature, 447, 279-283, 2007.
[42] [6] AFSSA – Rapport sur l'Influenza aviaire hautement pathogène à virus H5N1 d'origine asiatique, 212 p., 2008 (à paraître).

2. Transmission

- **Contact avec les Excréments de Chats** : Les chats sont les hôtes définitifs du parasite. La transmission se produit souvent par contact avec des excréments de chats infectés ou des surfaces contaminées.
- **Consommation d'Aliments Contaminés** : La consommation de viande crue ou mal cuite, ainsi que des fruits et légumes non lavés, peut également transmettre le parasite.
- **Transmission Congénitale** : Une femme enceinte infectée peut transmettre le parasite à son fœtus, entraînant des complications graves.

3. Symptômes

La plupart des personnes en bonne santé ne présentent pas de symptômes, mais lorsque des symptômes apparaissent, ils peuvent inclure :

- Fièvre
- Fatigue
- Douleurs musculaires
- Gorge irritée
- Ganglions lymphatiques enflés

Chez les personnes immunodéprimées (comme celles vivant avec le VIH/SIDA) et chez les nouveau-nés, la toxoplasmose peut provoquer des symptômes plus graves, tels que :

- Pneumonie
- Encéphalite
- Problèmes oculaires
- Malformations congénitales chez les bébés

4. Diagnostic

Le diagnostic de la toxoplasmose repose sur plusieurs méthodes :

- **Tests Sanguins** : Détection d'anticorps spécifiques (IgG et IgM) pour évaluer une infection active ou antérieure.
- **Imagerie** : Dans les cas graves, des examens d'imagerie (comme un scanner ou une IRM) peuvent être utilisés pour détecter des lésions cérébrales.

5. Prévention

- **Hygiène** :
  - Se laver les mains après avoir manipulé des excréments de chats ou des aliments crus.
  - Éviter de changer la litière des chats pendant la grossesse ou porter des gants.
- **Cuisson des Aliments** : Bien cuire la viande et laver les fruits et légumes avant consommation.
- **Éviter les Chats Errants** : Réduire le risque d'exposition en évitant les chats non identifiés ou errants.

6. Traitement

- **Antiparasitaires** : Le traitement de la toxoplasmose peut inclure des médicaments comme la pyriméthamine et le sulfadiazine, souvent combinés avec de l'acide folique pour réduire les effets secondaires.
- **Suivi** : Les personnes immunodéprimées peuvent nécessiter un traitement prophylactique pour éviter les infections.

7. Impact Global

- **Prévalence** : La toxoplasmose est une infection courante dans le monde, avec une prévalence élevée dans de nombreuses populations.
- **Santé Publique** : Bien que souvent asymptomatique, la toxoplasmose peut avoir un impact significatif sur les

femmes enceintes et les personnes immunodéprimées, ce qui en fait une préoccupation de santé publique.

La toxoplasmose est une infection largement répandue mais souvent négligée. La sensibilisation aux modes de transmission et aux mesures préventives est essentielle pour réduire le risque d'infection, en particulier chez les populations vulnérables. Le diagnostic précoce et un traitement approprié sont cruciaux pour gérer cette infection et prévenir des complications graves. Une approche proactive impliquant l'éducation et la prévention peut contribuer à diminuer l'impact de la toxoplasmose dans la communauté.

Maladie de Chagas : Aperçu et Aspects Clés

1. Qu'est-ce que la Maladie de Chagas ?

La maladie de Chagas est une infection parasitaire causée par le protozoaire **Trypanosoma cruzi**. Elle a été décrite pour la première fois par le médecin brésilien Carlos Chagas en 1909. Cette maladie est principalement endémique en Amérique latine, mais elle représente également un risque croissant dans d'autres régions en raison de la migration.

2. Transmission

- **Piqûres d'Insectes** : La maladie est principalement transmise par les insectes triatomes, également connus sous le nom de "punaises de lit" ou "punaises de triatomes". Ces insectes s'infectent en se nourrissant du sang d'animaux ou d'humains infectés et transmettent le parasite à travers leurs excréments.
- **Transmission Sanguine** : Elle peut également se propager par transfusion sanguine, transplantation d'organes ou de la mère à l'enfant pendant la grossesse.
- **Consommation d'Aliments Contaminés** : Dans certains cas, la contamination des aliments par des excréments d'insectes infectés peut également être une voie de transmission.

3. Symptômes

La maladie de Chagas se développe en deux phases :

- **Phase Aiguë** : Cette phase peut durer quelques semaines ou mois et peut être asymptomatique. Lorsque des symptômes apparaissent, ils incluent :
    - Fièvre
    - Fatigue
    - Douleurs musculaires
    - Gonflement au site de la morsure (chagome)
    - Éruption cutanée
- **Phase Chronique** : Elle peut survenir des années après l'infection initiale. Environ 20-30 % des personnes développent des complications, telles que :
    - Problèmes cardiaques (cardiomyopathie)
    - Troubles digestifs (dilatation de l'œsophage ou du côlon)
    - Problèmes neurologiques

4. Diagnostic

Le diagnostic de la maladie de Chagas repose sur plusieurs méthodes :

- **Tests Sanguins** : Détection du parasite ou des anticorps spécifiques dans le sang.
- **Examen Clinique** : Évaluation des symptômes et de l'historique d'exposition.

5. Prévention

- **Contrôle des Insectes** : Mesures pour réduire la population d'insectes triatomes, notamment l'amélioration des conditions de logement et l'utilisation d'insecticides.
- **Éducation** : Sensibilisation des populations à risque sur les modes de transmission et les mesures préventives.

- **Dépistage** : Dépistage des donneurs de sang et des femmes enceintes pour réduire la transmission.

6. Traitement

- **Antiparasitaires** : Les médicaments comme le benznidazole et le nifurtimox sont utilisés pour traiter l'infection, particulièrement dans la phase aiguë.
- **Soins Symptomatiques** : Dans la phase chronique, le traitement se concentre sur la gestion des symptômes et des complications, notamment les problèmes cardiaques.

7. Impact Global

- **Prévalence** : La maladie de Chagas touche des millions de personnes, principalement en Amérique latine, mais des cas sont signalés dans d'autres régions, y compris les États-Unis et l'Europe, en raison de la migration.
- **Charge de Morbidité** : La maladie représente un fardeau significatif pour la santé publique, en particulier dans les communautés à risque.

La maladie de Chagas est une infection parasitaire évitable et traitable, mais elle continue de poser un défi de santé publique dans de nombreuses régions. La sensibilisation aux modes de transmission, la prévention et le dépistage précoce sont essentiels pour lutter contre cette maladie. Une approche intégrée, impliquant des efforts communautaires et la collaboration entre les secteurs de la santé humaine et animale, est cruciale pour réduire l'impact de la maladie de Chagas et protéger les populations vulnérables.

Echinococcose : Aperçu et Aspects Clés

1. Qu'est-ce que l'Echinococcose ?

L'échinococcose est une infection parasitaire causée par des ténias du genre **Echinococcus**. Les deux principales espèces responsables de la maladie chez l'homme sont **Echinococcus granulosus** et **Echinococcus multilocularis**. Cette infection peut entraîner des kystes dans divers organes, notamment le foie et les poumons.

2. Transmission

- **Contact avec les Animaux Infectés** : L'échinococcose se transmet principalement par contact avec des animaux infectés, en particulier les chiens et les autres carnivores. Les animaux excrètent les œufs du parasite dans leurs selles.
- **Ingestion d'Oeufs** : Les humains peuvent être infectés en ingérant des œufs présents dans des aliments, de l'eau ou des surfaces contaminées, souvent par la manipulation d'animaux ou de leurs excréments.
- **Transmission Environnementale** : Les œufs peuvent survivre dans l'environnement, notamment dans le sol ou sur les plantes, ce qui augmente le risque d'infection.

3. Symptômes

Les symptômes de l'échinococcose dépendent de la localisation et de la taille des kystes. Les formes de la maladie incluent :

- **Echinococcose kystique (E. granulosus)** :
    - Kystes généralement asymptomatiques pendant des années.
    - Symptômes peuvent inclure douleur abdominale, nausées, et symptômes dus à la compression des organes.
- **Echinococcose alvéolaire (E. multilocularis)** :
    - Forme plus agressive, souvent confondue avec un cancer du foie.

- Symptômes incluent douleurs abdominales, perte de poids, jaunisse, et ascite (accumulation de liquide dans l'abdomen).

4. Diagnostic

Le diagnostic de l'échinococcose repose sur plusieurs méthodes :

- **Imagerie** : Échographie, tomodensitométrie (TDM) ou IRM pour détecter des kystes dans les organes.
- **Tests Sanguins** : Détection d'anticorps spécifiques contre le parasite.
- **Biopsie** : Dans certains cas, une biopsie peut être nécessaire pour confirmer le diagnostic.

5. Prévention

- **Éducation et Sensibilisation** : Informer les populations à risque sur les modes de transmission et les mesures de prévention.
- **Hygiène** : Se laver les mains après avoir manipulé des animaux et éviter la consommation d'aliments ou d'eau potentiellement contaminés.[43]
- **Contrôle des Animaux** : Éviter l'accès des chiens aux zones où se trouvent des animaux d'élevage et traiter les animaux de compagnie contre les infections parasitaires.

6. Traitement

- **Chirurgie** : Dans de nombreux cas, l'ablation chirurgicale des kystes est le traitement de choix.
- **Médicaments Antiparasitaires** : Les médicaments tels que l'albendazole ou le mébendazole peuvent être

[43] (N.D.) WOLFE, (C.P.) DUNAVAN & (J.) DIAMOND, origins of major human infectious diseases, Nature, 447, 279-283, 2007.

utilisés, mais ils ne remplacent pas la chirurgie pour les kystes établis.

7. Impact Global

- **Prévalence** : L'échinococcose est plus fréquente dans les régions rurales et les zones d'élevage, notamment en Amérique du Sud, en Europe, en Asie et en Afrique.
- **Charge de Morbidité** : Elle représente un problème de santé publique en raison des complications qu'elle peut entraîner et de son impact économique sur les systèmes de santé.

L'échinococcose est une infection parasitaire évitable, mais elle nécessite une vigilance continue en matière de prévention et de contrôle. La sensibilisation au risque d'infection, les mesures d'hygiène et le traitement approprié des animaux domestiques sont essentiels pour réduire l'incidence de cette maladie. Un diagnostic précoce et un traitement approprié sont cruciaux pour minimiser les complications et améliorer les résultats pour les patients. Une approche intégrée impliquant la santé publique, l'élevage et l'éducation communautaire est essentielle pour lutter contre l'échinococcose.

Cysticercose

Cysticercose : Aperçu et Aspects Clés

1. Qu'est-ce que la Cysticercose ?

La cysticercose est une infection parasitaire causée par le larvaire du ténia *Taenia solium*, également connu sous le nom de ténia du porc. Cette maladie survient lorsque les humains ingèrent des œufs de ce parasite, souvent à travers des aliments ou de l'eau contaminés.

2. Transmission

- **Ingestion d'Oeufs** : La transmission se produit principalement par l'ingestion d'œufs de *Taenia* *solium*, qui peuvent se trouver dans des aliments ou de l'eau contaminés par des excréments humains.

- **Contact avec des Porcs Infectés** : Les porcs peuvent héberger le ténia adulte, et leur consommation de viande mal cuite peut également être une source d'infection.

3. Cycle de Vie

1. **Ingestion d'Œufs** : Lorsqu'un humain ingère des œufs, ils se développent en larves et pénètrent dans la circulation sanguine.

2. **Formation de Kystes** : Les larves migrent vers divers tissus, notamment le cerveau, les yeux, et les muscles, où elles forment des kystes.

3. **Kystes** : Ces kystes peuvent rester asymptomatiques pendant des années, mais ils peuvent également provoquer des symptômes graves.

4. Symptômes

Les symptômes de la cysticercose dépendent de la localisation des kystes. Les formes les plus courantes incluent :

- **Neurocysticercose** (kystes dans le cerveau) :
    - Convulsions
    - Maux de tête
    - Symptômes neurologiques (confusion, troubles de l'équilibre, etc.)
- **Kystes dans d'autres tissus** :
    - Douleurs musculaires
    - Gonflement localisé

5. Diagnostic

Le diagnostic de la cysticercose repose sur plusieurs méthodes:

- **Imagerie Médicale** :

- **IRM ou TDM** : Pour visualiser les kystes dans le cerveau ou d'autres organes.

- **Tests Sanguins** : Recherche d'anticorps spécifiques contre *Taenia solium.*
- **Historique Médical** : Évaluation des antécédents de consommation de viande de porc mal cuite ou d'exposition potentielle à des excréments humains.

6. Prévention

- **Hygiène** : Pratiques d'hygiène rigoureuses, y compris le lavage des mains et la gestion appropriée des excréments humains.
- **Sécurité Alimentaire** : Cuisson complète de la viande de porc et évitement de la consommation de produits non cuits.
- **Éducation** : Sensibilisation des populations à risque sur les modes de transmission et les mesures préventives.

7. Traitement

- **Médicaments Antiparasitaires** : Des médicaments comme l'albendazole ou le praziquantel peuvent être utilisés pour traiter les infections.
- **Traitement des Symptômes** : En cas de neurocysticercose, des médicaments antiépileptiques peuvent être nécessaires pour contrôler les convulsions.
- **Intervention Chirurgicale** : Dans certains cas, une intervention chirurgicale peut être nécessaire pour retirer les kystes, surtout s'ils provoquent des symptômes graves.

8. Impact Global

- **Prévalence** : La cysticercose est courante dans les régions où l'hygiène est insuffisante et où la consommation de porc est élevée, notamment en Amérique Latine, en Afrique et en Asie.

- **Santé Publique** : Elle représente un problème de santé publique majeur, en particulier en raison des complications neurologiques associées à la neurocysticercose.

La cysticercose est une infection parasitaire évitable, mais elle reste un défi pour la santé publique dans de nombreuses régions du monde. La prévention repose sur des pratiques d'hygiène rigoureuses, une sécurité alimentaire adéquate et une éducation des populations à risque. Un diagnostic précoce et un traitement approprié sont cruciaux pour minimiser les complications et améliorer les résultats pour les patients.

Leishmaniose : Aperçu et Aspects Clés

1. Qu'est-ce que la Leishmaniose ?

La leishmaniose est une maladie parasitaire causée par des protozoaires du genre *Leishmania*. Elle est transmise aux humains par la piqûre de phlébotomes, des insectes semblables à des moustiques. La leishmaniose présente plusieurs formes cliniques, dont les plus courantes sont la leishmaniose cutanée et la leishmaniose viscérale.

2. Transmission

- **Vecteur** : La transmission se fait principalement par la piqûre de phlébotomes infectés (mouches des sables).
- **Réservoirs Animaux** : Les réservoirs de la maladie incluent divers animaux, notamment des chiens, des rongeurs et d'autres mammifères.

3. Formes de la Leishmaniose

a. Leishmaniose Cutannée

- **Symptômes** :

- Lésions cutanées, souvent en forme d'ulcères.
- Éruptions cutanées pouvant être douloureuses.
- Peut entraîner des cicatrices.

b. Leishmaniose Viscérale (Kala-azar)

- **Symptômes** :
    - Fièvre prolongée.
    - Perte de poids significative.
    - Anémie.
    - Splénomégalie (augmentation de la taille de la rate) et hépatomégalie (augmentation de la taille du foie).
    - Peut être mortelle si non traitée.

4. Diagnostic

Le diagnostic de la leishmaniose repose sur plusieurs méthodes :

- **Examen Clinique** : Évaluation des symptômes et des antécédents de piqûres de phlébotomes.
- **Tests de Laboratoire** :
    - **Culture** : Culture du parasite à partir de prélèvements de lésions cutanées ou d'échantillons sanguins.
    - **Biopsie** : Biopsie des lésions cutanées ou d'organes internes pour identification du parasite.
    - **Tests Sanguins** : Tests sérologiques pour détecter des anticorps spécifiques.

5. Prévention

- **Contrôle des Vecteurs** : Mesures pour réduire la population de phlébotomes, comme l'utilisation de répulsifs, l'amélioration de l'habitat et l'utilisation de moustiquaires.

- **Éducation** : Sensibilisation des populations à risque sur les modes de transmission et les mesures préventives.
- **Protection des Animaux** : Surveillance et traitement des animaux domestiques pour réduire le risque de transmission.[44]

6. Traitement

- **Médicaments Antiparasitaires** :
    - **Antimoniaux** (comme le stibogluconate de sodium) sont souvent utilisés pour traiter la leishmaniose viscérale et cutanée.
    - **Amphotéricine B** : Utilisée dans les cas graves, notamment pour la leishmaniose viscérale.
    - **Miltefosine** : Un médicament oral pour le traitement de certaines formes de leishmaniose.
- **Soins de Support** : Dans les cas graves, une hospitalisation peut être nécessaire pour une surveillance et un traitement intensifs.

7. Impact Global

- **Prévalence** : La leishmaniose est endémique dans de nombreuses régions du monde, notamment en Amérique Latine, en Afrique, en Asie et en Europe du Sud.
- **Santé Publique** : Elle représente un problème de santé publique important, en particulier dans les zones rurales et parmi les populations vulnérables.

A savoir : La leishmaniose est une maladie parasitaire évitable et traitable, mais elle nécessite une attention particulière en matière de prévention, de sensibilisation et de

---

[44] (N.D.) WOLFE, (C.P.) DUNAVAN & (J.) DIAMOND, origins of major human infectious diseases, Nature, 447, 279-283, 2007.

traitement. La coopération internationale et les efforts de santé publique sont essentiels pour contrôler la propagation de cette maladie et protéger les populations à risque. Un diagnostic précoce et un traitement adéquat sont cruciaux pour améliorer les résultats des patients et réduire la morbidité associée à cette infection.[45]

Giardiose : Aperçu et Aspects Clés

1. Qu'est-ce que la Giardiose ?

La giardiose est une infection intestinale causée par le protozoaire *Giardia lamblia* (ou *Giardia intestinalis*). Cette maladie est l'une des causes les plus fréquentes de diarrhée dans le monde, affectant tant les enfants que les adultes.[46]

2. Transmission

- **Voie Fécale-Orale** : La giardiose se transmet principalement par l'ingestion de kystes de *Giardia*, présents dans :
    - L'eau contaminée (sources, rivières, ou eau non traitée).
    - Les aliments contaminés.
    - Le contact avec des surfaces ou des objets contaminés.
- **Contact Personne à Personne** : Peut également se produire dans des environnements collectifs, comme les crèches ou les institutions.

---

[45] Agence canadienne d'inspection des aliments. (2003b). Rapport annuel, Questionnaire FAO/ OIE/ OMS – 2003, Canada, Rapport soumis à l'Office International des Épizooties. Accessible le 22 février 2006 à www.inspection.gc.ca/francais/anima/surv/ 2003oief. shtml

[46] Agence canadienne d'inspection des aliments. (2005). Syndrome pulmonaire à hantavirus. Accessible le 18 octobre 2005 à www.inspection.gc.ca/francais/anima/heasan/disemala/ hanta/hantafsf.shtml

3. Symptômes

Les symptômes de la giardiose peuvent varier d'une personne à l'autre et peuvent apparaître 1 à 3 semaines après l'infection. Ils incluent :

- Diarrhée (peut être aqueuse et odorante)
- Douleurs abdominales et crampes
- Ballonnements
- Nausées
- Fatigue
- Perte de poids
- Malabsorption des nutriments

Certaines personnes peuvent être asymptomatiques, mais elles peuvent toujours transmettre l'infection.

4. Diagnostic

Le diagnostic de la giardiose repose sur plusieurs méthodes :

- **Analyse des Selles** : Identification des kystes ou des trophozoïtes de *Giardia* dans les échantillons de selles.
- **Tests de Laboratoire** : Des tests spécifiques peuvent être effectués, comme la PCR (réaction en chaîne par polymérase) pour détecter l'ADN du parasite.

5. Prévention

- **Hygiène** :
    - Se laver les mains régulièrement, surtout avant de manger et après être allé aux toilettes.
    - Éviter de consommer de l'eau non traitée ou de la glace faite à partir d'eau potentiellement contaminée.
    -
- **Sécurité Alimentaire** :

- Laver soigneusement les fruits et légumes avant de les consommer.
- Cuisiner les aliments à des températures appropriées pour tuer les parasites.

- **Éducation** : Sensibilisation des populations à risque sur les modes de transmission et les mesures préventives.

6. Traitement

- **Médicaments Antiparasitaires** :
  - **Metronidazole, Tinidazole, et Nitazoxanide** sont couramment prescrits pour traiter la giardiose.
- **Hydratation** : Il est essentiel de maintenir une bonne hydratation, surtout en cas de diarrhée sévère.

7. Impact Global

- **Prévalence** : La giardiose est particulièrement courante dans les régions où l'hygiène est insuffisante et où l'accès à l'eau potable est limité. Elle est également fréquente dans les zones de camping et les environnements ruraux.

- **Santé Publique** : Bien que généralement non mortelle, la giardiose peut entraîner des complications, notamment chez les personnes immunodéprimées et les jeunes enfants.

La giardiose est une infection intestinale évitable et traitable, mais elle nécessite une attention particulière en matière de prévention, de sensibilisation et de traitement. Le maintien de bonnes pratiques d'hygiène et la sécurité alimentaire sont essentiels pour réduire le risque de transmission. Un diagnostic précoce et un traitement approprié peuvent soulager les symptômes et améliorer les résultats pour les patients.

Balanocéphalose : Aperçu et Aspects Clés

1. Qu'est-ce que la Balanocéphalose ?

La balanocéphalose, également connue sous le nom de **bilanocéphalose**, est une infection parasitaire causée par des vers plats du genre *Echinococcus*, notamment *Echinococcus granulosus* et *Echinococcus multilocularis*. Cette maladie est caractérisée par la formation de kystes dans divers organes, principalement le foie et les poumons.[47]

2. Transmission

- **Cycle de Vie** : Les humains agissent en tant qu'hôtes intermédiaires. La transmission se produit principalement par l'ingestion d'œufs d'*Echinococcus*, qui peuvent se trouver dans :
  - Les excréments de chiens ou d'autres animaux infectés (réservoirs principaux).
  - Aliments ou eau contaminés.

3. Types d'Echinococcose

Il existe principalement deux types d'échinococcose :

a. Echinococcose Kystique (Echinococcus granulosus)

- **Kystes** : Forme des kystes hydatiques dans les organes internes.
- **Symptômes** : Souvent asymptomatique au début ; les symptômes peuvent apparaître lorsque les kystes deviennent volumineux, provoquant douleur abdominale, jaunisse, ou symptômes respiratoires selon leur localisation.

---

[47] Agence canadienne d'inspection des aliments. (2003a). Rage. Accessible le 2 novembre 2005 à www.inspection.gc.ca/francais/anima/heasan/disemala/rabrag/rabragfsf.shtml

b. Echinococcose Alvéolaire (Echinococcus multilocularis)

- **Kystes** : Forme des kystes plus invasifs, semblables à une tumeur, qui peuvent se propager localement.
- **Symptômes** : Peuvent inclure des douleurs abdominales, une perte de poids, et des symptômes hépatiques, semblables à ceux d'une tumeur maligne.

4. Diagnostic

Le diagnostic de la balanocéphalose repose sur plusieurs méthodes :

- **Imagerie Médicale** :
    - **Échographie**, **TDM** (tomodensitométrie) ou **IRM** pour visualiser les kystes dans les organes.
- **Tests Sanguins** : Recherche d'anticorps spécifiques contre *Echinococcus*.
- **Historique Médical** : Évaluation des antécédents d'exposition à des animaux infectés ou à des environnements contaminés.

5. Prévention

- **Hygiène** : Se laver les mains après avoir manipulé des animaux ou des excréments d'animaux.
- **Éducation** : Sensibilisation des populations à risque, notamment les éleveurs de chiens, sur les modes de transmission.
- **Contrôle des Animaux** : Déparasitage régulier des chiens et autres animaux de compagnie.

6. Traitement

- **Médicaments Antiparasitaires** :
    - **Albendazole** ou **Mebendazole** pour traiter l'infection.

- **Chirurgie** : Dans de nombreux cas, une intervention chirurgicale peut être nécessaire pour retirer les kystes, surtout en cas de complications.

7. Impact Global

- **Prévalence** : La balanocéphalose est plus courante dans les régions rurales et parmi les populations en contact étroit avec des animaux infectés, notamment dans certaines parties de l'Europe, de l'Asie, et de l'Afrique.
- **Santé Publique** : Bien qu'elle soit souvent évitable, elle peut avoir des conséquences graves, en particulier si elle n'est pas diagnostiquée et traitée rapidement.[48]

La balanocéphalose est une infection parasitaire sérieuse mais évitable, nécessitant des efforts de sensibilisation, d'éducation, et de prévention. Le maintien de bonnes pratiques d'hygiène et un diagnostic précoce sont essentiels pour réduire le risque d'infection et améliorer les résultats pour les patients. Une approche proactive dans la gestion des populations animales et des environnements contaminés est cruciale pour contrôler cette maladie.

Filariose : Aperçu et Aspects Clés

1. Qu'est-ce que la Filariose ?

La filariose est une infection parasitaire causée par des vers ronds (nématodes) appartenant au genre *Wuchereria*, *Brugia*, et d'autres. Ces parasites sont transmis aux humains par des piqûres d'insectes vecteurs, principalement des moustiques.[49]

---

[48] Agence de santé publique du Canada. (2006). Maladies à déclaration obligatoires en direct – La rage. Accessible le 22 février 2006 à http://dsol-smed.phac aspc.gc.ca/dsol-smed/ ndis/disease2/ rabi_f.html

[49] Agence de santé publique du Canada. (2005a). Information sur la maladie – Paludisme. Accessible le 20 octobre 2005 à www. phac-aspc.gc.ca/tmp-pmv/info/pal_mal_f.html

2. Types de Filariose

Il existe plusieurs formes de filariose, les plus courantes étant :

a. Filariose Lymphatique

- **Agents Pathogènes** : *Wuchereria bancrofti, Brugia malayi.*
- **Transmission** : Piqûres de moustiques infectés.
- **Symptômes** :
    - Gonflement des membres (éléphantiasis).
    - Douleurs dans les ganglions lymphatiques.
    - Fièvre.
    - Inflammation des tissus.

b. Onchocercose (Cécité des rivières)

- **Agent Pathogène** : *Onchocerca volvulus.*
- **Transmission** : Piqûres de mouches noires (Simulium).
- **Symptômes** :
    - Démangeaisons intenses.
    - Lésions cutanées.
    - Cécité due à des infections oculaires.

c. Loase (Filariose de Loa loa)

- **Agent Pathogène** : *Loa loa.*
- **Transmission** : Piqûres de mouches de cerf-volant (Chrysops).
- **Symptômes** :
    - Migration visible de vers sous la peau.
    - Inflammation des yeux (conjonctivite) et douleurs articulaires.

3. Diagnostic

Le diagnostic de la filariose repose sur plusieurs méthodes :

- **Analyse Sanguine** : Détection des microfilaries dans le sang, généralement par une goutte épaisse ou une technique de concentration.

- **Imagerie Médicale** : Échographie pour visualiser les vers adultes, en particulier dans le cas de la filariose lymphatique.
- **Tests de Laboratoire** : Biopsies de tissus ou prélèvements cutanés pour identification des vers.

4. Prévention

- **Contrôle des Vecteurs** : Réduction de la population de moustiques et de mouches grâce à des insecticides et des mesures d'assainissement.
- **Protection Individuelle** : Utilisation de moustiquaires, de répulsifs, et de vêtements longs pour éviter les piqûres.
- **Éducation** : Sensibilisation des populations à risque sur les modes de transmission et les mesures préventives.

5. Traitement

- **Médicaments Antiparasitaires** :
    - **Diéthylcarbamazine (DEC)** : Utilisé pour traiter la filariose lymphatique.
    - **Ivermectine** : Utilisée pour l'onchocercose et parfois pour d'autres formes.
    - **Albendazole** : Peut être utilisé en combinaison avec d'autres traitements.
- **Soins de Support** : Dans les cas d'éléphantiasis, un traitement pour réduire l'enflure et améliorer la qualité de vie peut être nécessaire.

6. Impact Global

- **Prévalence** : La filariose est endémique dans de nombreuses régions tropicales et subtropicales, touchant des millions de personnes dans le monde, notamment en Afrique, en Asie et en Amérique du Sud.

- **Santé Publique** : Bien qu'elle ne soit pas souvent mortelle, la filariose peut entraîner des handicaps importants, affectant la qualité de vie et la productivité des personnes infectées.

7. Conclusion

La filariose est une maladie parasitaire évitable et traitable, mais elle nécessite une attention particulière en matière de prévention, d'éducation et de traitement. La lutte contre les vecteurs, les bonnes pratiques d'hygiène et une sensibilisation accrue sont essentielles pour réduire le risque d'infection. Un diagnostic précoce et un traitement approprié sont cruciaux pour améliorer les résultats pour les patients et minimiser les complications associées à cette maladie.[50]

Schistosomiase : Aperçu et Aspects Clés

1. Qu'est-ce que la Schistosomiase ?

La schistosomiase, également connue sous le nom de bilharziose, est une infection parasitaire causée par des vers plats du genre *Schistosoma*. Cette maladie est endémique dans de nombreuses régions tropicales et subtropicales, touchant des millions de personnes dans le monde.

2. Transmission

- **Cycle de Vie** : La transmission se produit principalement par contact avec de l'eau douce contaminée par les larves de schistosomes (cercaires), qui pénètrent la peau des personnes qui nagent ou se baignent dans des eaux infectées.

---

[50] Agence de santé publique du Canada. (2005b). Les actualités en bref pour maladies infectieuses. Accessible le 11 novembre 2005 à www.phac-aspc.gc.ca/bid bmi/dsddsm/ nb-ab/index_f. html

- **Hôtes Intermédiaires** : Les escargots d'eau douce agissent comme hôtes intermédiaires, hébergeant les larves avant qu'elles ne soient libérées dans l'eau.

3. Types de Schistosomiase

Il existe plusieurs espèces de schistosomes, mais les plus courantes sont :

a. Schistosoma mansoni

- **Localisation** : Afrique, Amérique du Sud, Caraïbes.
- **Symptômes** :
  - Diarrhée, douleurs abdominales, et hémorroïdes.
  - Peut entraîner des complications hépatiques.

b. Schistosoma haematobium

- **Localisation** : Afrique, Moyen-Orient.
- **Symptômes** :
  - Sang dans l'urine (hématurie).
  - Douleurs lors de la miction et infections urinaires.

c. Schistosoma japonicum

- **Localisation** : Asie de l'Est (Chine, Philippines).
- **Symptômes** :
  - Semblable à *S. mansoni*, mais peut également causer des complications gastro-intestinales.

4. Symptômes

Les symptômes de la schistosomiase peuvent varier en fonction de la phase de l'infection :

- **Phase Aiguë** (4 à 6 semaines après l'exposition) :
  - Réaction allergique : démangeaisons, éruption cutanée, fièvre, et douleurs musculaires.
- **Phase Chronique** :

- Symptômes liés à l'organe touché (foie, intestins, vessie).
- Douleurs abdominales, diarrhée, sang dans les selles ou l'urine, et complications hépatiques.

5. Diagnostic

Le diagnostic de la schistosomiase repose sur plusieurs méthodes :

- **Analyse des Selles ou de l'Urine** : Détection des œufs de schistosomes dans les échantillons.
- **Tests de Sang** : Recherche d'anticorps ou d'antigènes spécifiques.
- **Imagerie Médicale** : Échographie ou TDM pour évaluer les dommages aux organes.

6. Prévention

- **Éviter le Contact avec l'Eau Contaminée** : Éviter de nager ou de se baigner dans des eaux douces suspectées d'être contaminées.
- **Assainissement** : Amélioration des installations sanitaires pour réduire la contamination.
- **Éducation** : Sensibilisation des populations sur les risques et les mesures de prévention.

7. Traitement

- **Médicaments Antiparasitaires** :
  - **Praziquantel** : Le principal traitement pour toutes les formes de schistosomiase, efficace pour tuer les vers adultes.
- **Soins de Support** : Traitement des complications liées aux organes touchés et gestion des symptômes.

8. Impact Global

- **Prévalence** : La schistosomiase est endémique dans environ 78 pays, touchant plus de 200 millions de personnes, principalement en Afrique, en Asie et en Amérique du Sud.[51]

- **Santé Publique** : Elle est considérée comme un problème de santé majeur, contribuant à la morbidité et ayant un impact sur le développement économique dans les régions touchées.

La schistosomiase est une maladie parasitaire évitable et traitable, mais elle nécessite une attention particulière en matière de prévention, d'éducation et de traitement. La lutte contre les vecteurs, l'amélioration des infrastructures sanitaires, et la sensibilisation accrue sont essentielles pour réduire le risque d'infection. Un diagnostic précoce et un traitement approprié sont cruciaux pour minimiser les complications et améliorer les résultats pour les patients.

Anisakidose : Aperçu et Aspects Clés

1. Qu'est-ce que l'Anisakidose ?

L'anisakidose est une infection parasitaire causée par des larves de vers nématodes du genre *Anisakis*, qui se trouvent principalement dans les poissons et les fruits de mer. Cette maladie peut provoquer des symptômes gastro-intestinaux chez les humains après la consommation de poissons crus ou mal cuits.

2. Transmission

- **Consommation de Poissons Contaminés** : L'infection se produit principalement par l'ingestion de larves de *Anisakis* présentes dans :
    - Poissons crus ou mal cuits (comme le hareng, le maquereau, et le saumon).
    - Fruits de mer, notamment les calamars.

---

[51] Agence de santé publique du Canada. (2005d). Maladies à déclaration obligatoire en direct. Accessible le 3 novembre 2005 à http://dsol-smed.phac-aspc.gc.ca/dsol smed/ndis/ list_f. html#tab2<

3. Symptômes

Les symptômes d'anisakidose peuvent apparaître quelques heures après l'ingestion de larves infectées :

- **Symptômes Gastro-intestinaux** :
  - Douleurs abdominales aiguës.
  - Nausées et vomissements.
  - Diarrhée.
  - Sensation de malaise.
- **Réactions Allergiques** : Dans certains cas, l'infection peut provoquer des réactions allergiques, telles que des démangeaisons cutanées ou des éruptions cutanées.

4. Diagnostic

Le diagnostic de l'anisakidose repose sur plusieurs méthodes :

- **Antécédents Alimentaires** : Évaluation des antécédents de consommation de poisson cru ou mal cuit.
- **Imagerie Médicale** : Échographie, TDM ou endoscopie pour visualiser les larves dans le tube digestif.
- **Tests Sanguins** : Recherche d'anticorps spécifiques à *Anisakis*.

5. Prévention

- **Cuisson Appropriée** : Cuire le poisson à une température d'au moins 63 °C (145 °F) pour tuer les larves.
- **Congélation** : Congeler le poisson à -20 °C (-4 °F) pendant au moins 7 jours avant de le consommer cru, ce qui tue les larves.
- **Éducation** : Sensibilisation des consommateurs sur les risques liés à la consommation de poisson cru.

6. Traitement

- **Symptomatique** : Le traitement est généralement symptomatique, incluant des analgésiques pour soulager la douleur abdominale.
- **Intervention Médicale** : Dans les cas graves, une endoscopie peut être nécessaire pour retirer les larves.

7. Impact Global

- **Prévalence** : L'anisakidose est plus fréquente dans les régions où la consommation de poisson cru est courante, comme au Japon, en Europe et en Amérique du Nord.
- **Santé Publique** : Bien que l'anasakidose soit généralement bénigne, elle peut entraîner des complications dans des cas rares, nécessitant une attention médicale.

8. Conclusion

L'anisakidose est une infection parasitaire évitable par des pratiques de sécurité alimentaire appropriées. La cuisson adéquate des poissons et la sensibilisation des consommateurs sont essentielles pour prévenir cette maladie. Un diagnostic rapide et un traitement approprié peuvent soulager les symptômes et éviter des complications.

Zoonoses fongiques

Histoplasmose : Aperçu et Aspects Clés

1. Qu'est-ce que l'Histoplasmose ?

L'histoplasmose est une infection fongique causée par le champignon **Histoplasma capsulatum**. Ce champignon se trouve principalement dans le sol, souvent en association avec des excréments d'oiseaux ou de chauves-souris. L'infection est courante dans certaines régions des États-Unis et d'autres parties du monde.

2. Transmission

- **Inhalation de Spores Fongiques** : La transmission se produit principalement par inhalation de spores microscopiques (conidies) présentes dans l'air, souvent lorsque le sol est perturbé (par exemple, lors de travaux de construction ou de jardinage).
- **Environnement Contaminé** : Les zones où les oiseaux ou les chauves-souris habitent sont des lieux à risque, car les débris de ces animaux peuvent être porteurs du champignon.

3. Symptômes

Les symptômes de l'histoplasmose peuvent varier considérablement, allant de formes asymptomatiques à des infections graves :

- **Forme Aiguë** :
    - Fièvre
    - Toux sèche
    - Douleurs thoraciques
    - Fatigue
    - Frissons
- **Forme Chronique** : Peut ressembler à la tuberculose, avec des symptômes tels que :
    - Toux persistante
    - Expectoration de mucus ou de sang
    - Perte de poids
    - Sueurs nocturnes
- **Forme Disseminée** : Elle survient principalement chez les personnes immunodéprimées et peut affecter plusieurs organes. Les symptômes peuvent inclure :
    - Fièvre élevée
    - Anémie
    - Problèmes respiratoires sévères

4. Diagnostic

Le diagnostic de l'histoplasmose repose sur plusieurs méthodes :

- **Tests Sanguins** : Détection d'anticorps spécifiques ou d'antigènes fongiques dans le sang ou l'urine.
- **Imagerie** : Radiographie ou tomodensitométrie (TDM) pour évaluer les poumons.
- **Culture** : Culture du champignon à partir d'échantillons de sang, de mucus ou de tissus.

5. Prévention

- **Éviter les Zones à Risque** : Limiter l'exposition à des environnements où le champignon est susceptible d'être présent, comme les zones de construction ou les grottes.
- **Protection Personnelle** : Utiliser des masques et des vêtements de protection lors de travaux dans des zones potentiellement contaminées.
- **Éducation** : Sensibilisation des populations à risque sur les modes de transmission et les mesures préventives.

6. Traitement

- **Antifongiques** : Le traitement de l'histoplasmose aiguë ou chronique peut inclure des médicaments antifongiques, tels que l'itraconazole ou le voriconazole. Dans les cas sévères, des médicaments comme l'amphotéricine B peuvent être nécessaires.
- **Soins de Support** : Dans les cas graves, une hospitalisation peut être nécessaire pour suivre et gérer les complications.

7. Impact Global

- **Prévalence** : L'histoplasmose est plus courante dans les régions des États-Unis telles que l'Ohio et le

Mississippi, ainsi que dans certaines parties d'Amérique latine et d'Asie.

- **Santé Publique** : Bien que souvent bénigne, l'histoplasmose peut avoir des conséquences graves chez les personnes immunodéprimées, ce qui en fait une préoccupation pour la santé publique.

8. Conclusion

L'histoplasmose est une infection fongique évitable et traitable, mais elle nécessite une sensibilisation et des mesures préventives appropriées. La connaissance des risques et des environnements à risque, ainsi que l'utilisation de protections adéquates, sont essentielles pour réduire l'incidence de cette maladie. Un diagnostic précoce et un traitement approprié sont cruciaux pour améliorer les résultats des patients, en particulier ceux à risque élevé. Une approche intégrée impliquant l'éducation et la santé publique est essentielle pour lutter efficacement contre l'histoplasmose.

Cryptococcose : Aperçu et Aspects Clés

1. Qu'est-ce que la Cryptococcose ?

La cryptococcose est une infection fongique causée par le champignon **Cryptococcus neoformans** et, moins fréquemment, par **Cryptococcus gattii**. Cette maladie est principalement associée à des personnes immunodéprimées, notamment celles vivant avec le VIH/SIDA, mais elle peut également affecter des individus en bonne santé.

2. Transmission

- **Inhalation de Spores** : La transmission se produit principalement par inhalation de spores fongiques présentes dans l'environnement, souvent dans des lieux où des excréments de pigeons ou d'autres oiseaux se trouvent.

- **Facteurs Environnementaux** : Le champignon est largement présent dans le sol et les matières organiques en décomposition.

3. Symptômes

Les symptômes de la cryptococcose peuvent varier considérablement en fonction de la localisation de l'infection :

- **Cryptococcose Pulmonaire** :
  - Toux persistante
  - Fièvre
  - Douleurs thoraciques
  - Essoufflement
- **Cryptococcose Meningée** : C'est la forme la plus grave, pouvant entraîner des complications majeures :
  - Maux de tête sévères
  - Raideur de la nuque
  - Fièvre
  - Confusion ou altération de l'état mental
  - Photophobie (sensibilité à la lumière)
- **Infection Cutannée** : Des lésions cutanées peuvent apparaître, mais elles sont moins fréquentes.

4. Diagnostic

Le diagnostic de la cryptococcose repose sur plusieurs méthodes :

- **Tests Sanguins** : Détection d'antigènes spécifiques dans le sang ou le liquide céphalorachidien (LCR).
- **Culture** : Culture du champignon à partir de prélèvements pulmonaires, de LCR ou d'autres échantillons.
- **Imagerie** : Radiographie ou tomodensitométrie (TDM) pour évaluer les poumons et détecter d'éventuelles lésions.

5. Prévention

- **Contrôle de l'Exposition** : Éviter les environnements à risque, notamment ceux où des excréments d'oiseaux sont présents.
- **Surveillance des Personnes à Risque** : Les personnes immunodéprimées devraient être surveillées de près pour détecter les signes d'infection.
- **Traitement Préventif** : Les personnes vivant avec le VIH/SIDA peuvent bénéficier d'un traitement prophylactique pour prévenir l'infection.[52]

6. Traitement

- **Antifongiques** : Le traitement de la cryptococcose implique généralement des médicaments antifongiques, tels que :
  - **Amphotéricine B** : Utilisé pour les infections graves.
  - **Flucytosine** : Souvent administré en association avec l'amphotéricine.
  - **Fluconazole** : Utilisé pour le traitement d'entretien après une infection initiale.
- **Soins de Support** : Dans les cas sévères, une hospitalisation peut être nécessaire pour surveiller et traiter les complications.

7. Impact Global

---

[52] Bouden M., Moulin, B., Gosselin, P., Back, C., Doyon, B., Gingras, D. & Lebel, G. (2005). La géo-simulation de l'infection au virus du Nil occidental en fonction du climat : un outil de gestion du risque en santé publique. Conférence C-CIARN 2005. S'adapter aux changements climatiques au Canada en 2005: Comprendre les risques et renforcer nos capacities. Montréal. 4-7 mai 2005.

- **Prévalence** : La cryptococcose est une infection fongique courante, en particulier parmi les personnes immunodéprimées dans le monde entier.
- **Santé Publique** : Elle représente un problème de santé publique, surtout dans les pays en développement où le VIH/SIDA est plus répandu.

8. Conclusion

La cryptococcose est une infection fongique évitable et traitable, mais elle nécessite une sensibilisation accrue et des mesures préventives, notamment pour les populations à risque.[53] Un diagnostic précoce et un traitement approprié sont cruciaux pour améliorer les résultats des patients. Une approche intégrée impliquant la santé publique, l'éducation et la recherche est essentielle pour lutter contre cette maladie et réduire son impact sur la santé mondiale.

Candidose

Candidose : Aperçu et Aspects Clés

1. Qu'est-ce que la Candidose ?

La candidose est une infection fongique causée par des champignons du genre *Candida*, en particulier *Candida albicans*. Bien que *Candida* soit une partie normale de la flore microbienne humaine, une prolifération excessive peut entraîner des infections.

2. Types de Candidose

La candidose peut se manifester sous plusieurs formes, notamment :

---

[53] Binder S., A M Levitt, and J M Hughes. (1999). Preventing emerging infectious diseases as we enter the 21st century: CDC's strategy. Public Health Rep. Mar–Apr; 114(2): 130– 134.

a. Candidose Buccale (Muguet)

- **Symptômes** : Lésions blanches dans la bouche, douleurs, et difficultés à avaler.
- **Population à Risque** : Les nourrissons, les personnes immunodéprimées, et celles portant des prothèses dentaires.

b. Candidose Vaginale

- **Symptômes** : Démangeaisons, écoulement vaginal épais et blanc, douleur pendant les rapports sexuels.
- **Facteurs de Risque** : Utilisation d'antibiotiques, grossesse, diabète, et systèmes immunitaires affaiblis.

c. Candidose Systémique

- **Symptômes** : Infection grave qui peut toucher plusieurs organes, entraînant fièvre, frissons, et détérioration de l'état général.
- **Population à Risque** : Patients hospitalisés, avec des dispositifs intraveineux ou immunodéprimés.

3. Transmission

- **Endogène** : La candidose est souvent causée par une surcroissance de *Candida* déjà présente dans le corps.
- **Environnement** : Dans certains cas, l'infection peut être causée par l'exposition à des environnements humides ou contaminés.

4. Diagnostic

Le diagnostic de la candidose repose sur plusieurs méthodes :

- **Examen Clinique** : Évaluation des symptômes et de l'historique médical.
- **Tests de Laboratoire** :
    - Prélèvements de tissus ou de sécrétions pour culture et identification de *Candida*.

    - Tests sanguins pour diagnostiquer des infections systémiques.

5. Prévention

- **Hygiène** : Maintenir une bonne hygiène corporelle et buccale, notamment en gardant la bouche et la région génitale sèches.
- **Régime Alimentaire** : Réduire la consommation de sucres et d'aliments transformés, qui peuvent favoriser la prolifération de *Candida*.
- **Éviter les Antibiotiques Inutiles** : Limiter l'utilisation d'antibiotiques, qui peuvent déséquilibrer la flore microbienne.

6. Traitement

- **Antifongiques** :
    - **Topiques** : Crèmes ou ovules antifongiques pour les candidoses cutanées et vaginales.
    - **Systémiques** : Médicaments oraux ou intraveineux (comme le fluconazole) pour les infections plus graves ou systémiques.
- **Soins de Support** : Gestion des symptômes et des facteurs de risque, comme le contrôle de la glycémie chez les diabétiques.

7. Impact Global

- **Prévalence** : La candidose est courante et peut toucher toute personne, mais elle est plus fréquente chez les personnes immunodéprimées.
- **Santé Publique** : Bien que généralement traitable, les infections systémiques peuvent être graves et nécessiter des soins médicaux urgents.

8. Conclusion

La candidose est une infection fongique évitable et traitable. La sensibilisation aux facteurs de risque, à l'hygiène, et à l'importance d'un traitement approprié est essentielle pour prévenir et gérer cette infection. Un diagnostic précoce et un traitement adapté sont cruciaux pour améliorer les résultats pour les patients et minimiser les complications associées à la candidose.

Aspergillose : Aperçu et Aspects Clés

1. Qu'est-ce que l'Aspergillose ?

L'aspergillose est une infection fongique causée par des champignons du genre *Aspergillus*. Elle peut affecter divers organes, principalement les poumons, et elle est particulièrement préoccupante chez les personnes immunodéprimées.

2. Types d'Aspergillose

Il existe plusieurs formes d'aspergillose, notamment :

a. Aspergillose Pulmonaire Invasive

- **Description** : Infection grave qui se développe rapidement chez les personnes immunodéprimées.
- **Symptômes** : Toux, douleurs thoraciques, fièvre, et difficultés respiratoires.

b. Aspergillose Allergique

- **Description** : Réaction allergique à la présence de spores d'*Aspergillus* dans l'environnement.
- **Symptômes** : Toux, essoufflement, et sinusite chronique.

c. Aspergillome

- **Description** : Masse fongique qui se forme dans les cavités pulmonaires, souvent dans les poumons endommagés.

- **Symptômes** : Toux, hémoptysie (crachats de sang), et douleurs thoraciques.

3. Transmission

- **Inhalation** : La transmission se fait principalement par inhalation de spores fongiques présentes dans l'environnement, notamment dans les sols, les débris organiques, et les matériaux en décomposition.
- **Facteurs de Risque** : Les personnes avec un système immunitaire affaibli (comme les patients atteints de cancer, de VIH/SIDA, ou ceux sous traitement immunosuppresseur) sont particulièrement vulnérables.

4. Diagnostic

Le diagnostic de l'aspergillose repose sur plusieurs méthodes :

- **Imagerie Médicale** : TDM thoracique pour visualiser les lésions pulmonaires.
- **Tests de Laboratoire** :
    - Culture de sécrétions respiratoires pour identifier *Aspergillus*.
    - Tests sanguins pour détecter des anticorps ou des antigènes spécifiques.

5. Prévention

- **Éviter l'Exposition aux Spores** : Réduire l'exposition aux environnements à risque, comme les chantiers de construction ou les espaces avec de la moisissure.
- **Hygiène** : Maintenir une bonne hygiène dans les environnements de soins de santé pour réduire le risque d'infections.
- **Éducation des Patients** : Sensibiliser les patients immunodéprimés aux risques d'aspergillose.

6. Traitement

- **Antifongiques** :

- **Amphotéricine B** : Utilisée pour traiter les formes invasives d'aspergillose.
- **Voriconazole** : Médicament de choix pour l'aspergillose pulmonaire invasive.

- **Chirurgie** : Dans certains cas, une intervention chirurgicale peut être nécessaire pour retirer les masses fongiques (aspergillomes) ou les tissus infectés.

7. Impact Global

- **Prévalence** : L'aspergillose est courante dans le monde entier, mais elle touche particulièrement les personnes immunodéprimées et celles ayant des maladies pulmonaires sous-jacentes.
- **Santé Publique** : Bien que souvent traitable, l'aspergillose invasive peut être mortelle si elle n'est pas diagnostiquée et traitée rapidement.

8. Conclusion

L'aspergillose est une infection fongique sérieuse qui nécessite une attention particulière, surtout chez les populations à risque. La sensibilisation aux facteurs de risque, une bonne hygiène, et un diagnostic précoce sont essentiels pour prévenir et traiter cette infection. Un traitement approprié et rapide peut améliorer considérablement les résultats pour les patients.

Dermatophytose : Aperçu et Aspects Clés

1. Qu'est-ce que la Dermatophytose ?

La dermatophytose, communément appelée "teigne", est une infection cutanée causée par des champignons appelés dermatophytes. Ces champignons affectent la peau, les cheveux et les ongles, provoquant divers symptômes cutanés.

2. Agents Pathogènes

Les principaux genres de dermatophytes responsables de la dermatophytose incluent :

- **Trichophyton**
- **Microsporum**
- **Epidermophyton**

3. Transmission

La dermatophytose se propage principalement par :

- **Contact Direct** : Contagion par contact avec une personne infectée ou un animal, comme les chats et les chiens.
- **Objets Contaminés** : Utilisation de chapeaux, serviettes, ou vêtements infectés.
- **Environnement** : Exposition à des surfaces contaminées, comme des douches publiques ou des piscines.

4. Types de Dermatophytose

Les infections dermatophytiques peuvent se manifester sous plusieurs formes :

a. Tinea Corporis

- **Description** : Infection cutanée sur le corps.
- **Symptômes** : Lésions en forme de plaques rouges, squameuses, avec un bord surélevé.

b. Tinea Pedis (Pied d'athlète)

- **Description** : Infection des pieds.
- **Symptômes** : Démangeaisons, rougeurs, et desquamation, souvent entre les orteils.

c. Tinea Cruris (Furoncle)

- **Description** : Infection de l'aine.
- **Symptômes** : Démangeaisons, éruption cutanée rougeâtre, et desquamation.

d. Tinea Capitis

- **Description** : Infection du cuir chevelu.

- **Symptômes** : Chutes de cheveux, démangeaisons, et lésions squameuses.

e. Onychomycose

- **Description** : Infection des ongles.
- **Symptômes** : Changements de couleur, épaississement, et déformation des ongles.

5. Diagnostic

Le diagnostic de la dermatophytose repose sur plusieurs méthodes :

- **Examen Clinique** : Évaluation des symptômes et de l'historique médical.
- **Tests de Laboratoire** :
  - **KOH** : Préparation de la peau ou des ongles avec une solution de KOH pour examiner les filaments fongiques.
  - **Culture** : Culture des échantillons pour identifier le champignon responsable.

6. Prévention

- **Hygiène** : Maintenir une bonne hygiène personnelle et garder la peau sèche et propre.
- **Éviter le Contact** : Limiter le contact avec des personnes ou des animaux infectés.
- **Vêtements et Chaussures** : Utiliser des vêtements et des chaussures en matériaux respirants, et éviter de partager des objets personnels.

7. Traitement

- **Antifongiques** :
  - **Topiques** : Crèmes ou pommades antifongiques pour les infections légères.

- **Oral** : Médicaments antifongiques oraux (comme le terbinafine ou le fluconazole) pour les infections plus graves ou récurrentes.

- **Soins de Support** : Gestion des symptômes et des facteurs de risque, notamment le contrôle de l'humidité.

8. Impact Global

- **Prévalence** : La dermatophytose est répandue dans le monde entier, touchant des millions de personnes, en particulier dans les climats chauds et humides.
- **Santé Publique** : Bien que généralement bénigne, elle peut entraîner une gêne et des complications si non traitée.

9. Conclusion

La dermatophytose est une infection fongique courante et évitable. La sensibilisation aux facteurs de risque, à l'hygiène, et à l'importance d'un traitement approprié est essentielle pour prévenir cette infection. Un diagnostic précoce et un traitement adapté peuvent améliorer les résultats et réduire la propagation des infections.

1.1.2.2. Selon le Mode de Transmission

- **Zoonoses transmissibles par contact direct** :
  - Transmission par contact avec des animaux infectés.
  - Exemples : rage, leptospirose.
- **Zoonoses transmissibles par vecteurs** :
  - Transmission par des insectes vecteurs.
  - Exemples : dengue, paludisme, maladie de Lyme.
- **Zoonoses alimentaires** :

- Transmission par la consommation d'aliments contaminés.
- Exemples : salmonellose, campylobactériose.

- **Zoonoses environnementales** :
  - Transmission par l'eau, le sol ou l'environnement.
  - Exemples : leptospirose, cryptosporidiose.

1.1.2.3. Selon la Gravité de la Maladie

- **Zoonoses bénignes** :
  - Maladies généralement non graves et souvent autolimitantes.
  - Exemples : certaines formes de gastro-entérite.
  -

- **Zoonoses graves** :
  - Maladies pouvant entraîner des complications sévères ou la mort.
  - Exemples : rage, fièvre hémorragique virale, tuberculose etc…

1.1.2.4. Selon la Prévalence

- **Zoonoses endémiques** :
  - Présentes de manière constante dans une population ou une région.
  - Exemples : toxoplasmose, leptospirose dans certaines régions tropicales.

- **Zoonoses épidémiques** :
  - Apparition soudaine et rapide de cas au-dessus des niveaux normaux dans une population.
  - Exemples : épidémies de grippe aviaire.

Nous devons savoir que la classification des zoonoses permet de mieux comprendre leur diversité et les défis qu'elles posent pour la santé publique. En identifiant les différentes catégories de zoonoses, les chercheurs et les professionnels de santé peuvent développer des stratégies de prévention et de contrôle adaptées, contribuant ainsi à réduire leur impact sur la santé humaine et animale.

1.2. Historique des Zoonoses

L'histoire des zoonoses est riche et complexe, marquée par des événements significatifs qui ont influencé la santé publique, la médecine et les interactions entre l'homme et les animaux. Des moments clés dans l'évolution des zoonoses sont :

1.2.1. Antiquité et Moyen Âge

- **Antiquité** : Les premières mentions de maladies d'origine animale se trouvent dans des textes anciens, comme ceux d'Hippocrate et de Galien, qui évoquent des infections transmises par des animaux. Des épidémies, comme celle de la peste, étaient souvent associées à des rongeurs.
- **Moyen Âge** : La peste noire (1347-1351) a profondément marqué l'Europe, causée par la bactérie *Yersinia pestis*, qui se propageait par les puces sur les rats. Cet événement a mis en évidence le lien entre les animaux, les vecteurs et la transmission de maladies infectieuses.

1.2.2. Renaissance et Époque Moderne

- **17e-18e siècles** : Les explorations et la colonisation ont entraîné le contact entre les populations humaines et des animaux sauvages, augmentant le risque de transmission de zoonoses. Des épidémies de maladies comme la variole et la grippe ont été observées dans les populations amérindiennes après les contacts avec les Européens.

- **19e siècle** : La découverte des agents pathogènes par des scientifiques comme Louis Pasteur a été révolutionnaire. Pasteur a développé le premier vaccin contre la rage, une zoonose virale transmise par des animaux carnivores.[54]

20e siècle

- **Épidémies notables** : Le 20e siècle a vu l'émergence de plusieurs zoonoses importantes, comme la grippe aviaire (H5N1) et le virus Ebola. En 1976, l'épidémie d'Ebola en République démocratique du Congo a mis en lumière la transmission interespèces entre les chauves-souris et les humains.
- **Avancées en santé publique** : L'essor des vaccins et des antibiotiques a permis de mieux contrôler certaines zoonoses. Cependant, la mondialisation, l'urbanisation et les changements environnementaux ont créé de nouvelles opportunités pour l'émergence de maladies.

21e siècle

- **Émergence de nouvelles zoonoses** : La pandémie de COVID-19, causée par le SARS-CoV-2, a illustré la capacité des zoonoses à provoquer des crises sanitaires mondiales. Des études suggèrent que le virus provient probablement d'une transmission zoonotique, soulignant l'importance d'une surveillance renforcée des zoonoses.

---

[54] Center for Disease Control and Prevention. (2004). The Impact of Malaria, a Leading Cause of Death Worldwide. Accessible le 27 février 2006 à www.cdc.gov/malaria/ impact/index.htm

- **Approche One Health** : La reconnaissance croissante de l'approche One Health, qui relie la santé humaine, animale et environnementale, est devenue essentielle pour aborder les défis posés par les zoonoses dans un monde interconnecté.

Cette histoire des zoonoses met en évidence la dynamique complexe entre les humains, les animaux et les environnements. Alors que nous continuons à faire face à de nouveaux défis sanitaires, comprendre cette histoire est crucial pour développer des stratégies efficaces de prévention et de contrôle des zoonoses à l'avenir. Les leçons du passé peuvent nous guider dans la lutte contre les menaces émergentes et réémergentes qui affectent la santé.

1.3. Mécanismes de Transmission des Zoonoses

La transmission des zoonoses peut se produire par divers mécanismes, qui dépendent de la nature de l'agent pathogène et des interactions entre les humains, les animaux et l'environnement. Voici les principaux mécanismes de transmission :

1.3.1. Transmission Directe

- **Contact direct** : Cela implique un contact physique avec un animal infecté ou ses fluides corporels (salive, urine, excréments, sang).
    - **Exemples** : La rage se transmet par morsure d'un animal infecté. La leptospirose peut être contractée par contact avec l'urine d'animaux infectés.

1.3.2. Transmission Indirecte

- **Vecteurs** : Des insectes ou d'autres animaux transmettent l'agent pathogène d'un hôte à un autre. Les vecteurs jouent un rôle crucial dans la propagation de nombreuses zoonoses.

- **Exemples** : La maladie de Lyme est transmise par les tiques, tandis que le virus du West Nile est transmis par les moustiques.

- **Environnement** : Les agents pathogènes peuvent survivre dans l'environnement (sol, eau, aliments) et infecter les humains par ingestion ou contact.
  - **Exemples** : La salmonellose est souvent transmise par la consommation d'aliments contaminés, tandis que la cryptosporidiose peut être contractée par l'eau contaminée.

1.3.3. Transmission Alimentaire

- **Contamination des aliments** : Les zoonoses alimentaires résultent de l'ingestion d'aliments contaminés par des agents pathogènes d'origine animale.
  - **Exemples** : La campylobactériose et la salmonellose sont courantes dans la viande, les œufs et les produits laitiers mal cuits ou non pasteurisés.

1.3.4. Transmission par Contact avec les Animaux

- **Manipulation d'animaux** : Les personnes travaillant avec des animaux (éleveurs, vétérinaires) sont souvent exposées à des zoonoses par contact direct ou à travers des procédures médicales.
  - **Exemples** : La brucellose peut se transmettre aux travailleurs agricoles lors de la manipulation d'animaux infectés.

1.3.5. Transmission Aéroportée

- **Aérosols** : Certains agents pathogènes peuvent être transmis par voie aérienne, soit par inhalation de particules infectieuses, soit par contact avec des surfaces contaminées.

- **Exemples** : La grippe aviaire et la tuberculose bovine peuvent se propager par voie respiratoire.

1.3.6. Transmission Verticale

- **Transmission de la mère à l'enfant** : Certaines zoonoses peuvent être transmises de la mère à l'enfant pendant la grossesse, l'accouchement ou l'allaitement.
  - **Exemples** : La toxoplasmose peut être transmise de la mère à l'enfant, entraînant des complications graves.

A savoir, la compréhension des mécanismes de transmission des zoonoses est essentielle pour développer des stratégies de prévention et de contrôle efficaces. En identifiant les voies par lesquelles les agents pathogènes se propagent, les professionnels de la santé publique peuvent mieux cibler leurs interventions, protéger les populations humaines et animales, et réduire le risque d'épidémies.

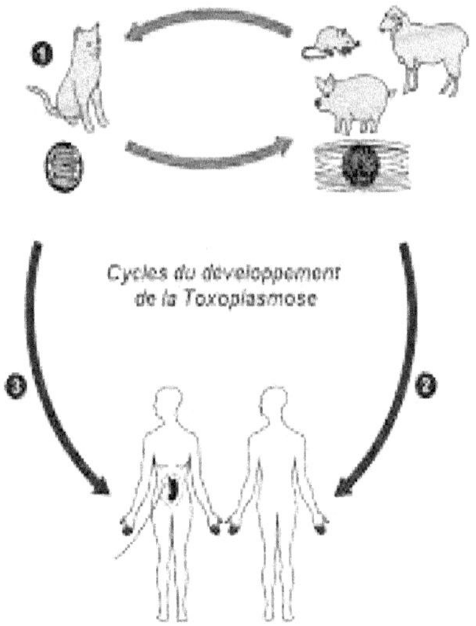

Figure 4 : Cycle du développement dela Toxoplasmose

Consulté sur Google le 22/2/2023 à 11h 15

CHAPITRE 2 :

PRINCIPALES ZOONOSES ET LEURS IMPACTS

2.1. Zoonoses Virales

Les zoonoses virales sont des infections causées par des virus pouvant être transmis des animaux à l'homme. Ces maladies peuvent avoir des conséquences graves sur la santé publique et sont souvent difficiles à contrôler en raison de leur capacité à se propager rapidement. Voici un aperçu de deux zoonoses virales significatives : la rage et la grippe aviaire.

2.1.1. Rage

Agent Pathogène

- **Virus** : Virus de la rage, appartenant à la famille des Lyssavirus.

Modes de Transmission

- **Transmission** : Principalement par morsure d'un animal infecté (souvent des chiens). La salive de l'animal infecté contient le virus.

Symptômes

- **Phase initiale** : Fièvre, maux de tête, fatigue.
- **Phase avancée** : Anxiété, confusion, hallucinations, hydrophobie, paralysie, et finalement, décès si non traité.

Prévention et Contrôle

- **Vaccination** : Vaccination des animaux domestiques (particulièrement les chiens) et des populations à risque (vétérinaires, voyageurs dans des zones à risque).

- **Contrôle des animaux errants** : Programmes de stérilisation et de vaccination des animaux errants.

2.1.2. Grippe Aviaire

Agent Pathogène

- **Virus** : Virus de la grippe aviaire, principalement de type A (H5N1, H7N9, etc.).

Modes de Transmission

- **Transmission** : Contact direct avec des oiseaux infectés (domestiques ou sauvages), leurs excréments, ou des surfaces contaminées. La transmission interhumaine est rare mais possible.

Symptômes

- **Symptômes humains** : Fièvre, toux, maux de gorge, douleurs musculaires. Dans les cas graves, elle peut évoluer vers une pneumonie et entraîner la mort.[55]

Prévention et Contrôle

- **Surveillance** : Surveillance des populations aviaires pour détecter les souches virales.
- **Vaccination des volailles** : Vaccination des oiseaux domestiques dans les zones à risque.
- **Éducation** : Sensibilisation des populations à risque, notamment les éleveurs de volailles, sur les bonnes pratiques d'hygiène et de biosécurité.

Les zoonoses virales comme la rage et la grippe aviaire soulignent l'importance de la surveillance, de la prévention et de l'éducation pour protéger la santé publique. Des efforts

---

[55] Gouvernement du Québec. (2005a). Loi sur les laboratoires médicaux, la conservation des organes, des tissus, des gamètes et des embryons et la disposition des cadavres. Accessible le 12 novembre 2005 à www2.publicationsduquebec.gouv.qc.ca/ dynamicSearch/telecharge. php?type=2&file=/ L_0_2/L0_2.html

concertés sont nécessaires pour contrôler ces maladies, en intégrant des approches "One Health" qui relient la santé humaine, animale et environnementale. La vaccination, la recherche et la sensibilisation sont des outils clés dans la lutte contre ces zoonoses virales.

2.2. Zoonoses Bactériennes

Les zoonoses bactériennes sont des infections causées par des bactéries pouvant être transmises des animaux à l'homme. Ces maladies peuvent entraîner des symptômes variés, allant de légers à graves, et certaines peuvent provoquer des épidémies. Voici un aperçu de deux zoonoses bactériennes importantes : la leptospirose et la maladie de Lyme.[56]

2.2.1. Leptospirose

Agent Pathogène

- **Bactérie** : *Leptospira*, un genre de bactéries spiralées.

Modes de Transmission

- **Transmission** : Se produit principalement par contact avec de l'eau ou des sols contaminés par l'urine d'animaux infectés (souvent des rongeurs).
- **Voies d'entrée** : La bactérie pénètre dans l'organisme par des coupures, des abrasions ou des muqueuses.

Symptômes

- **Phase initiale** : Fièvre, maux de tête, douleurs musculaires, frissons.
- **Phase avancée** : Peut évoluer vers des complications sévères, notamment des atteintes rénales, hépatiques ou pulmonaires (syndrome de Weil).

---

[56] Giguère, M. (2005). Les impacts des vagues de chaleur et de l'effet d'îlot thermique urbain sur la santé : Examen des initiatives d'adaptation actuelles au Québec. Essai présenté pour la maîtrise en environnement, Université de Sherbrooke, 57 pages et annexes.

Prévention et Contrôle

- **Hygiène** : Éviter les zones où l'eau est contaminée, porter des vêtements de protection.
- **Vaccination** : Vaccination des animaux (notamment des chiens) dans les zones à risque.

2.2.2. Maladie de Lyme

Agent Pathogène

- **Bactérie** : *Borrelia burgdorferi*, un spirochète.

Modes de Transmission

- **Transmission** : Principalement par les piqûres de tiques infectées (notamment la tique du cerf, *Ixodes scapularis*).
- **Hôtes réservoirs** : Les rongeurs et les oiseaux jouent un rôle crucial dans le cycle de transmission.

Symptômes

- **Phase initiale** : Éruption cutanée caractéristique en forme de "cible" (érythème migrant), fièvre, fatigue, douleurs musculaires.
- **Phase avancée** : Peut entraîner des complications neurologiques, cardiaques ou articulaires si non traitée.

Prévention et Contrôle

- **Prévention** : Utilisation de répulsifs contre les tiques, porter des vêtements longs lors de randonnées en forêt, inspecter la peau après des activités en plein air.
- **Traitement** : Antibiotiques efficaces, notamment la doxycycline, pour les infections précoces.

Les zoonoses bactériennes comme la leptospirose et la maladie de Lyme soulignent l'importance de la vigilance en matière de santé publique. La compréhension des modes de transmission, des symptômes et des mesures de prévention est essentielle pour réduire le risque d'infection et protéger la santé humaine et animale.

2.3. Zoonoses Parasitaires

Les zoonoses parasitaires sont des infections causées par des parasites qui peuvent être transmis des animaux à l'homme. Ces maladies varient en termes de gravité et de symptômes, et leur transmission peut se faire par contact direct, ingestion ou vecteurs. Voici un aperçu de deux zoonoses parasitaires importantes : la toxoplasmose et l'échinococcose.

1. Toxoplasmose

Agent Pathogène

- **Parasite** : *Toxoplasma gondii*, un protozoaire intracellulaire.

Modes de Transmission

- **Transmission** :
  - Ingestion d'oocystes présents dans les excréments de chats infectés.
  - Consommation de viande crue ou mal cuite contenant des kystes.
  - Transmission verticale de la mère à l'enfant pendant la grossesse.

Symptômes

- **Symptômes chez les adultes** : Souvent asymptomatique, mais peut provoquer des symptômes grippaux (fièvre, douleurs musculaires).
- **Symptômes chez les immunodéprimés** : Peut entraîner des complications graves, notamment des infections cérébrales.

- **Risques pour le fœtus** : Malformations congénitales et problèmes neurologiques si la mère est infectée pendant la grossesse.[57]

Prévention et Contrôle

- **Hygiène** : Se laver les mains après avoir manipulé des aliments, éviter les contacts avec les excréments de chat.
- **Cuisson** : Cuire correctement la viande et éviter les aliments non lavés.

2. Échinococcose

Agent Pathogène

- **Parasite** : *Echinococcus granulosus* et *Echinococcus multilocularis*, des cestodes (vers plats).

Modes de Transmission

- **Transmission** :
    - Ingestion d'oocystes dans l'eau ou les aliments contaminés par les excréments de chiens (pour *E. granulosus*) ou de renards (pour *E. multilocularis*).
    - Contact avec des animaux infectés.

Symptômes

- **Échinococcose kystique** : Formation de kystes dans le foie, les poumons ou d'autres organes, entraînant des douleurs abdominales, des nausées et des complications graves.

---

[57] Héma-Québec. (2005b). Info, Bulletin destiné aux bénévoles, donneurs de sang et partenaires. Accessible le 28 février 2006 à www.hema-quebec.qc.ca/media/francais/publications/infohq_aut05fra.pdf

- **Échinococcose alvéolaire** : Infection plus agressive, similaire à un cancer, pouvant entraîner des atteintes hépatiques sévères.[58]

Prévention et Contrôle

- **Hygiène** : Se laver les mains après avoir manipulé des animaux, éviter de consommer des aliments ou de l'eau potentiellement contaminés.
- **Éducation** : Sensibilisation des populations sur les risques et les mesures de prévention, notamment auprès des propriétaires de chiens.

Impact des Zoonoses sur la Santé Publique et les Systèmes de Santé

Les zoonoses représentent une menace significative pour la santé publique mondiale. Leur impact s'étend sur plusieurs dimensions, affectant non seulement la santé humaine, mais également les systèmes de santé et les économies. Voici une analyse des principaux impacts des zoonoses.

1. Morbidité et Mortalités

- **Épidémies et Pandémies** : Les zoonoses peuvent entraîner des épidémies locales ou des pandémies mondiales, comme l'a montré la pandémie de COVID-19. Des maladies comme la rage, la grippe aviaire et Ebola ont également causé des pertes humaines considérables.
- **Charge de Morbidité** : Les zoonoses peuvent entraîner des maladies graves et des complications, augmentant ainsi la charge sur les systèmes de santé. Cela concerne non seulement les cas aigus, mais également les complications chroniques associées à certaines infections.

---

[58] Haines A., McMichael, A.J. & Epstein, P.R. (2000). Environment and health: 2. Global climate change and health. JAMC;163(6):729-34.

2. Coûts Économiques

- **Coûts de Santé** : Les soins médicaux pour traiter les infections zoonotiques augmentent les dépenses de santé. Les hospitalisations, traitements et soins à long terme pour les complications peuvent peser lourdement sur les budgets de santé publique.
- **Impact sur l'Agriculture** : Les zoonoses affectent la productivité animale, entraînant des pertes économiques dans le secteur agricole. Des épidémies peuvent conduire à des quarantaines, à la destruction d'animaux infectés et à des restrictions sur le commerce de produits animaux.[59]

3. Pression sur les Systèmes de Santé

- **Surveillance et Réponse** : Les zoonoses exigent des systèmes de santé robustes pour surveiller, détecter et répondre rapidement aux épidémies. Cela nécessite des ressources humaines et financières importantes, souvent limitées dans les pays à revenu faible ou intermédiaire.
- **Coordination Interdisciplinaire** : La gestion des zoonoses nécessite une collaboration entre divers secteurs (santé publique, médecine vétérinaire, environnement). L'absence de cette coopération peut entraîner des réponses inefficaces et des retards dans la gestion des crises sanitaires.

4. Éducation et Sensibilisation

- **Sensibilisation du Public** : Les zoonoses soulignent l'importance de l'éducation et de la sensibilisation des communautés. Informer le public sur les modes de

---

[59] MacLean, J.D., Demers, A.-M., Ndao, M., Kokoskin, E., Ward, B.J. & Gyorkos, T.W. (2004). Malaria epidemics and surveillance systems in Canada. Emerg Infect Dis;10 (7) : 1195- 1201.

transmission et les mesures de prévention est crucial pour limiter la propagation des maladies.

- **Formation des Professionnels de Santé** : Les professionnels de la santé et de la santé animale doivent être formés pour identifier et traiter les zoonoses, ce qui nécessite des programmes de formation continue.

5. Changements de Comportement

- **Pratiques de Santé** : Les épidémies de zoonoses peuvent conduire à des changements dans les comportements liés à la santé, que ce soit dans les pratiques agricoles, alimentaires ou d'hygiène. Ces changements peuvent avoir des effets durables sur la santé publique.

L'impact des zoonoses sur la santé publique et les systèmes de santé est vaste et interconnecté. Pour atténuer ces impacts, il est essentiel d'adopter des approches intégrées, comme le modèle One Health, qui reconnaît l'interdépendance entre la santé humaine, animale et environnementale. En renforçant la surveillance, en améliorant la communication et en investissant dans des systèmes de santé résilients, nous pouvons mieux préparer nos sociétés à faire face aux défis posés par les zoonoses.

CHAPITRE 3 :

FACTEUR DE RISQUE ET VULNERABILITE

3.1. Interactions Homme-Animal

Les interactions entre l'homme et les animaux sont complexes et variés, jouant un rôle crucial dans la transmission des zoonoses. Ces interactions peuvent être influencées par des facteurs culturels, environnementaux, économiques et comportementaux. Voici un aperçu des principales dimensions de ces interactions et leur impact sur la santé publique.

1.Types d'Interactions

a. Animaux Domestiques

- **Élevage** : Les animaux d'élevage (bovins, porcins, volaille) sont souvent en contact étroit avec les humains. Les pratiques d'élevage peuvent favoriser la transmission de zoonoses comme la salmonellose ou la brucellose.
- **Animaux de Compagnie** : Les chiens, chats et autres animaux de compagnie peuvent transmettre des zoonoses comme la toxoplasmose ou la rage par contact direct ou indirect.

b. Animaux Sauvages

- **Contact avec la Faune** : Les activités humaines, telles que la chasse, la pêche et le tourisme, augmentent les interactions avec les animaux sauvages, ce qui peut mener à des transmissions zoonotiques (ex. : virus Ebola).

- **Habitat Partagé** : La destruction des habitats naturels par l'urbanisation ou l'agriculture entraîne une proximité accrue entre les humains et la faune sauvage, augmentant le risque de transmission de maladies.

3.2. Facteurs Contribuant aux Interactions

a. Changements Environnementaux

- **Urbanisation** : La croissance des villes et l'expansion des zones urbaines entraînent une réduction des espaces naturels, forçant les animaux sauvages à s'adapter et à cohabiter avec les humains.
- **Changement Climatique** : Les modifications climatiques peuvent influencer les migrations animales et la distribution des zoonoses, modifiant ainsi les interactions entre les espèces.

b. Pratiques Culturelles et Économiques

- **Coutumes Alimentaires** : Certaines cultures consomment des animaux sauvages ou pratiquent des élevages spécifiques, augmentant le risque de zoonoses (ex. : consommation de viande de brousse).
- **Élevage Intensif** : Les méthodes d'élevage industriel peuvent créer des conditions propices à l'émergence de zoonoses, en favorisant la propagation rapide d'agents pathogènes.[60]

3.3. Implications pour la Santé Publique

[60] Ministère de l'Agriculture, des Pêcheries et de l'Alimentation du Québec. (2006a). Surveillance de la santé animale. Accessible en ligne le 28 juin 2006 à www.mapaq.gouv.qc.ca/ Fr/Productions/ santeanimale/surveillance/

a. Surveillance des Maladies

- **Importance de la Surveillance** : Une surveillance étroite des interactions homme-animal est essentielle pour détecter et contrôler les zoonoses. Cela inclut la surveillance des populations animales et des épidémies chez les humains.
- **Collaboration Interdisciplinaire** : Les professionnels de la santé humaine et animale doivent travailler ensemble pour partager des informations et coordonner les efforts de surveillance.

b. Éducation et Sensibilisation

- **Informativité** : Sensibiliser le public sur les risques associés aux interactions avec les animaux, en particulier dans les zones rurales ou à risque, est crucial pour prévenir la transmission des zoonoses.
- **Formation des Professionnels** : Les vétérinaires, agriculteurs et autres acteurs doivent être formés pour reconnaître les signes de zoonoses et mettre en œuvre des pratiques de prévention efficaces.

Les interactions homme-animal sont une facette essentielle de la santé publique, particulièrement en ce qui concerne les zoonoses. Comprendre ces interactions et les facteurs qui les influencent est crucial pour développer des stratégies de prévention et de contrôle efficaces. En adoptant une approche intégrée, qui prend en compte les dimensions humaines, animales et environnementales, nous pouvons mieux protéger la santé des populations et réduire le risque de transmission de maladies zoonotiques.

3.4. Facteurs Environnementaux et Climatiques Affectant les Zoonoses

Les facteurs environnementaux et climatiques jouent un rôle crucial dans l'émergence et la propagation des zoonoses. Ces facteurs influencent la distribution des agents pathogènes, la dynamique des populations animales, et les interactions entre les humains et les animaux. Voici un aperçu des principaux facteurs contribuant à cette problématique.

1. Changements Climatiques

a. Température

- **Influence sur les Vecteurs** : Les variations de température peuvent affecter la reproduction et la survie des vecteurs, comme les moustiques et les tiques, augmentant ainsi le risque de transmission de maladies comme le paludisme et la maladie de Lyme.
- **Distribution des Maladies** : Le réchauffement climatique peut permettre à certaines zoonoses de se propager vers de nouvelles régions, où les conditions environnementales deviennent favorables.

b. Précipitations

- **Inondations et Risque de Transmission** : Les événements climatiques extrêmes, comme les inondations, peuvent contaminer les sources d'eau potable avec des agents pathogènes, augmentant le risque de maladies d'origine hydrique, comme la leptospirose.
- **Habitat des Vecteurs** : Des changements dans les régimes de précipitations peuvent modifier les habitats des vecteurs, favorisant ainsi la transmission de zoonoses.

3.5. Habitat et Écosystèmes

a. Déforestation

- **Perturbation des Écosystèmes** : La destruction des habitats naturels par la déforestation augmente les interactions entre les animaux sauvages et les humains, facilitant la transmission de zoonoses comme le virus Ebola.

- **Perte de Biodiversité** : La réduction de la biodiversité peut affecter les écosystèmes et accroître la résilience des agents pathogènes, rendant les épidémies plus probables.

b. Urbanisation

- **Proximité avec la Faune** : L'urbanisation entraîne une proximité accrue entre les populations humaines et les animaux sauvages, créant des opportunités pour la transmission de maladies zoonotiques.
- **Mauvaise Gestion des Déchets** : Une gestion inadéquate des déchets peut attirer des rongeurs et d'autres animaux porteurs de zoonoses, augmentant le risque d'infection.

3.6. Pratiques Agricoles

a. Élevage Intensif

- **Conditions Propices à la Transmission** : Les pratiques d'élevage intensif favorisent la propagation rapide des agents pathogènes en raison de la densité des animaux et des conditions de vie souvent insalubres.
- **Antibiorésistance** : L'utilisation excessive d'antibiotiques dans l'élevage peut contribuer au développement de souches résistantes, rendant le traitement des infections zoonotiques plus difficile.

b. Agriculture et Système Alimentaire

- **Contamination des Aliments** : Les pratiques agricoles non durables peuvent entraîner la contamination des aliments par des agents pathogènes, augmentant le risque de zoonoses alimentaires comme la salmonellose.

3.7. Surveillance et Préparation

a. Importance de la Surveillance Environnementale

- **Surveillance des Écosystèmes** : La surveillance des écosystèmes et des populations animales peut aider à identifier les risques émergents liés aux zoonoses.
- **Modélisation des Risques** : Utiliser des modèles climatiques et épidémiologiques pour prédire les changements dans la distribution des zoonoses peut aider à anticiper et à préparer des réponses appropriées.

Les facteurs environnementaux et climatiques sont interdépendants et jouent un rôle significatif dans la dynamique des zoonoses. Comprendre ces interactions est essentiel pour développer des stratégies de prévention et de contrôle efficaces. Une approche intégrée qui prend en compte les aspects environnementaux, climatiques et de santé humaine est essentielle pour réduire le risque de transmission des zoonoses et protéger la santé publique.

3.8. Rôle des Pratiques Agricoles et de l'Élevage dans les Zoonoses

Les pratiques agricoles et d'élevage jouent un rôle crucial dans l'émergence, la transmission et la propagation des zoonoses. Ces activités influencent non seulement la santé animale et humaine, mais aussi l'environnement. Voici un aperçu des différents aspects de ce rôle.

1. Intensification de l'Élevage

a. Conditions de Vie des Animaux

- **Densité Élevée** : Les systèmes d'élevage intensif, caractérisés par une forte densité animale, favorisent la propagation rapide des agents pathogènes. Les infections peuvent se répandre rapidement dans les troupeaux, augmentant ainsi le risque de transmission aux humains.

- **Stress et Maladies** : Les animaux élevés dans des conditions stressantes sont plus susceptibles de développer des maladies, ce qui peut augmenter la virulence des agents pathogènes.

b. Utilisation d'Antibiotiques

- **Antibiorésistance** : L'utilisation excessive d'antibiotiques pour prévenir les maladies ou promouvoir la croissance peut entraîner le développement de souches bactériennes résistantes, rendant le traitement des infections zoonotiques plus difficile.

3.9. Pratiques Agricoles

a. Contamination des Aliments

- **Manipulation et Transformation** : Les pratiques de manipulation et de transformation des aliments peuvent introduire des agents pathogènes dans la chaîne alimentaire. Par exemple, le contact entre des produits animaux contaminés et des aliments végétaux peut entraîner des zoonoses alimentaires.
- **Irrigation et Eau** : Une gestion inadéquate des ressources en eau pour l'irrigation peut contaminer les cultures avec des agents pathogènes, augmentant le risque de maladies d'origine alimentaire.

b. Gestion des Déchets

- **Déchets Animaux** : L'accumulation de déchets animaux dans les exploitations peut favoriser la prolifération de pathogènes et attirer des vecteurs comme les rongeurs et les insectes, augmentant le risque de transmission.

3.10. Interaction avec la Faune

a. Contact avec les Animaux Sauvages

- **Transmission Inter espèces** : Les pratiques agricoles qui favorisent le contact entre les animaux domestiques et la faune sauvage peuvent faciliter la transmission de zoonoses. Par exemple, les rongeurs peuvent transmettre la leptospirose aux animaux d'élevage et, par extension, aux humains.
- **Habitat Modifié** : L'expansion des terres agricoles modifie les habitats naturels, augmentant les interactions entre humains, animaux domestiques et animaux sauvages.

3.11. Sensibilisation et Éducation

a. Pratiques de Prévention

- **Formation des Agriculteurs** : La formation sur les meilleures pratiques en matière de santé animale et de sécurité alimentaire est essentielle pour réduire le risque de zoonoses. Cela inclut la gestion des déchets, l'hygiène et la surveillance des maladies.
- **Sensibilisation du Public** : Informer les consommateurs sur les risques associés aux produits animaux et aux pratiques agricoles peut contribuer à réduire la transmission des zoonoses.

3.12. Approches Durables

a. Agriculture Écologique

- **Pratiques Durables** : L'adoption de pratiques agricoles durables, telles que l'agriculture biologique et la rotation des cultures, peut réduire le risque de zoonoses en favorisant la biodiversité et en limitant l'utilisation d'antibiotiques.

- **Gestion Intégrée** : Une approche intégrée qui combine la santé animale, la santé humaine et la protection de l'environnement (modèle One Health) est essentielle pour prévenir les zoonoses.

Les pratiques agricoles et d'élevage ont un impact significatif sur la dynamique des zoonoses. En adoptant des pratiques durables, en sensibilisant les agriculteurs et en améliorant la gestion des ressources, il est possible de réduire le risque de transmission des zoonoses et de protéger la santé publique. Une approche intégrée est cruciale pour faire face à cette problématique complexe et interconnectée.

CHAPITRE 4 :

SURVEILLANCE ET DETECTION DES ZOONOSES

4.1. Systèmes de Surveillance Existants pour les Zoonoses

La surveillance des zoonoses est essentielle pour détecter, contrôler et prévenir l'émergence de maladies infectieuses d'origine animale. Plusieurs systèmes de surveillance ont été mis en place à différents niveaux, allant des initiatives locales aux programmes internationaux. Voici un aperçu des principaux systèmes de surveillance existants.

1. Surveillance Nationale

a. Systèmes de Surveillance Sanitaire

- **Systèmes de Santé Publique** : De nombreux pays disposent de systèmes de surveillance des maladies transmissibles qui incluent des zoonoses. Ces systèmes collectent et analysent des données sur les cas humains et animaux, facilitant la détection précoce d'épidémies.
- **Vigilance Épidémiologique** : Les agences de santé publique surveillent les tendances des zoonoses et alertent les autorités sanitaires en cas d'augmentation des cas.

b. Surveillance Vétérinaire

- **Programmes de Surveillances Animales** : Les ministères de l'Agriculture ou de la Santé animale mettent en place des programmes de surveillance pour détecter les maladies chez les animaux, comme la brucellose, la tuberculose bovine et la grippe aviaire.
- **Rapports de Maladies** : Les vétérinaires sont souvent tenus de signaler les cas de maladies zoonotiques, permettant une réponse rapide aux épidémies.

4.2. Surveillance Internationale

a. Organisation Mondiale de la Santé (OMS)

- **Système d'Alerte et de Réponse** : L'OMS surveille les épidémies de zoonoses à l'échelle mondiale et collabore avec les pays pour partager des informations et mettre en place des réponses coordonnées.

b. Organisation Mondiale de la Santé Animale (OIE)

- **Système de Notification** : L'OIE a établi un cadre de notification des maladies animales, où les pays rapportent les foyers de zoonoses et d'autres maladies animales. Cela permet de suivre la distribution et l'impact des maladies au niveau mondial.

c. Food and Agriculture Organization (FAO)

- **Programmes de Surveillance Alimentaire** : La FAO travaille sur des programmes visant à surveiller les zoonoses d'origine alimentaire et à promouvoir des pratiques de sécurité alimentaire.

4.3. Systèmes de Surveillance Intégrés

a. Approche One Health

- **Collaboration Interdisciplinaire** : De plus en plus, les systèmes de surveillance adoptent une approche One Health, qui intègre les données sur la santé humaine, animale et environnementale. Cela permet une meilleure compréhension des interactions entre ces domaines et facilite une réponse plus efficace aux zoonoses.

b. Réseaux de Surveillance

- **Réseaux Regionaux** : Des réseaux tels que le Réseau Européen de Surveillance des Maladies (ECDC) et le Réseau Mondial de Surveillance des Maladies (GMOS) facilitent le partage d'informations et la collaboration entre les pays pour surveiller et répondre aux zoonoses.

4.4. Surveillance à Travers la Technologie

a. Big Data et Intelligence Artificielle

- **Analyse de Données** : L'utilisation de l'intelligence artificielle et des analyses de big data permet de traiter de grandes quantités d'informations pour détecter des tendances épidémiques et prédire les risques de zoonoses.
- **Applications Mobiles** : Des applications et des plateformes en ligne permettent de signaler rapidement des cas de maladies, facilitant la collecte de données en temps réel.

b. Surveillance Génomique

- **Séquençage de Génomes** : Le séquençage de génomes viraux et bactériens aide à suivre l'évolution des agents pathogènes et à identifier les souches responsables des épidémies.

Les systèmes de surveillance des zoonoses sont essentiels pour protéger la santé publique et maîtriser les épidémies. L'intégration des efforts de surveillance humaine, animale et environnementale, ainsi que l'adoption de nouvelles technologies, renforcent la capacité à détecter, prévenir et contrôler les zoonoses de manière efficace. Une collaboration internationale et interdisciplinaire est indispensable pour relever ce défi complexe et dynamique.

4.5. Technologies Émergentes dans la Détection des Zoonoses

L'émergence de nouvelles technologies a considérablement amélioré la capacité à détecter les zoonoses rapidement et efficacement. Ces innovations permettent une surveillance plus précise, une réponse rapide aux épidémies et une meilleure compréhension des dynamiques des maladies. Voici un aperçu des technologies émergentes dans ce domaine.[61]

1. Séquençage Génomique

- **Séquençage de Nouvel Génération (NGS)** : Cette technique permet de séquencer rapidement le génome des agents pathogènes, facilitant l'identification des souches, le suivi des mutations et l'analyse de la transmission des maladies.
- **Surveillance Épidémiologique** : Le séquençage génomique aide à suivre les épidémies en fournissant des informations sur l'origine et la propagation des agents pathogènes.

2. Tests Diagnostiques Rapides

- **Tests de Détection Précoce** : Les tests basés sur la PCR (réaction en chaîne par polymérase) permettent une détection rapide et précise des agents pathogènes dans des échantillons cliniques ou environnementaux.
- **Tests Antigéniques** : Ces tests sont conçus pour détecter des protéines spécifiques des agents pathogènes et peuvent fournir des résultats en quelques minutes, ce qui est crucial lors d'épidémies.

4.6. Technologies de Surveillance Environnementale

- **Capteurs et Dispositifs IoT** : Les capteurs environnementaux, intégrés à des réseaux IoT (Internet des Objets), surveillent les conditions environnementales propices à la transmission des zoonoses (ex. : température, humidité).

---

[61] Ministère de l'Agriculture, des Pêcheries et de l'Alimentation du Québec. (2006b). Influenza aviaire. Accessible en ligne le 28 juin 2006 à www.mapaq.gouv.qc.ca/Fr/Productions/ santeanimale/surveillance/maladiesanimales/grippeaviaire

- **Drones et Télédétection** : Les drones peuvent être utilisés pour surveiller des habitats d'animaux sauvages, permettant une collecte de données sur la faune et l'identification des risques de zoonoses.

4.7. Modélisation et Big Data

- **Analyse de Big Data** : L'utilisation de grandes quantités de données provenant de diverses sources (données cliniques, environnementales, démographiques) permet d'identifier des tendances et des risques de zoonoses.
- **Modélisation Prédictive** : Des modèles mathématiques et statistiques aident à prédire l'émergence de zoonoses en analysant les interactions entre les facteurs environnementaux, les populations animales et humaines.

4.8. Applications Mobiles et Plateformes Numériques

- **Signalement en Temps Réel** : Des applications mobiles permettent aux professionnels de la santé et du public de signaler rapidement des cas suspects de zoonoses, facilitant une réponse rapide.
- **Bases de Données Collaboratives** : Des plateformes en ligne centralisent les données sur les zoonoses, permettant un partage d'informations entre les chercheurs, les professionnels de la santé et les autorités sanitaires.

4.9. Technologies de Séquencement à Haute Définition

- **Séquencement Métagénomique** : Cette technique permet d'analyser des échantillons complexes (comme des échantillons environnementaux) pour identifier simultanément plusieurs agents pathogènes.

- **Séquencement en Temps Réel** : Cette méthode permet de réaliser le séquençage sur le terrain, offrant des résultats presque instantanés pour des interventions rapides.

Les technologies émergentes dans la détection des zoonoses offrent des outils puissants pour améliorer la surveillance, la prévention et le contrôle des maladies infectieuses d'origine animale. En intégrant ces technologies dans les systèmes de santé publique et de vétérinaire, il est possible de renforcer la résilience face aux menaces zoonotiques et de protéger la santé humaine et animale. Une collaboration interdisciplinaire et internationale sera essentielle pour maximiser l'impact de ces innovations.

4.10. Importance de la Collaboration Interdisciplinaire dans la Lutte contre les Zoonoses

La lutte contre les zoonoses nécessite une approche intégrée qui combine les expertises de plusieurs disciplines. La collaboration interdisciplinaire est cruciale pour améliorer la prévention, la détection et la réponse aux épidémies. Voici les principales raisons qui soulignent l'importance de cette collaboration.[62]

1. Approche One Health

- **Concept One Health** : Ce concept reconnaît que la santé humaine, animale et environnementale est interconnectée. Une approche One Health permet de comprendre les interactions complexes entre ces

[62] Ogden, N.H., Maarouf, A., Barker, I.K., Bigras-Poulin, M., Lindsay, L.R., Morshed, M.G., O'Callaghan, C.J., Ramay, F., Waltner-Toews, D., Charron, D.F. Climate change and the potential for range expansion of the Lyme disease vector Ixodes scapularis in Canada.Int J Parasitol. 2006 Jan;36(1):63-70.

domaines et de développer des stratégies de santé publique efficaces.

- **Coordination des Efforts** : En réunissant des professionnels de la santé humaine, vétérinaire et environnementale, on peut mieux gérer les zoonoses qui émergent de la faune, des animaux domestiques et de l'environnement.

2. Surveillance et Détection Améliorées

- **Partage d'Informations** : La collaboration entre les secteurs de la santé publique, de la santé animale et de l'écologie permet un partage d'informations crucial pour la surveillance des zoonoses.
- **Systèmes de Surveillance Intégrés** : Des systèmes de surveillance qui intègrent des données provenant de diverses disciplines permettent de détecter plus rapidement les foyers de maladie et de répondre de manière proactive.

3. Recherche et Développement

- **Innovation Conjointe** : Les équipes interdisciplinaires peuvent mener des recherches plus complètes et innovantes, en combinant des expertises en médecine, biologie, écologie et sciences sociales.
- **Développement de Solutions** : Une collaboration entre chercheurs, praticiens et décideurs aide à développer des solutions pratiques et adaptées aux besoins locaux.

4. Réponse Rapide aux Épidémies

- **Coordination lors des Crises** : En cas d'épidémie, une réponse rapide nécessite la coordination entre différents acteurs, y compris les agences de santé, les organisations non gouvernementales et les communautés locales.

- **Mobilisation des Ressources** : La collaboration permet de mieux mobiliser les ressources et d'assurer une réponse efficace, minimisant ainsi l'impact des zoonoses sur la santé publique.

5. Sensibilisation et Éducation

- **Formation Interdisciplinaire** : La formation conjointe des professionnels de la santé humaine et animale facilite la compréhension des zoonoses et des meilleures pratiques de prévention.
- **Sensibilisation des Communautés** : Les campagnes de sensibilisation qui intègrent des perspectives de santé humaine, animale et environnementale sont plus efficaces pour informer le public sur les risques et les mesures de prévention.

6. Politiques et Pratiques Durables

- **Élaboration de Politiques** : Les décideurs qui travaillent avec des experts de différentes disciplines peuvent élaborer des politiques plus efficaces et durables en matière de santé publique et de gestion des ressources naturelles.[63]
- **Approches Écologiques** : Une collaboration interdisciplinaire favorise l'adoption de pratiques agricoles et environnementales durables, réduisant ainsi les risques de zoonoses.

La collaboration interdisciplinaire est essentielle pour faire face aux défis complexes posés par les zoonoses. En intégrant les perspectives et les expertises de divers domaines, il est

---

[63] Santé Canada. (2005). Votre santé et les changements climatiques : Bulletin d'information.
Accessible le 25 août 2005 à www.c-ciarn.ca/health/app/filerepository/348DC2838BCB 498DB86828FA12122713.pdf

possible de développer des approches holistiques et efficaces pour la prévention, la détection et la réponse aux maladies infectieuses d'origine animale.[64] Cela contribue non seulement à protéger la santé humaine et animale, mais aussi à préserver l'environnement, garantissant ainsi un avenir plus sain et plus durable.

4.11. Exemples Concrets de Collaborations Interdisciplinaires Réussies dans la Lutte contre les Zoonoses

La collaboration interdisciplinaire a conduit à des réussites notables dans la prévention et la gestion des zoonoses. Voici quelques exemples concrets :

1. Initiative One Health de l'Organisation Mondiale de la Santé (OMS)

- **Contexte** : L'OMS, en collaboration avec l'Organisation Mondiale de la Santé Animale (OIE) et la FAO, a lancé l'initiative One Health pour renforcer la surveillance et la réponse aux zoonoses.
- **Résultats** : Cette initiative a permis de coordonner les efforts entre les secteurs de la santé humaine, animale et environnementale, facilitant la détection précoce de maladies comme la grippe aviaire et Ebola. Les pays participants ont élaboré des plans d'action intégrés pour améliorer la résilience face aux épidémies.

2. Réponse à l'Épidémie d'Ebola en Afrique de l'Ouest (2014-2016)

- **Contexte** : L'épidémie d'Ebola a nécessité une réponse rapide de diverses disciplines, y compris la santé

[64] Pollution probe. (2004). Abécédaire des changements climatiques et de la santé humaine.
Accessible le 25 août 2005 à www.pollution probe.org/Reports/ climatechange primer(fr).pdf

publique, la médecine vétérinaire, l'écologie et la logistique.

- **Collaboration** : Des équipes interdisciplinaires ont été formées, combinant des médecins, des vétérinaires, des épidémiologistes et des travailleurs humanitaires. Cette approche a permis d'identifier les réservoirs animaux du virus et de mettre en œuvre des stratégies de contrôle efficaces.
- **Résultats** : La collaboration a abouti à une réduction significative de la transmission du virus et a permis de mieux préparer les systèmes de santé pour les futures épidémies.

3. Surveillance de la Maladie de Lyme

- **Contexte** : La maladie de Lyme est transmise par des tiques et est devenue une préoccupation majeure de santé publique dans certaines régions.
- **Collaboration** : Des chercheurs en santé publique, en biologie, en écologie et en climatologie ont travaillé ensemble pour comprendre les facteurs environnementaux et climatiques qui influencent la propagation de la maladie.
- **Résultats** : Cette collaboration a permis de développer des modèles prédictifs sur la distribution des tiques et des cas de maladie de Lyme, contribuant ainsi à des stratégies de prévention ciblées.

4. Programme de Surveillance de la Grippe Aviaire en Asie

- **Contexte** : L'Asie a été le foyer de plusieurs épidémies de grippe aviaire, nécessitant une surveillance renforcée.
- **Collaboration** : Des scientifiques, des vétérinaires, des agronomes et des agents de santé publique ont collaboré pour surveiller les populations de volailles et les humains à risque.

- **Résultats** : Ce programme a permis de détecter rapidement les foyers de grippe aviaire et d'intervenir efficacement, réduisant ainsi le risque de transmission à l'homme et la propagation de la maladie.

5. Initiatives de Santé Animale et Publique en Amérique Latine

- **Contexte** : Plusieurs pays d'Amérique Latine ont mis en place des programmes de santé intégrée pour lutter contre des zoonoses comme la leptospirose et la brucellose.
- **Collaboration** : Les ministères de la santé publique, de l'agriculture et de l'environnement travaillent ensemble pour surveiller les cas, éduquer les communautés et mettre en œuvre des interventions.
- **Résultats** : Ces efforts ont permis de réduire l'incidence de ces maladies et d'améliorer la santé des communautés rurales, en intégrant des pratiques de santé durable.

Ces exemples illustrent comment les collaborations interdisciplinaires peuvent améliorer la détection, la prévention et la gestion des zoonoses. En unissant les compétences et les expertises de divers domaines, il est possible de créer des solutions plus efficaces et adaptées aux défis complexes posés par les maladies infectieuses d'origine animale. Ces réussites soulignent l'importance d'une approche intégrée pour protéger la santé humaine, animale et environnementale.

CHAPITRE 5 :

APPROCHE DE PREVENTION

5.1. Vaccination des Animaux et des Populations Humaines dans la Lutte contre les Zoonoses

La vaccination est l'un des outils les plus efficaces pour prévenir les zoonoses, tant chez les animaux que chez les humains. Elle joue un rôle crucial dans la réduction de la transmission des maladies, la protection des populations vulnérables et la sauvegarde de la santé publique. Voici une analyse de l'importance de la vaccination dans ce contexte.

1. Vaccination des Animaux

a. Importance

- **Prévention des Maladies** : La vaccination des animaux domestiques (comme les chiens et les chats) est essentielle pour prévenir des zoonoses telles que la rage, la leptospirose et la maladie de Lyme.
- **Contrôle des Épidémies** : Les programmes de vaccination des animaux d'élevage (comme les bovins et les volailles) aident à contrôler des maladies zoonotiques comme la brucellose et la grippe aviaire, réduisant ainsi le risque de transmission à l'homme.

b. *Programmes de Vaccination*

- **Vaccination Antirabique** : De nombreux pays ont mis en place des programmes de vaccination antirabique pour les chiens, réduisant ainsi le risque de transmission de la rage aux humains.
- **Vaccins pour Animaux d'Élevage** : Des vaccins sont disponibles pour des maladies comme la brucellose et

la tuberculose bovine, contribuant à protéger la santé animale et humaine.[65]

2. Vaccination des Populations Humaines

a. Importance

- **Protéger la Santé Publique** : La vaccination des populations humaines est cruciale pour prévenir des zoonoses telles que la rage, la grippe aviaire et la fièvre jaune, surtout dans les zones à risque.
- **Immunité Collective** : La vaccination des groupes à risque (comme les travailleurs agricoles ou les vétérinaires) contribue à établir une immunité collective, limitant la propagation des maladies.[66]

b. Campagnes de Vaccination

- **Vaccination Antirabique** : Des campagnes de vaccination ciblées sont mises en œuvre dans les régions où la rage est endémique, visant à protéger les populations humaines et à contrôler la maladie.
- **Vaccins Contre les Maladies Zoonotiques** : Des vaccins contre des zoonoses comme la grippe aviaire et le virus de la fièvre dengue sont en cours de développement et de distribution, renforçant la réponse de santé publique.

3. Synergie entre Vaccination Animale et Humaine

- **Approche Intégrée** : Une approche coordonnée qui combine la vaccination des animaux et des humains est essentielle pour contrôler les zoonoses. Par

---

[65] Badin de Montjoye Th., Thorel M.F. et Garin- Bastuji B. - L'évolution de tuberculose bovine en France : bilan 2002 et perspectives. *Bull. GTV*, 2004, **23**, 311- 314.

[66] Acha P.N. et Szyfres B. - Zoonoses et maladies transmissibles communes à l'homme et aux animaux (Deuxième édition). Office international des épizooties, 1989, 1063p.

exemple, la vaccination des chiens contre la rage réduit le risque pour les humains, créant ainsi une synergie bénéfique.

- **Éducation et Sensibilisation** : La sensibilisation des populations sur l'importance de la vaccination des animaux et des humains est cruciale pour encourager la participation aux programmes de vaccination.

4. Défis et Perspectives

a. Défis

- **Accès aux Vaccins** : Dans de nombreuses régions du monde, l'accès aux vaccins reste un défi, tant pour les animaux que pour les humains.
- **Éducation et Acceptation** : La méfiance à l'égard des vaccins peut nuire aux programmes de vaccination, nécessitant des efforts de sensibilisation pour éduquer le public sur leurs avantages.

b. Perspectives

- **Innovations Vaccinales** : Le développement de nouveaux vaccins, y compris des vaccins à base d'ARN et des vaccins polyvalents, pourrait améliorer l'efficacité de la vaccination contre les zoonoses.
- **Renforcement des Systèmes de Santé** : Investir dans les infrastructures de santé et les programmes de vaccination intégrés peut renforcer la résilience face aux zoonoses à long terme.

La vaccination des animaux et des populations humaines est un élément clé dans la lutte contre les zoonoses. En combinant des efforts de vaccination ciblés avec des stratégies éducatives et de sensibilisation, il est possible de réduire considérablement le risque de transmission de maladies infectieuses d'origine animale. Une approche intégrée et collaborative est essentielle pour protéger la santé publique et améliorer la sécurité sanitaire mondiale.

Éducation et Sensibilisation des Communautés dans la Lutte contre les Zoonoses

L'éducation et la sensibilisation des communautés sont des éléments cruciaux dans la prévention et le contrôle des zoonoses. En informant les populations sur les risques, les modes de transmission et les mesures de prévention, on peut réduire significativement l'incidence de ces maladies. Voici comment ces efforts peuvent être mis en œuvre efficacement.

1. Importance de l'Éducation

a. Compréhension des Zoonoses

- **Sensibilisation aux Risques** : Éduquer les communautés sur ce que sont les zoonoses, comment elles se propagent et leurs conséquences sur la santé humaine et animale.
- **Modes de Transmission** : Informer sur les modes de transmission, y compris le contact avec des animaux infectés, la consommation d'aliments contaminés et la piqûre de vecteurs comme les moustiques et les tiques.

b. Pratiques de Prévention

- **Hygiène et Sécurité** : Promouvoir des pratiques d'hygiène personnelle et alimentaire, comme le lavage des mains, la cuisson adéquate des aliments et la gestion des déchets animaux.
- **Vaccination** : Sensibiliser sur l'importance de la vaccination des animaux de compagnie et des animaux d'élevage pour réduire le risque de transmission.

2. Stratégies de Sensibilisation

a. Campagnes de Sensibilisation

- **Ateliers et Séminaires** : Organiser des ateliers dans les écoles, les centres communautaires et les fermes pour discuter des zoonoses et des pratiques de prévention.

- **Matériel Éducatif** : Distribuer des brochures, des affiches et des vidéos éducatives qui expliquent les zoonoses et les mesures de prévention de manière accessible.[67]

b. Utilisation des Médias

- **Réseaux Sociaux et Médias Locaux** : Utiliser les réseaux sociaux, la radio et la télévision pour diffuser des messages de sensibilisation sur les zoonoses, surtout dans les régions à risque.
- **Témoignages et Histoires** : Partager des témoignages de personnes affectées par des zoonoses pour humaniser le message et sensibiliser davantage la population.[68]

3. Collaboration avec les Acteurs Locaux

a. Partenariats avec les Autorités Sanitaires

- **Implication des Autorités Locales** : Collaborer avec les autorités sanitaires locales pour assurer que les messages de sensibilisation soient cohérents et adaptés aux besoins de la communauté.
- **Programmes de Formation pour les Professionnels** : Former les agents de santé communautaire, les vétérinaires et les enseignants pour qu'ils deviennent des ambassadeurs de la santé publique.

b. Engagement des Communautés

- **Groupes de Discussion** : Créer des groupes de discussion au sein des communautés pour échanger

---

[67] Chomel B. - Zoonoses bactériennes émergentes. *Point Vét.*, 2000, **31**, 195- 202.

[68] Bénet J.J. et Haddad N. - Dangers, risques et prévention des zoonoses transmises à l'homme par morsure de chien et de chat. *Le Nouveau Praticien Vétérinaire*, 2004, **18**, 21-25.

des idées et des préoccupations concernant les zoonoses.

- **Initiatives Communautaires** : Encourager les initiatives locales, comme des journées de nettoyage ou des campagnes de vaccination pour les animaux, afin de renforcer l'engagement communautaire.

4. Suivi et Évaluation

a. Évaluation des Programmes

- **Feedback des Communautés** : Recueillir les retours des participants sur l'efficacité des programmes de sensibilisation pour ajuster les stratégies.
- **Mesure de l'Impact** : Évaluer l'impact des initiatives de sensibilisation sur la connaissance des zoonoses et les comportements préventifs au sein des communautés.

L'éducation et la sensibilisation des communautés sont essentielles pour prévenir et contrôler les zoonoses. En adoptant des stratégies ciblées et collaboratives, il est possible de renforcer la résilience des communautés face aux risques sanitaires. L'engagement des populations et la collaboration avec les acteurs locaux sont des éléments clés pour garantir le succès de ces initiatives. Une communauté bien informée est mieux équipée pour protéger sa santé et celle de ses animaux, contribuant ainsi à la sécurité sanitaire globale.

Hygiène et Contrôle des Nuisibles dans la Lutte contre les Zoonoses

L'hygiène et le contrôle des nuisibles sont des éléments fondamentaux dans la prévention des zoonoses. En maintenant des environnements propres et en gérant efficacement les populations d'animaux nuisibles, on peut réduire les risques de transmission de maladies infectieuses d'origine animale. Voici un aperçu des meilleures pratiques et stratégies.

1. Importance de l'Hygiène

a. Hygiène Personnelle

- **Lavage des Mains** : Se laver fréquemment les mains, surtout après avoir manipulé des animaux ou des produits d'origine animale, est essentiel pour prévenir la transmission de zoonoses.
- **Équipement de Protection** : Utiliser des gants, des masques et d'autres équipements de protection lors de la manipulation d'animaux malades ou de déchets animaux.

b. Hygiène Alimentaire

- **Manipulation des Aliments** : S'assurer que les aliments d'origine animale sont bien cuits et manipulés dans des conditions sanitaires. Éviter la contamination croisée entre aliments crus et cuits.
- **Stockage et Conservation** : Conserver les aliments à des températures appropriées pour prévenir la prolifération des agents pathogènes.

2. Contrôle des Nuisibles

a. Identification des Nuisibles

- **Surveillance des Espèces** : Identifier les rongeurs, les insectes et d'autres nuisibles qui peuvent être porteurs de zoonoses. La connaissance des espèces présentes permet de mieux cibler les efforts de contrôle.
- **Évaluation des Risques** : Évaluer les risques associés aux nuisibles dans les environnements urbains, agricoles et domestiques.

b. Stratégies de Contrôle

- **Méthodes Préventives** :
    - **Exclusion** : Sceller les ouvertures dans les bâtiments pour empêcher l'entrée des nuisibles.

- **Nettoyage Régulier** : Maintenir des pratiques de nettoyage rigoureuses pour éliminer les sources de nourriture et d'abri.

- **Méthodes de Gestion** :
    - **Contrôle Biologique** : Utiliser des prédateurs naturels ou des agents pathogènes spécifiques pour contrôler les populations de nuisibles.
    - **Pesticides et Rodenticides** : Utiliser des produits chimiques de manière responsable et conformément aux directives pour éviter les impacts négatifs sur l'environnement.

3. Éducation et Sensibilisation

a. Sensibilisation aux Risques

- **Information sur les Nuisibles** : Éduquer les communautés sur les zoonoses associées aux nuisibles, comme la leptospirose (transmise par les rongeurs) et la maladie de Lyme (transmise par les tiques).
- **Pratiques de Prévention** : Former les populations sur les meilleures pratiques d'hygiène et de contrôle des nuisibles.

b. Programmes Communautaires

- **Initiatives de Nettoyage** : Organiser des journées de nettoyage communautaire pour éliminer les déchets et réduire les abris pour les nuisibles.
- **Ateliers de Formation** : Proposer des ateliers sur le contrôle des nuisibles et l'hygiène pour les agriculteurs et les propriétaires d'animaux de compagnie.

4. Surveillance et Évaluation

a. Surveillance des Nuisibles

- **Systèmes de Surveillance** : Mettre en place des systèmes de surveillance pour suivre les populations de nuisibles et détecter rapidement les foyers de maladies.

- **Rapports Communautaires** : Encourager les membres de la communauté à signaler les infestations et les problèmes de nuisibles.

b. Évaluation des Efforts

- **Mesurer l'Impact** : Évaluer l'efficacité des programmes d'hygiène et de contrôle des nuisibles en surveillant l'incidence des zoonoses dans la communauté.
- **Ajustement des Stratégies** : Utiliser les données recueillies pour ajuster et améliorer les stratégies de contrôle.

L'hygiène et le contrôle des nuisibles sont essentiels pour prévenir les zoonoses et protéger la santé publique. En adoptant des pratiques d'hygiène rigoureuses et en gérant efficacement les populations de nuisibles, les communautés peuvent réduire considérablement les risques de transmission des maladies infectieuses d'origine animale. Une approche collaborative, combinant éducation, sensibilisation et engagement communautaire, est clé pour garantir le succès de ces initiatives.

CHAPITRE 6 :

STRATEGIES DE CONTRÔLE

Réponse aux Épidémies de Zoonoses

La réponse rapide et efficace aux épidémies de zoonoses est essentielle pour protéger la santé publique, animale et environnementale. Voici un aperçu des étapes clés et des stratégies impliquées dans la gestion des épidémies de zoonoses.

1. Détection Précoce

a. Surveillance et Système d'Alerte

- **Surveillance Épidémiologique** : Mettre en place des systèmes de surveillance robustes pour détecter rapidement les cas de zoonoses chez les animaux et les humains.
- **Systèmes d'Alerte** : Utiliser des systèmes d'alerte précoce pour signaler les foyers de maladies et déclencher une réaction rapide.

b. Signalement des Cas

- **Formation des Professionnels de Santé** : Former les médecins, vétérinaires et agents de santé communautaire à reconnaître les signes de zoonoses et à signaler les cas suspects.
- **Engagement Communautaire** : Encourager la population à signaler les cas d'infections suspectes.

2. Investigation Épidémiologique

a. Recherche des Sources

- **Analyse des Cas** : Identifier les sources potentielles de l'épidémie (animaux, environnement, chaînes d'approvisionnement).
- **Étude des Contacts** : Suivre les contacts des cas confirmés pour limiter la propagation.

b. Évaluation des Risques

- **Modélisation Épidémiologique** : Utiliser des modèles pour évaluer la dynamique de propagation de l'épidémie et prédire les impacts.
- **Cartographie des Cas** : Créer des cartes épidémiologiques pour visualiser la propagation et cibler les interventions.[69]

3. Intervention et Contrôle

a. Mesures de Contrôle des Animaux

- **Quarantaine et Isolement** : Mettre en quarantaine les animaux infectés et isoler les cas suspects pour prévenir la transmission.
- **Vaccination** : Déployer des campagnes de vaccination ciblées pour protéger les animaux à risque et réduire la transmission aux humains.

b. Mesures de Santé Publique

- **Sensibilisation du Public** : Informer les communautés sur les risques et les mesures à prendre pour se protéger.

---

[69] Hantz S. et Darde M.L. - Comment prévenir les risques de zoonose pour le sujet immunodéprimé. *Le nouveau praticien vétérinaire*, 2004, **18**, 41-43.

- **Contrôle des Nuisibles** : Mettre en œuvre des programmes de contrôle des nuisibles pour réduire les vecteurs de transmission.[70]

4. Traitement et Soins

a. Accès aux Soins de Santé

- **Traitement des Cas** : Assurer un accès rapide aux soins pour les personnes infectées, y compris les traitements spécifiques pour certaines zoonoses.
- **Suivi des Cas** : Mettre en place un système de suivi pour surveiller l'évolution des cas et les effets des traitements.

b. Prise en Charge des Animaux

- **Soins Vétérinaires** : Fournir des soins vétérinaires aux animaux malades et réduire la souffrance animale.

5. Coordination et Collaboration

a. Partenariats Multi-sectoriels

- **Collaboration One Health** : Impliquer les secteurs de la santé humaine, animale et environnementale pour une réponse intégrée.
- **Engagement des Parties Prenantes** : Travailler avec des ONG, des gouvernements locaux et des organisations internationales pour coordonner les efforts.

b. Gestion de Crise

- **Plans de Réponse aux Épidémies** : Développer et mettre en œuvre des plans d'urgence pour répondre efficacement aux épidémies.

---

[70] Hahn B.H., Shaw G.M., De Cock K.M. and Sharp P.M. - AIDS as a zoonosis: scientific and public health implications. *Science*, 2000, 287(5453), 607-614.

- **Communication de Crise** : Assurer une communication claire et transparente avec le public et les médias pour éviter la désinformation.

6. Évaluation et Apprentissage

a. Analyse Post-Épidémie

- **Évaluation des Réponses** : Évaluer l'efficacité des mesures mises en place et identifier les leçons à tirer.
- **Rapports et Recommandations** : Rédiger des rapports détaillant les réponses aux épidémies et formuler des recommandations pour améliorer les futures interventions.

b. Renforcement des Capacités

- **Formation et Sensibilisation** : Organiser des formations pour les professionnels de la santé et les communautés sur la gestion des zoonoses.
- **Amélioration des Infrastructures** : Investir dans les infrastructures de santé publique et vétérinaire pour renforcer la résilience face aux futures épidémies.

La réponse aux épidémies de zoonoses nécessite une approche coordonnée et intégrée qui implique la détection précoce, l'investigation, l'intervention, la coordination et l'évaluation. En renforçant la collaboration entre les secteurs de la santé humaine, animale et environnementale, il est possible de minimiser l'impact des zoonoses sur la santé publique et de mieux préparer les communautés à faire face à de futures épidémies.

Règlementations et Politiques de Santé Publique dans la Lutte contre les Zoonoses

Les règlementations et les politiques de santé publique jouent un rôle crucial dans la prévention et le contrôle des zoonoses. Elles établissent des normes et des protocoles pour protéger la santé humaine, animale et environnementale. Voici un aperçu des principales composantes et de leur importance.[71]

1. Cadre Réglementaire

a. Législation Nationale

- **Lois sur la Santé Publique** : De nombreux pays disposent de lois spécifiques régissant la surveillance, la prévention et le contrôle des zoonoses. Ces lois peuvent inclure des exigences de notification des cas, des vaccinations obligatoires et des protocoles d'intervention.
- **Réglementations Vétérinaires** : Les lois encadrant la santé animale établissent des normes pour la vaccination, le traitement et le bien-être des animaux, contribuant ainsi à réduire le risque de zoonoses.

b. Normes Internationales

- **Organisation Mondiale de la Santé (OMS)** : L'OMS fournit des recommandations et des protocoles pour la gestion des zoonoses à l'échelle mondiale.
- **Organisation Mondiale de la Santé Animale (OIE)** : L'OIE élabore des normes internationales sur la santé animale, y compris des lignes directrices pour la prévention des zoonoses.

2. Politiques de Santé Publique

a. Stratégies de Prévention

- **Programmes de Vaccination** : Les politiques de santé publique intègrent des programmes de vaccination pour les animaux domestiques et d'élevage, visant à réduire la transmission de maladies zoonotiques.

---

[71] Hubalek Z. - Emerging human infectious diseases : anthroponoses, zoonoses, and sapronoses. *Emerg. Infect. Dis.*, 2003, **9**(3), 403-404.

- **Surveillance et Contrôle** : Établir des systèmes de surveillance pour détecter rapidement les zoonoses et mettre en œuvre des mesures de contrôle appropriées.[72]

b. Sensibilisation et Éducation

- **Campagnes de Sensibilisation** : Les politiques publiques doivent inclure des campagnes d'éducation sur les risques de zoonoses et les pratiques de prévention, ciblant à la fois les communautés rurales et urbaines.
- **Formation des Professionnels** : Des programmes de formation pour les professionnels de la santé, les vétérinaires et les agents communautaires sont essentiels pour renforcer la capacité de réponse.

3. Coordination Intersectorielle

a. Approche One Health

- **Collaboration entre Secteurs** : Les politiques doivent promouvoir une approche One Health, intégrant les secteurs de la santé humaine, animale et environnementale pour une gestion efficace des zoonoses.
- **Partenariats Public-Privé** : Établir des partenariats avec des ONG, des universités et des entreprises privées pour renforcer la réponse aux zoonoses.

b. Plans de Réponse aux Épidémies

- **Plans d'Urgence** : Développer des plans d'urgence pour répondre rapidement aux épidémies de zoonoses,

---

[72] Haydon D.T., Cleaveland S., Taylor L.H. and Laurenson - Identifying reservoirs of infection: a conceptual and practical challenge. *Emerg. Infect. Dis.*, 2002, **8**(12),
1468-1473.

incluant des protocoles clairs pour la détection, l'isolement et le traitement.

- **Simulations et Exercices** : Organiser des exercices de simulation pour tester la préparation et la coordination entre les différents acteurs impliqués dans la gestion des zoonoses.

4. Surveillance et Évaluation

a. Suivi des Politiques

- **Évaluation des Programmes** : Mettre en place des mécanismes d'évaluation pour mesurer l'efficacité des politiques de santé publique et des programmes de prévention des zoonoses.
- **Rapports et Recommandations** : Produire des rapports réguliers sur l'état des zoonoses, les réponses mises en œuvre et les recommandations pour améliorer les politiques.

b. Recherche et Innovation

- **Soutien à la Recherche** : Les politiques doivent encourager la recherche sur les zoonoses, y compris le développement de nouveaux vaccins et traitements.
- **Partage des Données** : Faciliter le partage des données entre les chercheurs, les agences de santé et les décideurs pour une prise de décision éclairée.

5. Défis et Perspectives

a. Défis

- **Manque de Ressources** : De nombreux pays, en particulier dans les régions à faible revenu, manquent de ressources pour mettre en œuvre des politiques de santé publique efficaces.
- **Acceptation par le Public** : La méfiance à l'égard des vaccinations et des interventions de santé publique peut entraver leur efficacité.

b. Perspectives

- **Renforcement des Capacités** : Investir dans le renforcement des capacités des systèmes de santé publique pour mieux répondre aux zoonoses.
- **Collaboration Internationale** : Promouvoir la coopération internationale pour partager les meilleures pratiques et les ressources dans la lutte contre les zoonoses.

Les règlementations et les politiques de santé publique sont essentielles pour prévenir et contrôler les zoonoses. En établissant des normes claires, en promouvant une approche intersectorielle et en investissant dans la sensibilisation et la formation, les gouvernements peuvent mieux protéger la santé publique et réduire les risques associés aux zoonoses. Une collaboration continue entre les différents acteurs est nécessaire pour relever les défis et garantir une réponse efficace dans un monde en constante évolution.

Rôle des Organisations Internationales dans la Lutte contre les Zoonoses

Les organisations internationales jouent un rôle crucial dans la prévention, la surveillance et le contrôle des zoonoses à l'échelle mondiale. Des entités telles que l'Organisation Mondiale de la Santé (OMS) et l'Organisation Mondiale de la Santé Animale (OIE) sont au cœur de ces efforts. Voici un aperçu des rôles essentiels de ces organisations.

1. Surveillance et Détection

a. Systèmes de Surveillance

- **Collecte de Données** : L'OMS et l'OIE collectent et analysent des données sur l'incidence des zoonoses dans le monde, permettant une compréhension globale des tendances épidémiques.

- **Systèmes d'Alerte Précoce** : Ces organisations mettent en place des systèmes d'alerte précoce pour détecter les foyers de maladies et informer rapidement les pays concernés.

b. Évaluation des Risques

- **Analyse Épidémiologique** : Elles réalisent des évaluations de risque pour identifier les menaces potentielles liées aux zoonoses et orienter les réponses appropriées.

2. Élaboration de Normes et Directives

a. Standards Internationaux

- **Protocoles de Santé** : L'OMS élabore des lignes directrices sur la gestion des zoonoses, y compris des recommandations sur la vaccination, le traitement et la prévention.
- **Normes Sanitaires** : L'OIE fixe des normes internationales pour la santé animale, contribuant à prévenir la propagation des maladies zoonotiques à travers les frontières.

b. Meilleures Pratiques

- **Partage de Connaissances** : Ces organisations facilitent le partage des meilleures pratiques et des expériences entre les pays, renforçant ainsi les capacités locales.[73]

3. Renforcement des Capacités

a. Formation et Éducation

- **Programmes de Formation** : L'OMS et l'OIE offrent des formations pour les professionnels de la santé, les

---

[73] Toma B. - L'évolution des zoonoses. *Rev. sci. tech. Off. Int. Epiz.*, 2000, **19**, 302-309.

vétérinaires et les agents communautaires sur la prévention et la gestion des zoonoses.

- **Sensibilisation des Communautés** : Elles soutiennent des campagnes de sensibilisation pour informer les communautés sur les risques de zoonoses et les mesures de prévention.

b. Soutien Technique

- **Assistance aux Pays** : Ces organisations fournissent un soutien technique aux pays pour renforcer leurs systèmes de santé publique et vétérinaire, notamment en matière de surveillance et de réponse aux épidémies.

4. Coordination des Réponses aux Épidémies

a. Gestion des Crises

- **Réponses Concertées** : En cas d'épidémie de zoonoses, l'OMS et l'OIE coordonnent les efforts internationaux pour mobiliser des ressources et fournir une assistance aux pays touchés.
- **Plans de Réponse** : Elles aident à élaborer des plans d'intervention d'urgence, intégrant les secteurs de la santé humaine, animale et environnementale.

b. Partenariats Multisectoriels

- **Collaboration avec d'autres Agences** : L'OMS et l'OIE travaillent en étroite collaboration avec d'autres agences des Nations Unies, des ONG et des gouvernements pour une réponse intégrée aux zoonoses.

5. Recherche et Innovation

a. Promotion de la Recherche

- **Soutien à la Recherche** : Ces organisations encouragent la recherche sur les zoonoses, y compris le développement de nouveaux vaccins et traitements.
- **Financement et Ressources** : Elles mobilisent des financements pour soutenir des projets de recherche innovants dans le domaine des maladies zoonotiques.

b. Partage des Résultats

- **Publications et Conférences** : L'OMS et l'OIE publient régulièrement des rapports et organisent des conférences pour partager les résultats de la recherche et les avancées dans le domaine des zoonoses.

Les organisations internationales comme l'OMS et l'OIE jouent un rôle indispensable dans la lutte contre les zoonoses. Par leur travail en matière de surveillance, d'élaboration de normes, de renforcement des capacités, de coordination des réponses et de promotion de la recherche, elles contribuent à protéger la santé publique à l'échelle mondiale. Leur action collaborative avec les pays et d'autres acteurs est essentielle pour faire face aux défis croissants posés par les zoonoses dans un monde interconnecté.

CHAPITRE 7 :

CAS D'ETUDE

Étude de la Grippe Aviaire : Réponses et Leçons Apprises

La grippe aviaire, causée par des virus de la famille des Orthomyxoviridae, représente une menace pour la santé animale et humaine. Elle a provoqué plusieurs épidémies dans le monde, nécessitant des réponses coordonnées à différents niveaux. Voici un aperçu des réponses mises en œuvre et des leçons tirées.

1. Contexte et Impact

a. Origines et Transmission

- **Virus Influenza A** : La grippe aviaire est principalement causée par des souches du virus de la grippe A, notamment H5N1, H7N9 et H5N8, qui peuvent se propager des oiseaux aux humains.
- **Transmission** : La transmission à l'homme se produit généralement par le contact avec des oiseaux infectés ou leurs excréments, mais des cas de transmission interhumaine ont également été signalés.

b. Impact Sanitaire et Économique

- **Santé Publique** : Les infections humaines peuvent entraîner des maladies graves et un taux de mortalité élevé.
- **Économie** : Les épidémies de grippe aviaire ont des conséquences économiques majeures sur l'élevage

aviaire, entraînant des pertes financières considérables.[74]

2. Réponses aux Épidémies

a. Surveillance et Détection

- **Systèmes de Surveillance** : Les pays ont renforcé leurs systèmes de surveillance pour détecter rapidement les foyers de grippe aviaire chez les oiseaux et les humains.
- **Laboratoires de Référence** : Création de laboratoires spécialisés pour diagnostiquer les infections et identifier les souches virales.[75]

b. Contrôle et Éradication

- **Abattage Sanitaire** : Des campagnes d'abattage préventif des volailles infectées ont été mises en œuvre pour limiter la propagation du virus.
- **Vaccination** : Développement et déploiement de vaccins pour les volailles afin de réduire les infections et la transmission.

c. Sensibilisation et Éducation

- **Information du Public** : Campagnes de sensibilisation pour informer les éleveurs, les travailleurs de la santé et le grand public sur les risques et les mesures de prévention.
- **Formation des Professionnels** : Programmes de formation pour les vétérinaires et les agents de santé sur la gestion des épidémies de grippe aviaire.

---

[74] Meslin F.X. - Global aspects of emerging and potential zoonoses : a WHO perspective. *Emerg. Infect. Dis.*, 1997, **3**(2), 223-228.

[75] Warrell M.J. and Warrell D.A. - Rabies and other lyssavirus diseases." Lancet, 2004, **363**(9413), 959-969.

3. Coordination Internationale

a. Collaboration Mondiale

- **Partenariats** : L'OMS, l'OIE et la FAO ont collaboré pour coordonner les efforts de réponse et fournir un soutien technique aux pays touchés.
- **Systèmes d'Alerte Précoce** : Mise en place de systèmes d'alerte précoce pour partager rapidement les informations sur les foyers de grippe aviaire.

b. Recherche et Développement

- **Investissement dans la Recherche** : Encouragement à la recherche sur les virus de la grippe aviaire, les vaccins et les traitements.
- **Partage des Données** : Création de bases de données pour le partage des résultats de recherche et des informations épidémiologiques.

4. Leçons Apprises

a. Importance de la Surveillance

- **Surveillance Renforcée** : La surveillance continue est essentielle pour détecter rapidement les foyers et prévenir les épidémies.
- **Approche One Health** : Intégrer les perspectives de santé humaine, animale et environnementale pour une surveillance plus efficace.

b. Préparation aux Épidémies

- **Plans d'Urgence** : Développer des plans d'urgence clairs et testés pour répondre aux épidémies de grippe aviaire.
- **Simulations de Crise** : Organiser des exercices de simulation pour évaluer la préparation des systèmes de santé publique et vétérinaire.

c. Sensibilisation des Communautés

- **Éducation Continue** : La sensibilisation et l'éducation des communautés sont essentielles pour encourager des comportements préventifs.
- **Engagement des Éleveurs** : Impliquer activement les éleveurs dans les programmes de vaccination et de prévention.

d. Collaboration Internationale

- **Partenariats Renforcés** : La collaboration entre les pays et les organisations internationales est cruciale pour gérer les menaces transnationales.
- **Partage des Meilleures Pratiques** : Échanger des idées et des expériences entre nations peut améliorer la réponse globale aux zoonoses.

A savoir

L'étude de la grippe aviaire met en évidence l'importance d'une réponse coordonnée et intégrée pour gérer les zoonoses. Les leçons tirées de ces épidémies soulignent la nécessité d'une surveillance renforcée, d'une préparation efficace, d'une sensibilisation des communautés et d'une collaboration internationale. En appliquant ces leçons, les pays peuvent mieux se préparer à faire face à d'éventuelles futures épidémies de grippe aviaire et d'autres zoonoses similaires.

Le Cas de la COVID-19 : Zoonose Émergente et Gestion de la Crise

La pandémie de COVID-19 a été une crise sanitaire mondiale sans précédent, provoquée par le virus SARS-CoV-2. Ce virus, considéré comme une zoonose émergente, a mis en lumière les défis liés à la santé publique, aux systèmes de santé et à la coopération internationale. Voici un examen des aspects clés de cette crise et des leçons apprises.

1. Origines et Transmission

a. Origines Zoonotiques

- **Transmission Animale** : Le SARS-CoV-2 est apparu probablement chez les chauves-souris et a pu être transmis à l'homme via un hôte intermédiaire, soulignant l'importance de la surveillance des zoonoses.
- **Marché Humide de Wuhan** : Les premiers cas ont été liés à un marché humide à Wuhan, en Chine, où des animaux vivants étaient vendus, mettant en évidence les risques associés à de tels environnements.

b. Modes de Transmission

- **Transmission Interhumaine** : Le virus se propage principalement par les gouttelettes respiratoires, le contact direct et parfois par des surfaces contaminées.

2. Réponses Initiales

a. Surveillance et Détection

- **Systèmes de Surveillance Sanitaire** : Au début de la pandémie, les systèmes de surveillance ont été activés pour détecter les cas suspects et suivre la propagation du virus.
- **Tests Diagnostiques** : Développement rapide de tests PCR pour identifier les infections, bien que des difficultés d'accès aient été rencontrées dans plusieurs pays.

b. Mesures de Contrôle

- **Confinements et Distanciation Sociale** : Les gouvernements ont imposé des confinements, des restrictions de voyage et des mesures de distanciation sociale pour ralentir la propagation du virus.

- **Port de Masques** : La recommandation ou l'obligation de porter des masques dans les espaces publics a été largement adoptée.

3. Gestion de la Crise

a. Coordination Internationale

- **Organisation Mondiale de la Santé (OMS)** : L'OMS a joué un rôle central dans la coordination de la réponse internationale, fournissant des lignes directrices et des recommandations.
- **Partenariats Publics-Privés** : Des collaborations entre gouvernements, entreprises et ONG ont été cruciales pour mobiliser des ressources et partager des informations.

b. Développement de Vaccins

- **Vélocité du Développement** : Grâce à des efforts de recherche et de financement sans précédent, plusieurs vaccins ont été développés et approuvés en moins d'un an.
- **Campagnes de Vaccination** : Des campagnes de vaccination massive ont été lancées dans de nombreux pays pour atteindre l'immunité collective.

4. Communication et Sensibilisation

a. Sensibilisation du Public

- **Information sur le Virus** : Des campagnes de sensibilisation ont été mises en place pour informer le public des symptômes, des modes de transmission et des mesures de prévention.
- **Lutte contre la Désinformation** : Les autorités sanitaires ont dû faire face à la désinformation et aux théories du complot, nécessitant des efforts supplémentaires pour fournir des informations fiables.

b. Engagement des Communautés

- **Participation Communautaire** : Les communautés ont été encouragées à participer aux efforts de prévention, notamment par des initiatives de vaccination et des campagnes de sensibilisation locales.[76]

5. Leçons Apprises

a. Importance de la Surveillance

- **Surveillance Renforcée des Zoonoses** : La pandémie a souligné la nécessité de renforcer la surveillance des maladies zoonotiques et d'investir dans la recherche sur les virus d'origine animale.

b. Préparation aux Crises Sanitaires

- **Plans de Réponse** : Les pays doivent élaborer et tester des plans d'urgence pour faire face à de futures épidémies, avec des simulations régulières pour évaluer la préparation.

c. Collaboration Internationale

- **Travail Ensemble** : La pandémie a démontré l'importance de la coopération internationale dans la gestion des crises sanitaires, le partage des informations et des ressources.

d. Communication Efficace

- **Stratégies de Communication** : Une communication claire, transparente et basée sur des données probantes est essentielle pour maintenir la confiance du public et encourager l'adhésion aux mesures de santé publique.

---

[76] Morens D.M., Folkers G.K. and Fauce A.S. - The challenge of emerging and reemerging infectious diseases. Nature, 2004, **430**(6996), 242-249.

La pandémie de COVID-19 a révélé les vulnérabilités des systèmes de santé mondiaux face aux zoonoses émergentes. Les réponses coordonnées, l'importance de la surveillance, le développement rapide de vaccins et une communication efficace sont des leçons clés à retenir. En intégrant ces leçons dans les futures stratégies de santé publique, il sera possible de mieux se préparer à faire face à de tels défis sanitaires à l'avenir.

Autres Exemples Régionaux Significatifs de Zoonoses Émergentes

Les zoonoses émergentes représentent un défi de santé publique à l'échelle mondiale, mais certaines régions ont connu des épidémies notables qui illustrent les risques associés à ces maladies. Voici quelques exemples significatifs par région.

1. Asie-Pacifique

a. Virus Nipah (1998, Malaisie)

- **Origine** : Le virus Nipah a été identifié pour la première fois chez des éleveurs de porcs en Malaisie.
- **Transmission** : Le virus se propage principalement par contact direct avec des animaux infectés, notamment des chauves-souris et des porcs.
- **Impact** : L'épidémie a causé des centaines d'infections humaines et un taux de mortalité élevé. Elle a conduit à des mesures strictes de contrôle des animaux et à des efforts de sensibilisation.

b. H7N9 (2013, Chine)

- **Origine** : Une souche de grippe aviaire H7N9 a été détectée chez des humains, liée à des volailles infectées.
- **Transmission** : La transmission humaine a été limitée, mais des cas graves ont été signalés.

- **Impact** : Des campagnes de vaccination des volailles et des restrictions sur les marchés de volailles vivantes ont été mises en œuvre pour contrôler la propagation.

2. Afrique

a. Ebola (2014-2016, Afrique de l'Ouest)

- **Origine** : Le virus Ebola a été identifié chez des chauves-souris et s'est propagé à l'homme par contact avec des fluides corporels d'animaux infectés.
- **Transmission** : La transmission interhumaine a été facilitee par des pratiques culturelles, telles que les funérailles.
- **Impact** : Plus de 11 000 décès ont été enregistrés. La réponse a inclus des campagnes de vaccination, la traçabilité des contacts et des efforts de sensibilisation.

b. Fièvre de Lassa (Nigeria)

- **Origine** : La fièvre de Lassa est causée par le virus de Lassa, transmis par les rongeurs.
- **Transmission** : La transmission humaine se produit par contact avec des excréments ou des urines de rongeurs infectés.
- **Impact** : La fièvre de Lassa est endémique dans certaines régions, entraînant des épidémies saisonnières. Des programmes de sensibilisation et de vaccination sont en cours.

3. Amériques

a. Virus Zika (2015-2016, Amérique Latine)

- **Origine** : Le virus Zika, transmis par des moustiques, a provoqué des épidémies massives, notamment au Brésil.
- **Transmission** : La transmission se fait principalement par les piqûres de moustiques Aedes, mais des transmissions sexuelles ont également été rapportées.

- **Impact** : L'épidémie a été associée à des anomalies congénitales, notamment la microcéphalie. Elle a nécessité une réponse rapide en matière de santé publique, y compris des campagnes de lutte antivectorielle.

b. Rage (État du Texas, États-Unis)

- **Origine** : La rage est une zoonose virale transmise par la salive d'animaux infectés.
- **Transmission** : Les cas de rage sont souvent liés à des morsures d'animaux sauvages ou domestiques.
- **Impact** : Des efforts de vaccination des animaux domestiques et des campagnes de sensibilisation ont été mis en place pour réduire les cas de rage humaine.

4. Europe

a. Maladie de Lyme (Europe)

- **Origine** : Causée par la bactérie Borrelia, la maladie de Lyme est transmise par des tiques.
- **Transmission** : La transmission se produit principalement par des piqûres de tiques infectées.
- **Impact** : Les cas de maladie de Lyme ont augmenté en Europe, nécessitant des efforts de sensibilisation et des programmes de gestion des populations de tiques.

b. Fièvre Q (Europe)

- **Origine** : Causée par la bactérie Coxiella burnetii, la fièvre Q est souvent associée à des animaux de ferme, comme les moutons et les chèvres.
- **Transmission** : La transmission se produit par inhalation de particules contaminées dans l'air.
- **Impact** : Des épidémies ont été signalées en Europe, entraînant des augmentations des cas humains. Des mesures de contrôle dans les fermes et des campagnes de vaccination des animaux ont été mises en œuvre.

Ces exemples régionaux illustrent la diversité des zoonoses émergentes et les réponses nécessaires pour les contrôler. La surveillance, la sensibilisation, la vaccination et la coordination internationale sont des éléments essentiels pour prévenir et gérer les épidémies de zoonoses. Chaque région doit adapter ses stratégies en fonction des risques spécifiques et des contextes locaux pour améliorer la santé publique et protéger les communautés.

CHAPITRE 8 :

PERSPECTIVE D'AVENIR

8.1. Innovations dans la Recherche sur les Zoonoses

La recherche sur les zoonoses a connu des avancées significatives, favorisées par des innovations technologiques et méthodologiques. Ces innovations sont essentielles pour mieux comprendre, prévenir et contrôler les maladies d'origine animale qui affectent la santé humaine. Voici un aperçu des principales innovations dans ce domaine.

1.1. Technologie de Séquençage Génétique

a. Séquençage de Nouvelle Génération (NGS)

- **Description** : Le NGS permet de séquencer rapidement et à moindre coût des génomes entiers de virus et de bactéries.
- **Impact** : Cette technologie a été cruciale pour identifier et suivre les souches de pathogènes zoonotiques, comme le SARS-CoV-2, en temps réel, facilitant ainsi les réponses rapides aux épidémies.

b. Analyse Phylogénétique

- **Description** : Les outils de phylogénétique permettent d'analyser les relations évolutives entre différentes souches de pathogènes.
- **Impact** : Cela aide à comprendre la transmission entre animaux et humains, ainsi que l'évolution des agents pathogènes.[77]

---

[77] cf. Espinosa R., N .Gaidet et N.Treich (2020) « Il faut prendre en considération le rôle de la consommation de viande et l'élevage intensif dans ces nouvelles épidémies ». Tribune TSE (Le Monde 20/3/2020) .Leroy P., Requillart V. et L.G.Soler (2017), « Entre préservation de

8.1.2. Modélisation Épidémiologique

a. Modèles Mathématiques

- **Description** : L'utilisation de modèles mathématiques permet de simuler la propagation des zoonoses et d'évaluer l'impact des interventions.
- **Impact** : Ces modèles aident à prédire les foyers d'épidémie et à planifier des stratégies de contrôle efficaces.

b. Big Data et Analyse de Données

- **Description** : L'intégration de grandes quantités de données provenant de diverses sources (santé publique, agriculture, environnement) permet une analyse plus approfondie des zoonoses.
- **Impact** : Ces analyses améliorent la compréhension des facteurs de risque et des schémas de transmission.

3. Vaccins et Thérapies

a. Vaccins à ARN Messager

- **Description** : Les vaccins à ARNm, comme ceux développés pour la COVID-19, représentent une innovation prometteuse dans la prévention des zoonoses.
- **Impact** : Cette technologie permet une réponse rapide et adaptable aux nouveaux pathogènes, avec des applications potentielles pour des maladies zoonotiques.

b. Vaccins Vétérinaires

- **Description** : Des vaccins pour les animaux d'élevage et de compagnie sont développés pour prévenir la

---

l'environnement et santé, une analyse coût-bénéfice des recommandations alimentaires », INRA, Sciences sociales N°5/2016

transmission de zoonoses, comme la rage et certaines souches de grippe aviaire.

- **Impact** : La vaccination des animaux contribue à réduire le risque d'infection humaine.

4. Surveillance et Détection

a. Systèmes de Surveillance Intelligent

- **Description** : L'utilisation de capteurs, de drones et de technologies d'Internet des Objets (IoT) pour surveiller les populations animales et détecter les épidémies émergentes.
- **Impact** : Ces systèmes permettent une détection précoce et une réponse rapide aux menaces zoonotiques.

b. Diagnostics Rapides

- **Description** : Développement de tests diagnostiques rapides et sensibles pour détecter les zoonoses chez les animaux et les humains.
- **Impact** : La rapidité des diagnostics permet de contenir les foyers d'infection plus efficacement.

5. Approche One Health

a. Intégration Multi-sectorielle

- **Description** : La recherche favorise une approche One Health, qui relie la santé humaine, animale et environnementale.
- **Impact** : Cela permet une meilleure compréhension des interactions complexes entre ces domaines et contribue à des stratégies de prévention intégrées.

b. Collaboration Interdisciplinaire

- **Description** : Encouragement de la collaboration entre chercheurs, vétérinaires, médecins et écologistes pour aborder les zoonoses de manière holistique.

- **Impact** : Cette collaboration enrichit les connaissances et améliore les réponses aux épidémies.

Les innovations dans la recherche sur les zoonoses offrent de nouvelles perspectives pour comprendre et contrôler ces maladies. Grâce à des avancées technologiques en séquençage, modélisation, vaccination et surveillance, il est possible d'améliorer significativement la prévention et la gestion des zoonoses. L'intégration de ces innovations dans une approche One Health est cruciale pour répondre aux défis futurs et protéger la santé publique mondiale.

Importance de la One Health (Une Seule Santé)

Le concept de One Health (Une Seule Santé) repose sur l'idée que la santé humaine, animale et environnementale est interconnectée. Cette approche intégrée est essentielle pour faire face aux défis sanitaires globaux, notamment les zoonoses, les pandémies et les problèmes environnementaux. Voici les principales raisons pour lesquelles la One Health est cruciale.

1. Prévention des Maladies Zoonotiques

a. Surveillance Intégrée

- **Détection Précoce** : La surveillance combinée des populations humaines, animales et environnementales permet de détecter rapidement les foyers de maladies zoonotiques.
- **Partage des Données** : Une approche collaborative favorise le partage d'informations entre vétérinaires, médecins et écologistes, renforçant ainsi la réactivité face aux menaces.

b. Réduction des Risques

- **Contrôle des Vecteurs** : En s'attaquant aux facteurs environnementaux qui favorisent la transmission des maladies, on peut réduire le risque d'épidémies.

- **Vaccination des Animaux** : La vaccination des animaux domestiques et de ferme contribue à protéger la santé humaine en diminuant la transmission de zoonoses.

2. Réponse aux Pandémies

a. Approche Multisectorielle

- **Collaboration Interdisciplinaire** : La One Health encourage la coopération entre différents secteurs, comme la santé publique, l'agriculture et l'environnement, pour une réponse coordonnée aux pandémies.
- **Gestion des Crises** : En intégrant les connaissances et les ressources de divers domaines, la réponse à des crises sanitaires comme la COVID-19 est plus efficace.

b. Renforcement des Capacités

- **Plans de Préparation** : La One Health permet de développer des plans de préparation aux pandémies qui tiennent compte des interactions complexes entre les différents domaines de la santé.

3. Sécurité Alimentaire

a. Production Durable

- **Élevage Responsable** : La promotion de pratiques agricoles durables et d'élevage responsable contribue à la sécurité alimentaire tout en minimisant les risques sanitaires.
- **Contrôle des Maladies** : Une approche intégrée aide à contrôler les maladies animales qui peuvent affecter la chaîne alimentaire et la santé humaine.

b. Qualité des Aliments

- **Surveillance de la Chaîne Alimentaire** : La One Health permet de surveiller la chaîne alimentaire pour détecter les contaminants et les agents pathogènes, garantissant ainsi des aliments sûrs.

4. Protection de l'Environnement

a. Conservation des Écosystèmes

- **Biodiversité** : La préservation de la biodiversité est essentielle pour maintenir des écosystèmes sains, ce qui contribue à la santé humaine et animale.
- **Équilibre Écologique** : Une approche One Health aide à comprendre comment les perturbations environnementales peuvent favoriser l'émergence de maladies.

b. Changement Climatique

- **Adaptation et Résilience** : En intégrant les impacts du changement climatique sur la santé, la One Health aide à développer des stratégies d'adaptation pour réduire les risques sanitaires futurs.

5. Éducation et Sensibilisation

a. Formation des Professionnels

- **Éducation Interdisciplinaire** : La formation des professionnels de la santé, des vétérinaires et des écologistes sur les interconnexions entre leurs domaines est essentielle pour une réponse efficace.
- **Sensibilisation du Public** : Informer le grand public sur les liens entre la santé humaine, animale et environnementale favorise des comportements préventifs.

b. Engagement Communautaire

- **Participation Citoyenne** : Encourager les communautés à s'impliquer dans les initiatives de santé publique renforce la résilience face aux menaces sanitaires.

L'approche One Health est essentielle pour relever les défis complexes liés à la santé globale. En reconnaissant l'interconnexion entre la santé humaine, animale et environnementale, cette approche favorise une réponse intégrée et efficace aux zoonoses, aux pandémies et aux problèmes environnementaux. En investissant dans une stratégie One Health, les pays peuvent améliorer la santé publique, renforcer la sécurité alimentaire et protéger les écosystèmes, contribuant ainsi à un avenir plus sain et durable pour tous.

Recommandations pour une Meilleure Politique de Santé Publique

L'élaboration de politiques de santé publique efficaces est essentielle pour améliorer la santé des populations et répondre aux défis sanitaires émergents. Voici quelques recommandations clés pour renforcer les politiques de santé publique.

1. Renforcer la Surveillance et la Détection

- **Systèmes de Surveillance Intégrés** : Établir des systèmes de surveillance qui intègrent la santé humaine, animale et environnementale pour détecter rapidement les épidémies et les zoonoses.
- **Technologies de Détection** : Investir dans des technologies avancées, telles que le séquençage génétique et l'analyse de données, pour améliorer la rapidité et la précision des diagnostics.

2. Promouvoir l'Approche One Health

- **Collaboration Intersectorielle** : Favoriser la coopération entre les secteurs de la santé publique, de l'agriculture, de l'environnement et de la recherche pour une réponse coordonnée aux menaces sanitaires.
- **Formation Interdisciplinaire** : Intégrer l'éducation One Health dans les programmes de formation pour les professionnels de la santé, des vétérinaires et des scientifiques.

3. Renforcer les Capacités de Réponse

- **Plans d'Urgence** : Élaborer et tester des plans d'urgence solides pour faire face aux épidémies, avec des protocoles clairs pour la détection, la réponse et la communication.
- **Exercices de Simulation** : Organiser régulièrement des simulations et des exercices pour évaluer la préparation des systèmes de santé publique.

4. Accroître l'Accès aux Soins de Santé

- **Systèmes de Santé Résilients** : Investir dans des infrastructures de santé durables et accessibles, en particulier dans les zones rurales et défavorisées.
- **Élargissement de la Couverture Sanitaire** : Promouvoir l'accès universel aux soins de santé pour tous, en réduisant les barrières financières et géographiques.

5. Éducation et Sensibilisation

- **Campagnes d'Éducation** : Mettre en œuvre des campagnes de sensibilisation pour informer le public sur les risques sanitaires, la prévention des maladies et l'importance de la vaccination.

- **Engagement Communautaire** : Encourager la participation des communautés dans la conception et la mise en œuvre des programmes de santé publique.[78]

6. **Investir dans la Recherche et l'Innovation**

- **Financement de la Recherche** : Augmenter le financement pour la recherche sur les zoonoses, les maladies émergentes et les solutions innovantes en santé publique.
- **Partenariats Public-Privé** : Encourager la collaboration entre le secteur public, les entreprises privées et les institutions académiques pour développer de nouvelles technologies et approches.

7. **Évaluation et Suivi des Politiques**

- **Mécanismes d'Évaluation** : Mettre en place des systèmes d'évaluation pour mesurer l'efficacité des politiques de santé publique et ajuster les stratégies en conséquence.
- **Transparence et Responsabilité** : Promouvoir la transparence dans la communication des résultats et des décisions, renforçant ainsi la confiance du public dans les institutions de santé.

8. **Coordination Internationale**

- **Collaboration Mondiale** : Travailler avec des organisations internationales, telles que l'OMS et l'OIE, pour partager des informations, des ressources et des meilleures pratiques.
- **Réponse aux Crises Sanitaires** : Établir des mécanismes de réponse rapide aux crises sanitaires à l'échelle mondiale, en intégrant les leçons tirées des expériences passées.

---

[78] D'après S.Morand. Réponses à « Libération » (26/3/2020)

En mettant en œuvre ces recommandations, les gouvernements et les institutions de santé publique peuvent créer des politiques plus efficaces et résilientes, capables de faire face aux défis sanitaires actuels et futurs. Une approche intégrée et collaborative est essentielle pour protéger la santé des populations et améliorer le bien-être collectif.

Appel à l'Action pour les Décideurs et les Professionnels de Santé

Face aux défis croissants en matière de santé publique, notamment les zoonoses émergentes, les pandémies et les problèmes environnementaux, il est crucial que les décideurs et les professionnels de santé prennent des mesures immédiates et coordonnées. Voici un appel à l'action structuré en plusieurs points clés.

1. Renforcer les Systèmes de Santé

- **Investir dans les Infrastructures** : Allouer des ressources suffisantes pour moderniser et renforcer les infrastructures de santé, en veillant à ce qu'elles soient accessibles à toutes les populations, notamment dans les zones rurales et défavorisées.
- **Former le Personnel de Santé** : Mettre en œuvre des programmes de formation continue pour les professionnels de santé, afin de les préparer à gérer les épidémies et à adopter une approche One Health.

2. Promouvoir l'Approche One Health

- **Encourager la Collaboration Intersectorielle** : Créer des plateformes de collaboration entre les secteurs de la santé humaine, animale et environnementale pour partager des données et coordonner les réponses aux menaces sanitaires.
- **Sensibiliser à la Santé Globale** : Intégrer le concept de One Health dans les programmes éducatifs pour les

professionnels de la santé, en soulignant l'interconnexion entre les différentes disciplines.

3. Améliorer la Surveillance et la Détection

- **Établir des Systèmes de Surveillance Efficaces** : Mettre en place des systèmes de surveillance robustes pour détecter rapidement les épidémies et les zoonoses, en utilisant des technologies de pointe comme le séquençage génétique.
- **Promouvoir la Recherche en Santé Publique** : Investir dans la recherche pour développer des outils de diagnostic rapides et précis, ainsi que des traitements et des vaccins innovants.

4. Renforcer la Communication et l'Éducation

- **Lancer des Campagnes de Sensibilisation** : Organiser des campagnes d'éducation sur l'importance de la prévention des maladies, de la vaccination et des comportements de santé publique.
- **Impliquer les Communautés** : Encourager la participation des communautés dans la conception et la mise en œuvre des programmes de santé, en écoutant leurs besoins et leurs préoccupations.

5. Promouvoir des Politiques de Santé Inclusives

- **Assurer l'Équité en Santé** : Développer des politiques qui garantissent l'accès équitable aux soins de santé, en prenant en compte les populations vulnérables et marginalisées.
- **Évaluer et Ajuster les Politiques** : Mettre en place des mécanismes d'évaluation pour mesurer l'impact des politiques de santé publique et ajuster les stratégies en fonction des résultats obtenus.

6. Renforcer la Coordination Internationale

- **Collaborer avec des Organisations Mondiales** : Travailler étroitement avec des organisations internationales, telles que l'OMS et l'OIE, pour partager des informations et coordonner les efforts de réponse aux crises sanitaires.
- **Participer aux Initiatives Globales** : S'engager dans des initiatives internationales visant à prévenir l'émergence de zoonoses et à renforcer la résilience des systèmes de santé.

Décideurs et professionnels de santé, votre rôle est crucial dans la protection de la santé publique et la prévention des crises sanitaires. En prenant des mesures immédiates et coordonnées, vous pouvez contribuer à bâtir des systèmes de santé plus résilients et équitables, capables de faire face aux défis de demain. Un engagement collectif pour l'approche One Health et une collaboration intersectorielle sont essentiels pour garantir un avenir sain et durable pour toutes les communautés. Ensemble, agissons maintenant pour un monde en meilleure santé !

Annexes

GLOSSAIRE DES TERMES TECHNIQUES

Voici un glossaire des termes techniques couramment utilisés dans le domaine de la santé publique, des zoonoses et de l'approche One Health.

1. Zoonose

Maladie ou infection qui se propage d'animaux à humains. Exemples incluent la rage, la grippe aviaire et le virus Ebola.

2. One Health

Approche intégrée qui reconnaît l'interconnexion entre la santé humaine, animale et environnementale, visant à améliorer la santé globale.

3. Surveillance Épidémiologique

Processus de collecte, d'analyse et d'interprétation des données sanitaires pour détecter et répondre aux épidémies et aux maladies.

4. Séquençage Génétique

Technique qui permet de déterminer l'ordre des bases dans un ADN ou un ARN, utilisée pour identifier des agents pathogènes et suivre leur évolution.

5. Vaccin

Préparation biologique administrée pour induire une réponse immunitaire et protéger contre une maladie infectieuse.

6. Diagnostic

Processus de détermination de la nature d'une maladie ou d'une condition par l'examen des symptômes et des tests médicaux.

7. Épidémie

Augmentation rapide du nombre de cas d'une maladie dans une population ou une région donnée sur une période spécifique.

8. Pandémie

Épidémie qui s'étend sur plusieurs pays ou continents, affectant un grand nombre de personnes. La COVID-19 est un exemple récent.

9. Vecteur

Organisme vivant qui transmet un agent pathogène d'un hôte à un autre, comme les moustiques pour le virus Zika ou la malaria.

10. Risque Sanitaire

Probabilité qu'un événement ou une exposition entraîne des effets néfastes sur la santé humaine.

11. Système de Santé

Ensemble d'organisations, d'institutions et de ressources qui fournissent des services de santé à une population.

12. Équité en Santé

Principe selon lequel tous les individus devraient avoir un accès équitable aux soins de santé, indépendamment de leur situation socio-économique.

13. Antigène

Substance qui provoque une réponse immunitaire, souvent utilisée dans le développement de vaccins.

14. Immunité Collective

Protection indirecte d'une population contre une maladie lorsque suffisamment d'individus sont immunisés, réduisant ainsi la transmission.

15. Infection

Invasion et multiplication de micro-organismes pathogènes dans l'organisme, pouvant provoquer des maladies.

16. Pathogène

Micro-organisme (virus, bactérie, champignon ou parasite) capable de provoquer une maladie.

17. Évaluation des Risques

Processus d'identification et d'analyse des dangers potentiels pour la santé afin de prendre des décisions éclairées sur la gestion des risques.

18. Écosystème

Système formé par l'interaction des organismes vivants et de leur environnement, influençant la santé globale.

19. Médecine Préventive

Approche qui vise à prévenir les maladies plutôt qu'à les traiter, par le biais de vaccinations, de dépistages et de promotion de la santé.

20. Système de Santé Résilient

Système capable de s'adapter et de répondre efficacement aux crises sanitaires tout en maintenant des services de santé essentiels.

Ce glossaire fournit une base pour comprendre les termes techniques associés à la santé publique et aux zoonoses. Une compréhension claire de ces termes est essentielle pour les décideurs, les professionnels de santé et le grand public afin de mieux appréhender les enjeux de santé globale.

COMMENT PRÉVENIR LES ZOONOSES

Pour prévenir les zoonoses, il est essentiel d'adopter une approche multifacette qui implique des mesures de prévention, d'éducation et de sensibilisation. Voici quelques recommandations clés :

1. Hygiène et Pratiques Sanitaires

- **Lavage des Mains** : Se laver les mains régulièrement, surtout après avoir manipulé des animaux ou été en contact avec des surfaces potentiellement contaminées.
- **Éviter le Contact avec des Animaux Malades** : Limiter les interactions avec des animaux qui montrent des signes de maladie.[79]

2. Sécurité Alimentaire

- **Cuisson Appropriée** : Cuire la viande, le poisson et les œufs à des températures sûres pour tuer les agents pathogènes.
- **Éviter les Aliments Crus** : Limiter la consommation de viandes, fruits de mer ou produits laitiers crus ou non pasteurisés.

3. Contrôle des Vecteurs

- **Lutte contre les Insectes** : Utiliser des insecticides et des répulsifs pour contrôler les populations de moustiques et de tiques.

---

[79] Zucca, P. 2020. The zoonosecene : the new geological epoch of intensive breeding, of wildlife trade, of antibiotic resistance and of pandemic diseases, following the anthropocene. *Platinum.* 11:114. doi: 10.13140/RG.2.2.16949.50408/1 3. Friend, M. 2006. *Disease Emergence and*

- **Élimination des Déchets** : Éliminer les déchets et les sources d'eau stagnante pour réduire les habitats des vecteurs.

4. Éducation et Sensibilisation

- **Programmes de Sensibilisation** : Promouvoir des campagnes éducatives sur les zoonoses et leurs modes de transmission.
- **Sensibilisation des Éleveurs** : Former les éleveurs sur les meilleures pratiques de gestion des animaux pour prévenir les infections.

5. Surveillance et Détection Précoce

- **Surveillance des Maladies** : Mettre en place des systèmes de surveillance pour détecter rapidement les épidémies chez les animaux et les humains.
- **Signalement des Cas Suspects** : Encourager le signalement des maladies animales et humaines.

6. Vaccination

- **Vaccination des Animaux** : Vacciner les animaux de compagnie et de ferme contre les maladies zoonotiques.
- **Vaccination Humaine** : Suivre les recommandations de vaccination pour les personnes à risque.[80]

7. Pratiques Environnementales Saines

- **Gestion Durable des Écosystèmes** : Protéger les habitats naturels et promouvoir la biodiversité pour réduire le risque d'émergence de nouvelles zoonoses.

---

[80] Friend, M. 2006. *Disease Emergence and Resurgence : The Wildlife-Human Connection.* Vol. 1285. Reston, VA : US department of the Interior, US Geological Survey. doi: 10.3133/cir1285

- **Éviter le Braconnage** : Protéger la faune sauvage pour prévenir la transmission de maladies à l'homme.[81]

Conclusion Générale sur les Zoonoses

Les zoonoses représentent un enjeu majeur de santé publique, reliant la santé humaine, animale et environnementale dans un cadre complexe et dynamique. L'augmentation de la population mondiale, l'urbanisation, et les changements environnementaux exacerbent les risques liés à ces infections transmissibles.

1. Importance de la Surveillance et de la Prévention

La prévention des zoonoses nécessite une surveillance étroite des épidémies, ainsi qu'une collaboration interdisciplinaire entre les professionnels de la santé, les vétérinaires, et les écologistes. Des systèmes de surveillance efficaces permettent de détecter rapidement les maladies émergentes et d'intervenir avant qu'elles ne deviennent des crises de santé publique.

2. Sensibilisation et Éducation

La sensibilisation des communautés et l'éducation sur les modes de transmission, les symptômes, et les mesures de prévention sont essentielles. En informant le public sur les zoonoses, nous pouvons réduire les comportements à risque et promouvoir des pratiques de prévention.

3. Pratiques Durables

L'adoption de pratiques agricoles durables et la gestion responsable des ressources naturelles sont cruciales pour minimiser le risque d'émergence de nouvelles zoonoses. La protection de la biodiversité et des écosystèmes contribue également à la réduction des contacts entre les humains et les agents pathogènes.

---

[81] De Kruif, P. 1926. *Microbe Hunter*. New York, NY: Harcourt Brace

4. Approche « Une Seule Santé »

L'approche « Une seule santé » souligne l'interconnexion entre la santé humaine, animale et environnementale. En intégrant cette perspective, nous pouvons mieux anticiper et répondre aux défis que posent les zoonoses, en favorisant des solutions globales et durables.

Conclusion Générale

Le livre "LES ZOONOSES ET LA SANTÉ PUBLIQUE" aborde les interactions complexes entre la santé animale, la santé humaine et l'environnement. Ici les points clés que l'on pourrait retenir de la conclusion sont :

Importance de la Collaboration Interdisciplinaire : L'ouvrage souligne la nécessité d'une approche intégrée qui implique des experts en santé humaine, en santé animale et en écologie pour comprendre et gérer les zoonoses de manière efficace. Il met l'accent sur l'importance de la prévention, de la surveillance et de la recherche pour identifier, contrôler et prévenir les zoonoses. Cela pourrait inclure des stratégies telles que la vaccination, le contrôle des vecteurs, et l'éducation des communautés. La nécessité d'éduquer le public sur les zoonoses, leurs modes de transmission, et les méthodes de prévention est un élément crucial. L'idée que la santé humaine, animale et environnementale est interconnectée est probablement un thème central. L'approche "One Health" favorise une collaboration entre différentes disciplines pour aborder les défis de la santé publique liés aux zoonoses. L'ouvrage conclut avec des recommandations pour les décideurs politiques, afin d'intégrer des stratégies de gestion des zoonoses dans les politiques de santé publique et de sécurité alimentaire.

En fin de compte, la lutte contre les zoonoses nécessite un engagement collectif à tous les niveaux de la société. En travaillant ensemble pour améliorer la surveillance, renforcer l'éducation, adopter des pratiques durables et promouvoir une approche intégrée de la santé, nous pouvons mieux protéger les individus, les communautés et notre planète contre les menaces posées par les zoonoses. La santé de tous dépend de notre capacité à comprendre et à gérer ces maladies de manière proactive.

La prévention des zoonoses nécessite la coopération entre les professionnels de la santé humaine, animale et environnementale. En adoptant ces mesures, nous pouvons réduire le risque d'infection et protéger la santé publique à long terme.

BIBLIOGRAPHIE

Acha P.N., Szyfres B., 2005. *Zoonoses et maladies transmissibles communes à l'homme et aux animaux*, OIE.

Artaud H. *et al.*, 2019. *Manifeste du Muséum. Humains et autres animaux.* Reliefs/MNHN, https://www.mnhn.fr/fr/explorez/actualites/ manifeste-museum-humains-autres-animaux.

Barnouin J., Sache Y., 2010. *Les maladies émergentes. Épidémiologie chez le végétal, l'animal et l'homme*. Editions Qu..

Blanc S., Boetsch G., Hossaert-McKey M., Renaud F., 2017. *Écologie de la santé*, https://www.cnrs.fr/fr/ecologie-de-la-sante-pour-unenouvelle- lecture-de-nos-maux.

Duvallet G., Fontenille D., Robert V., 2017. *Entomologie médicale et vétérinaire*. IRD Editions, Editions Qu..

Guegan J.-F., Choisy M., 2008. *Introduction à l'épidémiologie intégrative des maladies infectieuses et parasitaires*. De Boeck Superieur.

Leport C., Guegan J.-F., 2011. *Les maladies infectieuses émergentes : état de la situation et perspectives*. La Documentation française, https://www. Vie publique.fr/rapport/31962-les-maladies-infectieuses-emergentesetat- de-la-situation et-perspecti.

Rapport de la Fondation pour la recherche sur la biodiversite (FRB), 2020. *Mobilisation de la FRB par les pouvoirs publics français sur les liens entre Covid-19 et biodiversité*,https://www.fondationbiodiversite.fr/wp-content/uploads/2020/05/Mobilisation-FRBCovid- 19-15-05-2020-1.pdf.

Rapport du seminaire de "Intergovernmental Science-Policy Platform on Biodiversity and Ecosystem Services" (IPBES) sur Escaping the Era of Pandemics (en anglais), 2020, https://ipbes.net/pandemics. Vittecoq M., Roche B., Prugnolle F., Renaud F., Thomas F., 2015. *Les maladies infectieuses*. De Boeck-Solal.

Morand S., 2016. *La prochaine peste. Une histoire globale des sociétés et de leurs épidémies.* Editions Fayard.

[1] Morand S., 2020. *L'homme, la faune sauvage et la peste.* Editions Fayard.

Morand S., Figuie M., 2016. *Émergence de maladies infectieuses. Risques et enjeux de société.* Editions Qu..

Morand S., Lajaunie C., 2018. *Biodiversité et santé. Les liens entre le vivant, les écosystèmes et les sociétés.* ISTE/Elsevier.

Morand S., Moutou F., Richomme C., 2014. *Faune sauvage, biodiversité et santé, quels défis ?* Editions Qu..

Moutou F., 2020. *Des épidémies, des animaux et des hommes.* Editions Le Pommier.

Organisation Mondiale de la santé (OMS). OMS | Zoonoses et environnement [Internet]. WHO. World Health Organization; 2020 [cité26 avr2020]. Disponible sur: https://www.who.int/foodsafety/areas_work/zoonose/fr/

HubálekZ. Emerging Human Infectious Diseases: Anthroponoses, Zoonoses, and Sapronoses-Volume 9, Number 3—March 2003 -Emerging Infectious Diseases journal CDC. 2003 [cité26 avr2020];9(3). Disponible sur: https://wwwnc.cdc.gov/eid/article/9/3/02-0208_article

Lowe A-M. Bulletin de l'Observatoire multipartite québécois sur les zoonoses et l'adaptation aux changements climatiques, Volume1

[Internet]. INSPQ. [cité 26 avr2020]. Disponible sur: https://www.inspq.qc.ca/bulletin-de-l-observatoire-multipartite-quebecois-sur-les-zoonoses-et-l-adaptation-aux-changements-climatiques/janvier-2016

Larousse É. Définitions: prion -Dictionnaire de français Larousse [Internet]. [cité 26 avr2020]. Disponible sur: https://www.larousse.fr/dictionnaires/francais/prion/63977

PrusinerSB. Novelproteinaceousinfectiousparticlescause scrapie. Science. 9 avr1982;216(4542):136 44.

Larousse É. Définitions: parasite -Dictionnaire de français Larousse [Internet]. [cité 26 avr2020]. Disponible sur: https://www.larousse.fr/dictionnaires/francais/parasite/58023

BourgeadeA, DavoustB, GallaisH. DES MALADIES ANIMALES AUX INFECTIONS HUMAINES. Médecine d'Afrique Noire. 1992;39(3):6.

Larousse É. Définitions : parasite -Dictionnaire de français Larousse [Internet]. [cité 26 avr2020]. Disponible sur: https://www.larousse.fr/dictionnaires/francais/parasite/58023

Zoonotic Diseases | One Health | CDC [Internet]. 2020 [cité 26 avr2020]. Disponible sur: https://www.cdc.gov/onehealth/basics/zoonotic-diseases.html

Organisation Mondiale de la santé animale (OIE). Une seule santé: OIE -World Organisation for Animal Health[Internet]. 2020 [cité 26 avr2020]. Disponible sur: https://www.oie.int/fr/pour-les-medias/une-seule-sante/

[1] One Health initiative. One Health Initiative -One World One Medicine One Health [Internet]. Mission Statement. [cité 26 avr2020]. Disponible sur:http://www.onehealthinitiative.com/mission.php

[1] Han BA, Kramer AM, Drake JM. Global Patterns of Zoonotic Disease in Mammals. Trends in Parasitology. 1 juill2016;32(7):565-77.

Van den Berg T. One health paradigm to foster population health [Internet]. BiomedCentral. 2020 [cité 26 avr2020]. Disponible sur: https://www.biomedcentral.com/collections/OneHealth

KeesingF, Belden LK, DaszakP, Dobson A, Harvell CD, Holt RD, et al. Impacts of biodiversity on the emergence and transmission of infectious diseases. Nature. déc2010;468(7324):647-52.

WoldehannaS, ZimickiS. An expanded One Health model: Integrating social science and One Health to inform study of the human-animal interface. Social Science & Medicine. 1 mars 2015;129:87-95.

KeesingF, Belden LK, DaszakP, Dobson A, Harvell CD, Holt RD, et al. Impacts of biodiversity on the emergence and transmission of infectious diseases. Nature. déc2010;468(7324):647-52.

Barbosa Costa G, Gilbert A, Monroe B, Blanton J, NgamNgamS, RecuencoS, et al. The influence of poverty and rabies knowledge on healthcare seeking behaviors and dog ownership, Cameroon. PLoSOne [Internet]. 21 juin 2018 [cité 29 avr2020];13(6). Disponible sur: https://www.ncbi.nlm.nih.gov/pmc/articles/PMC6013156/

CleavelandS, Sharp J, Abela-Ridder B, Allan KJ, BuzaJ, Crump JA, et al. One Health contributions towards more effective and equitable approaches to health in low-and middle-income countries. Philos Trans R Soc LondB BiolSci[Internet]. 19juill2017 [cité 27 avr2020];372(1725). Disponible sur: https://www.ncbi.nlm.nih.gov/pmc/articles/PMC5468693/

Rahman MHAA, HaironSM, HamatRA, JamaluddinTZMT, ShafeiMN, Idris N, et al. LeptospirosisHealthIntervention Module Effecton Knowledge, Attitude, Belief, and Practice amongWetMarketWorkersin NortheasternMalaysia: An

Intervention Study. Int J Environ ResPublic Health[Internet]. juill2018 [cité 24 juin 2020];15(7). Disponible sur: https://www.ncbi.nlm.nih.gov/pmc/articles/PMC6069487/

[1] [1] (M.) SAVEY, Commentaire de l'Agence française de sécurité sanitaire des aliments (AFSSA) In La maîtrise des maladies infectieuses, RST n° 24, Académie des sciences, 385- 387, EDP Sciences, 2006.

[2] (V.) DEUBEL, virus émergents In La maîtrise des maladies infectieuses, RST n° 24, Académie des sciences, 69-87, EDP Sciences, 2006.

[4] (I.T.) EVANS, (E.G.) SMITH, (A.) BANERJEE & coll, Cluster of human tuberculosis caused by Mycobacterium bovis : Evidence for person to person transmission in the UK, Lancet, 2007, 369, 1270-1276.

[3] AFSSA, rapport sur l'évaluation du risque d'apparition et de développement de maladies animales compte tenu d'un éventuel réchauffement climatique, 78 p., 2005.

[5] (J.) COLLINGE & (A.R.) CLARKE, A general model of prion strains and their pathogenecity, Science, 2007, 318, 930-936.

(N.D.) WOLFE, (C.P.) DUNAVAN & (J.) DIAMOND, origins of major human infectious diseases, Nature, 447, 279-283, 2007.

[6] AFSSA – Rapport sur l'Influenza aviaire hautement pathogène à virus H5N1 d'origine asiatique, 212 p., 2008 (à paraître).

(N.D.) WOLFE, (C.P.) DUNAVAN & (J.) DIAMOND, origins of major human infectious diseases, Nature, 447, 279-283, 2007.

(N.D.) WOLFE, (C.P.) DUNAVAN & (J.) DIAMOND, origins of major human infectious diseases, Nature, 447, 279-283, 2007.

Agence canadienne d'inspection des aliments. (2003b). Rapport annuel, Questionnaire FAO/ OIE/ OMS – 2003, Canada, Rapport soumis à l'Office International des Épizooties. Accessible le 22 février 2006 à www.inspection.gc.ca/francais/anima/surv/ 2003oief. shtml

Agence canadienne d'inspection des aliments. (2005). Syndrome pulmonaire à hantavirus. Accessible le 18 octobre 2005 à www.inspection.gc.ca/francais/anima/heasan/ disemala/ hanta/hantafsf.shtml

Agence canadienne d'inspection des aliments. (2003a). Rage. Accessible le 2 novembre 2005 à www.inspection.gc.ca/ francais/anima/heasan/disemala/rabrag/rabragfsf.shtml

Agence de santé publique du Canada. (2006). Maladies à déclaration obligatoires en direct – La rage. Accessible le 22 février 2006 à http://dsol-smed.phac aspc.gc.ca/dsol-smed/ ndis/disease2/ rabi_f.html

Agence de santé publique du Canada. (2005a). Information sur la maladie – Paludisme. Accessible le 20 octobre 2005 à www. phac-aspc.gc.ca/tmp-pmv/info/pal_mal_f.html

Agence de santé publique du Canada. (2005b). Les actualités en bref pour maladies infectieuses. Accessible le 11 novembre 2005 à www.phac-aspc.gc.ca/bid bmi/dsddsm/ nb-ab/index_f. html

Agence de santé publique du Canada. (2005d). Maladies à déclaration obligatoire en direct. Accessible le 3 novembre 2005 à http://dsol-smed.phac-aspc.gc.ca/dsol smed/ndis/ list_f. html#tab2<

Bouden M., Moulin, B., Gosselin, P., Back, C., Doyon, B., Gingras, D. & Lebel, G. (2005). La géo-simulation de l'infection au virus du Nil occidental en fonction du climat : un outil de gestion du risque en santé publique. Conférence C-CIARN 2005. S'adapter aux changements climatiques au

Canada en 2005: Comprendre les risques et renforcer nos capacities. Montréal. 4-7 mai 2005.

Binder S., A M Levitt, and J M Hughes. (1999). Preventing emerging infectious diseases as we enter the 21st century: CDC's strategy. Public Health Rep. Mar–Apr; 114(2): 130–134.

Center for Disease Control and Prevention. (2004). The Impact of Malaria, a Leading Cause of Death Worldwide. Accessible le 27 février 2006 à www.cdc.gov/malaria/ impact/index.htm

Gouvernement du Québec. (2005a). Loi sur les laboratoires médicaux, la conservation des organes, des tissus, des gamètes et des embryons et la disposition des cadavres. Accessible le 12 novembre 2005 à www2.publicationsduquebec.gouv .qc.ca/dynamicSearch/telecharge.php?type=2&file=/ L_0_2/L0_2.html

Giguère, M. (2005). Les impacts des vagues de chaleur et de l'effet d'îlot thermique urbain sur la santé : Examen des initiatives d'adaptation actuelles au Québec. Essai présenté pour la maîtrise en environnement, Université de Sherbrooke, 57 pages et annexes.

Héma-Québec. (2005b). Info, Bulletin destiné aux bénévoles, donneurs de sang et partenaires. Accessible le 28 février 2006 à www.hema-quebec.qc.ca/media/ francais/publications/ infohq_aut05fra.pdf

Haines A., McMichael, A.J. & Epstein, P.R. (2000). Environment and health: 2. Global climate change and health. JAMC;163(6):729-34.

MacLean, J.D., Demers, A.-M., Ndao, M., Kokoskin, E., Ward, B.J. & Gyorkos, T.W. (2004). Malaria epidemics and surveillance systems in Canada. Emerg Infect Dis;10 (7) : 1195- 1201.

Ministère de l'Agriculture, des Pêcheries et de l'Alimentation du Québec. (2006a). Surveillance de la santé animale. Accessible en ligne le 28 juin 2006 à www.mapaq.gouv.qc.ca/ Fr/Productions/ santeanimale/surveillance/

Ministère de l'Agriculture, des Pêcheries et de l'Alimentation du Québec. (2006b). Influenza aviaire. Accessible en ligne le 28 juin 2006 à www.mapaq.gouv.qc.ca/Fr/Productions/ santeanimale/surveillance/maladiesanimales/grippeaviaire

Ogden, N.H., Maarouf, A., Barker, I.K., Bigras-Poulin, M., Lindsay, L.R., Morshed, M.G.,

O'Callaghan, C.J., Ramay, F., Waltner-Toews, D., Charron, D.F. Climate change and the potential for range expansion of the Lyme disease vector Ixodes scapularis in Canada.

Int J Parasitol. 2006 Jan;36(1):63-70.

Santé Canada. (2005). Votre santé et les changements climatiques : Bulletin d'information.

Accessible le 25 août 2005 à www.c-ciarn.ca/health/app/filerepository/ 348DC2838BCB 498DB86828FA12122713.pdf

Pollution probe. (2004). Abécédaire des changements climatiques et de la santé humaine. Accessible le 25 août 2005 à www.pollution probe.org/Reports/climatechange primer(fr).pdf

Badin de Montjoye Th., Thorel M.F. et Garin- Bastuji B. - L'évolution de tuberculose bovine en France : bilan 2002 et perspectives. *Bull. GTV*, 2004, **23**, 311- 314.

Acha P.N. et Szyfres B. - Zoonoses et maladies transmissibles communes à l'homme et aux animaux (Deuxième édition). Office international des épizooties, 1989, 1063p.

Chomel B. - Zoonoses bactériennes émergentes. *Point Vét.*, 2000, **31**, 195- 202.

Bénet J.J. et Haddad N. - Dangers, risques et prévention des zoonoses transmises à l'homme par morsure de chien et de chat. *Le Nouveau Praticien Vétérinaire*, 2004, **18**, 21-25.

Hantz S. et Darde M.L. - Comment prévenir les risques de zoonose pour le sujet immunodéprimé. *Le nouveau praticien vétérinaire*, 2004, **18**, 41-43.

Hahn B.H., Shaw G.M., De Cock K.M. and Sharp P.M. - AIDS as a zoonosis: scientific and public health implications. *Science*, 2000, **287**(5453), 607 611.

Hubalek Z. - Emerging human infectious diseases : anthroponoses, zoonoses, and sapronoses. *Emerg. Infect. Dis.*, 2003, **9**(3), 403-404.

Haydon D.T., Cleaveland S., Taylor L.H. and Laurenson - Identifying reservoirs of infection: a conceptual and practical challenge. *Emerg. Infect. Dis.*, 2002, **8**(12), 1468-1473.

Toma B. - L'évolution des zoonoses. *Rev. sci. tech. Off. Int. Epiz.*, 2000, **19**, 302-309.

Meslin F.X. - Global aspects of emerging and potential zoonoses : a WHO perspective. *Emerg. Infect. Dis.*, 1997, **3**(2), 223-228.

Warrell M.J. and Warrell D.A. - Rabies and other lyssavirus diseases." Lancet, 2004, **363**(9413), 959-969.

Morens D.M., Folkers G.K. and Fauce A.S. - The challenge of emerging and reemerging infectious diseases. Nature, 2004, **430**(6996), 242-249.

cf. Espinosa R., N .Gaidet et N.Treich (2020) « Il faut prendre en considération le rôle de la consommation de viande et l'élevage intensif dans ces nouvelles épidémies ». Tribune TSE (Le Monde 20/3/2020) .Leroy P., Requillart V. et L.G.Soler (2017), « Entre préservation de l'environnement et santé, une analyse coût-bénéfice des recommandations alimentaires », INRA, Sciences sociales N°5/2016

Zucca, P. 2020. The zoonosecene : the new geological epoch of intensive breeding, of wildlife trade, of antibiotic resistance and of pandemic diseases, following the anthropocene. *Platinum.* 11:114. doi: 10.13140/RG.2.2.16949.50408/1 3. Friend, M. 2006. *Disease Emergence and*

Friend, M. 2006. *Disease Emergence and Resurgence : The Wildlife-Human Connection.* Vol. 1285. Reston, VA : US department of the Interior, US Geological Survey. doi: 10.3133/cir1285

De Kruif, P. 1926. *Microbe Hunter.* New York, NY: Harcourt Brace

TABLE DE MATIERES

Structures éditoriales du groupe L'Harmattan

L'Harmattan Italie
Via degli Artisti, 15
10124 Torino
harmattan.italia@gmail.com

L'Harmattan Hongrie
Kossuth l. u. 14-16.
1053 Budapest
harmattan@harmattan.hu

L'Harmattan Sénégal
10 VDN SICAP AMITIE 3
BP 45034 Dakar-Fann
direction@senharmattan.com

L'Harmattan Cameroun
Tsinga/Derrière polyclinique FECAFOOT
BP 11486 Yaoundé
Jacques.koukam@harmattan.fr

L'Harmattan Burkina Faso
Villa 281, secteur 23 623, rue 14.32
Ouagadougou
zagbie@outlook.fr

L'Harmattan Guinée
Almamya, rue KA 028 OKB Agency
BP 3470 Conakry
harmattanguinee@yahoo.fr

L'Harmattan RDC
185, avenue Nyangwe
Commune de Lingwala - Kinshasa
matangilamusadila@yahoo.fr

L'Harmattan Congo
219, avenue Nelson Mandela
BP 2874 Brazzaville
deunovmikhael@gmail.com

L'Harmattan Mali
Immeuble Mgr Jean Marie Cissé
Aci Hamadallaye
BP 145 Bamako
syllaka@yahoo.fr

L'Harmattan Togo
Djidjole – Maison Amela
face EPP BATOME
02 BP 20680 Lomé
didieramela11@gmail.com

L'Harmattan Côte d'Ivoire
Résidence Karl – Cité des Arts
Abidjan-Cocody
03 BP 1588 Abidjan
harmattan.ivoire@gmail.com

L'Harmattan Bénin
Rue 604, (Immeuble à l'entrée
de la rue UCAO- Cite de Saint-Jean)
Cotonou
stepcorpus@gmail.com

Nos librairies en France

Librairie internationale
16, rue des Écoles
75005 Paris
librairie.internationale@harmattan.fr
01 40 46 79 11
www.librairieharmattan.com

Librairie des savoirs
21, rue des Écoles
75005 Paris
librairie.sh@harmattan.fr
01 46 34 13 71
www.librairieharmattansh.com

www.ingramcontent.com/pod-product-compliance
Lightning Source LLC
LaVergne TN
LVHW011014061026
849535LV00006B/1869
* 9 7 8 2 3 3 6 5 2 7 8 2 6 *